América Latina en la "literatura mundial"

Ignacio M. Sánchez-Prado, editor

ISBN: 1-930744-26-9

© Biblioteca de América, 2006
Instituto Internacional de Literatura Iberoamericana
Universidad de Pittsburgh
1312 Cathedral of Learning
Pittsburgh, PA 15260
(412) 624-5246 • (412) 624-0829 FAX
iili@pitt.edu • www.pitt.edu/~hispan/~iili

Colaboraron en la preparación de este libro:

Composición y diseño gráfico y tapa: Erika Braga
Correctores: Rubén Sánchez-Godoy y Paola Ahumada

América Latina en la "literatura mundial"

Ignacio M. Sánchez-Prado, editor

América Latina en la "literatura mundial"

"Hijos de Metapa": un recorrido conceptual de la literatura mundial (a manera de introducción)

IGNACIO M. SÁNCHEZ PRADO

University of Pittsburgh/Washington University, St. Louis

> Si la obra de un escritor no coincide con la imagen
> latinoamericana que tiene un lector europeo se
> deduce (inmediatamente) de esta divergencia la
> inautenticidad del escritor, descubriéndosele, además,
> en ciertos casos, singulares inclinaciones
> europeizantes. Lo que significa que Europa se reserva
> los temas y las formas que considera de su
> pertenencia dejándonos lo que concibe como
> típicamente latinoamericano. La mayoría de los
> escritores latinoamericanos comparte esta opinión;
> el nacionalismo y el colonialismo son así dos aspectos
> de un mismo fenómeno que, en consecuencia, no
> deben ser estudiados por separado, aun cuando por
> un lado se trate del nacionalismo del colonizador y
> por el otro el nacionalismo del colonizado.
>
> Juan José Saer (269)

En un libro de 1955, titulado *Inspiration and Poetry*, el clasicista inglés C.
M. Bowra se refería a Rubén Darío en estos términos: "His lack of
philosophy is the natural condition of a man who has given his first love to
art in a country where art hardly exists, and who for that reason treasures it
beyond everything else and feels no call to look outside it" (244).[1] Más allá
del carácter francamente eurocéntrico y racista de este comentario, vale la
pena ponderar por un momento la pregunta que subyace esta afirmación:
¿Cómo es posible que un hijo de Metapa,[2] ciudad menor de un país
marginalizado en una región periférica, sea capaz de articular una práctica
literaria universal? Esta pregunta tiene un peso mayor del que le
concederíamos en primera instancia cuando consideramos que Bowra fue
parte de una generación de estudiosos, entre los cuales estaban Erich

Auerbach y Leo Spitzer, que buscaba la apertura de los estudios literarios y la filología más allá de las restricciones nacionales. Dicho de otro modo, el hecho de que Bowra dedicara el único capítulo de su libro sobre un autor del siglo XX a Darío, aún cuando este capítulo esté escrito en un tono de menosprecio, era en sí mismo extraordinario, dado el poco interés que la literatura latinoamericana generaba en ese entonces. Asimismo, la aproximación de Bowra era síntoma de dos situaciones que siguen manteniendo vigencia en las configuraciones críticas de nuestros días: la irrupción, a veces muy incómoda, de la literatura latinoamericana en los centros y la consistente incapacidad de la crítica europea (y, eventualmente, norteamericana) de dar cuenta del rol de la literatura latinoamericana en sistemas literarios transnacionales. Aunque mucha agua ha corrido en el río de la crítica, la literatura latinoamericana sigue manteniéndose como un elemento incómodo en las reflexiones literarias internacionalistas.

La idea de este libro es proponer una instancia latinoamericana de debate respecto a enfoques recientes sobre el tema, particularmente los articulados por Franco Moretti y por Pascale Casanova. Aún cuando, en América Latina, el interés en este debate gira considerablemente alrededor de *La república mundial de las letras*, libro de Casanova, me pareció indispensable articular al proyecto la perspectiva de Moretti, quien, pese a no ser tan conocido en el ámbito de habla hispana, es sin duda la figura señera del debate académico en torno al tema, particularmente tras la publicación en el 2000 de sus "Conjectures on World Literature". Los enfoques de Moretti y Casanova tienen diferencias importantes, que subrayaré más tarde, pero en su conjunto, me parece, definen las ideas centrales de la cuestión: la descripción de un mundo literario desigual, compuesto de centros y periferias y de un sistema también desigual de relaciones de legitimación y de configuración estética.

Una idea como ésta, sin embargo, siempre da pie a una vieja pregunta: ¿Por qué debemos los latinoamericanos producir respuestas a teorías literarias y críticas configuradas en el centro, en vez de articular nuestras propias propuestas? Creo que la respuesta radica en las condiciones desde las cuales funciona, por un lado, el nuevo mercado literario internacional y, por otro, la configuración institucional del latinoamericanismo. En el primer caso, la caída de las industrias editoriales regionales[3] y el ingreso de transnacionales del libro[4] al mercado literario latinoamericano sujetan a la escritura latinoamericana a una serie de procesos transformativos que se ajustan más a criterios de ventas que a preocupaciones literarias específicas. Por otro lado, la articulación creciente de la práctica crítica del latinoamericanismo hacia dentro de la academia norteamericana[5] hace que los espacios que se han construido a lo largo de los años sean cuestionados por debates recientes de la literatura comparada. Desde articulaciones actuales de la teoría poscolonial[6] hasta debates institucionales en el contexto de la reemergencia de la literatura comparada como disciplina, como el número 116 de *PMLA* dedicado a los estudios literarios globales (Gunn), se puede detectar una suerte de inconsciente institucional que, en el marco de la rearticulación de la literatura comparada, pareciera poner en entredicho la división disciplinaria actual, división que, con todos sus problemas, no deja de garantizar autonomía a los estudios literarios y culturales latinoamericanos. La literatura mundial tal como la plantean Moretti y Casanova, entonces, es parte de una autoevaluación de la literatura comparada, uno de cuyos elementos es el replanteamiento de la lectura de literaturas periféricas, la latinoamericana entre ellas, en términos de agendas que corresponden estrictamente a intereses intelectuales euronorteamericanos.[7] En otras palabras, pareciera que, en muchos casos, Latinoamérica sigue siendo el lugar de producción de "casos de estudio", pero no un *locus* legítimo de enunciación teórica. En tanto exista esta incapacidad latente del centro de dar cuenta de la literatura latinoamericana y en tanto la ubicación institucional en Estados Unidos juegue un rol importante en la configuración internacional del latinoamericanismo, la reflexión sobre paradigmas que inciden directamente en políticas universitarias directa o indirectamente relevantes sobre nuestro campo es indispensable. Desde estas coordenadas, el resto de la presente introducción está dividido en cuatro secciones: una breve genealogía del concepto "literatura mundial", aproximaciones críticas a la obra de Moretti y Casanova y una reflexión sobre la relación entre latinoamericanismo y literatura mundial.

LA INVENCIÓN DE LA LITERATURA MUNDIAL: UN ROMANCE EUROPEO

> National literature means little now; the age of
> *Weltliteratur* has begun; and everyone should further
> its course.   Goethe (6)

El concepto "literatura mundial"/ "World literature"/ "*Weltliteratur*" tiene una historia compleja y extensa, imposible de describir con plenitud en la brevedad de estas páginas.[8] Sin embargo, me parece necesario esbozar algunos puntos cruciales de la articulación del concepto para comprender el origen de algunas de las connotaciones que el término acarrea para su discusión teórica. Como es sabido, el término fue acuñado por Goethe en una serie de textos marginales (como prólogos, artículos de revistas e incluso sus conversaciones con Eckermann), siendo el primero de éstos un artículo, publicado en Francia, donde comenta la recepción francesa de su obra. En general, los textos de Goethe proporcionan una aproximación vaga y fragmentaria a la definición del género. Schulz y Rhein, siguiendo el fundacional trabajo de Fritz Strich sobre el tema, condensan las ideas de Goethe de la siguiente manera:

> To Goethe the term was applicable to 1) all forms of mediation between the literatures of different nations, to 2) all means to achieve knowledge, understanding, tolerance, acceptance and love of the literature to other peoples; and finally to 3) the concern with the foreign reception to one's own literature. *Weltliteratur*, then, to Goethe, was the marketplace of international literary traffic. (3)

Dicho de otro modo, para Goethe, la literatura mundial se compone de un conjunto de prácticas y valores que, en trascendencia de las fronteras nacionales, permiten concebir al ejercicio de la literatura como una suerte de ágora trasnacional. Como ha precisado Hohlfeld, esto quiere decir que Goethe, a diferencia de sucesores como los que discutiré a continuación, no definía su idea en un sentido retrospectivo como "that body of the world's greatest literature" que "represents, so to speak, the classics of the world as compared with the masterpieces of the various nacional literature[s]" (344-345). Por ello, continua Hohlfeld, el entendimiento estrictamente goetheano de la noción apunta a un "mercado libre" de intercambio entre naciones (345). En suma, el origen de la conceptualización de Goethe apunta hacia un conjunto de cuestiones conceptuales que serán centrales para el debate posterior sobre la noción. Como intuye muy claramente Gadamer en su reapropiación del término para la hermenéutica (214), el concepto *"Weltliteratur"* acarrea una connotación de universalidad producto de la constitución de una conciencia histórico-cultural distinta a los emergentes nacionalismos europeos. Esta dimensión es clara en usos contemporáneos del término, independientes a Goethe, antes de su articulación al paradigma disciplinario de la literatura comparada. Según recuenta Paul Bénichou, en 1825, dos años antes de que Goethe comenzara a escribir sobre el tema, Jules Michelet "[p]royecta interrogar a la literatura universal considerada como testimonio del pensamiento de los pueblos para obtener, por encima de los hechos históricos, una filosofía de la historia", idea que comenzaba a desarrollar unos años antes en un proyecto intelectual que llamaba "histoire de la civilisation retrouvée dans les langues" (468). Trece años más tarde, y en la estela tanto de Michelet como de Goethe, el pensador neocatólico Edgar Quinet plantea también el universalismo de la producción literaria en relación con un ideal universal religioso (Strich 205-6; Benichou 456-459).

Este ideal universalista, sin embargo, es parte de una relación tensa y problemática con el problema de las literaturas nacionales. El origen de esta relación se encuentra en la muy paradójica situación histórica que origina al término. Primero, como lo subrayan tanto John Pizer (216) como Hugo Achugar (54), el concepto surge de una reflexión en la estela de las Guerras Napoleónicas y el Congreso de Viena, donde emerge la Santa Alianza, una de las primeras instancias de un orden mundial transnacional (Achugar 54). Sin embargo, esto se contrasta con el hecho de que los países de América simultáneamente, comenzaban a independizarse, y, con esto, a convertirse en uno de los primeros lugares de articulación de una literatura propiamente nacional.⁹ Djelal Kadir ha observado que el recurso a un concepto de mundo como el articulado por Goethe "repeatedly correlates and becomes coeval ideologically with cultural and political thresholds at traumatic cusps of history". Esto, continúa Kadir, explica por qué el momento de articulación del concepto *"Weltliteratur"* es estrictamente contemporáneo al origen de las literaturas nacionales y, de mayor importancia aún, a la idea de literatura comparada como articulación de éstas como unidades básicas de estudio (5). A fin de cuentas, las reflexiones de Herder que darán origen a toda la idea de cultura nacional no sólo son contemporáneas a los planteamientos de Goethe, sino que emergen exactamente del mismo teatro sociopolítico. Goethe, por tanto, articula su concepto en resistencia a una tendencia filológica que Gadamer llama "la inversión romántica" (342), es decir, la ruptura del discurso ilustrado y la vuelta a un discurso de los orígenes que reevaluaba la literatura medieval y la literatura popular (Birus, http) con el fin construir mitos históricos de origen. Como sabemos, es de esta articulación teórica que nace el concepto herderiano de *volk* y las prácticas de la historiografía nacionalista.

Es en uno de estos "traumatic cusps of history" donde surge la otra mención fundacional de la idea de "*Weltliteratur*". En el fragmento sobre el rol de la burguesía del *Manifiesto del Partido Comunista*, escriben Marx y Engels:

> En virtud de su explotación del mercado mundial, la burguesía ha dado una conformación cosmopolita a la producción y al consumo. […] El sitio de la antigua autosuficiencia y aislamiento locales y nacionales se ve ocupado por un tráfico en todas direcciones, por una mutua dependencia general entre las naciones. Y lo mismo que ocurre en la producción material ocurre asimismo en la producción intelectual. Los productos intelectuales de las diversas naciones se convierten en patrimonio común. La parcialidad y limitación nacionales se tornan cada vez más imposibles, a partir de las numerosas literaturas nacionales y locales se forma una literatura universal [*Weltliteratur*]. (44)[10]

El *Manifiesto* fue escrito en la víspera de otro momento "traumático" —para usar la expresión de Kadir— de la historia, las revoluciones de 1848 (Achugar 57). De las muchas implicaciones que se pueden extraer de este pasaje, me interesa subrayar el énfasis en la dimensión universalista del término. Como observa ya Hugo Achugar, el uso que Marx y Engels dan al término comparte con Goethe la idea de un "nuevo orden mundial" en el cual la nación resulta obsoleta y la literatura mundial sería una expresión de ese intercambio cultural (57). S. S. Prawer equipara la idea goetheana de Weltliteratur con un pasaje específico de *La ideología alemana* donde Marx y Engels plantean que las nacionalidades serían eliminadas por la expansión del capital y conforme esto suceda "the more history becomes world history" (144). Por tanto, la literatura mundial es en Marx y Engels el resultado cultural del proceso dialéctico del capital, donde la expansión del mercado se proyecta ideológicamente a la mundialización de la cultura. El punto aquí es que, pese a sus distancias ideológicas, Goethe y Marx cargan al término *Weltliteratur* de la misma connotación universalista, donde su existencia se basa en un sistema de intercambios culturales íntimamente relacionado al mercado. Esto, por supuesto, no quiere decir que ni Goethe ni Marx imaginen una literatura completamente mundial. John Bellamy Foster ha señalado que, en realidad, Marx concebía a la literatura mundial como "the product of great nations which were developing distinctive, and yet related, literatures" (http). A fin de cuentas, como Tom Nairn apuntó a propósito del concepto de literatura mundial de Marx, "the world market, world industries and world literature predicted with such exultation in *The Communist Manifesto* all conducted, in fact, to the world of nationalism" (341) Es la aporía existente en esta concepción de la literatura mundial como producto tanto de la cultura específica de las naciones como del intercambio cultural, presente también en Goethe,[11] la que permite la fundación de la disciplina de la literatura comparada, un trabajo que, simultáneamente, valida la perspectiva nacional y la trasciende.

La relación entre literatura mundial y literatura comparada es bastante más tensa de lo que uno pensaría. Por un lado, muchas figuras centrales toman el modelo goetheano como inspiración para la articulación académica de la literatura. Esto se ve en figuras como Edward Said, quien plantea:

> For many modern scholars –including myself– Goethe's grandly utopian vision is considered to be the formation of what was to become the field of comparative literature, whose underlying and perhaps unrealizable rationale was this vast synthesis of the world's literary production transcending borders and languages, but not in any way effacing the individuality and historical concreteness of its constituent parts. (*Humanism* 95)

Independientemente de su conexión con la literatura comparada, el término "literatura mundial" tuvo desarrollos propios en una serie de textos programáticos de la primera mitad del siglo XX, cuya influencia en la conformación actual del término ha sido crucial. Un caso particularmente destacado es el volumen *World Literature and Its Place in General Culture*, publicado en 1911 por Richard G. Moulton. Como ha estudiado Sarah Lawall, este texto responde a una coyuntura pedagógica particular, la rearticulación institucional de la literatura británica a principios del siglo (17). Moulton continúa con una línea de des-identificación de la literatura mundial con la literatura comparada al afirmar que ésta última es, desde su nombre, de alcances limitados (2). La distinción central de Moulton se encuentra, no obstante, en otro lugar: el crítico inglés separa la "literatura universal", entendida como "the sum total of all literatures" de la "literatura mundial", que es la literatura universal "seen in a perspective from a given point of view, presumably the national standpoint of the observer" (6). Dicho de otro modo, para Moulton resulta muy claro que la literatura mundial no se refiere a la totalidad de la literatura, sino a la manera en que este corpus universal se articula en un canon pertinente a una perspectiva nacional. La literatura mundial, entonces, es una forma de comprensión de lo literario que, como subraya Lawall (17), se funda en el posicionamiento del lector. Este punto particular, como se verá sobre todo en el trabajo de Pascale Casanova, persiste fuertemente en las concepciones actuales de la literatura mundial. Desde esta perspectiva, se pueden entender catálogos como el *Outline of World Literature*, publicado en 1929 por Edgar C. Knowlton, una obra de consulta que compila listados de la literatura mundial estudiada en los currículos universitarios de la época (primordialmente literatura europea) y que utiliza el apelativo para referirse precisamente a ese corpus.[12]

Uno de los puntos más influyentes de rearticulación de la noción de literatura mundial hacia su forma actual proviene de la generación de filólogos románicos alemanes, particularmente aquellos exiliados en Estambul: Leo Spitzer y Erich Auerbach, entre otros.[13] Esta generación, precisamente por su trabajo bajo la disciplina de la "filología románica", desarrolló una metodología amplia basada en el estudio del lenguaje que, por su naturaleza misma, implicaba un corpus translingüístico. Un vistazo a las obras maestras de esta generación, *Lingüística e historia literaria* de Spitzer, *Literatura europea y Edad Media latina* de Ernst Robert Curtius y, sobre todo, *Mimesis* de Auerbach, permite comprender que el enfoque en problemas de forma literaria y el rastreo de éstos hacia el latín provocó el desarrollo de un método en el cual la figuración literaria en torno a la nación pasaba en muchas ocasiones a segundo término. Además, el exilio en Estambul les proporcionó una visión descentrada que les permitió salir de la perspectiva nacional de lo mundial[14] y, simultáneamente, adquirir conciencia de lo no-europeo en la cuestión de la literatura mundial (Said, *Humanism* 95; Uhlig 49).[15] Como resultado de todo esto, Auerbach llega a una discusión de la noción en un ensayo tardío, "Philology and *Weltliteratur*", donde expresa:

> In any event, our philological home is the earth: it can no longer be the nation. The most priceless and indispensable part of a philologist's heritage is still his own nation's culture and language. Only when he is first separated from this heritage, however, and then transcends it does it become truly effective. We must return, in admittedly altered circumstances, to the knowledge that prenational medieval culture already possessed: the knowledge that the spirit [*Geist*] is not national. (17)

Aun cuando el gesto de Auerbach está fuertemente imbuido de una perspectiva nostálgica del humanismo ante el avance de la modernidad capitalista (Cuesta Abad 24), lo cierto es que esta afirmación abre la puerta a un concepto de la literatura mundial que trasciende lo europeo: no es en lo absoluto casual que el traductor y uno de los comentaristas más persistentes de este texto sea precisamente Edward Said. Y de la conexión entre filología y literatura mundial surge otro punto fundamental que encontrará, indirectamente, eco en la obra de Franco Moretti: la transformación la noción de literatura mundial de un ideal a un método.[16] Auerbach, quien para este momento ya había escrito su mayor contribución metodológica a los estudios literarios (el ensayo *Figura*), articula en "Philology and *Weltliteratur*" la noción de "point of departure", es decir, la necesidad de articular puntos de focalización del análisis como puntos de partida para el estudio sintético de un corpus mundial (12 y ss). Con esto, el texto de Auerbach se convierte en uno de los puntos fundacionales la idea de la literatura mundial como herramienta heurística y método hermenéutico.

La primera reflexión significativa de la noción de *Weltliteratur* en torno a la problemática de las literaturas no europeas se encuentra en el ensayo "Faut-il réviser la notion de *Weltliteratur*" de René Etiemble, incluido en un volumen de 1974 astutamente titulado *Essais de littérature (vraiment) générale*. Etiemble, un especialista en literaturas de Asia oriental y del mundo árabe y, simultáneamente, un crítico de izquierdas con una visión divergente de la doxa soviética, tiene un perfil ideal para llevar a cabo esta operación, una mezcla entre un amplio conocimiento de lenguas y literaturas no europeas con una conciencia política clara del legado universalista del marxismo. Ya una década antes, en un libro programático llamado *The Crisis of Comparative Literature*, ya hablaba de la enorme transformación disciplinar requerida:

> However, we should recast our programs. The world in which the students we are now training will be teaching, which they will have to prepare their own students, will probably have this composition: one or two billion Chinese who will claim to be of the first rank among the great powers; Moslems in hundreds of millions who, after having asserted their will to independence, will re-assert (as indeed they are already doing) their religious imperialism; an India where hundreds of millions will speak some Tamil, others Hindi, still others Bengali, others Marathi, etc.; in Latin America tens of millions of Indians who will clamor the right to become men again, and men with full rights [el listado continúa

incluyendo Brasil, Japón, otra mención de América Latina y África ISP].
(56)[17]

En el texto que me ocupa, Etiemble plantea que, pese a sus buenas intenciones, la noción de Goethe "fut peut-être un produit de la conscience bourgeoise á l'ère du libre-échangisme" y "qu'en effet elle prit aisément son parti de l'abaissement ou la destruction systématique des littératures africaines, indiennes, amérindiennes, malgache, indonésienne, viêtnamienne et autres" (14). De esta suerte, en tanto "l'impérialisme colonialiste est un moment de la conscience bourgeoise" y los sucesores de Goethe dividían la literatura "entre littératures de maîtres et littératures d'esclaves" (14-15) y en tanto "ainsi présentée, la *Weltliteratur* n'est guère qu'une mise en valeur des idées bourgeoises et des valeurs chrétiennes" (22), es necesario rescatar la literatura mundial del "déterminisme de sa naissance" (26) y articular una práctica verdaderamente universalista y colectiva de la literatura en la cual "une véritable histoire de la littérature et des littératures devra être véridique autant que faire se peut, acceptable à tous les peuples en questions" (31). Por ello, la perspectiva nacional descrita por Moulton y que se mantiene hasta nuestros días en muchos estudios de la literatura mundial (como se ve en Pascale Casanova o David Damrosch), es criticada con bastante sarcasmo por Etiemble: "supposons que, constituant une *Weltliteratur* selon son jugement, un savant japonais omette Goethe, Schiller, Nietzsche, Jean Paul, Hölderlin, Thomas Mann, qu'en penserait-on de ce coté de l'Eurasie?" (21). En suma, se podría decir que Etiemble plantea una reinterpretación radical de la literatura mundial que rompe con todas las articulaciones eurocéntricas anteriores y que se puede resumir en los siguientes puntos: 1. La realidad geopolítica del mundo demanda una noción no eurocéntrica de la producción literaria. 2. la literatura mundial es un paradigma imperialista-colonial y cristiano-burgués que debemos reapropiar desde su vocación universalista para una lectura verdaderamente mundial y progresista de lo literario. 3. Por tanto, es necesario desmontar todas las bases de dominación en la noción, empezando por su articulación al punto de vista nacionalista. Etiemble mismo llevaría siempre a la práctica sus tesis, como muestra, por ejemplo, su volumen *Quelques essais de littérature universelle*. Aunque sin mención directa de Etiemble, este espíritu crítico se puede ver claramente en conceptos paralelos a la noción de literatura mundial, como el de "cosmopolitismo" articulado por Timothy Brennan en *At Home in the World*.

Simultáneamente a las reflexiones de Etiemble, la apertura propiamente dicha de la literatura mundial a tradiciones no europeas viene de la coyuntura producida a partir de los años sesenta, primero por el éxito internacional del realismo mágico y las narrativas de liberación nacional y, más adelante, por la emergencia de la teoría poscolonial. Si bien el éxito de autores como García Márquez o Wole Soyinka contribuyó en mucho a preparar el terreno crítico en Occidente, fue el poscolonialismo quien propuso por primera vez un vocabulario consistente para el trabajo en torno a producciones literarias no europeas, a través de conceptos como "Empire writes back" (Ashcroft *et al*.).[18] Con todo, la enorme apertura del canon (John Marx) y la reconfiguración de la naturaleza de los estudios literarios que todo esto significó implicó para el debate de la literatura mundial y para la literatura comparada una fuerte rearticulación que debía comenzar a tomar en cuenta circuitos de producción, circulación y lectura literarias que excedían los límites del mundo euronorteamericano, un proceso que David Damrosch llama, muy apropiadamente, "from the Old World to the Whole World" (110). Con todo y los problemas que se pueden invocar en el poscolonialismo (Parry), lo cierto es que incluso en visiones fuertemente críticas a este paradigma se encuentran lecturas transnacionales de la literatura que vienen fuertemente marcadas por su reconfiguración del corpus literario.[19]

En su forma actual, el debate de literatura mundial ha sido planteado desde diversas trincheras teóricas.[20] Discutiré con detalle a continuación las dos relevantes a este volumen, la de Franco Moretti, tributaria de la teoría wallersteiniana del sistema-mundo, y la de Pascale Casanova articulada a partir de una matriz teórica basada en Bourdieu y Braudel. Sin embargo, antes de esto, merecen mención dos propuestas recientes. Sarah Lawall plantea una amplia reflexión sobre el término en el contexto pedagógico de la literatura: "Ascribing to language the power to set in motion different world views implies a particular kind of literacy, one that combines the cultural literacy of broad referents and the primary literary of reading and writing" (48). Dicho de otro modo, Lawall toma el lenguaje pedagógico en torno a la idea de "literacy" y lo utiliza para una doble discusión de la formación del currículum literario y para una concepción de una agencia intelectual de interpretación del mundo: "The literacy of world literature is consequently the ability to read for a *new* world in relation to the *old*: to construct new worldviews by comparing other systems of reality, to imagine and bring about change by examining reciprocal reflections and their intervening space of exchange" (48). Por su parte, David Damrosch rearticula la noción alrededor de tres definiciones: a) "World literature is an elliptical refraction of national literatures"; b) "World literature is writing that gains in translation"; y c) "World literature is not a set canon of texts but a mode of reading: a form of detached engagements with worlds beyond our own place and time" (281). Puesto de otra manera, Damrosch retoma las bases del término goetheano (la refracción nacional, la traducción y la experiencia cosmopolita) y propone una rearticulación del espíritu de la noción en el mundo globalizado. Estos dos enfoques, entonces, dan idea del panorama actual de la noción y permiten entrar a la discusión de Moretti y Casanova.

FRANCO MORETTI: LOS ESTUDIOS LITERARIOS Y LA GEOPOLÍTICA DEL CONOCIMIENTO

> Kafka pasa junto a nosotros. Lo saludamos
> emocionados. Él ni siquiera voltea a vernos.
>
> Francisco Hernández (44)

En la estela de la publicación de trabajos como el de Sarah Lawall en Estados Unidos, de Pascale Casanova en Francia y de sus propios trabajos en la Gran Bretaña, Franco Moretti inaugura el debate actual sobre la noción de literatura mundial en un artículo del 2000 titulado "Conjectures on World Literature". Para ponerlo en una no demasiado inapropiada metáfora leninista, el texto es una suerte de "¿Qué hacer?" en torno a la literatura mundial. Se trata de un texto programático que propone rutas a seguir en el análisis de un corpus literario sin precedentes, que ha vuelto obsoletos los métodos de la literatura comparada tradicional. Estos métodos, para Moretti, han sido insuficientes en la tarea de alcanzar el ideal goetheano: "let me put it very simple: comparative literature has not lived up to these beginnings. It's been a much more modest intellectual enterprise, fundamentally limited to Western Europe, and mostly revolving around the river Rhine (German philologists working on French literature). Not much more" (54). A partir de este punto, Moretti plantea, desde Weber, la necesidad del desarrollo de un nuevo método conceptual que, a su vez, presupone una redefinición de la literatura mundial: "world literature is not an object, it's a problem, and a problem that asks for a new critical method: and no one has ever found a method just by reading more texts" (55). Dicho de otro modo, Moretti propone salir completamente del vocabulario de la literatura comparada y replantearlo desde una idea, importada de las ciencias sociales, que concibe a la literatura no como un corpus que se constituye en objeto de estudio, sino como una problemática "conceptual" (siguiendo la definición de Max Weber) que requiere un método para su aproximación y afirmación. En su discusión de los métodos de la sociología, Weber observa: "La sociología construye conceptos-*tipo* –que con frecuencia se da por supuesto como evidente por sí mismo– y se afana por encontrar reglas generales del acaecer. Esto en contraposición a la historia, que se esfuerza por alcanzar el análisis e imputación causales de las personalidades, estructuras y acciones *individuales* consideradas *culturalmente* importantes" (16. Énfasis en el original). Es esta misma agenda y distinción la que Moretti plantea para los estudios literarios: en vez de analizar textos "individuales considerados culturalmente importantes", propone la construcción de "conceptos-tipo" para encontrar reglas generales. Desde esta perspectiva, el ensayo de Moretti propone la constitución de un método (la lectura distante (*Distant reading*)) e ilustra el proceso de arribo a una ley general (lo que llama "Ley de Jameson": el "compromiso" (*compromise*)[21] alcanzado entre formas literarias importadas y contenidos locales). La coordenada de partida de estos métodos es una idea de literatura mundial entendida, desde Wallerstein, como "one and unequal" (55-6).

Ambos métodos planteados por Moretti son retos lanzados al *status quo* de la literatura comparada y, particularmente, a los métodos y prácticas de la tradición anglosajona. El término "lectura distante" es claramente una antítesis de la práctica crítica conocida como *close reading*, desarrollada particularmente por paradigmas en lengua inglesa, pero relevante incluso a escuelas críticas herederas del estructuralismo. Para Moretti, esta práctica es incompatible con la literatura mundial, puesto que, por un lado, depende necesariamente de un "extremely small canon" y, por otro lado, "you invest so much in individual texts *only* if you think that very few matter" (57). Moretti, a su manera, expresa la misma preocupación que Erich Auerbach y René Etiemble antes que él, el ingreso del mundo en su totalidad al espacio de los estudios literarios implica un agotamiento de los métodos y presupuestos de la crítica literaria. Por ello, la respuesta es, de cierta manera análoga a la de Auerbach: la necesidad de desarrollo de un método riguroso para responder a esta realidad. Pero, mientras Auerbach era un filólogo cuyo trabajo radicaba en la materialidad del texto, Moretti, heredero del positivismo weberiano, ubica el centro de la disciplina es el desarrollo de conceptos. Y en un objeto tan amplio como la literatura mundial, esto sólo es posible "without a single direct textual reading" (57). Por ello, el primer presupuesto crítico en el que descansa el concepto de lectura distante es una práctica crítica de segunda mano: la lectura textual corresponde a los especialistas en literaturas nacionales o regionales, mientras que el crítico de la literatura mundial deberá conceptualizar buscando patrones en común encontrados, de manera independiente, en los trabajos críticos específicos.

No resulta demasiado difícil entender las ventajas de esto: en una lectura indivudual de la literatura mundial, uno siempre depende de preferencias o disponibilidad de obras literarias específicas, lo cual hace que cualquier estudio de la literatura mundial sea limitado. En cambio, si cedemos a los críticos de cada tradición la lectura de los textos y el establecimiento de los cánones, un crítico de la literatura mundial puede desarrollar un ángulo más objetivo del sistema mundial sin que medien las preferencias de su perspectiva. O, para ponerlo en el lenguaje de Auerbach, corresponde a los críticos nacionales y regionales el desarrollo de los "puntos de partida" de cada tradición y al crítico de la literatura mundial la construcción de "puntos de partida" comunes a todas las tradiciones. Esto por supuesto, descansa en una serie de presupuestos que se pueden considerar problemáticos. En primer lugar, como ya ha señalado Spivak (*Death* 108), la "lectura a distancia" depende de una nueva versión de la división internacional del trabajo donde la lectura textual como práctica no es cuestionada sino simplemente desplazada a la periferia. La implicación de esto es que la práctica planteada por Moretti sólo es posible desde ciertos *loci* de enunciación, principalmente la academia de Estados Unidos y Europa Occidental. Por ello, el punto no es, como plantea Jonathan Arac (40), el hecho de que un método como éste se basa en la centralidad del inglés como lengua hegemónica, ya que la traducción de textos de diversas tradiciones a un idioma común no tiene relación necesaria con el imperialismo lingüístico (Parla 118-119). Más bien, uno puede señalar dos problemas. Primero, la elección de cuáles son los textos que se eligen para las comparaciones. Por ejemplo, para el estudio de la novela, Moretti elige de América Latina referencias de Jean Franco o Doris Sommer, estudiosas ambas de gran prestigio en el medio anglosajón, mientras que deja fuera alguien como Ángel Rama quien, presumiblemente, es más influyente en la historiografía literaria de la región. Segundo, y quizá más importante, la accesibilidad de textos críticos en traducción es sin duda más precaria que la de las obras literarias originales, por lo cual el método requiere ajustarse a los pocos trabajos traducidos (que responden a las mismas lógicas de desigualdad que Moretti busca describir) y a las aproximaciones a la periferia articuladas desde las academias del centro: si un crítico no lee, digamos, mandarín, depende necesariamente de la sinología de las tradiciones en idiomas que sí conoce y de las muy escasas traducciones de trabajos críticos. Para decirlo de manera concreta, la propuesta de Moretti no reconoce, en este nivel, que la desigualdad del campo de la crítica literaria es análoga al de la literatura misma y, por ende, su concepto de la lectura a distancia acepta tácitamente y necesariamente descansa sobre la geopolítica del conocimiento imperante en el centro.

Un segundo momento es el desarrollo de conceptos, fundados en metodologías de las ciencias sociales y naturales, para dar cuenta de patrones generales en la historia literaria. Este trabajo metodológico comienza en su libro *Modern Epic* donde no sólo introduce la noción de sistema-mundo a los estudios literarios sino plantea: "A possible geography of literary forms emerges here: while world texts are concentrated in the semi-periphery, the novel by contrast fluorished in the homogeneous nacional cultures of France and England, at the core of the world-system" (50). En esta afirmación se ve no sólo uno de los puntos fundamentales de toda la teoría de Moretti (el potencial revolucionario de la semiperiferia), sino la idea de darle forma a sus conclusiones desde "una geografía", es decir, desde una visión global articulada en el vocabulario de las ciencias sociales. Esto se amplia en *Atlas of a European Novel*, donde literalmente comienza el desarrollo de una geografía literaria desde dos concepciones: el estudio del espacio en la literatura (la forma, por ejemplo, en que Balzac describe París) y la literatura en el espacio (por ejemplo, un mapeo de la difusión de la obra balzaciana y sus influencias en otras regiones del mundo) (4). Aquí emerge el doble concepto morettiano de mapa: por un lado la escritura de mapas que describen el espacio de una obra literaria dada para el estudio de sus afinidades con otras obras, por otro, la escritura de mapas que dan cuenta de las distintas articulaciones del espacio literario mundial. En "Conjectures" agrega los árboles, concepto que toma de la teoría darwiniana y la filología decimonónica, que da cuentan de la evolución y las familias filogenéticos de la literatura (66) y la ola, proveniente de la lingüística histórica y la economía, que da cuenta de las tendencias de difusión de las formas literarias en el espacio mundial (67). Más recientemente, Moretti publica *Graphs, Maps and*

Trees,[22] donde, además de desarrollar las nociones anteriores, toma de la estadística y del análisis cuantitativo de las ciencias sociales las gráficas para analizar ocurrencias de ciertos tropos, formas o prácticas (algo que ya había llevado a cabo en su ensayo "The Slaughterhouse of literature" para dar cuenta de por qué ciertas formas prevalecen y ciertas no) y la evolución de la literatura en su mercado específico.

Es bastante evidente que la metodología construida por Moretti durante la última década abiertamente asume su legado positivista.[23] Moretti no concibe los estudios literarios como una intervención política o como un campo de debate con la producción literaria. Se trata, ni más ni menos, un intento de describir el sistema literario "tal cual es". Moretti observa en su respuesta a las críticas a "Conjectures": "'Conjectures' does not reserve invention to a few cultures and deny it to others: it specifies *the conditions under which it is more likely to occur* and the forms it may take. Theories will never abolish inequality: they can only hope to explain it" ("More conjectures" 77. Énfasis en el original). Sin embargo, Moretti suspende por momentos la pretensión de objetividad de su método y reconoce, como una suerte incluso de postura política, que el método determina al objeto: "the way we imagine comparative literature is a mirror of how we see the world" (81). Moretti, buen wallersteiniano, comprende que la literatura sucede en un mundo sin precedentes donde "the entire world may be subject to a single centre of power –and a centre which has long exerted an unprecedented symbolic hegemony" (81). La posible crítica a su método es articulable entonces desde dos puntos: una problematización de la genealogía intelectual de su método y un planteamiento que complejiza la visión del mundo subyacente a dicho método.

Jonathan Arac ha contrastado la genealogía weberiana de Moretti con la preferencia de Auerbach (y Edward Said) por Vico y ha señalado, a partir de ella, que esta última línea es una línea de crítica cuyo punto es no renunciar nunca a la lectura específica de los textos (42). Aunque no comparto en absoluto la idea de Arac de que el modelo de Moretti oculta un práctica imperialista, puesto que, a fin de cuentas, Moretti es muy claro en decir que las revoluciones literarias ocurren en la semiperiferia, pienso que la renuncia a la crítica textual sí es un problema específico de la genealogía de Moretti.[24] Esta renuncia es producto no del trabajo de Moretti (quien en *Modern Epic* y *Atlas of the European Novel* sí lleva a cabo excelentes lecturas específicas de los textos en cuestión) sino de su elección programática del modelo weberiano de la ciencia social. Moretti ha referido que una crítica hecha a su *Atlas* es que su concepción del espacio es extensiva (se refiere sólo a relaciones espaciales) excluyendo la dimensión intensiva (el valor intrínseco) de cada ubicación. Moretti concede el punto, pero observa que si bien su concepción del espacio es cartesiana, sus mapas son un diagrama de fuerzas y dan cuenta de relaciones espaciales de poder. Una sociología de la literatura, continúa Moretti, sería "deducing from the *form* of an object the *forces* that have been at work" (*Graphs* 54-57). Si bien esta aseveración conduce a muchas y muy productivas asociaciones, uno no puede dejar de pensar qué pasaría si extendiéramos esa crítica a todo el método de Moretti, es decir, que su énfasis en la lectura distante es producto de una concepción extensiva de la literatura mundial, mientras que la producción literaria tiene importantes dimensiones intensivas no reductibles a los resultados del *close reading* anglosajón.

En suma, hay que decir que el método de Moretti, pese a los problemas que acabo de señalar, constituye una de las aportaciones más originales a la crítica literaria en los últimos tiempos. Se trata, por un lado, de un llamado al reconocimiento de la expansión del corpus literario y de la imposibilidad de comprenderlo con las herramientas críticas actuales. Por otro, se trata de un catálogo de nuevas y sugerentes metodologías concretas de la literatura que, en conjunción con otras, pueden sin duda transformar la visión profundamente eurocéntrica y nacionalista desarrollada por más de dos siglos de literatura mundial y literatura comparada. Hay que decir que estos dos puntos corresponden también al sistema desarrollado por Pascale Casanova. A él dedico la próxima sección.

Pascale Casanova: Hacia una sociología de la literatura mundial

> Abuelo, preciso es decíroslo: mi esposa es de mi tierra, mi querida de París.   Rubén Darío (180)

La República Mundial de las Letras de Pascale Casanova, publicado originalmente en 1999, es un libro que emerge de la misma preocupación en torno a la articulación global de las prácticas escriturales en tiempos del capitalismo tardío. Su propósito central puede ser descrito invocando el título de uno de sus artículos: se trata de mover la disciplina "del comparatismo a la teoría de las relaciones literarias internacionales". Las traducciones del libro de Casanova al español (2001) y al inglés (2004) atestiguan la creciente centralidad que su modelo tiene en el contexto de estos debates.[25] Es en el marco de esta centralidad que una discusión cuidadosa de sus tesis se vuelve necesaria, en tanto el libro seguramente marcará nuevas maneras de aproximación a la literatura latinoamericana desde Europa y Estados Unidos, con consecuencias directas no sólo en la percepción de nuestras producciones culturales, sino en la articulación institucional de la literatura latinoamericana en las academias metropolitanas.

El concepto "república mundial de las letras" es el resultado de dos movimientos teóricos. En un primer momento, como ha sido señalado ya por Perry Anderson (http), se trata de una extensión al plano transnacional del concepto de "campo de producción cultural" y, más específicamente, "campo literario", desarrollados por Pierre Bourdieu en volúmenes como *Las reglas del arte* y *El campo de producción cultural*. Este concepto, entonces, enfatiza las relaciones de poder en la base del sistema literario, a partir de los procesos de estratificación de la cultura e inequidad en el reparto de capital simbólico emergidos de prácticas concretas que incluyen políticas de edición, traducción y reconocimiento por figuras que ocupan un lugar hegemónico hacia adentro del campo. La "república mundial de las letras", en este sentido, opera como un "mercado de bienes simbólicos", donde, por un lado, existe una acumulación de capital cultural por parte tanto de figuras específicas (los "clásicos") como por naciones y lenguas centrales; por otro, existen un conjunto de escritores que retan el *status quo* y, al hacerlo, logran en algunos casos la acumulación de un capital cultural propio y su eventual consagración en la "república". Esta "república" comparte con los campos de Bourdieu la idea de una "autonomía relativa" (*Reglas* 79-170; *Field* 29-144). Si bien Casanova reconoce el origen estrictamente político de las literaturas nacionales, la modernidad literaria se caracteriza, para ella como para Bourdieu, en el hecho de que el sistema literario tiene lógicas internas que no dependen de un campo de poder externo. Articulado con la idea de la "bolsa de valores literaria", tomada de Valéry Larbaud, esto quiere decir que el sistema global que concibe Casanova inscribe a la producción literaria en una red de poder relacionada con la valoración específica de lenguas y estéticas: un autor en particular ocupa una posición específica en su contexto nacional y, al ingresar en el circuito internacional, tanto esta posición individual, como la posición de su país de origen con respecto a la metrópoli resultan elementos determinantes para su valoración (142-170). En suma,

Casanova toma de Bourdieu una concepción espacial de la literatura[26] que describe al campo literario como un conjunto de relaciones de poder expandidas en un mapa geocultural cuya lógica opera con autonomía relativa con respecto al mapa geopolítico.[27] Este espacio autónomo emergido de prácticas concretas que, a su vez, generan capital simbólico es complementado por una segunda, menos explícita, dimensión teórica del término: La "república mundial de las letras" es una "formación discursiva" en el sentido que Foucault dio al término.[28] De esta manera, las prácticas y relaciones de poder de la "república" se traducen en la emergencia de una disciplina denominada "literatura" cuyos enunciados son las obras literarias específicas.[29] El concepto de Casanova, entonces, debe entenderse como parte del mismo campo semántico de "orientalismo" tal y como lo acuñó Edward Said.[30] Una analogía más familiar para América Latina se encuentra al observar que Casanova descubrió para la literatura mundial un mecanismo similar al planteado, en el caso de las naciones latinoamericanas, por Ángel Rama en *La ciudad letrada*. La comparación con Rama permite observar tanto el valor como las limitaciones del concepto de Casanova en tanto formación discursiva. Leyendo a Rama desde Foucault, Juan Poblete describe *La ciudad letrada* como una propuesta para "entender el discurso como una práctica realizada por agentes para responder a demandas socialmente definidas [...] de acuerdo a una serie de procedimientos reguladores y prácticas subsidiarias; en un espacio físico concreto y en un momento histórico determinado" (256). El valor de invocar a Foucault para la construcción de una categoría que da cuenta de una formación discursiva específica proviene de la posibilidad de incluir en el análisis una dimensión material de los discursos que se pueden entender en tanto prácticas. En este sentido, la "república mundial de las letras" explica eficientemente una dinámica concreta de relaciones económicas que resultarían invisibilizadas por análisis esteticistas o ideológicos. Gracias al apoyo de los conceptos de Bourdieu, Casanova comprende que la base del sistema literario no radica en estéticas específicas, sino en su legitimación y posterior reproducción en un sistema discursivo concreto que se traduce a prácticas específicas como ediciones, traducciones, etc. De hecho, como queda claro en las primeras páginas del libro, Casanova apuesta frontalmente por un concepto de literatura que no corresponde a un *je ne sais quoi* estético, precisamente al plantear que el término "literatura", en el fondo, denomina al conjunto de producciones discursivas legitimadas por el sistema de prácticas de la "república mundial" (11-24). Por este motivo, Casanova define literariedad, como el "capital lingüístico-literario" acumulado por una lengua específica (32) y no desde una definición más tradicional[31] de características inmanentes y específicas a la obra de arte literaria. En otras palabras, la literariedad de una lengua u obra emerge de la suma de una serie de prácticas concretas que incluyen la historia de la lengua, la elaboración de procedimientos estilísticos, debates teóricos, etc (33), por lo cual lo literario está definido estrictamente por prácticas materiales concretas, algo que permite simultáneamente plantear un estatuto específico a la producción literaria y basar dicho estatuto en una serie de criterios que evaden la tentación de pensar a lo literario como un atributo estético esencial. Es en momentos como éste en que el trabajo de Casanova encuentra su vertiente más productiva: una sistematización que escapa de axiomas estéticos e ideológicos y que, seguida hasta sus últimas consecuencias permite dar cuenta de las producciones literarias en términos de sus circunstancias históricas, materiales y estéticas concretas.

La teorización de Casanova, sin embargo, manifiesta algunas aporías que ponen al descubierto ciertas limitaciones. Casanova, a diferencia de Rama, no apuesta particularmente por la desubjetivización de la formación discursiva. En este sentido, mientras uno puede dar cuenta de las operaciones de la "ciudad letrada" en contextos amplios y explicar la obra de autores específicos como manifestaciones de dicha formación discursiva, la teorización de Casanova depende fuertemente de un concepto de agencia. Buena parte de la segunda sección del libro, titulada "Revueltas y revoluciones literarias" se funda en analizar figuras (como Kafka o Mario de Andrade) que de manera excepcional ingresan al sistema mundial. Estas figuras, construidas, como ha señalado Deresiewicz (http), en un modelo casi heroico,[32] están posibilitadas precisamente por el legado de Bourdieu, en cuya teorización se pueden concebir resistencias específicas a las estructuras de poder cultural que consiguen acumular capital simbólico. Si bien no me interesa contradecir a Casanova en el hecho de que en efecto existen escritores que ingresan al canon a contracorriente, la incompatibilidad de los dos legados teóricos deja ver limitaciones en sus apuestas conceptuales. Queda claro, por ejemplo, que Casanova defiende abiertamente la idea de autonomía del sistema literario frente a la idea de las relaciones de este sistema con estructuras políticas e ideológicas. Esta autonomía es precisamente lo que debilita el poder explicativo de Casanova. La "ciudad letrada", como concepto, permite dar cuenta de una estructura "epistética" que no sólo explica, como hace Casanova, la emergencia de los discursos estrictamente literarios, sino la forma en que la letra es parte de un sistema amplio de disciplinas que regulan el cuerpo social. En cambio, la defensa dogmática de la autonomía por parte de Casanova la hace incurrir en explicaciones aporéticas: si bien el privilegio de ciertas lenguas sobre otras en el sistema planetario es el producto de relaciones de colonialidad, el valor de una obra literaria se determina en tanto dicha obra corresponde, en su modelo, a una formación discursiva validada en un sistema literario autónomo donde dichas relaciones no juegan ningún papel discernible. La clave aquí es entender que para Bourdieu mismo (*Field* 37-40) la autonomía del campo cultural es relativa, es decir, que el hecho de que tenga reglas propias y un sistema interno de dominación no quiere decir que no opere en una relación subordinada al campo de poder. Para Casanova, en cambio, las relaciones de colonialidad parecen ser huellas que el campo de poder dejó en el sistema autónomo de la literatura durante su momento de constitución y autonomía, pero no tienen necesariamente un papel en los procesos de consagración hacia adentro del sistema literario. Por esta lectura parcial del concepto de autonomía de Bourdieu, Casanova deja completamente por fuera relaciones entre política y literatura instrumentales para la comprensión de ciertas dinámicas del mundo literario.

El modelo global de Casanova, aparte de esta articulación teórica, apuesta por la afirmación de París como capital de la "república mundial". Esta centralidad funciona en tres dimensiones. Primero, la elección misma de la idea de una "república mundial de las letras" acarrea en sí misma una lectura desde Francia similar al posicionamiento nacionalista de Moulton. La "república de las letras" emerge como una comunidad política (*polity*) a finales del siglo XVII, articulada como parte del proyecto iluminista y la eventual Revolución Francesa (Goodman 1-11). Segundo, Casanova atribuye un carácter fundacional al proceso que otorga literariedad a la lengua francesa y que, en su argumento, ocurre aproximadamente a finales del siglo XVI y la primera mitad del XVII, en un proceso en el cual emergen la defensa del francés de Du Bellay, el cartesianismo y la gramática de Port-Royal y que alcanzará su punto más alto en el reinado de Luis XIV (90-96). A partir de ahí, y especialmente tras la Revolución, el francés comienza a adquirir un estatuto universal cuyo punto más alto será el estatuto de capital del siglo XIX conferida a París (Benjamin). Finalmente, el libro articula una "medida común del tiempo", el "meridiano de Greenwich", que "permite calcular la distancia hacia el centro de todos los que pertenecen al espacio literario. La distancia estética se mide, asimismo, en términos temporales: el meridiano de origen instituye el presente, es decir, en el orden de la creación literaria, la modernidad" (122-123). El "meridiano de Greenwich", que toma literalmente la idea de la línea internacional del tiempo que pasa por París, implica que existe una sola temporalidad global, entendida desde un hegelianismo superficial como una teología unidimensional cuya punta es París y en la cual el grado de vanguardia o atraso es mensurable "según su proximidad estética con los criterios de la modernidad" establecidos por el "presente de la literatura" ubicado en París (123).

El proceso fundacional de literaturización y posterior universalidad del francés que describe Casanova es, entonces, estrictamente contemporáneo a la emergencia de la "república mundial de las letras" y la elección de este concepto para analizar el sistema global tiene como consecuencia la elevación de procesos socioculturales históricamente específicos a Francia al estatuto de origen de la literatura mundial. De esta manera, se puede entender, por ejemplo, que la centralidad francesa generada en efecto por la Revolución Francesa sea extendida por Casanova a toda la historia de la literatura moderna Sin embargo, en los términos mismos del argumento de Casanova, la centralidad específicamente literaria de Francia en este periodo fundacional es cuestionable. Marc Fumaroli, por ejemplo, argumenta en *La diplomatie de l'esprit* que la característica específica de la literatura francesa en este periodo es la emergencia de géneros literarios como la epístola o la conversación, posibilitados por las condiciones específicas proporcionadas por la cultura ilustrada (vii-xxxii). Esto implica que la historia de los géneros tradicionales que definen la modernidad literaria descrita por Casanova, especialmente la novela y la poesía, no pasa particularmente por Francia antes del siglo XIX.[33] Mucho antes de la llegada del proceso que estrictamente se puede identificar como la emergencia del campo literario autónomo, proceso que Bourdieu ubica en la época de Flaubert y no en la Pléyade (*Reglas* 79-170), las manifestaciones fundacionales de la versión moderna de ambos géneros aparecen, de hecho, en Italia para la poesía (Dante, Petrarca) y en España para la novela (la picaresca, Cervantes). Además, cualquier persona posicionada desde la perspectiva hispanoamericana sabe que el proceso de emergencia de lo literario en las lenguas romances, tal y como lo describe Casanova, sucedió más de un siglo antes con el español:[34] el punto clave es la gramática de Nebrija, publicada en 1492 y el subsecuente Siglo de Oro español. Más aún, mientras la Pléyade es un movimiento cuya influencia real está confinada a Francia, el Siglo de Oro resultó, por lo menos en parte, de las condiciones históricas relacionadas al proyecto colonial, y algunos de sus autores han sido más influyentes en el ámbito global que cualquiera de sus contemporáneos franceses: baste recordar el caso de Cervantes. En todo caso, la deuda literaria más significativa de los autores del Siglo de Oro está en las lecturas cuidadosas de Dante y Petrarca llevadas a cabo por autores como Garcilaso de la Vega. Con esto no me interesa sino enfatizar que la apuesta de Casanova responde a una lógica similar a la planteada por Moulton: la literatura mundial sólo es articulable desde una perspectiva nacional concreta.

Un modelo teórico posicionado de esta manera, entonces, tiene necesariamente un punto ciego: en un espacio literario cosmopolita, las producciones literarias de Asia, Africa y América Latina pueden influir directamente en las estéticas de los Estados Unidos y Europa, sin que esta influencia provenga del ajuste de dichas literaturas a los cánones establecidos en las capitales metropolitanas (Brennan 38). Ciertamente Casanova argumentaría sin demasiados problemas que esto demuestra sus tesis, dado que la consolidación internacional de dichas producciones pasa, por lo menos en parte, por Francia y su mercado editorial, pero el punto es que el proceso de formación de la escritura periférica y su paso por circuitos de lectura no europeos no pueden ser descritos desde un modelo que requiere siempre la referencia a Francia. No sin cierta ironía, la idea del rol central de París de Casanova recuerda al rol central de Shakespeare planteado por Harold Bloom de *The Western Canon*.[35] Aunque la defensa del occidentalismo no es tan militante en el caso de *La República Mundial de las Letras*, y aún cuando Casanova abiertamente expresa su simpatía por la producción literaria periférica, lo cierto es que la premisa es la misma: existe un centro del canon (Shakespeare, París) en cuyos términos se mide toda la producción literaria.

Vale la pena subrayar que los defectos y virtudes de este modelo son extensibles a todos los esfuerzos de descripción de la literatura global/ mundial que han emergido en los últimos diez años y que, más que problemas específicos a la teorización de Casanova, parece tratarse de un *impasse* presente en los todos los sistemas teóricos sobre el tema. Sea Francia (Casanova), el sistema-mundo atlántico (Baucom, Moretti), la tradición romántica inglesa (Bloom) o, incluso, la articulación poscolonial del *modernism* y el *global English*

(Spivak), todo sistema literario mundial se basa en un posicionamiento cultural a la Moulton que pone en primer plano los intereses críticos de cierta perspectiva nacional o lingüística. Más que entender esto como una articulación más del eurocentrismo, hay que responder a una cuestión invocada por estos modelos: ¿Cómo comprender la articulación geoliteraria de una literatura periférica, como la de América Latina? Me parece que las interpretaciones y los silencios de modelos como los de Moretti y Casanova tienen mucho que decirnos de la conflictiva relación entre las articulaciones históricas específicamente nacionales de la literatura latinoamericana y su circulación en el mercado transnacional de bienes simbólicos. Por ello, una vez explorados los territorios de Moretti y Casanova, vale la pena regresar a América Latina.

COMENSALES PROVINCIANOS EN EL BANQUETE DE LA CIVILIZACIÓN

> La literatura, en efecto, no es una actividad de adorno, sino la expresión más completa del hombre [...] Sólo la literatura expresa al hombre en cuanto es hombre, sin distingo ni calificación alguna. No hay mejor espejo del hombre. No hay vía más directa para que los pueblos se entiendan y se conozcan entre sí, que esta concepción del mundo manifestada en las letras.
>
> Alfonso Reyes (127)

Uno de los puntos centrales de la agenda del latinoamericanismo del siglo XX, desde su origen, ha sido el reconocimiento de la región como interlocutora legítima en los debates culturales a escala mundial. En las "Notas sobre la inteligencia americana" de Alfonso Reyes, uno de los momentos claves de esta discusión, encontramos un ejemplo crucial de la relación problemática que los intelectuales latinoamericanos han establecido frente a los intentos de ubicarse en el mundo. Tras declarar su conocida fórmula de que América Latina llegó tarde al "banquete de la civilización", Reyes apuesta por la afirmación de América como espacio de la verdadera universalización:

> En tanto que el europeo no ha necesitado de asomarse a América para construir su sistema del mundo, el americano estudia, conoce y práctica a Europa desde la escuela primaria. [...] Nuestro internacionalismo

connatural, apoyado felizmente en la hermandad histórica que a tantas repúblicas nos une, determina en la inteligencia americana una innegable inclinación pacifista. (87)

Precisamente porque América era vista como un espacio donde se manifiesta un verdadero universalismo en tanto es capaz de articular una lectura propia del pensamiento europeo y del propio en el mismo gesto, Reyes subraya la necesidad de que América Latina adopte su misión histórica y renuncie a su condición periférica. En un recurso retórico fundamental, Reyes concluye su ensayo: "Y ahora yo digo ante el tribunal de pensadores internacionales que me escucha: reconocemos el derecho a la ciudadanía universal que ya hemos conquistado. Hemos alcanzado la mayoría de edad. Muy pronto os habituaréis a contar con nosotros" (90).

La recuperación de un texto como éste en el contexto de la globalidad latinoamericana no radica en la afirmación de la singularidad o excepcionalidad de América, concepción producto de un problema específico a cierto momento del pensamiento regional (Castro Gómez 57), sino en el proyecto de constitución de un sujeto histórico. Para autores como Reyes, la literatura no era una estrategia de incorporación al mercado internacional, sino un intento de afirmación de ciudadanías culturales. Por ello, la forma en que Reyes escribe su declaración es clave: al apelar a un "tribunal de pensadores internacionales que me escucha", asume que la capacidad de América Latina como interlocutora cultural es un presupuesto de su conceptualización. América no debe esperar la venia de Europa, sino que debe asumirse de entrada como parte de un diálogo cultural. En consecuencia, la declaración de autonomía es "reconocemos el derecho a la ciudadanía universal", donde el nosotros otorga a los latinoamericanos mismos el deber de constituirse en ciudadanos culturales del mundo.

El mejor ejemplo de todo esto es Jorge Luis Borges,[36] quien es, a la vez, un interlocutor privilegiado de Reyes[37] y una figura heráldica de la literatura latinoamericana en el mundo. Es de todos conocidos el cliché que plantea a Borges como un escritor europeo que nació "por accidente" en América Latina, pero el problema de la universalidad de Borges ha sido planteado de forma consistente como una consecuencia de su articulación específicamente argentina. En *Borges, un escritor de las orillas*, Beatriz Sarlo plantea:

> En Borges, el cosmopolitismo es la condición que hace posible una estrategia para la literatura argentina; inversamente, el reordenamiento

> de las tradiciones culturales nacionales lo habilita para cortar, elegir y
> recorrer desprejuiciadamente las literaturas extranjeras, en cuyo espacio
> se maneja con la soltura de un marginal que hace libre uso de todas las
> culturas. Al reinventar una tradición nacional Borges también propone
> una lectura sesgada de las literaturas occidentales. Desde la periferia,
> imagina una relación no dependiente respecto de la literatura extranjera,
> y está en condiciones de descubrir el "tono" rioplatense porque no se
> siente un extraño entre los libros ingleses y franceses. Desde un margen,
> Borges logra que su literatura dialogue de igual a igual con la literatura
> occidental. Hace del margen una estética. (14-15)

Siguiendo esta descripción, la obra de Borges es una puesta en práctica estricta de la agenda planteada por Reyes. En la lectura de Sarlo, Borges es un autor que constituye su obra a partir de la doble redefinición del espacio nacional y transnacional. El efecto preciso de esto en el plano mundial de la literatura es la producción de una estética inclasificable que pone en entredicho los presupuestos occidentales en los que se funda la concepción de modernidad de las teorizaciones de la literatura mundial. En este sentido se debe entender la idea, planteada por Sylvia Molloy, del "no lugar de la literatura borgeana" (18): la exposición del simulacro en el que se funda la estética literaria y, en consecuencia, el espacio eurocéntrico en que la "república mundial de las letras" se constituye. Dicho de otro modo, la canonización mundial de Borges no se da debido a que Borges fue construido por el espacio editorial europeo o por las lógicas trasatlánticas del mercado literario, sino a que su estética del margen implica una ruptura profunda de los presupuestos intelectuales de la modernidad europea que en los modelos de Casanova y Moretti siempre ocupan el lugar de vanguardia. Borges reconoció su propia ciudadanía internacional y se dirigió al tribunal de pensadores internacionales, articulando un espacio que es a la vez barrio bonaerense y biblioteca universal. Este espacio lo llamó la propia Sarlo, en otro lugar, "modernidad periférica". Sólo desde un lugar así es posible intervenir en la cultura universal con la violencia con que la obra borgeana sacude las presuposiciones estéticas de la modernidad narcisista descrita por Casanova y Moretti. Las palabras de Michel Foucault al inicio de *Las palabras y las cosas*, instrumentales en el proceso de reconocimiento internacional de Borges, no hacen sino atestiguar que sólo la perspectiva del orillero permite concebir el sistema de conocimiento occidental como un juego de máscaras: "Este libro nació de un texto de Borges. De la risa que sacude, al leerlo, todo lo familiar al pensamiento –al nuestro: al que tiene nuestra edad y nuestra geografía- trastornando las superficies ordenadas y todos lo planos que ajustan la abundancia de seres, provocando una larga vacilación e inquietud en nuestra práctica milenaria de lo Mismo y lo Otro" (1). "La risa que sacude todo lo familiar al pensamiento", un pensamiento que "tiene nuestra edad y nuestra geografía" es la irrupción de la orilla en el centro. Borges no ingresa a la modernidad literaria. La destruye.

El ejemplo de Borges es muy instructivo aquí porque permite discernir algo que no queda claro en el debate de la literatura mundial: la diferencia entre la percepción que Europa tiene de la literatura latinoamericana y el lugar que esta literatura ocupa, de hecho, en el mundo. Casanova generalmente habla de los procesos de consagración en dos sentidos muy diferentes: la recepción editorial en Francia (como el caso de Borges) o el descubrimiento del paradigma literario francés por parte de un escritor periférico (como Rubén Darío), mientras que en la obra de Moretti América Latina parece condenada al lugar de la semiperiferia, donde, pese a su constante potencial de innovación, existe una sujeción perenne a lógicas del centro. Sin embargo, no queda muy claro qué pasa con escritores que ponen en entredicho la modernidad literaria, puesto que ésta, dentro del argumento tanto de Casanova como de Moretti, nunca es puesta en cuestión. Por ello, no es de extrañar que Borges, probablemente el escritor más influyente a nivel mundial en la segunda mitad del siglo xx, sólo sea mencionado de pasada en el libro de Casanova,[38] mientras que, por no ser novelista, está completamente ausente de la obra de Moretti. Esta ausencia es la que posibilita a Casanova la afirmación de que la literatura latinoamericana es la prueba de su modelo de autonomía relativa del espacio literario respecto al espacio geopolítico ("Literary" 85) o a Moretti la ubicación de la literatura latinoamericana en una rama del árbol del estilo indirecto libre occidental (*Graphs* 82), lo cual reducido a las implicaciones de los modelos equivale a decir que sólo desde esa autonomía o desde esa posición en las ramas se explica que un conjunto de "países subdesarrollados" haya generado autores tan influyentes. Aún cuando uno suscribiera la idea de que las prácticas editoriales o las estructuras geoculturales operan en ese sentido, lo cierto es que la consagración internacional de la literatura latinoamericana y otras regiones periféricas no se explica sólo en esos términos: tiene también que ver con el agotamiento de un paradigma moderno-colonial[39] en el cual una serie de sujetos marginalizados cultural y políticamente (aquí hay que enfatizar la conjunción) irrumpen en el espacio europeo. Frantz Fanon explica el fenómeno de mundialización de la literatura llamada poscolonial tanto como Pierre Bourdieu o Immanuel Wallerstein: a fin de cuentas, en el espacio literario existen tanto escritores en busca de su ciudadanía cultural que plantean resistencias violentas a la normalización literaria como autores que, en palabras de Rafael Gutiérrez Girardot, capitalizan con el "pathos folklórico de los clientes del exotismo en Europa y de sus proveedores" (xxxvi).

Este planteamiento de ciudadanía cultural sienta las bases del trabajo del presente volumen. Si pensamos en antecedentes latinoamericanos a estas discusiones, inmediatamente viene a la mente otro argumento histórico sobre la ciudadanía intelectual del continente: *Para una teoría de la literatura hispanoamericana* de Roberto Fernández Retamar. En este volumen, el crítico cubano retoma la noción de literatura mundial en los momentos fundamentales de Goethe y Marx y enfatiza el hecho de que, aún siglo y medio después, "no existe todavía, naturalmente, una literatura mundial o general" precisamente porque "no existe *todavía* [...] un mundo *uno*" (79). De esta manera, el mundo literario existe en una suerte de fragmentación donde, reza la máxima de Fernández Retamar, "una teoría de la literatura es la teoría de una literatura" (82). Así, dado que no existe un mundo homogéneo ni una producción literaria general, Fernández Retamar plantea una agenda crítica:

> Necesitamos pensar nuestra concreta realidad, señalar sus rasgos específicos, porque sólo procediendo de esa manera, a lo largo y ancho del planeta, conoceremos lo que tenemos en común, detectaremos los vínculos reales, y podremos arribar un día a lo que será de veras la teoría general de la literatura general. (134)

Este volumen, entonces está concebido desde este espíritu: de la necesidad de una comprensión de las especificidades de nuestra posición en el mundo y de la forma en que teorías de la mundialización pueden o no dar cuenta de ellas. A fin de cuentas, también desde las problemáticas específicas de América Latina se han articulado categorías críticas relevantes a procesos literarios y culturales que trascienden a la región. Perry Anderson recuerda que la noción de modernismo, tan central a los estudios literarios en lengua inglesa, fue articulada por Rubén Darío y canonizada en español una generación antes (3). En homenaje a lo que debemos a precursores como Darío, Reyes, Borges o Fernández Retamar, los artículos de este volumen discuten ampliamente la relación entre el marco conceptual de la literatura mundial y las realidades históricas y literarias del continente.

AGRADECIMIENTOS

El armado de un libro como éste sólo es posible con la colaboración de muchas personas. Quiero agradecer a Mabel Moraña, directora de publicaciones del Instituto Internacional de Literatura Iberoamericana, por su interés y apoyo. El trabajo y apoyo constante de Erika Braga crea las condiciones materiales de una tarea crítica como la de este volumen. Quiero reconocer también el trabajo y apoyo de Karen Rigby. El riguroso trabajo de lectura y corrección de Rubén Sánchez-Godoy y Paola Ahumada ayudó a pulir las imperfecciones de mi trabajo editorial. Quiero reconocer la generosidad de Franco Moretti y Pascale Casanova y su apertura a un espacio de diálogo y debate nuevo para ellos. Este proyecto hubiera sido imposible sin el diálogo entablado con Jean Franco y sus agudas reflexiones sobre el tema. Sebastiaan Faber colaboró con la lectura de mis traducciones y contribuyó a una versión final más clara y legible. Agradezco también a *New Left Review*, particularmente Katharine Fletcher, por la cesión de derechos de los textos de Casanova y Kristal y a *Review*, particularmente Donna DeVoist, por la cesión del primero de los textos de Moretti. Y, finalmente, quiero ratificar mi profundo agradecimiento a todos los colaboradores por su entusiasta respuesta a mi convocatoria, por la calidad de sus reflexiones y por su trabajo en un volumen que tenía un tiempo relativamente corto para armarse. Es en las palabras de todos ellos donde radica cualquier contribución que este libro pueda ofrecer.

NOTAS

[1] Cabe recordar que este pasaje es también comentado por Ángel Rama en *Rubén Darío y el modernismo* (10) donde el crítico uruguayo hace énfasis precisamente en la naturaleza hispanoamericana del universalismo dariano.

[2] Debo el acuñamiento de esta expresión a Pedro Ángel Palou.

[3] Fenómeno que ya intuía Ángel Rama en "El *boom* en perspectiva".

[4] Para la forma en que el mercado editorial mundial se ha configurado en tiempos de capitalismo globalizado, la referencia indispensable el *The Business of Books*,

36 • Ignacio M. Sánchez Prado

donde el exdirector de Pantheon, una de las casas editoriales de Random House, André Schiffrin, describe el movimiento de la industria hacia prácticas abiertamente corporativistas.

5 Véase De la Campa, *Latin Americanism*.

6 Véase *Death of a Discipline* Gayatri Spivak.

7 Aquí, sirve como evidencia el libro *Debating World Literature* de Christopher Prendergast, donde la literatura latinoamericana está representada por un artículo de Elisa Sampson Vera Tudela sobre Ricardo Palma que no tiene absolutamente nada que ver con el debate conceptual sobre la literatura mundial. Otro ejemplo sintomático es el volumen *No Small World* editado por Michael Thomas Carroll. Auspiciado por el National Council of Teachers of English, se trata de un libro que reflexiona sobre las posibilidades concretas de enseñanza de literatura mundial en el currículum universitario. Llama la atención que la única región del mundo sin representación en el volumen sea, precisamente, América Latina y, además, que el libro esté pensado en general desde un paradigma de la literatura en inglés.

8 Quizá el recuento más actual, aunque muy incompleto, de la historia de la noción de literatura mundial es el artículo "Ghosts in the Disciplinary Machine" de Vilashini Cooppan, texto del cual extraigo algunos puntos para esta introducción, pero del que me quiero deslindar debido a su interés particular en debates de currículum y literatura comparada ajenas a este libro. A este respecto, Cooppan tiene también un texto donde reflexiona sobre los usos de la noción en relación a la teoría global y al currículum universitario: "World Literature and Global Theory". Una reflexión latinoamericana sobre el concepto puede encontrarse en Achugar.

9 Esto es mencionado por Achugar (54). Por supuesto, el argumento que avanzo aquí respecto al lugar de Hispanoamérica en el origen de la relación literatura-nacionalismo es el de Benedict Anderson (47-65).

10 Aun cuando las traducciones al español traducen "literatura universal", el término referido por Marx es *Weltliteratur*. La cita exacta de esta frase en alemán es: "Die nationale Einseitigkeit und Beschränktheit wird mehr und mehr unmöglich, und aus den vielen nationalen und lokalen Literaturen bildet sich eine Weltliteratur" (92).

11 Como observa John Pizer, "To be sure, Goethe's discovery of an emerging world literature is not an announcement of the demise of discrete national literatures [...] A truly classical author must be infused by a national spirit, and both internal factiousness and a concomitant overabundance of foreign influeces makes such an infusion impossible in Germany" (215-216). Dicho de otro modo, el concepto de Goethe, en parte, es un intento de articular una literatura nacional en un momento histórico en que el país tenía una nacionalidad débil, por lo cual,

Introducción • 37

estrictamente hablando, "*Weltliteratur*" no trasciende ni busca trascender la dimensión nacional.

¹² Esta misma concepción de la literatura mundial prevalece a lo largo de la primera mitad del siglo, como lo muestra el volumen *Preface to World Literature* de Albert Guérard, de 1940, que sustenta una distinción entre cuatro conceptos: a) Literatura universal como "the sum total of all writings in all languages al all times"; b) Literatura mundial como "the body of those works enjoyed in common, ideally by all mankind, practically by our Western group of civilization"; c) Literatura comparada como "The study of relations, in the literary field, between different national or linguistic groups" y d) Literatura general como "The study of problems common to all literatures; [...] it finds its best examples in the Works which belong to World Literature" (16). Si bien Guérard pasa de la perspectiva nacional a la perspectiva occidental, los puntos siguen siendo los mismos: la literatura mundial como interpretación posicionada del corpus total de la literatura, la distinción metodológica entre la literatura comparada como estudio de tradiciones nacionales y la literatura general como estudio de problemas comunes a la producción literaria, etc. Son estas coordenadas las que conducirán a las formas de interpretación actual de la literatura mundial.

¹³ Un estudio de la estancia de Spitzer en Estambul y su impacto en la noción actual de literatura mundial y literatura comparada puede encontrarse en Apter. Sobre Auerbach, véase particularmente Said, *Orientalism* 258-259 y *Humanism and Democratic Criticism* 85-116. Para un estudio amplio de las contribuciones tanto de Auerbach como de Spitzer al estudio de la literatura véase el libro de Geoffrey Green.

¹⁴ Un ejemplo de esto es el libro de textos sobre literaturas romances escrito por Auerbach para sus estudiantes turcos (*Introduction to Romance Languages*).

¹⁵ Said observa también que la propia noción goetheana debe mucho a los contactos de Goethe con la literatura persa, algo que, hasta Auerbach, se había perdido con el eurocentrismo de la noción (95).

¹⁶ Aún cuando no se plantea en términos de literatura mundial, la generación de la posguerra tenía una preocupación amplia por el método: el caso más paradigmático es el volumen *Teoría literaria* de Wellek y Warren. Para una reflexión sobre este momento histórico véase Wellek, *Discriminations* 40 y ss. La conexión Moretti-Auerbach que discutiré más tarde, se discute ampliamente en Arac.

¹⁷ Este pasaje es comentado en Apter 83, donde además se discute la visión futurista de la disciplina planteada con Etiemble. Vale la pena destacar la exactitud de la descripción de Etiemble cuarenta años después de escrita.

¹⁸ Además, vale la pena destacar que el poscolonialismo no es del todo ajeno a la genealogía de la literatura mundial: como mencioné antes, Edward Said invoca constantemente el uso que Auerbach hace de la noción (*Orientalism* 258-259; *The World* 5-9: *Humanism* 95), mientras que Homi Bhabha tiene un trabajo preciso

sobre la noción en torno a Goethe y Bakhtin (Bhabha 11-12, 143-147; Pizer 218-219).

[19] El poscolonialismo, obviamente, no fue el único espacio de articulación de este nuevo corpus. Otro ejemplo célebre es el artículo "Third World Literature in the Era of Multinational Capitalism". No es mi intención aquí recrear una discusión sobre la que ya se ha escrito mucho ni, mucho menos, objetar más de lo que ya se ha hecho la cuestionable noción de "alegoría nacional". Más bien, quiero invocar el trabajo de Jameson como ejemplo de una teorización que, con todos sus problemas, comprende funciones diferenciadas de lo literario en diversos contextos sociohistóricos, mientras que articula un criterio geopolítico de interpretación que responde más a lógicas amplias de capital que a lógicas históricas de imperio. Este criterio geocultural, que ha pasado de la (ya gastada) idea de Tercer Mundo a problemas de división Norte/Sur (Larsen; Spivak, *Critique* 2-3), ha sido instrumental en muchos planteamientos directamente relevantes a la literatura mundial.

[20] Un pensamiento reciente de la noción desde coordenadas muy claramente herederas de Wellek y Warren se encuentra en Guillén, particularmente 37-45. Me parece, sin embargo, que este enfoque dice muy poco dados los trabajos de Lawall, Moretti, Casanova y Damrosch y, por eso, me parece innecesario dedicarle más espacio.

[21] Aquí hay que tener en consideración que la palabra "compromise" en inglés tiene el sentido de un acuerdo entre dos partes: en una disputa, se logra un compromiso o acuerdo entre las partes cuando se aceptan concesiones mutuas. Hay que considerar también que la palabra inglesa también implica que una parte hace una concesión de algo perjudicial como en la expresión "a compromise of principles". En el uso que Moretti da al término, y que en mi traducción será reflejado por la palabra "compromiso" se refiere a la primera acepción con cierta connotación de la segunda.

[22] Hay que decir que la idea de literatura distante está muy vigente en este texto, que se debe entender como un desarrollo metodológico de esta. Esto queda demostrado por el hecho de que la edición italiana del libro se titula, precisamente, *La letteratura vista da lontano*.

[23] Christopher Prendergast ha trazado una genealogía positivista de Moretti en relación a *Graphs, Maps, Tress*. Véase "Evolution and Literary History" 44-49. No comparto en lo absoluto la crítica de Prendergast respecto a la existencia de darwinismo social en Moretti (61), puesto que Moretti deja muy claro que su relación con el darwinismo es analógica y no ideológica. Aún así, el contraste entre marxismo y ciencia natural propuesto por Prendergast ilumina a su manera el mismo punto que desarrollaré en las líneas que siguen: el hecho de que las elecciones metodológicas de Moretti impactan fuertemente en la naturaleza de su objeto.

²⁴ Hay que decir que Arac agrega a la genealogía de Moretti otro intento de una metodología general de lo literario: *Anatomy of Criticism* de Northrop Frye.

²⁵ Una respuesta muy temprana al libro desde el ámbito de habla hispana puede encontrarse en Pöhl, quien ya intuía el peso de sus consideraciones en los debates literarios de la década que corre.

²⁶ La concepción espacial de la literatura es un elemento común a muchas de las teorías mundiales/globales de la literatura. Véase, por ejemplo el conjunto de ensayos *Graphs, Maps and Trees* de Franco Moretti, que discutí anteriormente.

²⁷ En su prólogo a la edición inglesa, Casanova subraya otra vertiente importante que se desarrolla en varios momentos de su libro: la "economía-mundo" de Fernand Braudel, que da cuenta una vez más de la especialización planteada por el libro (*World* xii). Christopher Prendergast ha observado que esta especialización no es exclusiva a Casanova y que, por ejemplo, sus argumentos sobre las estructuras desiguales de la "república" hacen eco de la idea de "uno pero desigual" planteada por Immanuel Wallerstein y llevada al espacio literario por Franco Moretti 104). Aquí también se puede pensar en el argumento de planetareidad (*planetarity*) desarrollado por Spivak (*Death of a discipline*) o el recurso a las tesis de Giovanni Arrighi por parte de Ian Baucom ("Globalit, Inc."). La centralidad del espacio en el modelo de Casanova se confirma también por el énfasis que ella misma otorga a la noción en una revisión reciente de sus propias tesis, donde habla de un "espacio literario mundial" ("Literature" 72).

²⁸ La discusión teórica específica de esta noción está en *La arqueología del saber* y *El orden del discurso.*

²⁹ Habría que decir aquí que Casanova es una foucauldiana limitada puesto que, como anota William Deresiewicz en su reseña para *The Nation*, su historia se basa muchas veces en figuras individuales que intervienen de maneras específicas en el sistema, algo que en cierto sentido traiciona la vocación impersonal y desubjetivizada que está en el centro de la teorización de Foucault.

³⁰ Comparación que ya ha sugerido Perry Anderson ("Union Sucreé").

³¹ Véase, por ejemplo, Ingarden *La obra de arte literaria.*

³² Un antecedente muy claro de esta concepción del héroe cultural y de la revolución literaria se encuentra en el muy sugerente libro de Casanova sobre Samuel Beckett, *Beckett l'abstracteur*, donde se encuentran en el nivel micro muchas de las intuiciones alrededor de las cuales construirá su modelo mundial.

³³ Prendergast ha intuido este punto al apuntar, en una nota al pie de su artículo, que los autores de la república de las letras no eran escritores de imaginación sino principalmente académicos (108).

³⁴ Estrictamente hablando, el origen verdadero de todo este proceso es la obra de Dante, que Casanova descalifica al no estar relacionada a la emergencia de un estado-nación (80-1). Para discutir el argumento de Casanova en sus propios términos, hablo del español comprendiendo que en la España post-1492 se

puede hablar de la emergencia de una lengua bajo un proceso de unificación protonacional que produce una literatura y que se utiliza en un espacio transnacional (el proyecto imperial español).

[35] En mi libro *El canon y sus formas* discuto de una manera amplia el problema de esta centralidad de Shakespeare, así como las implicaciones de la noción bloomiana de canon en la literatura latinoamericana.

[36] Una reflexión en torno a Borges en líneas semejantes a las que planteo aquí puede encontrarse en Amícola. "La canonización literaria".

[37] Véase Barili La relación genealógica, explorada por Amelia Barili, entre Reyes y Borges es crucial, puesto que constituye una parte medular en la idea del escritor latinoamericano cuya identidad se encuentra en el espacio problemático constituido entre la tradición regional y la vocación universalista, espacio que, como veremos en el argumento siguiente, es la clave de la comprensión del lugar de un escritor periférico en el mundo.

[38] Alfonso Reyes no goza de mejor suerte, ya que sólo aparece mencionado una vez, cuando Casanova lo cita para decir que la literatura ancilar ha sido un obstáculo para la modernización literaria de América Latina (418). Esto es una confusión de la propia Casanova, que no tiene las herramientas críticas para ver que para Reyes el problema no es que la literatura sea ancilar sino que la crítica no tiene los elementos para distinguir lo literario en las producciones discursivas, lo que él intenta hacer con su operación del deslinde. Para una discusión más amplia de esto, véase Sánchez Prado "*El deslinde*".

[39] Esta relación de la modernidad y la colonialidad la tomo en los términos desarollados en Mignolo. *Local Histories/Global Designs*.

OBRAS CITADAS

Achugar, Hugo. "*Weltliteratur* o cosmopolitismo, globalización, 'literatura mundial' y otras metáforas problemáticas". *Planetas sin boca. Escritos efímeros sobre arte, cultura y literatura*. Montevideo: Trilce, 2004. 53-64.

Amícola, José. "La canonización literaria". *Everba* (2003). <http://www.everba.org/ spring03/amicola.htm>.

Anderson, Perry. *The Origins of Postmodernity.* Londres: Verso, 1998.

_____ "Union Sucrée". *London Review of Books*. Septiembre 2004. 20 marzo 2005. <http://www.lrb.co.uk/v26/n18/ande01_.html>.

Apter, Emily. "Global *Translatio*: The 'Invention' of Comparative Literature, Istanbul, 1933". Prendergast, ed. 76-109.

Arac, Jonathan. "Anglo-Globalism?". *New Left Review* 16 (2002): 35-45.

Ashcroft, Bill, *et al. The Empire Writes Back. Theory and Practice in Post-Colonial Literatures.* Londres: Routledge, 2002.

Auerbach, Erich. *Introduction to Romance Languages and Literatures. Latin, French, Spanish, Provençal, Itailan.* Guy Daniels, trad. Nueva York: Capricorn Books, 1961.

_____ "Philology and *Weltliteratur*". Maire y Edward Said, trads. *The Centennial Review* 13 (1969): 1-17.

_____ *Figura.* Yolanda García Hernández y Julio A. Pardos, trads. Madrid: Trotta, 1998.

_____ *Mimesis. La representación de la realidad en la literatura occidental.* I. Villanueva y É. Imaz, trads. México: Fondo de Cultura Económica, 2001.

Barili, Amelia. *Alfonso Reyes y Jorge Luis Borges. La cuestión de la identidad del escritor latinoamericano.* México: Fondo de Cultura Económica, 1999.

Baucom, Ian "Globalit, Inc.; or, The Cultural Logic of Global Literary Studies". Gunn 158-172.

Bénichou, Paul. *El tiempo de los profetas. Doctrinas de la época romántica.* Aurelio Garzón del Camino, trad. México: Fondo de Cultura Económica, 2001.

Benjamin, Walter. *The Arcades Project.* Cambridge: Belknap/Harvard University Press, 1999.

Berman, Marshall. *Todo lo sólido se desvanece en el aire. La experiencia de la modernidad.* Andrea Morales Vidal, trad. México: Siglo XXI, 1998.

Bhabha, Homi K. *The Location of Culture.* Londres: Routledge, 1994.

Birus, Hendrik. "The Goethean Concept of World Literature and Comparative Literature". *CLCWeb. Comparatrive Literature and Culture: a WWWeb Journal* 2/4 (2000). 16 de octubre de 2005. <http://clcwebjournal.lib.purdue.edu/clcweb00-4/birus00.html>.

Bloom, Harold. *The Western Canon. The Books and School of Ages.* Nueva York: Harcourt Brace, 1994.

Bourdieu, Pierre. *The Field of Cultural Production.* Nueva York: Columbia University Press, 1993.

_____ *Las reglas del arte. Génesis y estructura del campo literario.* Barcelona: Anagrama, 1995.

Bowra, C. M. *Inspiration and Poetry.* Londres: Macmillan, 1955.

Braudel, Fernand. *Civilisation matérielle, économie et capitalisme: XVe-XVIIIe siècle.* 3 vols. París: A. Colin, 1979.

Brennan, Timothy. *At Home in the World. Cosmopolitanism Now.* Cambridge: Harvard University Press, 1997.

Campa, Román de la. "El desafío inesperado de *La ciudad letrada*". *Ángel Rama y los estudios latinoamericanos*. Mabel Moraña, ed. Pittsburgh: Instituto Internacional de literatura Iberoamericana, 1997. 29-53.

_____ *Latin Americanism*. Minneapolis: University of Minnesota Press, 1999.

Carroll, Michael Thomas, ed. *No Small World. Visions and Revisions of World Literature*. Urbana: National Council of Teachers of English, 1996.

Casanova, Pascale. *Beckett l'abstracteur. Anatomie d'une revolution littéraire*. Paris: Seuil, 1997.

_____ *La república mundial de las letras*. Barcelona: Anagrama, 2001.

_____ "Del comparatismo a la teoría de las relaciones literarias internacionales". *Anthropos. Teoría de la literatura y literatura comparada. Actualidad de la expresión literaria* 196 (2002): 61-70.

_____ *The World Republic of Letters*. Cambridge: Harvard University Press, 2004.

_____ "Literature as a World". *New Left Review* 31 (2005):71-90.

Castro Gómez, Santiago. "América Latina y la nueva mitología de la razón: el proyecto americanista de Alfonso Reyes". *Alfonso Reyes y los estudios latinoamericanos*. Adela Pineda Franco e Ignacio M. Sánchez Prado, eds. Pittsburgh: Instituto Internacional de Literatura Iberoamericana, 2004. 51-62.

Cooppan, Vilashini. "World Literature and Global Theory: Comparative Literature for the New Millenium". *Symploke* 9, 1-2 (2001): 15-44.

_____ "Ghosts in the Disciplinary Machine: The Uncanny Life of World Literature". *Comparative Literature Studies* 41/1 (2004): 10-36.

Curtius, Ernst Robert. *Literatura europea y Edad Media latina*. 2 vols. México: Fondo de Cultura Económica, 1955.

Cuesta Abad, José M. "Erich Auerbach: una poética de la historia". *Figura de Erich Auerbach*. 9-40.

Damrosch, David. *What is World Literature?* Princeton: Princeton University Press, 2003.

Darío, Rubén *Poesía*. Caracas: Biblioteca Ayacucho, 1978.

Deresiewicz, William "The Literary World System". *The Nation*. Diciembre 2005. 20 marzo 2005 <http://www.thenation.com/doc.mhtml?i=20050103&s=deresiewicz>

Etiemble, René. *The Crisis in Comparative Literature*. Trads. Herbert Weisinger y Georges Joyaux. East Lansing: Michigan State University Press, 1966.

_____ *Essais de littérature (vraiment) générale*. París: Gallimard, 1974.

_____ *Quelques essais de littérature universelle.* París: Gallimard, 1982.

Fanon, Frantz. *Los condenados de la tierra.* Julieta Campos, trad. México: Fondo de Cultura Económica, 1999.

Fernández Retamar, Roberto. *Para una teoría de la literatura hispanoamericana.* Bogotá: Instituto Caro y Cuervo, 1995.

Foster, John Bellamy. "Marx and Internationalism". *The Monthly Review* (2000). 16 de octubre de 2005. <http://www.monthlyreview.org/700jbf.htm>.

Foucault, Michel. *Las palabras y las cosas.* México: Siglo XXI, 1997.

_____ *La arqueología del saber.* México: Siglo XXI, 1999.

_____ *El orden del discurso.* Barcelona: Tusquets, 2002.

Frye, Northrop. *Anatomy of Criticism. Four Essays.* Princeton: Princeton University Press, 2000.

Fumaroli, Marc. *La diplomatie de l'esprit. De Montaigne à La Fontaine.* París: Hermann, 1994.

Gadamer, Hans-Georg. *Verdad y método 1.* Trads. Ana Agud Aparicio y Rafael de Agapito. Salamanca: Sígueme, 1996.

Guérard, Albert. *Preface to World Literature.* Nueva York: Genry Holt, 1940.

Goethe, Johann Wolfgang von. "Some Passages Pertaining to the Concept of World Literature". Schulz y Rhein 1-11.

Goodman, Dena. *The Republic of Letters. A Cultural History of French Enlightenment.* Ithaca: Cornell University Press, 2004.

Green, Geoffrey. *Literary Criticism & The Structures of History. Erich Auerbach & Leo Spitzer.* Lincoln: University of Nebraska Press, 1982.

Guillén, Claudio. *The Challenge of Comparative Literature.* Cola Franzen, trad. Cambridge: Harvard University Press, 1993.

Gunn, Giles, ed. *Globalizing Literary Studies.* Número especial de *PMLA* 116/1 (2001): 16-188.

Gutiérrez Girardot, Rafael. "Prólogo". *Última Tule y otros ensayos* de Alfonso Reyes. Caracas: Biblioteca Ayacucho, 1991.

Hernández, Francisco. *Diario invento. Abril de 1998- marzo de 1999.* México: Aldus, 2003.

Hohlfeld, A.R. "Goethe's Conception of World Literature". *Fifty Years with Goether 1901-1951.* Madison: University of Wisconsin Press 1953.

Ingarden, Roman *La obra de arte literaria.* México: Taurus/Universidad Iberoamericana, 1998.

Jameson, Fredric. "Third World Literature in the Era of Multinational Capitalism". *Social Text* 15 (1986): 65-88.

_____ "World Literature in an Age of Multinational Capitalism". *The Current in Criticism*. Clayton Koelb y Virgil Lokke, eds. West Lafayette: Purdue Press, 1987. 139-158.

Kadir, Djelal. "To World, to Globalize –Comparative Literature's Crossroads". *Comparative Literature Studies* 41/1 (2004): 1-9.

Knowlton, Edgar C. *An Outline of World Literature from Homer to the Present Day*. Nueva York: Thomas Nelson & Sons, 1929.

Larsen, Neil. *Reading North by South. On Latin American Literature Culture and Politics*. Minneapolis: University of Minnesota Press, 1995.

Lawall, Sarah. "Richard Moulton and the Idea of World Literature". Carroll 3-19.

_____, ed. *Reading World Literature. Theory, History, Practice*. Austin: University of Texas Press, 1994.

Lazarus,Neil, ed. *The Cambridge Companion to Postcolonial Literary Studies*. Cambridge: Cambridge University Press, 2004.

Lerer, Seth, ed. *Literary History and the Challenges of Philology. The Legacy of Erich Auerbach*. Stanford: Stanford University Press, 1996.

Marx, John. "Postcolonial Literature and the Western Literary Canon". Lazarus, ed. 83-97.

Marx, Karl y Friedrich Engels. *Manifiesto comunista. Edición bilingüe*. Erich Hobsbawm, ed. Elena Grau Biosca y León Mames, trads. Barcelona: Crítica, 1998.

McClintock, Anne, *et al. Dangerous Liaisons. Gender, Nation and Postcolonial Perspectives*. Minneapolis: University of Minnesota Press, 1997.

Mignolo, Walter. *Local Histories/Global Designs. Coloniality, Subaltern Knowledges, and Border Thinking*. Princeton: Princeton University Press, 2000.

_____ *The Darker Side of Renaissance. Literacy, Territoriality & Colonization*. Ann Arbor: University of Michigan Press, 2003.

Molloy, Sylvia. *Las letras de Borges*. Buenos Aires: Sudamericana, 1979.

Moretti, Franco. *Modern Epic. The World-System from Goethe to García Márquez*. Londres: Verso, 1996.

_____ *Atlas of the European Novel 1800-1900*. Londres: Verso, 1999.

_____ "Conjectures on World Literature". *New Left Review* 1 (2000): 54-68.

_____ "The Slaughterhouse of Literature". *Modern Language Quarterly* 61/1 (2000): 207-227.

_____ "More Conjectures". *New Left Review* 20 (2003): 73-81.

_____ *Graphs, Maps and Trees: Abstract Models for Literary History.* Londres: Verso, 2005.

_____ *La letteratura vista da lontano.* Torino: Einaudi, 2005.

Moulton, Richard G. *World Literature and Its Place in General Culture.* Nueva York: Macmillan, 1911.

Nairn, Tom. *The Break-Up of Britain.* Londres: NLB, 1977.

Orsini, Francesca. "India in the Mirror of World Fiction". Prendergast, ed. 319-333.

Parla, Jale. "The Object of Comparison". *Comparative Literature Studies* 41/1 (2004): 116-125.

Parry, Benita. *Postcolonial Studies. A Materialist Critique.* Londres: Routledge, 2004.

Pizer, John. "Goethe's "World Literature": Paradigm and Contemporary Cultural Globalization". *Comparative Literature* 52/3 (2000): 213-227.

Poblete, Juan. "Rama/Foucault/González Echevarría: el problema de la construcción del espacio discursivo del siglo diecinueve latinoamericano". *Ángel Rama y los estudios latinoamericanos.* Mabel Moraña, ed. Pittsburgh: Instituto Internacional de literatura Iberoamericana, 1997. 249-269.

Pöhl, Burkhard. "Todos los caminos llevan a París: acerca de *La république mondiale des léttres*". *Literatura y lingüística* 13 (2001): 11-24.

Prawer, S. S. *Karl Marx and World Literature.* Oxford: Clarendon, 1976.

Prendergast, Christopher: "Negotiating World Literature". *New Left Review* 8 (2001): 100-121.

_____ "Evolution and Literary History. A response to Franco Moretti". *New Left Review* 34 (2005): 40-62.

_____, ed. *Debating World Literature.* Londres: Verso, 2004.

Rama, Ángel. "El boom en perspectiva". *Más allá del boom. Literatura y mercado.* México: Marcha, 1981. 51-110.

_____ *Transculturación narrativa en América Latina.* México: Siglo XXI, 1982.

_____ *La ciudad letrada.* Hanover: Ediciones del Norte. 1984.

_____ *Rubén Darío y el modernismo.* Caracas: Alfadil 1985.

Reyes, Alfonso. *Obras completas XI. Última Tule. Tentativas y orientaciones. No hay tal lugar....* México: Fondo de Cultura Económica, 1997.

Saer, Juan José. *El concepto de ficción. Texto polémicos contra los prejuicios literarios.* México: Planeta, 1999.

Said, Edward W. *Orientalism.* Nueva York: Vintage, 1979.

_____ *The World, the Text and the Critic.* Cambridge: Harvard University Press, 1983.

_____ *Humanism and Democratic Criticism.* Nueva York: Columbia University Press, 2004.

Sampson Vera Tudela, Elisa. "Hearing Voices: Ricardo Palma's Contextualization of Colonial Peru". Prendergast, ed. 214-231.

Sánchez Prado, Ignacio M. *El canon y sus formas. La reinvención de Harold Bloom y sus lecturas hispanoamericanas.* Puebla: Secretaría de Cultura del Estado de Puebla, 2002.

_____ "Las reencarnaciones del centauro: *El deslinde* después de los estudios culturales". *Alfonso Reyes y los estudios latinoamericanos.* Adela Pineda Franco e Ignacio M. Sánchez Prado, eds. Pittsburgh: Instituto Internacional de Literatura Iberoamericana, 2004. 63-88.

Sarlo, Beatriz. *Una modernidad periférica. Buenos Aires 1920-1930.* Buenos Aires: Nueva Visión, 1996.

_____ *Borges, un escritor en las orillas.* Buenos Aires: Seix Barral, 2003.

Schiffrin, André. *The Business of Books. How the International Conglomerates Took Over Publishing and Changed the Way We Read.* Londres: Verso, 2001.

Schulz, Hans-Joachim y Phillip H. Rein. *Comparative Literature: The Early Years.* Chapel Hill: University of North Carolina Press, 1973.

Spitzer, Leo. *Lingüística e historia literaria.* Madrid: Gredos, 1961.

Spivak, Gayatri Chakravorty. *A Critique of Postcolonial Reason. Toward a History of the Vanishing Present.* Calcuta: Seagull, 1999.

_____ *Death of a Discipline.* Nueva York: Columbia University Press, 2003.

Stritch, Fritz. *Goethe and World Literature.* Nueva York: Hafner, 1949.

Uhlig, Claus. "Auerbach's "Hidden" (?) Theory of History". Lerer 36-49.

Wallerstein, Immanuel. *The Modern-World System.* Nueva York: Academic Press, 1974.

Weber, Max. *Economía y sociedad. Esbozo de sociología comprensiva.* Johannes Winckelmann, ed. José Medina Echavarría *et al.*, trads. México: Fondo de Cultura Económica, 1999.

Wellek, René. *A History of Modern Criticism 1750-1950 I. The Later Eighteenth Century.* New Haven: Yale University Press, 1955.

_____ *Discriminations. Further Concepts in Criticism.* New Haven: Yale University Press, 1970.

_____ y Austin Warren. *Teoría literaria.* José Ma. Gimeno, trad. Madrid: Gredos, 1966.

Dos textos en torno a la teoría del sistema-mundo

FRANCO MORETTI
Stanford University

ANÁLISIS DE SISTEMAS-MUNDO, TEORÍA DE LA EVOLUCIÓN, *WELTLITERATUR*[1]

I

Un amigo me trajo de los Estados Unidos el primer volumen de *El moderno sistema-mundo* a finales de los setenta; el libro me impresionó enormemente y recuerdo preguntarme cómo podría afectar, y cambiar, el estudio de la literatura. No encontré una respuesta sino varios años después, cuando me di cuenta que el análisis de sistemas-mundo ofrecía una muy buena forma de dar cuenta de la mezcla de "inclusividad total" y caos que frecuentemente había sido observada en los textos modernistas[2] (*Ulises, La tierra baldía, Cantos...*), pero nunca verdaderamente explicada. Bajo la luz del análisis de sistemas-mundo, esta extraña combinación podía ser reconocida como un intento de representar un mundo que simultáneamente se había vuelto *uno* (la "inclusividad total"), pero lleno de disparidades y contradicciones (el caos). Llamé estos trabajos "Textos mundo"("World texts") y, en un libro llamado *Modern Epic* (la épica es el género literario de la totalidad), rastree su linaje hacia delante desde los años veinte hasta el realismo mágico y hacia atrás, a través de Wagner, Melville y otros, hasta el *Fausto* de Goethe, que se compuso entre 1770 y 1830, durante una de las grandes expansiones del sistema-mundo capitalista.

La primera contribución del análisis de sistemas-mundo a la historia literaria, entonces, era esta: nos permitía "ver" un nuevo género literario —y no cualquier género, sino uno que trataba de representar al *mundo como totalidad*: una posibilidad que nuestra disciplina nunca había imaginado siquiera, porque carecía de los conceptos para hacerlo. (Cuando presenté mi tesis en Harvard alrededor de 1990, el título de la charla fue cambiado por los organizadores a "Word texts", sin la "l",[3] así de extraña debió de haber parecido la conjunción del mundo y el texto...). Y entonces, segunda contribución, el análisis de los sistemas-mundo arrojó luz en una peculiaridad geográfica de este género, extremadamente desconcertante a primera vista: la casi completa ausencia de textos franceses e ingleses. Desconcertante, porque entre 1650 y 1950 estas dos literaturas son incuestionablemente el núcleo del sistema-mundo literario y, aún así, en el género más ambicioso de todos, son reemplazadas por escritores alemanes, estadounidenses, irlandeses, latinoamericanos... ¿Por qué? ¿Y qué tienen todos estos escritores en común, ya que escriben en una vena tan similar? Para la historia literaria tradicional, nada. Pero dentro del análisis de sistemas-mundo, un punto en común emerge: son escritores de la semiperiferia, que probablemente fueron alentados por su posición intermedia y dinámica a lidiar con el mundo como un todo.

Con estas últimas observaciones: nos hemos movido ya más allá de la aproximación temática inicial –el sistema-mundo como un tema; el sistema-mundo adentro de la literatura, para decirlo de alguna manera– a una segunda perspectiva, que invierte la relación, al enfocarse más bien en *la literatura adentro del sistema-mundo*. Aquí, nos encontramos con uno de los términos más celebrados de la historia literaria, acuñado por Goethe hace casi dos siglos: *Weltliteratur,* literatura mundial. Un neologismo que era, en esa época, más profecía que descripción, y que en su larga vida (que incluye una aparición en el *Manifiesto del Partido Comunista*), nunca se ha sacudido del todo de su inicial carácter tentativo, dejando por ello también a su objeto en una suerte de limbo conceptual. Sobra decir que el presente ensayo no resolverá el problema. Pero dará un primer paso, al bosquejar una comparación de dos teorías que frecuentemente me han parecido excelentes candidatas para la tarea: la teoría de la evolución, y, por supuesto, el análisis de sistemas-mundo. Comenzaré por delinear cómo ambos modelos pueden ayudarnos a definir la literatura mundial; después, discutiré su compatibilidad intelectual y, finalmente, después de una breve desviación en la creación de híbridos culturales, intentaré delinear las consecuencias de todo esto para nuestra idea de *Weltliteratur*.[4]

II

Es fácil ver por qué la evolución es un buen modelo para la historia literaria: es una teoría que explica la extraordinaria variedad y complejidad de formas existentes con base en de un proceso histórico. En un refrescante contraste al estudio literario –donde las teorías son usualmente ciegas a la historia y el trabajo histórico ciego a la forma– para la evolución forma e historia son realmente dos caras de la misma moneda; o quizá, mejor, las dos dimensiones del mismo árbol.

Un árbol es, célebremente, la única imagen incluida en *El origen de las especies*; aparece en el cuarto capítulo, "Selección natural", en la sección sobre la "Divergencia del carácter" (figura 1, *El origen de las especies*). Un árbol, o "diagrama", escribe Darwin, cuyo punto radica en visualizar la interacción de las dos variables de la teoría: la historia a lo largo del eje vertical, donde cada intervalo corresponde, hipotéticamente, a "mil generaciones" y la forma a lo largo del eje horizontal, que sigue la diversificación morfológica que eventualmente lleva a las "variedades bien marcadas", o a especies completamente nuevas.

El eje horizontal sigue la diversificación formal… Pero las palabras de Darwin son más fuertes: habla de "este tema que causa particular perplejidad", por el que las formas no sólo cambian, sino que lo hacen siempre y únicamente *divergiendo* unas de otras (recordemos que el árbol aparece en la sección sobre la "divergencia del carácter"). Ya sea como resultado de accidentes geohistóricos o bajo la acción de un "principio" específico, –hasta donde puedo ver, la cuestión sigue abierta– la divergencia impregna, para Darwin, la historia de la vida, y consecuentemente da forma a su morfoespacio: "Un árbol puede ser visto como *una descripción simplificada de una matriz de distancias*" escriben Cavalli-Sforza, Menozzi y Piazza en el preludio metodológico a su *Historia y geografía de los genes humanos*; y la figura 2 de *El origen de las especies*, donde los grupos genéticos y las familias lingüísticas se ramifican alejándose unas de las otras en geografía y morfología a la vez, aclara lo que significan: un árbol es una manera de bosquejar *cuan lejos* una forma dada se ha movido de otra, o de su punto común de origen.

Una teoría que toma como su problema central la *multiplicidad de formas* existente en el mundo, que las explica como el resultado de la *divergencia histórica*, y que basa su divergencia en un proceso de *separación espacial:* he aquí lo que la teoría de la evolución tiene que ofrecer a la teoría literaria. Muchas formas diferentes, en un espacio discontinuo: nada mal para una idea de la literatura mundial.

III

En el análisis de los sistemas-mundo, las coordenadas cambian, en tanto el comienzo del capitalismo bruscamente reduce los muchos espacios independientes necesitados para el origen de las especies (o de los lenguajes) a sólo tres posiciones: centro, periferia, semiperiferia. El mundo se vuelve *uno* y *desigual*, uno porque el capitalismo restringe la producción en todos los lugares del planeta; y desigual, porque su red de intercambios requiere, y refuerza, una desigualdad marcada del poder entre estas tres áreas.

Aquí también, es fácil comprender el atractivo de la teoría para el estudio literario. En su base, podemos captar la *unidad* de la literatura mundial –una, como en la *Weltliteratur* de Goethe (y Marx)– así como su *diferenciación interna*: así como el capitalismo, la *Weltliteratur* está unificada, pero es desigual, como el desarrollo de todas las literaturas nacionales y regionales está profundamente restringida por su posición hacia dentro del sistema. Itamar Evan-Zohar (cuya "teoría del polisistema" tiene un fuerte parecido con el análisis de sistemas-mundo) habla en este respecto de "asimetría" del sistema literario: donde las literaturas poderosas del centro "interfieren" todo el tiempo con la trayectoria de las periféricas, mientras que lo opuesto casi nunca ocurre, haciendo a la desigualdad del sistema crecer a través del tiempo.

Mientras estudiaba el mercado de la novela del siglo XVIII y XIX, alcancé conclusiones muy similares a las de Evan-Zohar. Aquí, el mecanismo crucial fue el de *difusión*: los libros del centro fueron incesantemente exportados a la semiperiferia y la periferia, donde fueron leídos, admirados, imitados, convertidos en modelos –por tanto atrayendo otras literaturas a la órbita de las centrales, y de hecho "interfiriendo" con su desarrollo autónomo. Y entonces, la difusión impuso una *uniformidad* sorprendente al sistema literario: ola tras ola de ficción epistolar, o novelas históricas, o *mystères*, despegaron de Londres y París y dominaron la escena en todos lados –frecuentemente, como los filmes estadounidenses de acción hoy en día, aún más completamente en los pequeños mercados periféricos que en el centro francés o británico.

Las *restricciones internacionales* bajo las cuales se produce la literatura, y el *flujo de soluciones formales* impuesto por el mercado mundial a la imaginación literaria: estos fueron los descubrimientos centrales de la aproximación de los sistemas-mundo a la historia literaria. Pero, ¿Estaban de acuerdo con aquellos del punto de vista de la evolución?

IV

En realidad no. La evolución coloca en primer término la *diversificación formal* producida por la especiación; el análisis de sistemas-mundo, la *uniformidad formal* (o dicho de otra manera, reducción) impuesta por la difusión. Estoy simplificando, por supuesto, ya que la evolución incluye mutación *y* selección (esto es, tanto la producción como la eliminación de la diversidad), así como el análisis de sistemas-mundo especifica posiciones *diferentes* hacia dentro de la división internacional del trabajo. Pero aún así, se puede pensar en esos títulos: *El origen de las especies*, plural, y *El moderno sistema-mundo*, singular. La gramática es un buen índice de los caminos opuestos de investigación. Y el sustrato geográfico de las dos teorías refuerza la antítesis: El descubrimiento de Darwin ocurrió célebremente en un *archipiélago*, porque el origen de las especies necesita un mundo hecho de espacios discretos, separado por vastas extensiones de agua; pero el análisis de sistemas-mundo demuestra como el comercio a distancia *tiende puentes* aún sobre el más ancho de los océanos, creando una sola geografía continua alrededor del planeta.

Una teoría de la diversificación en un espacio discontinuo; una teoría de la uniformidad en una geografía unificada. Claramente, ambas eran incompatibles. Tan claramente, ambas explicaban aspectos importantes de la literatura mundial. Ambas eran verdaderas: pero ambas *no podían* ser verdad.[6] O quizá, más bien, no podían –*a menos que la literatura misma funcionara en dos modos completamente incompatibles.*

Esta afirmación puede sonar absurda, pero hay una razón histórica y morfológica detrás de ella. El argumento histórico es simple: el impulso hacia la diversificación y el impulso (opuesto) hacia la uniformidad están ambos presentes en la historia literaria, porque emergen de mecanismos sociales diferentes, y en épocas diferentes. La diversificación es el resultado del aislamiento "relativo" de las culturas humanas de sus orígenes hasta hace pocos siglos; la uniformidad aparece mucho después, alrededor del siglo XVIII, cuando el mercado literario internacional se vuelve lo suficientemente fuerte para unificar y subyugar aquellas culturas separadas (con un interesante retraso en los mercados respecto a los bienes materiales y el dinero). Aquí estoy simplificando de nuevo, ha habido episodios de difusión extendida mucho antes el siglo XVIII (como la epidemia petrarquista de la Europa medieval tardía), así como ha habido episodios de diversificación después de él; pero el punto es que cada uno de estos dos principios tiene una afinidad electiva con una configuración sociohistórica diferente, y que, en general nos hemos movido de la supremacía de la diversificación a la supremacía de la uniformidad.

Esto, en pinceladas generales, es el argumento histórico. El morfológico es diferente. Hasta ahora, he aceptado implícitamente la presunción evolucionista de que en la literatura, así como en la naturaleza, *diversidad es igual a divergencia*: que las nuevas formas sólo pueden surgir al ramificarse de formas preexistentes vía alguna clase de mutación. Ahora, si esto fuera siempre el caso, la difusión (y con ello el enfoque de los sistemas-mundo que, en literatura, descansa tan fuertemente en ella) no tendría nada que decir acerca de la morfología literaria: excelente al explicar como las formas *se mueven*, una teoría de la difusión no puede dar cuenta de cómo *cambian*, por la simple razón de que la difusión no intenta multiplicar las formas, sino más bien *reducir* su número al maximizar el espacio ocupado por sólo una de ellas.

Pero… ¿es cierto que en la literatura, al igual que en la naturaleza, la diversidad equivale a la divergencia?

V

Esta pregunta parecerá a muchos lectores un simple gesto retórico. "La evolución darwiniana", escribe Stephen Jay Gould, "es un proceso de separación y distinción constantes. El cambio cultural, por otra parte, recibe un poderoso impulso del amalgamiento y anastomosis de diferentes tradiciones. Un viajero inteligente puede lanzar una mirada a una rueda importada, importar el invento a su país y cambiar su cultura local fundamentalmente y para siempre" (220-1). El viajero inteligente es un ejemplo muy mal elegido (es un caso de difusión, no de amalgamiento), pero el punto general está claro, bien expresado por el historiador de la tecnología George Basalla: "las diferentes especies biológicas usualmente no se entrecruzan", escribe: "los tipos artefactuales, por otra parte, rutinariamente se combinan para producir nuevas y productivas entidades" (137-8).

Rutinariamente se combinan… Eso es: para la mayoría de los académicos, la convergencia —entrecruzamiento, injerto, recombinación, hibridación…— es el modo básico, si no el *único*, de intercambio cultural. En otra parte ("Graphs"), he criticado esta idea, oponiéndola con una suerte de división del trabajo entre divergencia y convergencia. Aquí, únicamente agregaré que, una vez más, el momento decisivo coincide con el establecimiento del mercado literario internacional: la divergencia siendo la principal vía de cambio antes de su advenimiento y la convergencia después. Las reflexiones morfológicas de Thomas Pavel en su gran libro *La Pensée du Roman* –basado en un muy diferente marco conceptual al del presente ensayo– ofrece una corroboración excelente (por ser independiente) de esta tesis: para él, la *separación* mutua de las formas narrativas es la fuerza principal detrás de los primeros quince siglos de la existencia de la novela, y su *recombinación* en los últimos tres siglos, a partir del siglo XVIII.

A partir del siglo XVIII… o, en otras palabras: la convergencia aparece en la vida literaria *exactamente al mismo tiempo que la difusión*. Y uno se pregunta: ¿es esto una mera coincidencia temporal, o hay una relación funcional entre los dos?

VI

Permítanme comenzar con un ejemplo concreto. Hace años, uno de los grandes críticos de nuestro tiempo, Antonio Candido, escribió un tríptico de ensayos (sobre *Assomoir* de Zolá (1877), *Malavoglia* de Verga (1881) y *O cortiço* de Azevedo (1890)), en los cuales sigue la difusión de la novela naturalista del centro (Francia), a través de la semiperiferia (Italia), y a la periferia (Brasil) del sistema mundo literario. Y descubrió, entre otras cosas, una extraña separación en el proceso de difusión: mientras el modelo de trama de Zolá fue en gran parte conservado por Verga y Azevedo, su estilo fue profundamente transformado –en Verga, por su orquestación siciliana-toscana del habla colectiva, y una densa textura de viejos proverbios populares; en Azevedo, por el recurso explícito a una forma de alegoría político-racial, y por las frecuentes intrusiones éticas del narrador (especialmente en materia sexual).

Ahora, el comportamiento de Verga y Azevedo dista de ser único. A finales del siglo XIX, mientras los modelos narrativos europeos alcanzan con creciente regularidad culturas periféricas, sus más grandes escritores frecuentemente los sujetan a procesos similares de reescritura estilística, reemplazando el estilo analítico-impersonal que fue la mayor invención de la Francia decimonónica con voces enjuiciadoras, estridentes, sarcásticas, emocionales. Aparte de *Malavoglia* y *O cortiço*, encontramos variaciones de este arreglo básico en el clásico antiimperialista de Multatuli, *Max Havelaar*, o *The Coffee Sales of the Netherlands Trading Company* (1860), y en la obra maestra filipina de Rizal, *Noli me tangere* (1886-7); en *Drifting Clouds* (1887) de Futabatei, la "primera novela moderna japonesa", y en la parábola rashomonesca de Tagore, *Home and the world* (1916).

Italia, Brazil, Indonesia, las Filipinas, Japón, Bengala... Las especificidades obviamente difieren de caso en caso, pero la lógica formal es siempre la misma: todas estas novelas son de hecho, en la fórmula de Gould, "amalgamientos de diferentes tradiciones" –y todas de la misma clase: mezclan *una trama del centro* y *un estilo de la periferia*.[7] Lo que significa que, en el viaje de los modelos novelísticos del centro a la periferia del sistema-mundo literario, las tramas sobreviven más o menos intactas, mientras los estilos se vuelven de alguna manera "despegados" de ellos –y son reemplazados por formas diferentes.

Pero ¿cómo pueden la trama y el estilo despegarse el uno del otro?

VII

Pueden porque la novela es una forma compuesta, hecha de dos capas distintas de "historia" y "discurso" –o, en mi ligera simplificación, de trama y estilo: la trama preside sobre la concatenación interna de eventos y el estilo sobre su presentación verbal. Conceptualmente, la distinción es clara; prácticamente, mucho menos, porque las dos usualmente están tan estrechamente entretejidas que su separación es difícil de imaginar. Y aún así, mientras la difusión "mueve" las novelas a lo ancho del sistema literario, ellas parecen pasar a través de una criba literaria gigante, donde sus ingredientes básicos son filtrados y separados: se le permite el paso a las tramas, y se mantienen estables a través del proceso de difusión –mientras los estilos encuentran toda clase de obstáculos y son profundamente transformados.

¿Por qué estos destinos diferentes? Dos razones. Primero, la trama usualmente es el punto principal de una novela, y por tanto debe ser extremadamente resistente a las presiones externas. Lo que la hace tan resistente es la presencia de esos episodios que Boris Tomashevsky llamó "motivos vinculados" [bound motifs]: puntos cruciales en la narrativa que "no pueden ser omitidos [...] sin alterar toda la secuencia causal-cronológica de eventos" (68). Y dado que los motivos vinculados no pueden ser "omitidos" (ni cambiados, por supuesto), "se distinguen por lo general", concluye Tomashevsky, "por su "vitalidad": esto es, parecen inmutados en los trabajos de diversas escuelas" –igualmente inmutados, podríamos agregar, en los trabajos de varios países.[8] La segunda razón no es estructural, sino lingüística. La difusión generalmente conlleva una traducción: un movimiento, no sólo de un espacio al otro, sino también de un *lenguaje* a otro. Ahora, la trama es fundamentalmente *independiente* del lenguaje, y se mantiene más o menos igual aún de un sistema de signos a otro (de la novela, digamos, a la ilustración, el cine, el ballet...). El estilo sin embargo no es *sino* lenguaje, y por tanto su traducción –*traduttore traditore*– siempre es una traición potencial: de hecho, entre más complejo es un estilo, es "mejor", y mayor es la posiblidad de que sus características más significativas se pierdan en la traducción.

La difusión hace que la literatura pase por una criba... *dos* cribas, de hecho: una narrativa y una lingüística. En ambos caso, la naturaleza del filtro es tal que las tramas son (en gran parte) conservadas, mientras los estilos son (en gran parte) perdidos, y reemplazados por soluciones brasileñas, italianas, filipinas o japonesas. El resultado es, de hecho, el "amalgamiento de diferentes tradiciones". Pero el amalgamiento a su vez abunda en contradicción, porque al "reemplazar" el viejo estilo, el nuevo también actúa como un poderoso *contrapunto* de la historia original.

Este hecho es totalmente claro en Multatuli y Rizal, donde la invectiva melodramática y el sarcasmo acompañan todo el tiempo la "trama" europea" de ilusiones perdidas y derrota política. Opera más oblicuamente en Futabatei, cuya reticencia verbal proyecta un aura de incomprensión alrededor de la educación sentimental de su héroe y en Verga, donde la *longue durée* de la mentalidad pueblerina es socavada lentamente sólo por la nueva realidad del capitalismo. Pero de una manera u otra, una disonancia entre trama y estilo es típica de todos estos libros, haciéndolos algo inestables estéticamente (si es que no "el más grande caos imaginable", como dijo Lawrence de *Max Havelaar*). Más allá de la estética, sin embargo, la disonancia enfatiza una tensión *política* entre la historia que vino del centro y un estilo que había emergido en la periferia. A este respecto, estos textos híbridos no son –como rutinariamente se asume en la crítica contemporánea– un signo de que las diferencias de poder *han sido superadas*, sino más bien *una encarnación específica* de dichas diferencias: son un microcosmos del sistema-mundo literario, y de su interminable espiral de hegemonía y resistencia.

VIII

Weltliteratur...Sin embargo, el singular es engañoso. Existen *dos* literaturas mundiales distintas: una que precede el siglo XVIII, una que lo sigue. La "primera" *Weltliteratur* es un mosaico de culturas "locales" separadas,[9] se caracteriza por una fuerte diversidad interna, produce nuevas formas sobre todo por divergencia y se explica mejor por medio de (alguna versión de) la teoría de la evolución. La "segunda" *Weltliteratur* (que preferiría llamar sistema-mundo literario) es el producto de un mercado unificado, muestra un creciente, y a veces impactante, grado de uniformidad, produce nuevas formas principalmente por convergencia y se explica mejor por medio de (alguna versión del) análisis de sistemas-mundo.

¿Qué se puede hacer con estas dos literaturas mundiales? Nos ofrecen una gran oportunidad de repensar el lugar de la historia en los estudios literarios. Hace una generación, sólo la literatura del pasado se consideraba "digna" de estudio; hoy, la única literatura "relevante" es la del presente. En cierto sentido, todo ha cambiado; en otro, nada lo ha hecho, porque ambas posiciones son profundamente *normativas*, mucho más preocupadas con juicios de valor que con conocimientos reales. Y por el contrario, el pasado y presente de la literatura (un "largo" presente, comenzando en el siglo XVIII), deben ser vistos, no como "superior" o inferior" el uno del otro, sino como dos épocas que son tan diferentes estructuralmente que requieren dos aproximaciones teóricas independientes. Aprender a estudiar *el pasado como pasado*, entonces, con la ayuda de la teoría de la evolución, y *el presente como presente*, con la ayuda del análisis de sistemas-mundo: aquí es posible un programa de investigación para la *Weltliteratur* en el siglo XXI.

ANÁLISIS DE SISTEMAS-MUNDO E HISTORIA LITERARIA[10]

I

¿Qué ha significado el análisis de sistemas mundo para la historia literaria?... Primero que nada, ha cambiado algunos de los objetos que estudiamos. Tomemos la conferencia sobre "Lo marítimo y la modernidad" organizada por Margaret Cohen en el Centro para la Novela: más que ninguna otra teoría social que conozca, el análisis de sistemas- mundo ha insistido en el papel del comercio trasatlántico, y por ende del mar, para el despegue de la modernidad occidental –la portada del primer volumen de la tetralogía de Wallerstein es un mapa del siglo XVI con el Atlántico al centro de la imagen; la portada del segundo volumen es una batalla naval entre holandeses y españoles. Así, primero, el análisis de sistemas-mundo ha colocado nuevos objetos frente a nuestros ojos. Ha renovado la temática literaria, como la llamamos.

II

Segundo y más importante, ha traído un nuevo marco de referencia geográfico a la literatura. Hoy en día, 90% de los historiadores literarios estudian historias literarias nacionales de manera separada; la literatura comparada intenta hacer algo diferente, pero nunca encontró realmente una alternativa. El análisis de los sistemas-mundo hace precisamente eso; ofrece una nueva *unidad de análisis* para la historia literaria, ya no la literatura nacional por sí sola, sino la *literatura mundial* o, mejor, el sistema-mundo literario.

El sistema-mundo literario es análogo al sistema-mundo capitalista de Wallerstein y, antes de él, a la *économie-monde* de Braudel: centro, periferia, semiperiferia, etc., pero con una diferencia importante. Dentro del sistema-mundo capitalista el flujo productos siempre es bidireccional. Algunos productos van del centro a la periferia (como los electrónicos, por ejemplo), mientras otros, como los textiles, siguen la ruta opuesta y van de la periferia al centro. En el sistema-mundo literario, por otra parte, el flujo es básicamente unidireccional: muy fuerte del centro hacia la periferia, muy débil en la dirección opuesta. Y si esto es verdad desde el comienzo mismo, en el sentido de que es un acto fundador del sistema, lo que unió primero las varias literaturas nacionales, en el siglo XVIII, fue una ola de novelas de Francia y la Gran Bretaña hacia, primero, la semiperiferia, y después la periferia (con un más débil goteo, también unidireccional, de la semiperiferia hacia la periferia: de Alemania hacia Polonia, por ejemplo).

Esta unidireccionalidad de los flujos literarios significa que las literaturas centrales pueden influir en las periféricas, en ocasiones muy profundamente, mientras lo opuesto casi nunca es el caso. Esta no es una ley de la naturaleza, por supuesto, no significa que el centro tiene un "monopolio sobre las formas de creación que cuentan", como lo afirmó alguna vez Efraín Kristal", pero *sí* quiere decir que el centro ofrece un *hábitat más favorable* para la creación de formas que cuentan: un alfabetismo más alto, mayores mercados, más editores, más autores, mayores recompensas al éxito. Entonces, aplicar el análisis de sistemas-mundo a la literatura significa enfatizar *la estructura desigual hacia dentro de la cual se escribe la literatura*: las ventajas que muy pocas culturas disfrutan, y las restricciones bajo las cuáles todas las otras deben operar. Esta asimetría del sistema-mundo literario es la contribución clave del análisis de sistemas-mundo al estudio literario –y es también el punto que ha encontrado la mayor resistencia, porque mucha gente se niega a reconocer el poder de las restricciones materiales sobre la producción cultural: el poder de la materia sobre el espíritu, de cierta manera. Yo soy un materialista vulgar, así que de hecho disfruto proyectar una red económica sobre la producción estética –pero es cierto, e interesante, que las dos redes se superponen bien, *pero nunca perfectamente*; hay usualmente una discrepancia entre el sistema económico y el literario. Tomemos de nuevo los siglos XVIII y XIX: Gran Bretaña derrota completamente a Francia en su larga lucha por la hegemonía mundial –pero es Francia, no Gran Bretaña, que se convierte en el centro del mundo literario, tanto en la "alta cultura" como en la industria cultural.

¿Por qué esta discrepancia, porque el segundo se vuelve el primero? Probablemente, por la manera en que la forma estética funciona; porque la forma es *una actividad de resolución de problemas*, que toma contradicciones sociales, y las rehace de tal manera que las vuelve más aceptables: "el carácter afirmativo de la cultura", como la llamo Marcuse. Podemos discutir ejemplos más tarde, el punto principal es que, si la forma es una actividad de resolución de problemas, entonces para funcionar correctamente necesita tan grandes problemas como soluciones interesantes. Es por esto que la literatura decimonónica francesa tiene tal éxito-un siglo de increíbles contradicciones (la revolución que devora a sus hijos, la ambigüedad de Napoleón, las esperanzas proletarias y el terror burgués del 48, la masacre de la Comuna) e increíbles intentos de dirigirse a ellas: la herencia de la Ilustración, la imaginación revolucionaria, la invención de la meritocracia, mercados culturales muy dinámicos, el imán de París. Todo está ahí.

La Francia decimonónica es el gran paradigma de la inventiva formal, he dicho –pero uno podría decir también, es la gran *excepción* de la historia literaria. Si se mira a la Gran Bretaña decimonónica, inmediatamente se ve la diferencia: es una sociedad *menos problemática*, mucho más satisfecha consigo misma. Esto es lo que la hegemonía ocasiona: los Estados Unidos, hoy, tan similares a la Gran Bretaña victoriana en tantos sentidos. Y por supuesto, una sociedad menos problemática no necesita inventiva formal en realidad: es feliz con una producción en masa de lo que ya existe –el romanticismo inglés, Hollywood– pero no es lugar para experimentos atrevidos. Y así como las sociedades hegemónicas tienden a carecer de los grandes problemas que incitan las formas a la acción, al otro lado del espectro, las periféricas tienden a carecer de las *soluciones viables* que son necesarias para su compleción: la ausencia de un lenguaje literario moderno es la manifestación típica de esta dificultad, manifestación que hace a la forma estética difícil de imaginar. Lejos de ser formalmente monótonas, como las literaturas de las sociedades hegemónicas tan frecuentemente son, las literaturas periféricas tienden a entablar experimentos morfológicos complejos, los cuales sólo rara vez consiguen funcionar.

III

Desde el Atlántico en la portada de Wallerstein hasta las fluctuaciones geográficas de la forma, la razón es que la forma es el concepto clave de los estudios literarios y un diálogo interdisciplinario es útil si modifica esta clase de categorías centrales. No que un análisis de los sistemas-mundo tenga algo relevante que decir respecto a la forma –no lo hace, la forma es un concepto inexistente en la sociología histórica– pero el análisis de sistemas-mundo nos hace comprender que la forma no es un *dado* de la historia literaria, no es algo que pueda ser dado por hecho como nosotros los literatos tendemos a hacerlo, sino es el resultado de *una configuración no literaria muy específica*: la invención formal prospera en aquellas sociedades que pertenecen al centro, pero que no son hegemónicas, o en aquellas que están en la parte más dinámica de la semiperiferia. Las sociedades donde las contradicciones son profundas, pero las soluciones son imaginables.

Qué esto es también el espacio donde las grandes experiencias *políticas* usualmente ocurren es un motivo más para la reflexión. Ya sea que signifique que la forma y la política son similares en naturaleza o que las contradicciones a las que reaccionan son, de hecho, las mismas, pero sus respuestas son diferentes –ésto claramente merece una discusión en sí misma. Pero sin el análisis de los sistemas-mundo, quizá nunca hubiéramos visto el problema desde este ángulo y hubiéramos carecido de los conceptos para analizarlo.

Traducción: Ignacio M. Sánchez Prado

NOTAS

[1] Este primer texto apareció originalmente en inglés en *Review* XXVII, 3, 2005.

[2] "Modernista", en el contexto de este ensayo, hace referencia al "Modernism" anglosajón y no al modernismo latinoamericano (N. del T.).

[3] Lo que cambiaría el significado de "Textos mundiales" a algo así como "Textos de la palabra" (N. del T.)

[4] Con cierta vergüenza, he de admitir haber usado la evolución y el análisis de sistemas-mundo por muchos años –¡incluso en el mismo libro!– sin haber nunca considerado su compatibilidad. La evolución fue crucial para el argumento morfológico de *Modern Epic*, cuyo aspecto temático a su vez fue fuertemente conformado por el análisis de sistemas-mundo. Algunos años después, el análisis de sistemas-mundo jugó un rol preponderante en *Atlas of the European Novel* y en los artículos "Conjectures on World Literature" y "More Conjectures", mientras que la evolución de fue la base de "The Slaughterhouse of Literature" y "Graphs Maps Trees. Abstract Models for Literary History III" (algunos pasajes de este artículo están más o menos repetidos en el presente texto).

[5] Traduzco aquí *sameness* por uniformidad, al parecerme que de los significados posibles transmite mejor la idea que Moretti expresa en el texto. Otra opción podría ser "mismidad" (N. del T.).

[6] Obviamente, estoy aquí hablando de su verdad *aplicada a la literatura*, en sus campos originales (biología e historia económica) las dos teorías son simplemente incomparables.

[7] Difícilmente puede ser una coincidencia que el mayor problematizador de la voz narrativa en la literatura de Europa Occidental –Joseph Conrad– hubiera trabajado en las colonias, y debiera su descubrimiento formal (la ironía laboriosa y defensiva de Marlon) a su deseo de representar la periferia para la audiencia metropolitana. En su caso, por supuesto, los ingredientes de la amalgama son invertidos: una trama de la periferia –y un estilo del centro.

[8] Aquí, la analogía con la mutación biológica es llamativa: "En el ADN y las regiones proteínicas de vital importancia para el funcionamiento, uno encuentra una conservación perfecta –o casi perfecta", escriben Cavalli-Sforza, Menozzi y Piazza en *The History and Geography of Human Genes* (15): "esto indica un fuerte control selectivo contra cambios que pudieran ser deletéreos; también muestra que el mejoramiento evolutivo en esta región es raro o está ausente. Sin embargo, la variación es muy frecuente en las regiones cromosómicas que no son de vital importancia." Hacia dentro de la estructura narrativa, los motivos vinculados son el equivalente de "las regiones proteínicas de vital importancia para el funcionamiento"; mientras que las "regiones cromosómicas que no son de vital importancia", y donde la variación es muy frecuente, tienen su paralelo en los "motivos libres" (free motifs) del modelo de Tomashevsky, los cuales "pueden

ser omitidos sin destruir la coherencia narrativa", y son, por consecuencia, bastante variables ("cada escuela literaria tiene sus reservas características [de motivos libres]").

⁹ Hablar de culturas "locales" no excluye la existencia de grandes sistemas regionales (indoeuropeo, asiático oriental, mediterráneo, mesoamericano, escandinavo…), las cuales pueden superponerse entre sí, como los ocho "circuitos" del siglo XIII de Janet Abu-Lughod en *Before European Hegemony*. Pero estas unidades no están aún establemente subordinadas a un solo centro como el que emergió en Francia y Gran Bretaña en el siglo XVIII.

¹⁰ Este texto fue presentado como una conferencia al momento de reunir los materiales para este libro.

OBRAS CITADAS

Abu-Lughod, Janet. *Before European Hegemony: The World System A.D. 1250-1350*. Oxford: Oxford University Press, 1989.

Basalla, George. *The Evolution of Technology*. Cambridge: Cambrige University Press, 1988.

Candido, Antonio. *O discurso e a cidade*. São Paulo: Livraria Duas Cidades, 1993.

Cavalli-Sforza, L. Luca, Paolo Menozzi y Alberto Piazza. *The History and Geography of Human Genes*. Princeton: Princeton University Press, 1994.

Darwin, Charles. *The Origin of Species*. Nueva York: Penguin, 1982.

Evan-Zohar, Itamar. *Polysystem Studies*. Número especial de *Poetics Today* 11/1 (1990).

Gould, Stephen Jay. *Full House: The Spread of Excellence from Plato to Darwin*. Nueva York: Harmony, 1996.

Kristal, Efraín. "Considering Coldly… A Response to Franco Moretti". *New Left Review* 15 (2002): 61-74.

Moretti, Franco. *Modern Epic: The World-System from Goethe to García Márquez*. Londres: Verso, 1996.

_____ *Atlas of the European novel 1800-1900*. Londres: Verso, 1998.

_____ "Conjectures on World Literature". *New Left Review* 1 (2000): 64-81.

_____ "The Slaughterhouse of Literature". *Modern Language Quarterly* 61/1 (2000): 207-227.

_____ "More Conjectures" *New Left Review* 20 (2003): 73-81.

_____ "Graphs, Maps, Trees. Abstract Models for Literary History III". *New Left Review* 28 (2004): 43-63.

Pavel, Thomas. *La pensée du roman*. Paris: Gallimard, 2003.

Tomashevsky, Boris. "Thematics". *Russian Formalist Criticism. Four Essays*. Lee T. Lemon y Marion J. Reis, eds. Lincoln: University of Nebraska Press, 1965. 61-98.

Wallerstein, Immanuel. *The Modern-World System*. 3 vols. Nueva York: Academic Press, 1980-1988.

La literatura como mundo[1]

PASCALE CASANOVA

Cliente: ¡Dios hizo el mundo en seis días y usted, usted
no me puede hacer un pantalón en seis meses!
Sastre: Pero señor, mire al mundo y mire su pantalón.

Citado por Samuel Beckett

Lejos, lejos de ti se desenvuelve la historia mundial,
la historia mundial de tu alma.   Franz Kafka

Resumamos: a) ¿Es posible reestablecer el vínculo perdido entre la
literatura, la historia y el mundo sin perder nada de la especificidad y la
singularidad irreductible de los textos? b) ¿Es la literatura mundial? c)
¿Permitirá el análisis de este nuevo territorio responder a la primera pregunta?

En otros términos: ¿Es posible encontrar medios conceptuales para
luchar eficazmente contra el postulado constitutivo de la crítica interna de
la literatura sobre la ruptura absoluta entre el texto y el mundo? ¿Se pueden
proponer herramientas a la vez teóricas y prácticas suficientemente
convincentes para combatir el principio arbitrario de autonomía de los textos
literarios o la pretendida independencia de la esfera del lenguaje?

Las respuestas aportadas hasta este momento, por la teoría poscolonial,
entre otras, me parece que no han reestablecido más que un vínculo parcial
entre los dos dominios supuestamente inconmesurables. El poscolonialismo
postula un vínculo directo entre literatura e historia, de naturaleza
exclusivamente política. Desde este hecho, propone una crítica *externa* de
los textos que corre el riesgo de reducir lo literario a lo político, imponiendo
una serie de anexiones, corto-circuitos, mientras queda frecuentemente en
silencio respecto a las características estéticas, formales o estilísticas, que
"hacen" propiamente a la literatura.

Propongo de mi parte la formulación de otra hipótesis, susceptible de superar este antagonismo entre la crítica interna y la externa. Digamos que existe un espacio capaz de operar una mediación entre la literatura y el mundo: un territorio paralelo, relativamente autónomo del universo de la política y dedicado, en consecuencia, a las cuestiones y debates y la invención de hechos específicamente literarios. En este espacio vendrían a refractarse (deformarse, diluirse, transformarse) los cambios, las luchas, las confrontaciones políticas, sociales, nacionales, de géneros o de minorías dependiendo de lógicas y bajo formas propiamente literarias. Trabajar a partir de esta hipótesis, en tanto se vislumbran todas las consecuencias teóricas y prácticas, daría la posibilidad de poner a trabajar una crítica que sea *a la vez* interna y externa, que pueda, dicho de otra forma, dar cuenta inseparablemente de la evolución de las formas poéticas o de la estética novelística y de su vínculo con el universo político, económico, social, incluida la descripción de la manera en que, por un proceso muy largo (de hecho histórico), el vínculo se rompió en las regiones más autónomas de este espacio.

Se debería entonces describir un universo separado, cuyas divisiones y fronteras serían relativamente independientes de las fronteras políticas y lingüísticas, mostrar cómo este mundo paralelo está dotado de sus propias leyes de funcionamiento, de su historia, de sus revueltas y revoluciones específicas, de un mercado donde circularían sus valores no mercantiles y donde se organizaría una economía no económica, a fin de cuentas, una medida estética del tiempo. Este mundo de letras se mantiene, la mayor parte del tiempo, invisible en sus funcionamientos, salvo en aquellos lugares más alejados de los grandes centros y aquéllos más despojados de recursos literarios que perciben mejor que los otros las formas de violencia que ahí se ejercen.

Propongo llamar "espacio literario mundial" a este universo de mediación que no es más que un instrumento de trabajo que debe ser puesto a prueba por la investigación concreta, una herramienta forjada para intentar dar cuenta de la lógica y de la historia propiamente literarias sin por ello resignarse a la autonomía total del "hecho" literario. Es también un "modelo hipotético" en el sentido que Chomsky dio a esta expresión (105 y ss), es decir, un conjunto de enunciados cuya explicitación, aunque comporte una cierta forma de riesgo, ayuda a formular precisamente (o, lo más precisamente posible) aquello que buscamos describir, un cuerpo de proposiciones coherentes entre ellas. Trabajar así a partir de un modelo permite no someterse a un "dado" inmediato, sino por el contrario, tomando en cuenta sus ventajas, intentar construirlo; y también mostrar que cada caso evocado no existe por sí mismo, sino que no es sino uno de los casos particulares de lo posible, es decir, uno de los elementos de un grupo o de una familia de casos y que no hubiera sido visto si no se hubiera formulado antes un modelo abstracto de todos los posibles.

LA LITERATURA COMO UNA ALFOMBRA PERSA

Este objeto-herramienta, del cual voy a intentar dar aquí las características principales no es "la literatura mundial" –corpus literario extendido por el mundo cuya existencia y censo exhaustivo son todavía problemáticos– sino un espacio, es decir, un conjunto de posiciones relativas las unas de las otras y que deben ser, por consecuencia, pensadas y descritas relacionalmente. Propongo, dicho de otra manera, reflexionar no acerca de las modalidades de análisis de una literatura extendida en el mundo, sino acerca de los medios conceptuales para pensar la literatura *como* un mundo.

En la *nouvelle* "The figure in the carpet", Henry James genialmente puso en el centro de su narrativa –que se sostiene, como se sabe, sobre la naturaleza y finalidades de la interpretación en literatura– la metáfora de la alfombra persa. La alfombra presenta, si se le mira de demasiado cerca o sin prestarle atención, un enredo inextricable e incoherente de dibujos y colores arbitrariamente distribuidos; pero, si el observador atento busca la distancia correcta, la alfombra bruscamente le presenta "la combinación correcta" de una "soberbia complejidad" (381) según las palabras de James, un conjunto de motivos ordenados que no se comprenden más que en la relación que mantienen los unos con los otros y que, sobre todo, no se vuelven perceptibles más si se les aprecia en su globalidad, es decir, en su dependencia recíproca o sus relaciones mutuas. No es, pues, sino la consecuencia de observar la alfombra como una configuración –para retomar el término de Foucault,[2] ordenada con figuras y colores, que se puedan comprender las regularidades, variaciones, repeticiones, en una palabra, que se pueda poner a prueba, a la vez, la coherencia y el carácter relacional: las figuras no se sabrán comprender por sí mismas, sino solamente a partir de la posición que ocupen en el conjunto constituido y de la relación que las une a todas las otras.

Esta metáfora de la alfombra persa explica perfectamente esta perspectiva, que es la mía y que supone simplemente tomar otro punto de vista, es decir, cambiar el punto a partir del cual se observa ordinariamente la literatura. No del todo para no interesarse más que en la coherencia global de la alfombra, sino más bien para apegarse a mostrar que, a partir del conocimiento del conjunto de motivos y su distribución en la alfombra, será posible comprender, incluso hasta el menor de sus detalles, cada dibujo, cada color, es decir, cada texto y cada autor particular, a partir del lugar relativo (es decir, en relación con todos los otros) que ocupa en esta inmensa estructura. Mi proyecto es, pues, restituir la coherencia de la estructura global al interior de la cual los textos aparecen, y que no se puede percibir más que aceptando de hecho la desviación por la que aparece como el más lejano de los textos: este inmenso territorio invisible que he llamado "La república mundial de las letras". Pero esto es simplemente para regresar a los textos en sí mismos e intentar proporcionar un nuevo instrumento de lectura.

El nacimiento de un mundo

Este mundo literario por supuesto no apareció de repente en la configuración que lo caracteriza hoy en día. Es, él mismo, producto de un proceso histórico que ha permitido su emergencia y autonomización de manera muy progresiva. Decimos, sin entrar aquí en detalles, que apareció en Europa en el siglo XVI –Francia e Inglaterra forman la región más antigua–, que se consolida, se unifica y se ensancha durante el siglo XVIII, pero sobre todo en el XIX, hacia Europa Central y Oriental bajo el impulso de la teoría nacional desarrollada por Herder, y que continuó extendiéndose a lo largo de todo el siglo XX, particularmente a través del proceso de descolonialización, siempre en curso: los manifiestos de derecho a la existencia o a la independencia literarias, frecuentemente vinculados a los movimientos de reivindicación de la independencia nacional son todavía numerosos hoy en día, y, si bien literatura ha sido constituida como una puesta en juego casi por todo el mundo, la unificación está todavía lejos de ser lograda, es decir, extendida a la totalidad del planeta.

Este universo funciona a través de mecanismos que son completamente opuestos a lo que se llama de ordinario "globalización literaria". Lo que, en las zonas más inclinadas hacia el mercado y las regiones más poderosas del espacio, se presenta bajo la apariencia de una nueva internacional literaria es de hecho un simple aumento de las ganancias editoriales a corto plazo[3] por medio de la puesta en el mercado de productos editoriales destinados a la circulación rápida y "desnacionalizada". El éxito de este tipo de libro (que ha permitido simplemente pasar de la literatura de estación de trenes a la de aeropuerto) entre las capas educadas de los países occidentales, ha hecho creer en una pacificación literaria en el mercado, es decir, una progresiva normalización y estandarización de temas, formas, lenguas y tipos de relato en el mundo entero. En realidad, la desigualdad estructural del mundo literario provoca la aparición de luchas, rivalidades, concurrencias específicas que ponen en juego a la literatura (y la lengua y la definición de la literatura y la modernidad literaria) y que son la única forma observable de la puesta en marcha de una unificación progresiva del espacio literario.

El Meridiano de Greenwich literario

Existen algunos indicios objetivos de la existencia de este planeta literario, entre los cuales destaca la creencia universal (o casi) de la universalidad del Premio Nobel de literatura. La importancia atribuida por todos los protagonistas del espacio a esta consagración, a la diplomacia particular que preside su adjudicación, las expectativas nacionales que lo acompañan, el gigantesco renombre en que resulta, aun (¿sobre todo?) la posición acordada por los críticos que se dirigen cada año al jurado sueco por su supuesta falta de objetividad, por sus pretendidos prejuicios políticos, por sus errores estéticos, etc., hacen de esta consagración mundial una verdadera confrontación común a casi todos los miembros del planeta literario, y a propósito del valor e importancia de la cual casi todos están de acuerdo. El Nobel es hoy en día una de las únicas verdaderas consagraciones literarias internacionales, laboratorio único de designación y definición de lo universal literario.[4] A través del Nobel se reafirma cada año —gracias al eco que encuentra, a la expectativa que suscita, a la creencia que genera— la existencia de un mundo extendido a (casi) todo el planeta y que está dotado de una consagración a la vez autónoma —es decir no dependiente, o no directamente dependiente, de criterios políticos, lingüísticos, nacionales, nacionalistas o comerciales— y mundial. El Nobel constituye en este sentido un índice capital y objetivo de la existencia de un espacio literario mundial.[5]

El segundo índice de unificación de este espacio, menos fácil de observar, es la aparición de una medida específica de tiempo, común a todos los "jugadores". Cada nuevo participante debe reconocer de entrada un punto de referencia, una norma con la cual será medido: todas las posiciones están situadas con relación a una línea, una región donde se determina el presente literario. Propongo llamarla "Meridiano de Greenwich literario": de la misma manera que la línea ficticia, llamada también "meridiano de origen", elegida arbitrariamente para la determinación de longitudes, contribuye a la organización real del mundo y hace posible la medida de distancias y la evaluación de posiciones sobre la superficie del mundo, el meridiano literario permite evaluar la distancia en relación con el centro de todos aquellos que pertenecen al espacio literario. Este es el lugar donde se cristaliza (se debate, se protesta, se elabora) la medida del tiempo literario, es decir, la evaluación de la modernidad estética. Será declarado "presente" lo que sea designado como moderno en el momento considerado, es decir, los textos que "hagan época" y que, por ello, sean susceptibles de modificar las normas estéticas en curso. Marcando la cronología específica, servirán, por lo menos durante un tiempo, como unidades de medida o términos de comparación para toda la producción que les siga.

El decreto de modernidad es una de las consagraciones más difíciles de obtener por los autores excéntricos, el objeto de las competencias más ásperas y violentas. Octavio Paz ha explicado magníficamente los términos y las formas de esta extraña lucha en su discurso de recepción del Premio Nobel que intituló precisamente "La búsqueda del presente". Ahí describe toda su trayectoria personal y poética como una búsqueda frenética (y victoriosa, como manifiesta su obtención de la consagración literaria más alta) de un presente de la literatura, del cual comprendió muy temprano que, en tanto mexicano, se encontraba estructuralmente muy lejos.[6] Los textos consagrados "harán época" en esta historia, según una cronología y una lógica que pueden ser completamente diferentes del tiempo y la cronología de otros universos sociales. Es de esta manera que el *Ulises* de Joyce, una vez consagrado como obra "moderna", a partir de su traducción al francés, llevada a cabo por Valéry Larbaud en 1929, devino (y se mantiene en ciertas regiones del espacio) una de las unidades de medida o de evaluación de la modernidad novelística.

TEMPORALIDADES

La modernidad es evidentemente un principio inestable, es decir, una confrontación de lucha permanente, un decreto condenado a caducar más o menos rápidamente y uno de los principios de cambio en el seno del universo. Todos aquellos que son aspirantes a la modernidad y todos aquellos que luchan por el monopolio de su adjudicación, no cesan de trabajar en la clasificación y desclasificación de las obras –los textos que potencialmente pueden convertirse en antiguos modernos o clásicos modernos. El empleo recurrente de metáforas temporales en el lenguaje de la crítica, decretan fácilmente las obras "pasadas de moda" o "superadas", arcaicas o innovadoras, anacrónicas o imbuidas por el "espíritu de los tiempos", es uno de los índices precisos del funcionamiento de estos mecanismos. Es por esto que se puede explicar, por lo menos parcialmente, la permanencia del término "modernidad" en los movimientos y proclamaciones literarias, al menos desde la segunda mitad del siglo XIX: los diferentes modernismos europeos y latinoamericanos, pasando por los futurismos italianos y rusos, hasta la(s) posmodernidad(es). Las innumerables reivindicaciones de "novedad" en el caso de "Nouveau roman", "Nouvelle vague", etc, funcionan evidentemente según el mismo principio.

Debido al hecho de la precariedad constitutiva del principio de la "modernidad", la obra declarada moderna está condenada a caducar a menos que acceda a la categoría de "clásico" por la cual ciertas obras consiguen escaparse de las fluctuaciones y discusiones que fijan su valor relativo. Es clásico, literariamente hablando, aquello que escapa de la competencia temporal (y de la desigualdad espacial). Es a partir de la medida del presente (que depende de todo el sistema de consagraciones centrales) que podemos reenviar al pasado formas o prácticas caducas ubicadas desde hace tiempo en el Meridiano de Greenwich. Por ejemplo, la novela naturalista es siempre producida en las tierras más alejadas del meridiano (los espacios literarios excéntricos o las zonas más comerciales del universo central) aun a pesar que ya no es considerada como "moderna" por las instancias autónomas desde hace tiempo. El crítico brasileño Antonio Candido apunta:

> …lo que llama la atención en Latinoamérica es el hecho de considerarse vivas obras estéticamente anacrónicas […] Es lo que ocurre con el naturalismo en la novela, que llegó un poco tarde y se extendió hasta nuestros días sin ruptura esencial de continuidad, aunque modificado en sus aplicaciones[…] Por eso, cuando en Europa el naturalismo era una supervivencia, entre nosotros aún podía ser ingrediente de fórmulas literarias bastante legítimas, tales como las de la novela social de los decenios de 1930 y 1940, que se podría denominar neonaturalista. (344)

Este tipo de luchas estético-temporales se libra frecuentemente a través de intermediarios que tienen un interés personal de "descubrir" autores no nacionales. Se sabe que el noruego Henrik Ibsen fue así consagrado como uno de los grandes dramaturgos europeos más o menos simultáneamente en París y Londres alrededor de 1890. Su teatro, llamado "realista", trastornó la totalidad de prácticas de la escritura, de los escenarios, del lenguaje, de los diálogos, de tal suerte que a través de él se produjo una verdadera revolución en el teatro europeo. La consagración internacional de este dramaturgo venido de un pequeño país que había accedido a la independencia nacional poco tiempo antes y cuya lengua era muy poco hablada (y, por tanto, traducida) en Francia e Inglaterra, se llevó a cabo a través de la acción de algunos mediadores –Bernard Shaw en Londres, Antoine y Lugné-Poe en París– que tenían, por su parte, el proyecto de "modernizar" el teatro en su país respectivo, de superar las normas decretadas como envejecidas del vaudeville y del drama burgués que dominaban tanto en Londres como en París, y de imponerse a sí mismos como los nuevos dramaturgos o productores.[7] Joyce, por su parte, en el Dublín de la década de mil novecientos se sirvió de la prodigiosa novedad estética y temática de las obras de Ibsen para luchar contra el teatro irlandés que amenazaba, según él, convertirse en "demasiado irlandés".

Muchos de estos procesos son también relevantes para Faulkner. Celebrado desde los treinta como uno de los novelistas más innovadores de la época,[8] Faulkner se convirtió en una medida de innovación novelística después de recibir el Premio Nobel en 1950. A partir de su consagración internacional, su obra desempeñó el rol de "acelerador temporal" para amplio rango de novelistas en países estructuralmente comparables (económicamente, culturalmente y literariamente) al sur de los Estados Unidos. Todos han reivindicado el uso (por lo menos técnico) de este acelerador faulkneriano, entre ellos: Antonio Lobo-Antunes en Portugal en los setenta, Gabriel García Márquez en Colombia y Mario Vargas Llosa en Perú en los cincuenta y sesenta, Juan Benet en España en los cincuenta, Edouard Glissant en las Antillas Francesas durante los ochenta, Kateb Yacine en la Argelia de los años sesenta, etc.

UN MODELO MUNDIAL

Pero, ¿por qué trabajar a partir de la hipótesis de un espacio mundial y no de un espacio más restringido que habría sido más fácil de circunscribir, el campo regional o lingüístico, por ejemplo? ¿Por qué escoger para comenzar la construcción del espacio más grande, es decir, el más arriesgado?

Porque parece que la puesta en día de los funcionamientos de este universo, y en particular de las formas de dominación que ahí se ejercen, supone la refutación de evidencias y de recortes nacionales y la puesta en marcha de un modo de pensar trans- o inter-nacional. En efecto, desde el momento en que se adopta el punto de vista mundial (o transnacional) se comprende inmediatamente que los límites nacionales (o, aún, lingüísticos) forman una pantalla para la comprensión de los verdaderos efectos de dominación y desigualdad que se ejercen sobre los escritores. Y esto es por una razón simple: las literaturas han sido constituidas en el mundo entero bajo el modelo nacional creado y promovido por Alemania a finales del siglo XVIII. El movimiento de nacionalización de las literaturas, que ha acompañado a la constitución o fortalecimiento de los espacios políticos europeos a partir del comienzo del siglo XIX, provocó una esencialización de las categorías literarias y la aparición de una creencia en la coincidencia necesaria entre fronteras nacionales y fronteras del espacio literario. A partir de ahora, consideramos a las naciones como conjuntos separados, cerrados sobre sí mismos, entidades irreductibles las unas a las otras, produciendo, a partir de una especificidad autárquica, objetos literarios cuya "necesidad histórica" se inscribe en un horizonte nacional. Stefan Collini ha podido mostrar, por ejemplo, que en Gran Bretaña, la definición de la literatura declarada nacional reposaba sobre una tautología ya que "sólo aquellos autores que despliegan las características putativas son reconocidos como auténticamente ingleses, una categoría cuya definición se basa en ejemplos proporcionados en la literatura escrita precisamente por esos autores" (357).

O la división nacional de las literaturas provoca una forma de ceguera. Sí, por ejemplo, se analiza el espacio irlandés entre 1890 y 1930 olvidando los acontecimientos que se desarrollaban al mismo tiempo en Londres, por una parte (poderío político, colonial y literario en oposición al cual se construyó todo el espacio irlandés) y en París, por otra (recurso específico y poder literario políticamente neutro), o dejando fuera las trayectorias, exilios, las diversas formas de consagración expedidas en las diferentes capitales, uno se condena a no tener más que una visión parcial y falseada de auténticas confrontaciones y relaciones de fuerza reales, las cuales son enfrentadas por todos los protagonistas irlandeses. Asimismo, si se estudia la formación del espacio literario alemán a partir de fines del siglo XVIII olvidando la relación de competencia intensa con Francia, uno se expone a desconocer totalmente las confrontaciones que organizan todo el espacio literario germánico.

No pretendo, al decir esto, que las relaciones de fuerza literarias internacionales (o, mejor, inter-nacionales) sean los únicos factores explicativos y las únicas herramientas interpretativas de los textos literarios, ni, menos todavía, que haya que reducir la complejidad literaria a ellos. Todas las otras variables (nacionales –es decir internas al campo literario nacional– psicológicas, psicoanalíticas, formales o formalistas, etc.) evidentemente deben poder ser invocadas o tomadas en cuenta en la interpretación de textos.[9] Busco solamente mostrar (y demostrar a la vez estructural e históricamente) que, a partir del hecho de que esta estructura mundial se mantiene desapercibida hasta hoy en día, a la vez se mantienen desapercibidas e inexplicadas sus variables, sean las luchas, las formas de violencia dulce o los mecanismos de consagración internacional (a través de la traducción principalmente). Así, la crítica de Kafka se limita frecuentemente al estudio biográfico de su psicología o a la descripción de la Praga de la primera década del siglo XX. En este caso, la "pantalla" tanto biográfica como nacional impide ver el lugar del escritor en otros universos más vastos: su posición dentro del espacio de movimientos nacionalistas judíos que se desarrollan en toda Europa Central y Oriental, sus tomas de posición en los debates que oponen a los bundistas y a los yiddishistas, su posición de dominado en el espacio lingüístico y cultural germánico, etc. El filtro nacional actúa como una suerte de frontera "natural" que impide al estudioso tomar en cuenta la violencia de las relaciones de fuerza políticas y literarias transnacionales tal y como se ejercen sobre el escritor.

¿ESPACIO MUNDIAL O SISTEMA-MUNDO?

Esta república de las letras extendida por el mundo evidentemente debe mucho a la noción de "campo" desarrollada por Pierre Bourdieu. Sin embargo, no había sido considerada, hasta aquel momento, más que dentro de un marco nacional, entendido como dependiente de las fronteras, los límites, la historia y las tradiciones nacionales y según un proceso de acumulación de capital considerado bajo un ángulo exclusivamente nacional.[10] Los trabajos de Fernand Braudel, y en particular su "economía-mundo",[11] me han permitido extender la noción de campo al universo internacional y formular la hipótesis de un espacio relativamente autónomo extendido al mundo entero según una estructura de dominación relativamente independiente de las formas de dominación política, económica, lingüística, social.

Por lo tanto, tengo que insistir aquí en la noción de "estructura mundial" en oposición a aquella de "sistema-mundo",[12] desarrollada notablemente por Immanuel Wallerstein, porque no me parece pertinente en el caso de los espacios de producción cultural. Un "sistema" supone en efecto una relación de interacción entre cada elemento, es decir, una acción y un efecto directos entre las diferentes posiciones. Una estructura, por el contrario, se caracteriza por relaciones objetivas, que pueden ejercerse independientemente de toda interacción directa.

Más aún, las fuerzas o los movimientos que entran en lucha con el "sistema" son considerados por Wallerstein, y según sus términos, como "antisistémicos". Están, dicho de otra manera, situados fuera del sistema contra el cual buscan luchar y combaten contra él desde un "exterior" siempre imposible de situar, pero potencialmente localizable en las "periferias" del sistema. En una estructura de dominación internacional, por el contrario, la definición de lo "exterior" y lo "interior", es decir, de los límites del espacio, es también, de entrada, una instancia de lucha. Y ésto lejos de ser confinado fuera del espacio, es más bien el principio constitutivo y unificador. Se trata de las luchas que "hacen" el espacio, que lo unifican y que no cesan de extenderlo. Una de las puestas en juego principales de estas luchas tiene que ver con la cuestión de los límites del espacio, es decir, con la definición misma de "lo literario". En el mundo de la literatura, existe en cada momento una disputa por los medios y vías específicos a la elaboración del arte literario, por la determinación de quién puede legítimamente (o no) ser declarado escritor o quién puede enunciar juicios de valor legítimo (es decir, susceptibles de tener por consecuencias y de producir una creencia en el valor específico de las obras designadas).

Dicho de otra forma, no se trata de una esfera ubicada por encima de todas las otras y reservadas sólo a los escritores (editores, críticos…) internacionales, es decir, a los protagonistas que maniobran en un mundo supuestamente desnacionalizado (liberado de restricciones y divisiones nacionales); no está reservado a los grandes novelistas internacionales, a los autores de éxitos comerciales y de entrada mundializados, a los productos editoriales elaborados para la venta internacional. Está formado, en realidad, por la totalidad de los miembros de la República de las Letras, ellos mismos situados diferencialmente en cada espacio literario nacional. Al mismo tiempo, es necesario considerar que la posición de cada escritor es necesariamente doble y doblemente definida: cada escritor será así situado dos veces, una vez según la posición que ocupa en su espacio nacional, y una vez según la posición que este espacio ocupa en el espacio mundial. Esta posición es doble, inseparablemente nacional e internacional, y explica por qué, contrariamente a lo que las representaciones economicistas de la *globalización* quisieran hacernos creer, las luchas internacionales se desarrollan y se libran, de hecho, principalmente en los espacios nacionales: las batallas que se libran por la definición de la literatura, por las transformaciones o las innovaciones técnicas y formales tienen casi todas como teatro exclusivo los universos literarios nacionales. La única gran dicotomía, la gran fractura que explica a la vez las formas literarias, los tipos de innovación estética, los géneros adoptados es aquella que opone, en cada espacio nacional, a los escritores nacionales a los internacionales. Luchan con armas diferentes, por medio de apuestas estéticas, comerciales, editoriales divergentes, contribuyendo así, a través de diferentes vías, al "enriquecimiento", es decir, a la acumulación de recursos literarios nacionales necesarios para ingresar y para luchar en el espacio mundial. Es porque contrariamente a las representaciones ordinarias, lo nacional y lo internacional no son dos planetas separados: son dos instancias opuestas y en lucha en el mismo universo.[13]

Por esta razón no se puede considerar al espacio literario como una simple geografía u organización espacial extendida en el mundo de la cual sería suficiente describir las regiones, las áreas culturales y lingüísticas, los centros de atracción y los modos de circulación nacionales, regionales e internacionales para comprender su disposición y funcionamientos, al igual que lo hicieron Fernand Braudel e Immanuel Wallerstein,[14] a propósito del universo económico. Se trata, más bien, de una forma análoga a la "forma simbólica" descrita por Cassirer,[15] en el seno de la cual, en tanto literarios, nosotros los investigadores, profesores, escritores, críticos, lectores, editores, etc., pensamos, leemos, debatimos, escribimos, interpretamos, mientras ella misma nos provee de categorías para pensarla e imprime su marca, sus restricciones, sus confrontaciones, sus jerarquías, sus evidencias y sus creencias en cada una de nuestras mentes y así refuerza los aspectos materiales que la constituyen. Y lo hace de manera diferente según el lugar (nacional, lingüístico, profesional) que ahí ocupamos en cada momento. El espacio literario en todas sus formas (textos, jurados, editores, críticos, teóricos, eruditos, etc.) existe dos veces: una vez en las cosas y otra en las mentes, es decir, en la creencia producida por esas cosas e incorporada por cada uno de los protagonistas del "Gran Juego" de la literatura.

Esto es otra razón por la cual la estructura es difícil de observar: es imposible ponerla a distancia como se haría con un fenómeno lejano y fácilmente observable. Más bien, describirla o analizar sus funciones supone ir, en gran parte, *contra* todo pensamiento "literario" ordinario de la literatura, quiero decir, contra todas las evidencias inculcadas (escolar o estéticamente) a propósito de la literatura, con el objeto de reconstruir cada noción, cada instrumento, cada evidencia (por ejemplo, la influencia, la tradición, el patrimonio, la modernidad, los clásicos, los valores) a partir de los funcionamientos internos y específicos de la república mundial de las letras.

UN UNIVERSO DESIGUAL Y RELATIVAMENTE AUTÓNOMO

La primera característica de este espacio literario mundial: es desigual y jerárquico. El principio de esta desigualdad reposa sobre una distribución desigual de bienes y de valores que cotizan en este universo, recursos que se acumulan históricamente al interior de las fronteras nacionales. Es sin duda Goethe quien, antes que nadie, tuvo la intuición de un vínculo directo entre la aparición de una *Weltliteratur* y la emergencia de una nueva economía fundada en las relaciones literarias internacionales (es decir en los conflictos y luchas específicas).[16]

El mundo literario es, en efecto, el lugar de un mercado paradójico, constituido alrededor de una economía no económica, es decir, consagrada a la creación de valores específicos. La fabricación y reproducción *ad infinitum* de recursos se basan en un sistema muy poderoso de creencia en el valor objetivo de las cosas literarias (el valor de las cosas y de las obras que se llaman, precisamente, "invaluables"). Estos "valores" (clásicos nacionales y/o universales, grandes innovadores, poetas malditos, textos raros...) se acumulan en las capitales y se concentran bajo la forma de bienes literarios nacionales. Los primeros lugares en ingresar en la competencia literaria son los más "ricos" específicamente, es decir, los más poderosos, es decir, los más acreditados con poder específico. Es así que el prestigio[17] es la forma de poder por excelencia en el universo literario, autoridad intangible pero concedida sin discusión a las literaturas más antiguas, las más nobles, las más legítimas (todos estos adjetivos son casi sinónimos), a los clásicos más consagrados, a los escritores más célebres.

La repartición desigual de recursos literarios funda la estructura de todo el espacio literario mundial. Éste se organiza a partir de la oposición entre dos polos opuestos. En el polo más autónomo, es decir, el más independiente de las restricciones políticas, nacionales o económicas, se buscan los espacios más antiguos[18] y los más dotados de recursos y patrimonio literarios.[19] Éstos son, de manera general, los espacios europeos, los primeros en ingresar a la competencia literaria transnacional y que han acumulado enormes recursos literarios. En el polo más heterónomo –es decir, en la región donde son reconocidos los criterios de dependencia respecto a instancias políticas, nacionales o comerciales– se buscan sobre todo los espacios literarios más recientes[20] y los más despojados de recursos específicos o las zonas más sumisas a los criterios comerciales de los espacios más antiguos. Añadamos que cada universo nacional es, él mismo, bipolarizado según la misma estructura.

El prestigio con el cual se acreditan las zonas dotadas de un fuerte volumen de capital se perpetúa porque tiene efectos reales y mesurables, y principalmente la eficacia de sus "transferencias de prestigio" a través de las notas críticas o los prefacios de escritores prestigiosos para libros no consagrados o venidos de regiones ex-céntricas, como lo muestra el efecto de consagración inmediata y poderosa de las reseñas de lecturas entusiastas de Víctor Hugo, al momento de la traducción en francés de las primeras novelas de Walter Scott, del prefacio de Gide al *Livre des Jours* de Taha Hussein, o el mecanismo complejo de reconocimientos a través de las traducciones, como la consagración de Tagore traducido por André Gide, de Jorge Luis Borges por Roger Caillois, de Henrik Ibsen por William Archer, etc.

GRADOS DE AUTONOMÍA

El segundo rasgo constitutivo del mundo literario es su autonomía relativa[21]. Esto quiere decir que no se puede ni confundir ni superponer los asuntos postulados en el universo político con los que se postulan en el espacio literario (nacional o internacional). Sin embargo, una de las tentativas más frecuentes de la teoría literaria es operar este "corto-circuito" y reducir sin cesar lo literario a lo político. El mejor ejemplo aquí es sin duda el *Kafka* de Deleuze y Guattari que pretende deducir de una sola entrada de diario (la del 25 de diciembre de 1911), no solamente una posición y un postulado político –afirman también que Kafka "es un autor político" (75)–, sino también un contenido político de su obra entera: retomando una traducción errónea del texto en su versión francesa,[22] construyen a su manera la categoría de "literatura menor" y atribuyen a Kafka, por medio de un anacronismo histórico flagrante, preocupaciones que no podían haber sido suyas antes de la Primera Guerra Mundial.[23]

La autonomía asimismo supone que los acontecimientos que surgen en los territorios literarios son también autónomos: las grandes fechas de la historia literaria, los manifiestos, los héroes, los monumentos, las conmemoraciones, las capitales literarias producen una historia específica que no puede ser confundida –aún si de cierto modo es dependiente, pero hay que estudiar bajo qué relación– con la historia política. En su historia económica del mundo entre los siglos XV y XVIII, Fernand Braudel hizo así la constatación de una independencia relativa del espacio artístico en relación con el espacio económico (y, por tanto, político). En el siglo XVI, explica, Venecia es la capital económica, pero Florencia y su dialecto toscano son los que importan intelectualmente; en el siglo XVII, Amsterdam devino el gran centro del comercio europeo, pero Roma y Madrid triunfan en las artes y la literatura; en el siglo XVIII, Londres devino el centro del mundo, pero París es la que impone su hegemonía cultural. "A fines del siglo XIX, a principios del XX", escribe Braudel, "Francia, con mucho a la zaga de la Europa económica, es el centro indudable de la literatura y la pintura occidental; la primacía musical de Italia, seguida de Alemania, se ejerce en épocas donde ni Italia ni Alemania dominaban económicamente a Europa; y, todavía hoy, el formidable avance económico de los Estados Unidos no le ha puesto a la cabeza del universo literario y artístico" (9).

Así, para tomar un ejemplo contemporáneo, el caso de las literaturas latinoamericanas es en sí mismo una demostración del carácter relativamente autónomo del universo literario, una prueba de que no hay vínculo directo, ni relación de causa y efecto, entre el poder (o debilidad) económico-político y el poder (la legitimidad) literaria en la escala internacional. El reconocimiento de estas literaturas, materializado por cuatro Premios Nobel y la consagración por todo el mundo de grandes nombres que han producido, la legitimidad de eso que se constituye hoy en día como un modelo estético y, a pesar de la debilidad económica y política de estos mismos países latinoamericanos, demuestra que no se confunden los dos órdenes y que se debe postular, para comprender las condiciones de aparición del "boom" literario latinoamericano, la independencia (relativa) de los fenómenos literarios.[24]

LAS FORMAS DE LA DOMINACIÓN

Pero si es relativamente independiente del universo político y económico, el mundo literario es también, y por consecuencia, relativamente dependiente. Toda la historia del espacio literario –a la vez en su globalidad y en cada uno de los espacios literarios nacionales que lo constituyen– es la historia de una dependencia, primero, con respecto a las instancias nacional-políticas y de una emancipación progresiva, a través del proceso de autonomización. Esta dependencia original está siempre presente, en diversos grados según la antigüedad del espacio estudiado: continúa ejerciéndose principalmente a través de las lenguas. Del hecho de su nacionalización casi sistemática en el mundo, éstas se mantienen en efecto como instrumentos ambiguos, inseparablemente literarias y políticas.

En el universo literario, las diferentes formas de dominación están, de esta suerte, encajadas unas en las otras. Se pueden señalar tres formas principales que se ejercen diferencialmente según la posición del espacio observado: la dominación política (que toma hoy en día, cada vez más, formas económicas), la dominación lingüística y la dominación literaria. Éstas se encabalgan, se interpenetran, se ocultan las unas en las otras, hasta que, más bien frecuentemente, aparece sólo la más visible de ellas: la dominación político-económica. Numerosos espacios literarios son dependientes lingüísticamente –Canadá, Australia o Nueva Zelanda, Bélgica, Suiza, Québec, por ejemplo– sin ser dominados políticamente; otros, resultantes principalmente de procesos de descolonización, pueden haber accedido a una independencia lingüística total mientras que se mantienen políticamente dominados. Pero la dependencia puede también ser específica, es decir, no ejercerse ni medirse *más que* en términos literarios, por fuera de toda situación de opresión o aún de simple dependencia política. Es imposible dar razón de ciertas formas de exilio o de cambios momentáneos en el lenguaje de la escritura, por ejemplo (como aquellos a los que se sujetaron August Strindberg,[25] Alfredo Gangotena,[26] Samuel Beckett o E. M. Cioran) sin hipotetizar que existen formas de dominación propiamente literarias, es decir, fuerzas que se ejercen fuera de toda opresión política.

Se pueden así describir, en los límites del universo, "efectos de dominación" literaria que se ejercen de manera transnacional y transhistórica

–con algunas variables históricas cerca, por supuesto– y que es importante analizar para comprender los efectos precisos de la estructura en la emergencia, producción y consagración de textos literarios. La inevitable primacía que los estudios literarios conceden a la psicología, por ejemplo (siempre en virtud del famoso postulado de la irreductible e incomparable soledad del escritor), impide frecuentemente tomar en cuenta las restricciones estructurales que se ejercen, a sus espaldas, sobre los escritores y por lo tanto sobre la producción (su forma, su género, su lengua) de obras.

Tomemos el caso de Gertrude Stein: mientras los estudios feministas insisten, con cierta razón, en sus particularidades biográfico-psicológicas y en particular en su homosexualidad, se olvidan de recordar aquello que caracteriza su posición en el espacio literario mundial, como si esto fuera autoevidente. O, más bien, todo aquello que implica su posición de estadounidense en París no se menciona más que a título biográfico o anecdótico. O, como se sabe, en los años diez y veinte, los Estados Unidos son literariamente muy dominados y los escritores vienen a buscar a París recursos literarios y modelos estéticos. Se trata, entonces, de un caso de dominación específicamente literaria, que se ejerce en ausencia de toda otra forma de dependencia. Un simple análisis de su lugar en tanto poeta extranjera exiliada en París (ya que el exilio es un índice patente de dependencia) y de la posición del espacio literario estadounidense permitiría comprender por qué Stein estaba muy preocupada (al igual que Ezra Pound en la misma época) por la elaboración o "enriquecimiento" de una literatura nacional americana. De la misma manera, su interés por la representación literaria de los estadounidenses –de lo que su gigantesco *The Making of Americans* es uno de los signos más claros– podría tomar toda su amplitud y significación. Que ella fuera mujer y lesbiana en el París de los años diez es sin duda crucial para comprender su pulsión subversiva y la naturaleza misma de toda su empresa estética. La relación histórico-estructural de dominación que es evidentemente fundamental, se mantienen por lo tanto oculta para toda la tradición crítica. Como si, de manera general, hubiera siempre una particularidad, en efecto importante pero a fin de cuentas secundaria, que oculta el esquema de la relación de dominación.

Tal como se ve, esta forma de influencia es tan extraña, tan difícil de describir, tan paradójica, que puede, en ciertas situaciones, representar una emancipación en relación con el cierre estético o estético-político nacional, de ciertos espacios literarios muy arcaicos, muy cerrados a las innovaciones centrales. Se ejerce sobre todos los textos del mundo, sobre todos los escritores, sea cual sea el lugar que ocupen, sea cual sea su lucidez respecto a los mecanismos de dominación específica, pero más aún cuando el grado de autonomía de su espacio literario es débil y cuando aparecen en una región más dominada del mundo de la literatura.

Por oposición, la eficacia de la consagración de las instancias centrales es tal que crea hoy en día la ilusión a ciertos escritores venidos de los márgenes del universo literario y que consiguieron un reconocimiento pleno y completo, de que la estructura ha simplemente desaparecido del todo y que son la prueba viviente de que un nuevo "orden literario mundial" lo sustituye. Universalizando su caso particular, buscan demostrar que se asiste a una inversión total y definitiva de la relación de fuerza entre los centros y las periferias. Carlos Fuentes, sobre todo, escribe así en *Geografía de la novela*:

> Al antiguo eurocentrismo se ha impuesto un policentrismo que [...] debe conducirnos a una "activación de las diferencias" como condición común de una humanidad sólo central porque es excéntrica [...] La "literatura mundial" de Goethe cobra al fin su sentido recto: es la literatura de la diferencia, la narración de la diversidad, pero confluyendo, solo así, en un mundo único [...] Un mundo, muchas voces. Las nuevas constelaciones que componen la geografía de la novela son variadas y mutantes. (167)

La creencia y el entusiasmo multiculturales permiten también a otros afirmar que la relación entre centro y periferia se invierte radicalmente a partir de ahora y que el mundo de la periferia ocupa ahora el lugar central. En realidad, esta fábula pacifista (y "mestiza") tiene como efecto a la vez la despolitización de la relación literaria, la perpetuación de la leyenda del gran encantamiento literario y el desarmamiento de los escritores de la periferia que estuvieran en busca de estrategias de reconocimiento a la vez subversivas y eficaces.

EL MODERNISMO HISPANOAMERICANO COMO DESVÍO DE CAPITAL

La desigualdad y las relaciones de fuerza que induce, provocan la aparición de luchas (de rivalidades, de competencias). Los dominados desarrollan así estrategias específicas que no se comprenden más que en el orden de la literatura, aún cuando puedan tener consecuencias políticas: las formas literarias, las innovaciones poéticas, los movimientos, las revoluciones en el orden narrativo o novelístico son objeto de desvíos, de capturas de luchas de apropiación o anexión diversas que son a la vez intentos de inversión de estas relaciones de fuerza.

Es en estos términos que propongo analizar el advenimiento del *modernismo* en todos los países de habla hispana, incluida España, a fines del siglo XIX. ¿Cómo comprender, en efecto, que este movimiento trastornará toda la poesía hispánica haya podido ser impuesto por un poeta venido de Nicaragua, es decir, de los confines del imperio colonial español? Rubén Darío, fascinado desde hace mucho tiempo por la leyenda literaria de París,[27] hizo ahí una estancia a fines de la década de mil ochocientos ochenta y lógicamente se entusiasmó por el modelo de la poesía simbolista francesa que acababa de imponerse. Darío logró llevar a cabo entonces una operación bastante asombrosa que habría que llamar "desvío de capital": importó, para la poesía española, los procedimientos, temáticas, vocabulario y formas promovidas por los poetas simbolistas franceses. Esta operación de desvío fue explícitamente reivindicada al denominar "galicismo mental" a este afrancesamiento abierto y deliberado de la poesía española, incluso hasta el nivel de los fonemas y las formas sintácticas. La apropiación de un capital específico y técnico para unos fines inseparablemente literarios y políticos[28] no se hace, según se ve, bajo el modo pasivo de "recepción", ni, menos todavía, de la "influencia", como lo quisiera el análisis literario tradicional. Esta captura es por el contrario la forma y el instrumento activo de una estrategia compleja: a fin de combatir la dominación política y lingüística que ejercía España sobre la totalidad del imperio colonial, y también la esclerosis que paralizaba la poesía española de su tiempo.[29] Rubén Darío reivindica abiertamente la dominación literaria que ejerce París en este momento[30]. Este recurso a París a la vez como territorio políticamente neutro y como capital literaria ha sido utilizado por numerosos escritores en el transcurso del los siglos XIX y XX como arma en las luchas literarias o nacional-literarias.

Se observa entonces que el problema no es saber si los escritores de las periferias "piden prestado" o no a los centros o si la circulación literaria se hace o no de los centros a las periferias, sino restituir a los dominios de la forma, la especificidad y la extrema dificultad de sus luchas. Sólo a este precio podremos comprender y restituirles la invención, frecuentemente oculta, de su libertad creativa. Enfrentados a la necesidad de encontrar soluciones a la dependencia, y sabiendo que el universo literario obedece al famoso *esse percipi* de Berkeley –ser es ser percibido–, preparan, poco a poco, un conjunto de estrategias vinculadas a sus posiciones, a su lengua de escritura, a su posición en el espacio, a la distancia (disimilación) o, por el contrario, proximidad, que buscan instaurar con el centro consagrante (asimilación). He podido mostrar en *La república mundial de las letras* que la mayoría de las soluciones de los compromisos arrancados a la estructura se basan en un "arte de la distancia", una manera de situarse (estéticamente) ni demasiado cerca, ni demasiado lejos, que los más dominados manejan con un extraordinario refinamiento para darse la oportunidad de ser percibidos, es decir, de existir literariamente. Así, cuando se analizan las obras venidas de zonas dominadas tanto como estrategias refinadas, se puede observar que, de manera general, muchas de las grandes revoluciones literarias se hacen en los márgenes y en las zonas dominadas. Queda demostrado en las obras de Joyce, Kafka, Ibsen, Beckett, Darío, Brandes, etc.

Es por esto que hablar demasiado simplemente de la imposición a los escritores de las regiones dominadas de formas y géneros literarios centrales heredados de la cultura colonial es sin duda ignorar que la literatura misma, como valor común a todo un espacio, es, en efecto, la imposición heredada de una dominación política o literaria, pero también un instrumento que, reapropiado, permite a los escritores, y en particular a los más desprovistos, acceder a una libertad, una existencia y un reconocimiento específicos.

Más concretamente y más directamente, esta reflexión sobre la inmensidad de posibles de la creación literaria, en el seno mismo de una estructura de dominación aplastante e ineludible, tiene también la ambición de servir de arma simbólica en la lucha de los escritores más desprovistos específicamente. Como deben afrontar obstáculos de los cuales los escritores de los centros no tienen idea, se trata de mostrarles que lo que ellos viven como un estado singular de dependencia sin solución, sin precedente ni punto de comparación, es en realidad una posición engendrada por una estructura histórica y colectiva[31]. Dicho de otra forma, el comparatismo estructural del cual propongo aquí algunos elementos, además de una proposición para interrogar los métodos y las herramientas del comparatismo literario, quisiera ser también un instrumento en la gran y despiadada guerra de la literatura.

Traducción: Ignacio M. Sánchez Prado

NOTAS

1   Una versión de este texto se publicó originalmente en traducción al inglés en *New Left Review* 31 (2005): 71-90. Esta versión es una nueva traducción basada en el original francés, que contiene algunas variantes respecto al texto publicado.

2   Véase, particularmente, *Les mots et les choses.*

3   Véase Schiffrin. *The Business of Books.*

4   Véase Espmark. *Le Prix Nobel.*

5   El reciente premio concedido a la austríaca Elfriede Jelinek, escritora inclasificable, autora de prosas y obras de teatro violentas, experimentales, practicante de una crítica política y feminista radical y radicalmente pesimista, es un nuevo ejemplo de la independencia total del jurado sueco en la afirmación de sus elecciones y de su "política literaria".

6   "Lo moderno estaba afuera y teníamos que importarlo" (36), escribe, por ejemplo, Octavio Paz en "La búsqueda del presente".

7   Es evidentemente el mismo "uso interesado" de lo extranjero que explica el caso de los románticos franceses evocado por Christopher Prendergast en su artículo "Negotiating World Literature" (110-1) que se "sirven" de Shakespeare y de la tradición teatral inglesa para imponerse en el espacio francés.

8   Véase, por ejemplo, el famoso artículo de Jean Paul Sartre sobre *The Sound and the Fury*, "La temporalité chez Faulkner", aparecido originalmente en la *Nouvelle Revue Française* en julio de 1939 y reimpreso en 1947 en *Situations I.*

9   Contrariamente a lo que afirma Christopher Prendergast (109-112), no considero que las nociones de "nación" o "nacional" estén necesariamente vinculadas a la de "literatura". Es más bien, por el contrario, para distinguirlas que propuse la noción de "espacio literario nacional", es decir, de sub-espacios, situados ellos mismos hacia dentro del espacio literario mundial. Estos sub-espacios están en rivalidad los unos con los otros, a través de las luchas de los escritores, pero no por causa de los motivos nacionales (o nacionalistas), sino por las confrontaciones propiamente literarias. Dicho esto, como yo lo preciso, el grado de independencia literaria respecto a los conflictos e ideologías nacionales está fuertemente correlacionada con la antigüedad del sub-espacio. Desde este punto de vista, el ejemplo propuesto de Wordsworth –cuya obra no puede evidentemente ser interpretada únicamente en los términos de una rivalidad inter-nacional, ilustra perfectamente el hecho de que estos son los espacios nacionales más antiguos y más dotados que consiguen constituir poco a poco, en el cierre nacionalista, una literatura autónoma, independiente (relativamente) de las confrontaciones literarias propiamente dichas, es decir, un espacio despolitizado y desnacionalizado (por lo menos por una parte).

10 Véase particularmente Bourdieu *Les Règles de l'Art.*

11 Véase Braudel, *Civilisation* Vol. 3, especialmente el capítulo I (12-33).

[12] Franco Moretti retoma esta noción de "sistema-mundo" en su famoso artículo "Conjectures on World Literature", así como en "More Conjectures". Esta noción le permite de entrada afirmar la unidad y desigualdad fundadora del sistema literario que busca describir, afirmación liminar y capital a la que yo suscribo completamente. En cambio, me parece que el uso de la oposición entre el "centro" y la "periferia" que reivindica en préstamo de la escuela braudeliana tiende a neutralizar la violencia específica y a ocultar precisamente esta desigualdad. A esta dicotomía espacial, prefiero la oposición entre dominadores y dominados que permite reintroducir la evidencia de una relación de fuerza. A condición de precisar inmediatamente que no entiendo por esto una oposición tajante entre dos categorías más, sino por el contrario, un *continuum* de situaciones diferentes cuyo grado de dependencia es muy diverso. Se podría, por ejemplo, introducir la categoría de "dominados en medio de los dominadores" para denominar la situación de los dominios literarios en Europa. La noción de "semiperiferia", que Moretti toma prestada también de la historia mundial (*World history*) para denominar este tipo de situación intermedia, me parece, de la misma manera, que neutraliza y eufemiza la relación de dominación sin proveer un instrumento de medida preciso del grado de dependencia.

[13] Al proponer un cuadro comparativo de las "instituciones de literatura regional, nacional y mundial en la India", Francesca Orsini (83) parece creer que existen "niveles" o "esferas" diferentes e independientes una de las otras en el seno del mismo espacio literario nacional. De hecho, existen, me parece, posiciones que no existen más que en la relación e intercambio de fuerzas que sostienen unas con las otras y no un "sistema" rígido e inamovible.

[14] Véase particularmente Wallerstein. *The Modern World-System.*

[15] Especialmente *La Philosophie des Formes Symboliques* tomo 1, capítulo 1, 13-35.

[16] Véase también Strich 10.

[17] El diccionario Larousse en francés da dos definiciones complementarias de este término que implican en ambos casos la idea de poder y autoridad. 1. "Ascendente que proviene de la grandeza y que parece tener alguna característica misteriosa". 2. "Influencia, crédito".

[18] O, más precisamente, aquellos que son los más antiguos en ingresar al espacio, es decir, en la competencia literaria. Esto explica por qué ciertos espacios muy antiguos, como China, Japón o los países árabes son a la vez antiguos y dominados. Ingresan demasiado tarde y en posiciones muy dominadas en el espacio literario internacional.

[19] Principalmente aquellos que pueden reivindicar los muy paradójicos "clásicos universales" nacionales.

[20] O los más recientemente ingresados en el espacio, de hecho, principalmente, de un acceso relativamente tardío a la independencia.

[21] Sobre esta noción véase especialmente Bourdieu 75-164.

La literatura como mundo • 85

²² Aunque Kafka emplea la palabra *klein* (pequeño), evocando ahí simplemente "las pequeñas literaturas", Marthe Robert sobretradujo "literaturas menores", expresión que ha gozado de la fortuna que conocemos.
²³ Véase Casanova, "Nouvelles considérations sur les littératures dites mineures".
²⁴ Véase el debate que se desarrolla en América Latina sobre este crucial punto desde los años sesenta y que es muy claramente restituida por Efraín Kristal en su artículo "Considering coldly…" (67-71). Se ve claramente hoy en día que el rol de agentes de transformación social y política que fue atribuida, principalmente, a los escritores del boom, era, en gran medida, ilusorio.
²⁵ Strindberg devino momentáneamente "escritor francés" entre 1887 y 1897, redactó, por causa de las necesidades de su reconocimiento internacional, *Le Plaidoyer d'un fou* e *Inferno* directamente en francés.
²⁶ Poeta ecuatoriano (1904-1944), amigo de Henri Michaux, que vivió mucho tiempo en París y redactó toda su obra en francés.
²⁷ Escribió, por ejemplo: "Yo soñaba con París, desde niño, al punto que cuando hacía mis oraciones rogaba a Dios que no me dejase morir sin conocer París. París era para mí un paraíso donde se respirase la esencia de la felicidad de la tierra" (102).
²⁸ Y que Perry Anderson llama "una declaración de independencia cultural" (3).
²⁹ El análisis de Efraín Kristal (65) sobre este punto es esclarecedor y perfectamente convincente. Pero parece pensar que la idea de apropiación o desvío sería contradictoria a la de emancipación. ¿No se puede proponer, por el contrario, la hipótesis de que este desvío inicial (necesario si es verdad que cualquier revolución simbólica no se llevaría a cabo sin recursos) hace posible una renovación de la creación? Después de que Rubén Darío jugó este papel de acelerador estético, el modernismo ciertamente se convirtió en un movimiento poético hispano de tiempo completo, inventando, sin referencia alguna a Francia, sus propios códigos y normas.
³⁰ Lugar que ocupa por el simple hecho de su posición histórica y de su función de capital del universo literario.
³¹ Es por esto que adhiero plenamente a esta afirmación de Franco Moretti que podría servir de divisa a esta disciplina todavía balbuceante: "sin trabajo colectivo, la literatura mundial será siempre un espejismo" ("More Conjectures" 74).

OBRAS CITADAS

Anderson, Perry. *The Origins of Postmodernism* Londres: Verso, 1998.
Bourdieu, Pierre. *Les Règles de l'Art. Genèse et Structure du Champ Littéraire.* París: Seuil, 1992.

Braudel, Fernand. *Civilisation Matérielle, Économie et Capitalisme –XVe– XVIIIe Siècles.* 3 vols. París: Armand Colin, 1979.

Candido, Antonio. "Literatura y subdesarrollo". *América Latina en su literatura.* César Fernández Moreno, ed. México: Siglo XXI, 1972. 335-353.

Casanova, Pascale. "Nouvelles considérations sur les littératures dites mineures". *Littérature Classique* 31 (1997): 233-247.

_____ *La república mundial de las letras.* Barcelona: Anagrama, 2001.

Cassirer, Ernst. *La philosophie des Formes Symboliques. I. Le Langage.* O. Hansen-Love y J. Lacoste, trads. París: Minuit, 1972.

Chomsky, Noam. *Current Issues in Linguistic Theory.* La Haya: Mouton, 1964.

Collini, Stefan. *Public Moralists. Political Thought and Intellectual Life in Britain, 1850-1930.* Oxford: Clarendon Press, 1991.

Darío, Rubén. *Autobiografía.* Buenos Aires: Eudeba, 1968.

Deleuze, Gilles y Félix Guattari. *Kafka. Pour une littérature mineure.* París: Minuit, 1975.

Espmark, Kjell. *Le Prix Nobel. Histoire intérieure d'une consecration littéraire.* P. Bouquet, trad. Paris: Balland, 1986.

Foucault, Michel. *Les Mots et les choses.* Paris: Gallimard, 1966.

Fuentes, Carlos. *Geografía de la novela.* México: Fondo de Cultura Económica, 1993.

Goethe, Johann Wolfgang von. *Goethes Werke. Hamburger Ausgabe in 14 Bänden.* Erich Trunz, ed. Munich: Beck, 1981.

Hussein, Taha. *Livre des Jours.* París: Gallimard, 1947.

James, Henry. *The Figure in the Carpet and Other Stories.* Londres: Harmondsworth, 1986.

Kristal, Efraín. "'Considering Coldly...' A Response to Franco Moretti". *New Left Review* 15 (2002): 61-74.

Moretti, Franco. "Conjectures on World Literature". *New Left Review* 1 (2000): 64-81.

_____ "More Conjectures". *New Left Review* 20 (2003): 73-81.

Orsini, Francesca. "India in the Mirror of World Fiction". *New Left Review* 13 (2002): 75-88.

Paz, Octavio. "La búsqueda del presente". *Obras completas III. Fundación y disidencia. Dominio hispánico.* México: Fondo de Cultura Económica/ Círculo de lectores, 1994. 31-41.

Prendergast, Christopher. "Negotiating World Literature". *New Left Review* 8 (2001): 100-121.

Sartre, Jean-Paul. "La temporalité chez Faulkner". *Situations I*. París: Gallimard, 1947. 65-75.

Schiffrin, André. *The Business of Books. How the International Conglomerates Took over Publishing and Changed the Way we Read.* Londres: Verso, 2000.

Strich, Fritz. *Goethe and World Literature.* Nueva York, Port Washington, 1972.

Wallerstein, Immanuel. *The Modern-World System.* 3 vols. Nueva York: Academic Press, 1980-1988.

Algunas reflexiones acerca de la literatura mundial

ABRIL TRIGO
Ohio State University

De tanto en tanto, y en ciclos cada vez más cortos, los círculos académicos metropolitanos lanzan una nueva teoría o modelo interpretativo de la literatura, la cultura o la realidad social de intención totalizadora. Nada malo hay en ello, todo lo contrario. Pero resulta que, no importa la novedad, la seriedad o la pertinencia de dichas teorías, las leyes del mercado académico transnacional nos obligan a todos –y muy particularmente a quienes trabajamos desde o sobre la periferia– a involucrarnos en los temas, modelos o agendas propuestos. A entrar en el juego, en un juego que reproduce el juego de la literatura mundial.

Debo admitir mi renuencia a aceptar la amable invitación de Ignacio y Mabel a participar en este volumen. Después de todo, ¿qué habíamos estudiado, tanto Mabel como yo, en aquel viejo Instituto Artigas, sino literatura mundial, y desde una concepción tan desfachatadamente eurocéntrica que hacía irrelevantes toda esa problemática metodológica y epistemológica que angustia hoy a la literatura comparada? Ahora les agradezco la invitación, porque el tema importa, no tanto por la originalidad de los asuntos planteados, que desde América Latina han sido tratados en innumerables ocasiones y desde distintos puntos de vista, ni tampoco por la perspicacia de las propuestas concretas de Franco Moretti y Pascale Casanova, que comentaré someramente en lo que sigue, sino porque cualquier propuesta de una literatura mundial, formulada hoy, no puede dejar de ser leída contra el telón de fondo de la globalización.

Y a propósito de la globalización, permítaseme citar un texto famoso, cuyo evidente etnocentrismo no empaña la agudeza de un análisis que, acicateado por una socarrona ironía, resulta hoy alarmantemente actual. Dice así: "Mediante la explotación del mercado mundial, la burguesía ha dado un carácter cosmopolita a la producción y al consumo de todos los países [y] esto se refiere tanto a la producción material, como a la intelectual.

La producción intelectual de una nación se convierte en patrimonio común de todas. La estrechez y el exclusivismo nacionales resultan de día en día más y más imposibles; de las numerosas literaturas nacionales y locales se forma una literatura universal. Merced al rápido perfeccionamiento de los instrumentos de producción y al constante progreso de los medios de comunicación, la burguesía arrastra a la corriente de la civilización a todas las naciones [y las obliga,] si no quieren sucumbir, a adoptar el modo burgués de producción [...] En una palabra: se forja un mundo a su imagen y semejanza" (Marx y Engels).

Pensando el capitalismo como un sistema –político y económico, histórico y cultural–, Marx y Engels describían así un escenario en el cual los distintos pueblos y naciones del mundo –incluyendo a "las más bárbaras"– iban siendo incorporados a un mercado global de bienes no sólo materiales sino también simbólicos. Hasta las mismas literaturas nacionales y locales se veían transformadas "a su imagen y semejanza". La noción de literatura mundial que se sugiere en el *Manifiesto*, también citado por Franco Moretti ("Conjectures" 65), difiere cualitativamente de la idea originalmente formulada por Goethe, que Marx y Engels seguramente conocían y que inspira el modelo propuesto por Pascale Casanova, de un mercado literario en el cual las naciones intercambian sus bienes en forma independiente de los intereses económicos y políticos (*World Republic* 14); de una economía política de la literatura, en una palabra, desvinculada de la economía política. Y esta es la falla central, a mi entender, tanto de la concepción de literatura mundial de Moretti como de la "República mundial de las letras" de Casanova. Pero vayamos por pasos.

Resulta en principio saludable que desde círculos académicos metropolitanos se adquiera conciencia de la existencia de un orden literario mundial, desigual y conflictivo, que subordina la literatura de los países y autores periféricos a los modos y modelos hegemónicos de la modernidad occidental, y europea más concretamente. Resulta igualmente saludable la búsqueda de un macro-relato teórico y crítico capaz de otorgar sentido a la formación histórica de dicho sistema, atendiendo a su intrincada vinculación al juego de intereses económicos, políticos y culturales en la esfera mundial. ¿Pero qué ocurre si estos modelos interpretativos terminan refrendando la misma hegemonía occidental que se supone intentan desarticular?

Buscando superar las limitaciones metodológicas (e ideológicas, podríamos agregar) del *close reading*, para él todavía predominante en la crítica literaria, Moretti ha venido buscando un método capaz de producir una mirada de conjunto sobre el fenómeno de la literatura que supere los estrechos límites del texto individual. Para ello ha recurrido a distintos procedimientos analógicos, buscando modelos pertinentes en las ciencias naturales, la historia cuantitativa y la geografía, aplicados al estudio de la evolución de los géneros, en el entendido de que representan una suerte de macrotexto socio-cultural ("Graphs 1"). Este modelo de análisis, que despliega en "The Slaughterhouse of Literature" pero particularmente en la serie "Graphs, Maps, Trees. Abstract Models for Literary History", oscila indeciso entre la sociología y el estructuralismo, entre el empirismo y la abstracción formal, articulando no obstante una interpretación positivista (concretamente evolucionista darviniana) de la literatura, la historia y la economía, que termina por reducir la geografía social a una geometría espacial, como bien le critica Claudio Cerreti ("Graphs 2" 95), y el cambio cultural a la divergencia de caracteres y la supervivencia del más apto, al punto de que la concepción difusionista y funcionalista tradicional de la antropología cultural, a la Alfred Kroeber (con la cual se coteja), suena radical ("Graphs 3" 54).

Más interesante resulta la analogía que establece entre el modelo de sistema-mundo de Immanuel Wallerstein y la formación de un sistema literario mundial caracterizado por la interrelación desigual de las distintas literaturas nacionales. Para ello se apoya, cosa de celebrar, en Antonio Candido y Roberto Schwarz, quienes han trabajado, como otros críticos latinoamericanos, sobre la idea de que las literaturas latinoamericanas deben interpretarse como parte de un sistema literario y cultural, mundial u occidental, en el cual participan en una relación de dependencia y autoafirmación. También es de celebrar la importancia y ejemplaridad que asigna al modernismo en esta historia, así como el lugar prominente que otorga al realismo mágico en la culminación del sistema literario mundial, a pesar de las inconsistencias y la levedad de su análisis: "For the first time in modern history, the centre of gravity of formal creation leaves Europe, and a truly worlwide literary system –the *Weltliteratur* dreamed of by the aged Goethe– replaces the narrower European circuit" (*Modern Epic* 233).

Moretti concentra su estudio en la formulación de una tesis central, que toma de Fredric Jameson (xiii), según la cual la novela moderna surge como un compromiso entre las formas occidentales y los materiales ofrecidos por la realidad local ("Conjectures" 68). Si la centralidad que otorga Moretti a la novela en el proceso de formación de la literatura moderna es discutible, al menos en lo que respecta a América Latina, como observa Kristal (57-8), resulta mucho más problemático lo que Moretti pomposamente denomina "ley de la evolución literaria" ("Conjectures" 71). No precisamente porque me parezca una audacia proponer que las literaturas de la periferia surgen de las transformaciones operadas desde la realidad local sobre modelos occidentales, como sucede a Kristal, sino porque no es lo suficientemente audaz.

Los críticos latinoamericanos estamos acostumbrados a un rigor analítico y una exigencia teórica mucho más audaces. Sin ir más lejos, la crítica latinoamericana ha producido varias propuestas teóricas (y valdría mencionar aquí, sólo a modo de ejemplo, la noción de sistema literario elaborada por Antonio Candido, o la teoría de la transculturación, de Fernando Ortiz a Ángel Rama, o el análisis de la heterogeneidad cultural, de Antonio Cornejo Polar) que superan ampliamente tanto en audacia como en sofisticación la "ley" de Moretti, que pretende explicar "la multiplicidad de formas existente en el mundo", "la divergencia histórica" que las produce y la "separación espacial" que las diferencia –es decir, la complejidad cultural generada por el capitalismo y el colonialismo– recurriendo nada menos que a la teoría de la evolución. Nada tiene de extraño, en consecuencia, que la idea original de Jameson, quien, como siempre, pone el énfasis en el conflicto, termine siendo una ley del equilibrio –como todo modelo evolutivo implica– que así sintetiza y celebra Moretti: "Muchas formas diferentes, en un espacio discontinuo: nada mal para una idea de la literatura mundial" ("Dos textos", 49). No mucho para una teoría, replicaría yo, que poco adelanta al reducir la transculturación literaria a una única fórmula que "es siempre la misma": la mezcla de "una trama del centro y un estilo de la periferia" ("Dos textos", 54). Si Moretti se refiriera a estructuras, modelos estéticos o paradigmas formales estaríamos en un terreno compartible, pero se empeña en acotar su fórmula según lineamientos rígidamente estructurales. Una vez más, la crítica latinoamericana ha producido modelos mucho más incisivos y refinados para una teoría del cambio y la reproducción cultural, como demuestra Kristal mediante el ejemplo de los estudios de Ángel Rama sobre el modernismo (61-2).

El problema principal con el modelo analítico propuesto por Moretti no consiste en que la literatura hispanoamericana contradiga su postulado de que existe "una homología general entre las desigualdades del mundo económico y los sistemas literarios", como afirma Kristal (64), sino en que se reduce a establecer una homología. Kristal se ofusca en la reivindicación de la creatividad y la contribución de la literatura latinoamericana a la literatura occidental porque piensa en términos de influencias, pero ese no es el problema, porque la desigualdad entre la literatura latinoamericana y la literatura occidental y la dependencia de aquella respecto a esta última no pasan por ahí. La desigualdad no estriba tanto en la dirección desigual de los flujos de influencias sino en la existencia de un sistema mundial mediante el cual los centros se apropian de la creatividad de las periferias (es decir, de la plusvalía literaria) a través de diversos mecanismos de atracción ideológica, cooptación económica e institucional, traducción selectiva, apropiación de modelos, centralización y acaparamiento de corrientes dispersas, que luego es puesta al servicio de la reproducción y la acumulación del capital literario occidental. Se trata de una relación estructural, forjada históricamente y en íntima correspondencia con los procesos económicos, políticos y culturales que configuran la trayectoria de la modernidad. La hegemonía de la literatura occidental no reside en su monopolio de la creatividad literaria sino en la autoridad que poseen las instituciones y el poder que ejercen los agentes literarios occidentales sobre las reglas de juego, los modelos prestigiosos, los géneros de moda y el modo de producción, circulación y consumo que en última instancia definen qué es literario y qué no. Y esta hegemonía es producto de un complejo proceso histórico en el cual se imbrican el desarrollo del capitalismo, la expansión colonial y los valores de la modernidad occidental. La madeja del capitalismo, la colonialidad y la modernidad, como han venido estudiando Enrique Dussel, Aníbal Quijano y Walter Mignolo, implican la imposición, *urbi et orbi*, de sistemas políticos, modelos económicos, valores filosóficos, modos de producción y de vida, formas de conocimiento y sentir que marcan el largo proceso de la modernidad, desde la conquista de América hasta estos tiempos de globalización. La literatura es apenas una parcela más en este nudo de discursos y disciplinas, formas de expresión y de saber, industrias culturales y espacios de la imaginación, que aun cuando disfrute de una cierta autonomía relativa, como todas las esferas de la vida social, comparte las lógicas de la economía política y opera –como ha operado desde su invención como forma de arte moderna vinculada a los estados nacionales– íntimamente vinculada a la política y a la economía.

Y es ahí donde el modelo homológico de Moretti revela su insuficiencia, aun cuando reconozca la existencia de cierta división internacional del trabajo que explica que "las innovaciones puedan surgir en la semiperiferia, pero que a continuación sean capturadas y difundidas por el centro del centro" ("More Conjectures" 87-8). El ejemplo más claro quizá sea la dificultad que parece tener para explicar la paradoja de que los países económica y políticamente hegemónicos no lo sean, necesariamente, en lo literario y cultural, como el caso paradigmático de Gran Bretaña y Francia durante los siglos XVIII y XIX.

Pienso que la respuesta a esta aparente paradoja la ha ofrecido Perry Anderson, a partir de la idea de modernidad que propone en su polémica con Marshall Berman, a quien formula tres críticas. Primero, no es posible hablar de un solo modernismo, puesto que es posible detectar la existencia histórica de varios, diversos modernismos, que muestran ser estética, ideológica y políticamente disímiles; segundo, cada modernismo es históricamente determinado; y tercero, los modernismos se distribuyen geográficamente en forma desigual. A partir de estas rectificaciones, Anderson sostiene la índole coyuntural del modernismo que, según él, debe entenderse como un campo de fuerzas triangulado por la simultánea existencia de tres coordenadas en tensión: la persistencia de un academicismo cultural institucionalizado dentro de regímenes todavía regulados por valores aristocráticos; la incipiente y novedosa emergencia de las tecnologías de la segunda revolución industrial y la industria cultural de masas; y la proximidad imaginaria de la revolución social. En síntesis, "El modernismo europeo de los primeros años de este siglo floreció en la hendidura entre un pasado clásico todavía usable, un presente técnico todavía indeterminado y un futuro político aún impredecible. Surgió, en una palabra, en la intersección entre un orden dominante semi-aristocrático, una economía capitalista semi-industrializada y un movimiento obrero semi-emergente o insurgente" ("Modernity" 105; traducción del autor). Puesto en otros términos, los modernismos habrían prosperado de y en la conflictiva simultaneidad de distintas temporalidades históricas (un pasado cristalizado en tradiciones, un presente aún no afianzado y un futuro apenas imaginable) representadas por modos de producción, distribución y consumo cultural correspondientes a disímiles modos de modernización y distintos modelos de modernidad.

La hipótesis tiene mucho paño, porque si extremamos la línea especulativa propuesta por Anderson, podría aventurarse que los vanguardismos responsables de las propuestas más radicales de renovación y de crítica, o sea, las propuestas estéticas que cuestionan la modernidad desde la modernidad misma, se habrían originado no en las sociedades con economías más avanzadas y en tal sentido paradigmáticamente modernas, sino en aquéllas atravesadas por modernidades disímiles y contradictorias: en una palabra, heteróclitas, heterónomas y heterogéneas. Heteróclitas, en el sentido de "discontinuidad simultánea" de que habla Jesús Martín-Barbero, de no-contemporaneidad producto de una diferencia históricamente instrumentada desde una modernidad modelo como deformidad, atraso, anomalía; heterónomas, en el sentido que le da José Joaquín Brunner al término, para quien la heteronomía es subproducto de la inserción segmentada y diferencial en un mercado internacional que penetra las culturas locales; y heterogéneas, en cuanto resultado de la sedimentación, la yuxtaposición y el entrecruzamiento de diversas etnoculturas, en la perspectiva a un tiempo antropológica y social de Antonio Cornejo Polar. En una palabra, las propuestas modernistas más radicales se habrían nutrido de la heterónoma, heteróclita y heterogénea realidad de las sociedades situadas en la periferia o en la semiperiferia de los centros económica y políticamente metropolitanos. De acuerdo con esto podríamos concluir que la modernidad en la esfera cultural no es ni homóloga ni homogénea a la modernidad en las esferas económica y social, por cuanto se genera no en correspondencia a un modelo acabado y perfecto, sino en relación a sus fallas; en el desfase y en los desajustes, precisamente, entre modernidades disímiles.

Más problemático aún resulta el proyecto de Pascale Casanova, que consiste, como ella misma explicita, en restablecer los nexos entre la literatura, la historia y el mundo preservando la singularidad irreducible de lo literario; en evitar, por un lado, la crítica formalista e inmanentista que aísla al texto de su marco de producción y, por otro, el descuido de la dimensión estética en que incurren aquellos abordajes hermenéuticos que, como el poscolonialismo, reducirían la literatura a la política ("Literature" 71). Se dedica entonces a definir lo que entiende como un espacio de mediación entre la literatura y la realidad social dedicado exclusivamente a temas, debates e invenciones de índole específicamente literaria; un espacio relativamente autónomo de lo político donde los conflictos políticos, sociales, nacionales, de género y de etnia serían refractados, diluidos, deformados o transformados en formas literarias y de acuerdo a la lógica de la literatura; un mercado donde se intercambian bienes no mercantiles dentro de una economía no-económica regulada por los valores estéticos modernos (el meridiano de Greenwich de la literatura).

Este espacio literario mundial, al cual denomina, llamativamente, "República mundial de las letras", se habría ido constituyendo como una instancia de la modernidad alcanzada en los países beneficiados por la distribución desigual y la acumulación de capital literario, y por la consiguiente autonomización del campo literario de la esfera de la política ("Literature" 72.) La acumulación de capital literario se habría verificado en la competencia entre las literaturas nacionales desatada en Europa a partir del siglo XVI; la autonomización del campo de la literatura sólo habría sido posible una vez alcanzado un alto grado de acumulación de capital literario y de modernización social en algunos países, lo cual explicaría la desigualdad característica del sistema mundial, "Since the position of each national space in the world structure depends on its relative degree of autonomy, which in turn is a function of its volume of literary capital, and so ultimately of its age" (*World Republic* 108). Independencia política y una economía moderna serían las condiciones de posibilidad de la independencia literaria del país y de un campo literario autónomo de la política y de la economía. Por eso, sería precisamente en los países que han alcanzado dicha autonomía donde se inventan las leyes de la literatura y se establece el "autonomous internacional space of literature" (*World Republic* 86). Esto último confirmaría la superioridad de la modernidad alcanzada por ciertos países y legitimaría, en consecuencia, su hegemonía en el sistema literario mundial, "which serves as a model and a recourse for writers claiming a position of independence in newly formed spaces". O dicho de otro modo, "the writers who seek greater freedom for their work are those who know the laws of world literary space and who make use of them in trying to subvert the dominant norms of their respective national fields" (*World Republic* 109). Podríamos decir, leyendo a contrapelo, que solamente aquellos escritores que conocen y comparten las leyes del espacio literario mundial logran alcanzar la independencia artística y así aspirar al premio mayor de la consagración internacional.

De acuerdo con este modelo, la desigualdad estructural y los conflictos endémicos que atraviesan el mundo moderno son desplazados de lo político y lo geopolítico a lo estrictamente literario, mistificando la hegemonía cultural, literaria y artística occidental como "modelos y recursos" útiles para la emancipación del escritor cosmopolita y para la modernización de las literaturas retrasadas. La única forma de dominación que destaca Casanova es la ejercida por las políticas asociadas a los estados nacionales sobre la práctica de la literatura: "Though it is not altogether free from political domination, literature has its own ways and means of asserting a measure of independence; of constituting itself as a distinct world in opposition to the nation and nationalism" (*World Republic* 86). El espacio literario mundial es así mistificado como un espacio de libertad irreducible a la política.

Y no se trata de que Casanova no sea consciente de la desigualdad estructural del sistema, todo lo contrario: "The unequal structure of literary resources is fundamental to the structure of the entire world literary space, organized as it is around two opposing poles. At the pole of greatest autonomy –that is, freest from political, national or economic constraints– stand the oldest spaces, those most endowed with literary heritage and resources. These are generally European spaces, the first to enter into transnational literary competition, with large accumulated resources. At the pole of greatest heteronomy, where political, national and commercial criteria hold strongest sway, stand the newcomers, the spaces most lacking in literary resources..." ("Literature" 83).

Casanova, al igual que Moretti, desarrolla su análisis a partir de la premisa de esa desigualdad estructural. Pero ¿quién decide y desde dónde se otorga el estatuto de modernidad? ¿Y cómo se produce la acumulación de capital literario? ¿Es cuestión de antigüedad? ¿Qué pasaría entonces con las literaturas antiguas pero carentes de capital literario mundial? ¿Y cuál sería la relación entre la acumulación de capital literario nacional y la expansión del capitalismo y el colonialismo? ¿No existirían articulaciones y transferencias entre la estructura desigual de recursos literarios y el sistema económico mundial, desigual y combinado, que no se quedaran en la mera analogía? Es decir, ¿no habría un vínculo estructural entre economía, política y cultura capaz de explicar la reproducción histórica de la distribución desigual tanto en la literatura como en la economía?

Esto último es precisamente lo que Casanova quiere evitar, y por ello rechaza de plano el modelo de sistema-mundo de Wallerstein, pues su propósito fundamental es reclamar la autonomía del campo literario que, entendido de esta manera, dista mucho no obstante del concepto de campo cultural de Pierre Bourdieu. La idea de registrar las leyes internas de una economía política de la literatura, que a ello parece apuntar Casanova cuando dice que la República de las letras tiene su propia economía y su propia geografía, basadas en la oposición entre metrópolis y periferias, cuya relación estaría dictada por la distancia estética que las separa, es totalmente compartible. Y más aún cuando insiste en la desigualdad estructural, de modo que "the books produced by the least literarily endowed countries are also the most improbable; that they yet manage to emerge and make themselves known at all verges on the miraculous". Pero, ¿qué quiere decir que "over time, owing to the work of a number of pioneering figures remarkable for their freedom from nationalist prejudice, an international literary law came to be created, a specific form of recognition that owes nothing to political fiat, interest, or prejudice"? (*World Republic* 12) ¿No representa esto último una nueva mistificación? ¿Cómo siquiera pensar una economía política de la literatura que funcione compartimentada de la economía política y de la misma política, al punto de que sería irrelevante todo análisis de conjunto?

La raíz del problema reside, a mi entender, en la misma concepción modernista e idealista de la literatura que subyace a este análisis. Dice Casanova: "Literature is invented through a gradual separation from political obligations: forced at first to place their art in the service of the national purposes of the state, writers little by little achieved artistic freedom through the invention of specifically literary languages [...] This process of continuous and collective creation is nothing other than the history of literature itself [...] Literary history rests [...] on the succession of revolts and emancipations thanks to which writers [...] have managed to create the conditions of a pure and autonomous literature, freed from considerations of political utility" (*World Republic* 45-6). La verdadera literatura sería, de acuerdo a esta definición, estrictamente apolítica, o mejor aún, contrapolítica, lo cual implica una visión idealista, tecnócrata y compartimentada tanto de la política como de la literatura, en las antípodas de la concepción negativa del arte de la escuela de Frankfurt y de la intención heurística de la teoría weberiana de la autonomía de las esferas. ¿Cómo explicar, desde la periferia, lo que Casanova llama "literaturización" (las operaciones de traducción, apropiación y consagración de textos originarios en la periferia por las autoridades de la República de las letras) sin atender a la intrincada malla de intereses, prejuicios y voluntades políticas y económicas (además de estéticas) involucradas? ¿Cómo deslindar la política y la geopolítica de la hegemonía de ciertas lenguas como vehículo literario e instrumento de conocimiento en cada momento histórico concreto? Al fin de cuentas, el modelo de literatura mundial propuesto por Casanova, que se supone partir de una crítica de la hegemonía ejercida por la literatura occidental sobre las literaturas del mundo, no sólo despolitiza la literatura sino que termina por restablecer la legitimidad de dicha hegemonía, al determinar la preeminencia de los procesos de modernización (entre los cuales figura la autonomización de las esferas) que instituyen el espacio de la literatura mundial como un espacio en última instancia de libertad y autonomía.

Obras citadas

Anderson, Perry. "Modernity and Revolution". *New Left Review* 144 (1984): 96-113.

_____ "Union Sucrée". *London Review of Books* 26/18 (2004) http://www.lrb.co.uk/v26/n18/ande01_html

Berman, Marshall. *All That Is Solid Melts Into Air. The Experience of Modernity*. New York: Penguin Books, 1982.

Brunner, José Joaquín. *Los debates sobre la modernidad y América Latina*. Santiago: FLACSO, 1986.

Candido, Antonio. "Literatura e subdesenvolvimento". *Argumento* 1 (1973): 6-24.

_____ *Literatura e sociedade*. São Paulo: Cia. Ed. Nacional, 1985.

Casanova, Pascale. "Literature as a World". *New Left Review* 31 (2005): 71-90.

_____ *The World Republic of Letters*. Cambridge: Harvard University Press, 2004.

Cornejo Polar, Antonio. *Escribir en el aire. Ensayo sobre la heterogeneidad socio-cultural en las literaturas andinas*. Lima: Ed. Horizonte, 1984.

Dussel, Enrique. *The Invention of the Americas. Eclipse of "the Other" and the Myth of Modernity*. New York: Continuum, 1995.

_____ "Beyond Eurocentrism: The World-System and the Limits of Modernity". *The Cultures of Globalization*. Fredric Jameson y Masao Miyoshi, eds. Durham: DukeUniversity Press, 1998.

Jameson, Fredric. "In the Mirror of Alternate Modernities". *Origins of Modern Japanese Literature* de Karatani Kojin. Durham-London: Duke University Press, 1993.

Kristal, Efrain. "'Considering Coldly...' A Response to Franco Moretti". *New Left Review* 15 (2002): 56-68.

Martín-Barbero, Jesús. *De los medios a las mediaciones. Comunicación, cultura y hegemonía*. México: Gustavo Gilli, 1987.

Marx, Carlos y Federico Engels. *Obras escogidas*. Tomo I. Moscú: Editorial Progreso, 1955.

Mignolo, Walter. *Local Histories/Global Designs. Coloniality, Subaltern Knowledges, and Border Thinking*. Princeton: Princeton University Press, 2000.

Moretti, Franco. *Modern Epic. The World-System from Goethe to García Márquez*. London: Verso, 1996.

_____ "Conjectures on World Literature". *New Left Review* 1 (2000): 65-76.

_____ "The Slaughterhouse of Literature". *Modern Language Quarterly* 61/1 (2000): 207-227.

_____ "Planet Hollywood". *New Left Review* 9 (2001): 90-101.

_____ "More Conjectures". *New Left Review* 20 (2003): 83-91.

_____ "Graphs, Maps, Trees. Abstract Models for Literary History 1". *New Left Review* 24 (2003): 67-93.

_____ "Graphs, Maps, Trees. Abstract Models for Literary History 2". *New Left Review* 26 (2004): 79-103.

_____ "Graphs, Maps, Trees. Abstract Models for Literary History 3". *New Left Review* 28 (2004): 43-63.

_____ "Dos textos en torno a la teoría del sistema-mundo". En este volumen, 47-62.

Ortiz, Fernando. *Contrapunteo cubano del tabaco y el azúcar*. Caracas: Biblioteca Ayacucho, 1978.

Quijano, Aníbal. "Colonialidad del poder, eurocentrismo y América Latina". *La colonialidad del saber: eurocentrismo y ciencias sociales. Perspectivas latinoamericanas*. Edgardo Lander, ed.Caracas: UNESCO, 2000. 281-348.

Rama, Ángel. *Transculturación narrativa en América Latina*. México: Siglo XXI, 1982.

Schwarz, Roberto. *Misplaced Ideas*. Londres: Verso, 1992.

"Considerando en frío…". Una respuesta a Franco Moretti[1]

EFRAÍN KRISTAL

University of California-Los Angeles

En sus "Conjectures on World Literature", Franco Moretti plantea una tesis audaz, como si se tratara de una ley de la evolución literaria, según la cual cada una de las literaturas de la periferia emerge "de un encuentro entre una forma Occidental con una realidad local" (62). Moretti propone un programa –se podría casi decir un manifiesto literario– según el cual la literatura mundial debe ser estudiada esencialmente como un conjunto de variaciones en torno a un tema: las presiones económicas del centro sobre la periferia son, en gran medida, homólogas a aquellas en el campo literario, y la respuesta a ellas por parte de los escritores en la periferia está circunscrita a una agenda fuera de su control. En un ensayo complementario, "The Slaughterhouse of Literature", Moretti explica por qué otorga un lugar preponderante a la novela en el estudio de la literatura mundial: "my model of canon formation is based on novels for the simple reason that they have been the most widespread literary form of the past two or three centuries and are therefore crucial to any social account of literature (which is the point of the canon controversy)" (227). Moretti distingue un "canon académico", que descarta como inconsecuente del "canon social" y su proyecto consiste en explicar aquél de acuerdo a las leyes objetivas de la evolución literaria.[2] Los especialistas universitarios, sostiene Moretti, pueden determinar su propio canon cuando los fenómenos literarios dejan de ser relevantes en el mundo social. Por ello las opiniones de los especialistas tienen mayores posibilidades de consagrar a los poetas, porque el estudio de poesía es de escasa consecuencia social ("Slaughterhouse" 227), pero el estudio de la novela no depende de las arbitrariedades de los universitarios en sus torres de marfil, sino de los procesos sociales que determinan su proceso de gestación y el de su evolución. Moretti anticipa la posibilidad de que el estudio de la novela pueda perder su importancia en el futuro (dado el triunfo de las nuevos medios de comunicación, etc.), pero por el momento, insiste que la novela es el eje alrededor del cual se debería organizar el estudio de la literatura mundial de los últimos doscientos o trescientos años.

El énfasis de Moretti en la novela como un eje fundamental para dar cuenta de los avatares de la literatura mundial es prometedor, sin duda; y sus propias conjeturas al respecto son tan innovadoras cuanto iluminadoras. Pero su desestimación de la importancia social de otros géneros en este proceso es menos convincente. ¿Por qué no sigue la poesía las leyes de la novela, tal como las propone Moretti? Después de todo, ¿quién se atrevería a decir que la poesía de T.S. Elliot tuvo un impacto cultural menor que la narrativa de Joyce, o que fuera menos leída? ¿Sería posible comprender el significado de Rusia para la literatura mundial sin tomar en cuenta el papel decisivo de Pushkin, Mayakovski o Akhmatova? Aún si se concediera que la poesía es socialmente insignificante en Europa Occidental en el siglo XX, Moretti necesitaría explicar todavía por qué antes de esta fecha fatal la poesía no se ajusta a su modelo.

En lo que sigue, quisiera examinar las conjeturas de Moretti frente al caso de la literatura hispanoamericana, donde la poesía sí es relevante como un fenómeno social.[3] En Hispanoamérica, la poesía fue el género literario dominante, y el ensayo (o el tratado sociológico) tuvo una importancia social mayor que la novela hasta por lo menos el primer tercio del siglo veinte. Es emblemático que el *Facundo* (1845) de Domingo Faustino Sarmiento –un tratado sociológico sobre un caudillo– tuvo probablemente un mayor impacto en la novela latinoamericana sobre las dictaduras que cualquier obra de ficción narrativa escrita en el siglo XIX; o que *El laberinto de la soledad* de Octavio Paz fuera más influyente que cualquier novela mexicana hasta la publicación de *Pedro Páramo* en 1955. Y no es una coincidencia que José Carlos Mariátegui –el primer filósofo y crítico marxista latinoamericano– no cite ninguna novela de importancia en su ensayo sobre literatura peruana publicado en 1927.[4] La novela hispanoamericana temprana es, por supuesto, de interés social e histórico; es sintomática de procesos culturales y políticos dignos de cuidadosa atención académica. Pero sería engañoso pretender que fuera el género literario más importante en su momento, o que haya tenido muchos practicantes o lectores. Uno tendría que esforzarse para nombrar una sola obra literaria, aparte de *María* (1867) del colombiano Jorge Isaacs, como un ejemplo de una novela decimonónica latinoamericana que lograse un amplio público ya sea fuera o incluso dentro de las fronteras nacionales dentro de las cuales fue producida. La novela hispanoamericana temprana ha sido más importante para los críticos literarios en busca de establecer cánones nacionales, para los historiadores de la literatura hispanoamericana en la segunda mitad del siglo XX, y para los especialistas universitarios en las últimas dos o tres décadas.[5] Su relativa marginalidad como fenómeno social podría ayudar a explicar por qué la literatura latinoamericana, de Ricardo Palma a Jorge Luis Borges, estaba particularmente abierta a la generación de géneros mixtos. En Hispanoamérica, la poesía fue el género literario dominante hasta los años sesenta. Más aun sus practicantes y comentaristas establecieron las expectativas de las prácticas literarias así como sus parámetros. La historia de la narrativa hispanoamericana, y en particular la influyente novela de los años sesenta (la de García Márquez, Cortázar, Fuentes, Vargas Llosa entre otros) no puede ser apreciada si no se entiende la historia de la poesía. Ahora bien, numerosas novelas hispanoamericanas pueden servir como ejemplos provechosos para comprobar la propuesta general de Moretti según la cual la periferia ha adoptado formas concebidas en el centro para tratar realidades locales. Un "atlas de la novela" en Hispanoamérica, según las líneas que Moretti ha trazado para el caso europeo, sería sin duda de gran interés (un "atlas de la recepción" de la literatura latinoamericana alrededor del mundo también sería igualmente instructivo).[6] Pero sería impreciso sostener que la novela hispanoamericana temprana haya sido algo más que un genero literario marginal, o que haya habido un mercado significativo para ella hasta hace pocas décadas. En pocas palabras, cualquier discusión sobre los procesos sociales de la literatura latinoamericana que descuide a la poesía, el género hegemónico, sería insuficiente.

El primer gran manifiesto literario hispanoamericano fue la "Alocución a la poesía" (1823) del venezolano Andrés Bello, un poema ampliamente leído que anunciaba la posibilidad de una literatura latinoamericana autónoma como una de las promesas de la independencia política de España, y la primera expresión literaria que logró trascender las fronteras nacionales fue el movimiento poético llamado "el modernismo" gracias al cual se establecieron las condiciones para que los hispanoamericanos pudieran concebir la posibilidad de una historia literaria de la literatura continental en lengua española. Asimismo, el modernismo estableció los parámetros dentro de los cuales se dieron futuros desarrollos en varios géneros literarios, incluyendo la novela. Para apreciar la importancia del modernismo y de Rubén Darío –el poeta más estrechamente asociado con él– son necesarias algunas calas previas en torno a la historia de las forma poéticas en la lengua española.

Las convenciones líricas de la poesía española moderna fueron desarrolladas en el siglo XVI por Boscán y Garcilaso de la Vega, quienes moldearon el endecasílabo español y otras formas canónicas que han sido usadas en la poesía de la lengua desde entonces. Aún los más experimentales entre los poetas barrocos, incluyendo a Góngora, escribieron de acuerdo a los parámetros establecidos por Garcilaso y Boscán.[7] Los primeras señales de una reacción contra las más estrictas convenciones de la prosodia española no tuvieron lugar en España, sino en Hispanoamérica en la década de 1830, en la obra de poetas como Esteban Echeverría en Argentina y José María Heredia en Cuba.[8] El hecho de que los hispanoamericanos anticiparan el auge de la poesía romántica en España, sin embargo, fue tan sólo un preludio al desarrollo más significativo en la historia literaria de la poesía española de los últimos trescientos años: la aparición del poeta nicaragüense Rubén Darío a fines del siglo XIX. Darío estaba tan en la periferia como era posible estarlo: nació como hijo ilegítimo en un pequeño pueblo nicaragüense. Aún así, su labor literaria tuvo un efecto transformador en la poesía en lengua española. Antes de Darío, la prosodia española estaba tan codificada y petrificada que aún los más atrevidos de los románticos de España e Hispanoamérica estaban limitados a un puñado de formas poéticas. Darío estaba agudamente consciente de estas limitaciones y, con todo conocimiento de causa de lo que estaba haciendo, amplió las posibilidades de la prosodia española al ensayar múltiples formas poéticas sin precedentes en a poesía de lengua. Pero hizo más que extender las posibilidades de la poesía hispánica. Socavó los presupuestos, tanto en España como en Hispanoamérica, según los cuales el estudio de la prosodia española se había limitado a definir las normas apropiadas que los buenos poetas debían acatar.[9]

LA REVOLUCIÓN DE DARÍO

Con Darío, la prosodia española deja de ser normativa y se vuelve descriptiva. Conforme a ello los poetas asumen la libertad de inventar tanto las formas como los temas de sus obras. Hay quienes piensan que la revolución poética de Darío dependió fundamentalmente de la aplicación de formas francesas —como las del simbolismo— a la poesía española. Pero este es un argumento engañoso puesto que las formas que Darío inventó corresponden a las peculiaridades del idioma español. Darío logró armonías y disonancias en sus versos que revolucionaron la forma con la cual la poesía puede ser escrita en el idioma. Su impacto se sintió a lo largo y ancho de Hispanoamérica: dio origen al modernismo, es decir, al primer movimiento literario que fue generado localmente y difundido por todo el mundo hispanohablante. Pablo Neruda, César Vallejo, Jorge Luis Borges, Gabriela Mistral, Octavio Paz y muchos otros compartieron la certidumbre del pionero nicaragüense según la cual la literatura europea ya no podía ni debía fijar los parámetros de la creatividad hispanoamericana. Una consecuencia de esta "ola" –para usar una útil metáfora de Moretti– fue que la poesía de España se renovó gracias a Hispanoamérica. Esta deuda fue reconocida por muchos poetas españoles, entre ellos, Juan Ramón Jiménez, Pedro Salinas, Juan Ramón Jiménez, Jorge Guillén o Federico García Lorca.[10]

En su propia época, la poesía de Darío fue criticada por José Enrique Rodó. Si bien las novedades formales del poeta nicaragüense eran pruebas fehacientes de que los hispanoamericanos se habían emancipado de las normas literarias europeas, el influyente ensayista uruguayo negó categóricamente que Darío fuera "el poeta de América". Para Rodó la maestría de la forma literaria no era una condición suficiente para que un escritor de versos representara las aspiraciones del continente (137-70). Para ello, el escritor tendría que expresar un "sentimiento de solidaridad social" que la poesía temprana de Darío simplemente carecía. Darío tomó las críticas de Rodó en serio, y respondió a ellas escribiendo poemas sobre los dilemas espirituales y políticos del continente. Fue, por ejemplo, el primer poeta hispanoamericano que escribiera poesía antiimperialista, condenando las intervenciones militares estadounidenses en el hemisferio occidental.[11] Después de las invasiones de Cuba y Puerto Rico por parte de los Estados Unidos durante ha Guerra Hispano-Americana, Darío escribió "El triunfo de Calibán", un artículo en el cual los personajes de *La tempestad* de Shakespeare fueron utilizados por primera vez como una alegoría para representar las disyuntivas históricas de América Latina. Las interacciones de Rodó con Darío establecieron el horizonte de la recepción de la literatura hispanoamericana hasta el día de hoy. Después de que Rodó criticara los aspectos superficiales de la poesía de Darío, casi todos los escritores hispanoamericanos han sentido la exigencia de escribir obras de importancia literaria que contribuyan a los imperativos políticos de la solidaridad social.[12]

El uruguayo Ángel Rama –probablemente el más importante crítico literario socialista hispanoamericano de la segunda mitad del siglo XX– escribió un libro para demostrar que el advenimiento de Darío corresponde, en términos políticos, con la emergencia de una mentalidad liberal en Hispanoamérica: un tipo de individualismo sin precedentes que corresponde a la incorporación de Latinoamérica al sistema capitalista internacional. Pero a diferencia de otros críticos que tildaron el individualismo de Darío como el de un burgués decadente, Rama insistió que el papel de Darío en la liberación de la poesía hispanoamericana de las normas europeas fue un acontecimiento de la más alta importancia literaria, social y política: "El fin que Rubén Darío se propuso fue...la autonomía poética de Hispanoamérica como parte del proceso general de liberación continental" (5).[13]

EMANCIPACIÓN LITERARIA

En su análisis de Darío, algunas de las suposiciones de Rama son muy parecidas a las de Moretti. Rama no está interesado en el carácter singular de sus textos, sino en su función social. Elogiaba a Darío por fundar una literatura basada en una concepción moderna de la vida y el arte. Una literatura es entendida aquí, no como una serie de obras de valor, sino como un sistema coherente con su repertorio de temas, formas, medios expresivos, vocabularios, inflexiones lingüísticas, con la existencia real de un público consumidor vinculado a los creadores, con un conjunto de escritores que atienden a las necesidades de ese público y que por lo tanto manejan los grandes problemas literarios y socioculturales (11).

Rama también comparte el aprecio de Moretti por la escuela de historia económica del llamado "sistema-mundial", que concibe el capitalismo internacional como un centro y una periferia, unidos en una relación de creciente desigualdad. Está igualmente interesado en el estudio de las relaciones literarias en su conexión con las realidades económicas y sociales. Pero Rama no esperaría que una relación económica de desigualdad entre el centro y la periferia se traduzca necesariamente en la recepción sumisa de las formas desarrolladas en el centro por los escritores de la periferia. Al contrario, según Rama, la incorporación de América Latina al orden económico mundial creó las condiciones para una emancipación literaria – la producción de formas que establecen el curso de una historia literaria interna con la capacidad de alterar o de corregir el sistema de la literatura mundial.

En la visión de Rama de la historia hispanoamericana, la emancipación política de las colonias de España ocurrió antes de su emancipación literaria. Pero el crítico uruguayo también argumentó que la emancipación literaria es una condición para la emancipación económica. Compartía la convicción de Rodó de que la liberación literaria debe ir de par en par con el desarrollo de una conciencia social que sería expresada en la literatura, pero vinculó este imperativo a la promesa del socialismo, y a las prioridades culturales de aquellos escritores e intelectuales comprometidos con la Revolución Cubana. Una visión equivalente a la de Rama fue expresada por Mario Vargas Llosa (en su periodo socialista), Gabriel García Márquez y Carlos Fuentes para subrayar el significado de sus novelas, una vez que irrumpieron como figuras notables en el panorama internacional de la literatura. En los años sesenta, estos escritores argumentaron, a veces con vehemencia, que la literatura latinoamericana había finalmente llegado a su madurez, y que jugaría un papel significativo en la transformación política y social del hemisferio Occidental. En una entrevista que le concedió a Gabriel García Márquez, el Subcomandante Marcos, líder del Ejército Zapatista de Liberación Nacional (EZLN), expresó este mismo punto de vista: "Estábamos saliendo al mundo de la misma forma en que estábamos saliendo a la literatura. Yo creo que eso nos marcó. No nos asomábamos al mundo a través de un cable noticioso sino a través de una novela, un ensayo o un poema" (García Márquez http).[14] Uno puede rastrear en los gestos de Marcos y los novelistas del Boom los dilemas a los que Darío se enfrentó cuando Rodó le reprocho el haber descuidado el tema de solidaridad social de Hispanoamérica. No es una coincidencia que Vargas Llosa escribió su tesis en la Universidad de San Marcos sobre Rubén Darío, o que Darío fuera considerado el icono cultural de la Revolución Sandinista en Nicaragua.

En *The Origins of Postmodernity*, Perry Anderson apunta acertadamente al encuentro de 1890 entre Rubén Darío y Ricardo Palma en Lima como un momento significativo para la "self-conscious current that took the name of *modernismo* [as] a declaration of cultural independence" from Spain that set in motion an emancipation from the past of Spanish letters themselves, in the cohort of the 1890s" (3). Se podría ampliar esta observación subrayando el hecho que en los escritos de Palma y Darío, la base para muchos de los desarrollos de la nueva novela hispanoamericanas ya se había establecido. Palma, por ejemplo, inventó "la tradición" un género de corta vida pero muy influyente, que borró las fronteras entre historia y ficción en un diálogo pintoresco con la poesía y el folklore. Sus "tradiciones" incluían relatos en los cuales lo fantástico y lo mágico son narrados con las convenciones del realismo, como cuando un sacerdote peruano convierte a un escorpión en una joya de oro para luego restituirlo a su estado original, en un relato que hace hincapié en las desigualdades entre los españoles y criollos durante la época virreinal.[15] Algunas de los momentos más famosos de García Márquez –tanto el militar que lleva al muchacho a ver el hielo en las páginas iniciales de *Cien años de soledad*, y la historia, contada como un evento atestiguado por una comunidad, de una mujer que se fue volando para no volver jamás– tienen claros antecedentes en la autobiografía de Rubén Darío (41-2).

SOLUCIONES NATIVAS

En su *Modern Epic*, Moretti concede que, con la nueva novela latinoamericana, "for the first time in modern history, the centre of gravity of formal creation leaves Europe, and a truly worldwide literary system –the *Weltliteratur* dreamed of by the aged Goethe– replaces the narrower European circuit" (233). Continúa argumentando que *Cien años de soledad* fue un éxito en "solving symbolic problems that European literature was no longer able to work through" (233). Con esta observación Moretti ofrece una saludable correción a su propia propuesta en "Conjectures on World Literature" según la cual los escritores de la periferia invariablemente adoptan las formas del centro para tratar realidades locales puesto que los préstamos y adaptaciones pueden darse en una dirección o en la otra, y a veces, ciertos acontecimientos formales permanecen en su lulgar de origen sin mayores movimientos.

Moretti, sin duda, replicaría que en casos como el de García Márquez el centro ha "seleccionado" una forma generada por la periferia. Aún así, la literatura hispanoamericana sigue siendo un interesante contra-ejemplo al argumento según el cual las desigualdades del mundo económico y las del mundo literario son fundamentalment equivalentes. Las fórmulas que Moretti reconoce como novedosas en la literatura latinoamericana no se desarrollaron en la periferia como una adaptación de ciertas formas provenientes del centro sino como un proyecto literario autóctono que obedece a imperativos locales y que produjo soluciones nativas cuyo impacto internacional transformó el repertorio de posibilidades literarias en la literatura de lengua española desde los comienzos del siglo veinte; y dicho impacto se generalizo paulatinamente en la literatura mundial.

Moretti ha argumentado, con ingeniosidad, que la recepción de la nueva novela latinoamericana en Europa se puede explicar por su utilidad a las sensibilidades posimperiales al proponer que el secreto del éxito del "realismo mágico" es su "complicity between magic and Empire". *Cien años de soledad* absuelve al Occidente de la culpa de la violencia colonial al relatar "those hundred years of history as an adventure filled with wonder" (*Modern Epic* 249-50). Pero aun si Moretti tuviera razón al decir que el efecto principal de la novela de García Márquez fue el de apaciguar las malas conciencias de los lectores del centro, su argumento resultaría incompleto, puesto que no ofrece una explicación del significado social del "realismo mágico" en sus propios contextos locales –y todavía menos el de otras formas desarrolladas en Hispanoamérica que han tenido un impacto literario considerable tanto en su lugar de origen como el mundo entero. Las muchas innovaciones de Jorge Luis Borges, incluyendo su fusión sin precedentes –en los años 40– de la literatura detectivesca, metafísica y fantástica, no sólo transformaron el desarrollo de la narrativa hispanoamericana, sino también hicieron posibles a muchas obras literarias posteriores, como *El nombre de la rosa* de Umberto Eco. Asimismo, los experimentos de Julio Cortázar con el tiempo literario se encuentran detrás de la alienación social en el cine de Michelangelo Antonioni o en el de Jean-Luc Godard. *Blow-up* se basa directamente en una historia escrita por el escritor argentino.[16]

En resumen, el realismo mágico no es el único género latinoamericano que ha sido "seleccionado" por escritores y lectores en el mundo entero, y las formas de la ficción latinoamericana no pueden ser entendidas meramente como adaptaciones de las normas metropolitanas. Como lo ha dicho Gerald Martin, "the celebrated 'boom' of the 1960s is actually a climax and consummation, not a sudden genre from nowhere". Añade con sagacidad:

> Influences exist everywhere, and the question is only raised as a problem with regard to ex-colonial regions. Indeed, whereas most important Latin American fiction between the 1940s and the 1960s is recognizably "Joycean" or "Faulknerian", it is equally arguable that since the 1960s many of the most important writers –Italo Calvino, Milan Kundera, Salman Rushdie, Umberto Eco– have had to become "Latin American" novelists. Nevertheless, it seems clear that not until the emergence of César Vallejo and Pablo Neruda in the 1920s did Latin American poetry

become truly self-generating (thanks to the continental thrust of Darío's *modernismo* in the previous thirty years), and not until Andrade, Asturias, Borges and Carpentier did Latin American fiction truly reach that stage (thanks to the continental thrust of the regionalist-Americanist fiction of the 1920s). (7)

Recordándonos que los poetas hispanoamericanos comenzaron a determinar el curso de su propia historia literaria tempranamente, Martin también identifica antecedentes narrativos significativos de innovaciones posteriores en la ficción de los años veinte. Más aún, como hemos visto, antes de que la novela latinoamericana comenzara a tener un impacto decisivo en algunos desarrollos literarios en el centro y en otras periferias, los poetas nativos ya estaban inventando sus propias formas literarias, y alterando aquellas de España y de otros lugares. En resumen, mientras que la cultura latinoamericana adquirió un cierto nivel de soberanía en el ámbito de la poesía moderna, los escritores del centro supieron aprovechar las formas desarrolladas en América Latina.

BECKETT Y VALLEJO

Quisiera tomar, por ejemplo, el caso de Samuel Beckett. Cuando escribía *Esperando a Godot*, Beckett trabajaba como traductor para la UNESCO en París. Uno de sus encargos fue traducir poesía latinoamericana al inglés para Octavio Paz. El encuentro de Beckett con la poesía hispanoamericana fue un evento determinante para el escritor irlandés. Una de sus consecuencias más visibles es el discurso filosófico de Lucky en *Esperando a Godot*, cuya forma y contenido le debe mucho a la poesía de César Vallejo. He aquí un fragmento:

> Given the existence of a personal God who from the heights of divine apathia loves us dearly with some exceptions and suffers with those who are plunged into torment…
> And considering that as a result of labours left unfinished that man in spite of strides in alimentation and defecation is seen to waste and pine and to shrink and dwindle…
> And considering that in the plains in the mountains the air is the same and the earth, the earth abode of stones…the tears the stones so blue so calm…on the skull alas abandoned unfinished the skull the skull…alas the stones… (28-29)

El discurso de Lucky está escrito sigueindo el patrón de uno de los poemas más celebrados de Vallejo, el que comienza así:

Considerando en frío, imparcialmente,
que el hombre es triste, tose ... (350)

El discurso de Lucky, como al voz poética de Vallejo, organiza sus pensamientos con las mismas construcciones gramaticales que parodian un deshumanizante discurso legal. Los tópicos de la reflexiones filosóficas de Lucky se encuentran entre los temas centrales de la poesía de Vallejo, y su modo de expresarlos nos remite también a las imágenes de Vallejo. La conmovedora metáfora de la calavera humana —como una melancólica y sufriente piedra azul— con la que el discurso de Lucky llega a un abrupto fin cuando es brutalmente golpeado por Vladimir, Estragón y Pozzo viene de "Las piedras", un poema de *Los heraldos negros* (1918). Incluso la situación de Lucky, jalado del cuello por una cuerda y golpeado con ella por los otros que lo castigan sin causa, viene de unos versos del poema "Piedra negra sobre una piedra blanca" del propio Vallejo:

...le pegaban
todos sin que él les haga nada;
le daban duro con un palo y duro

también con una soga; son testigos
los días jueves y los huesos húmeros,
la soledad, la lluvia, los caminos...

Es apropiado que Beckett se inspirase en las formas y temas de la poesía latinoamericana en su intento de componer un discurso que incluye palabras de compasión para el destino miserable del hombre explotado por su prójimo. José Carlos Mariátegui ofreció un resumen de la poesía de Vallejo que pudiera servir como una glosa del discurso filosófico de Lucky:

Este pesimismo se presenta lleno de ternura y caridad. Y es que no lo engendra un egocentrismo, un narcisismo, desencantados y exasperados, como en casi todos los del ciclo romántico. Vallejo siente todo el dolor humano. Su pena no es personal. Su alma "está triste hasta la muerte" de la tristeza de todos los hombres. Y de la tristeza de Dios. Porque para el poeta no sólo existe la pena de los hombres. (333)

Efectivamente, el dios de Vallejo, como el de Lucky, alterna entre la tristeza, la indiferencia y la impotencia.

EL TRÁFICO DE LO NUEVO

En resumen, el caso de la poesía latinoamericana muestra que el prometedor esquema de la literatura mundial de Moretti requiere algunos ajustes: la presuposición de que las relaciones literarias y económicas corren en paralelo puede funcionar en algunos casos, pero en otros no. El modelo de Moretti está diseñado para mostrar cómo la periferia adapta las formas del centro, pero queda corto en el otro lado de la ecuación. Hemos visto un caso en al cual la periferia logró emanciparse de las formas del centro, aún cuando la hegemonía política o económica del centro sigue siendo operativa y, en segundo lugar, vimos cómo una de las figuras más canónicas de la literatura europea adoptó algunas de formas que se produjeron en la periferia.

Goethe, Marx y Engels, como Moretti lo recuerda al principio de su ensayo, acuñaron el término "literatura mundial" para refutar la estrechez tanto de los criterios nacionalistas así como de las monotonías cosmopolitas. Estaban probablemente más interesados en escritores –donde sea que se encontraran por el mundo entero– que tuvieran cosas nuevas que decir o nuevas formas para decirlas, que en las variaciones de los temas que se conocían de sobra. Mis observaciones aquí no buscan cuestionar la conjetura de Moretti según la cual a partir de sus realidades locales la periferia, con gran frecuencia, adapta las formas del centro. Las propuestas de Moretti son sumamente prometedores para profundizar muchos aspectos claves de las relaciones entre los mercados económicos y las formas literarias. Estoy argumentando, sin embargo, a favor de una visión de la literatura mundial en la cual la novela no es necesariamente el género privilegiado para comprender todos los desarrollos literarios de importancia social en la periferia; en la cual el centro no tiene el monopolio de la creación de todas las formas que cuentan; en la cual las formas pueden moverse in varias direcciones –del centro a la periferia, de la periferia al centro, de una periferia a otra, aceptando incluso la posibilidad de que ciertas formas de consecuencia en los ámbitos locales tengan una incidencia mínima en otros ámbitos; y en la cual las estrategias de transferencia en cualquier dirección pueden involucrar rechazos, desviaciones, así como transformaciones de varios tipos, aún cuando en contenido pasa de un género literario a otro.

Acepto completamente la sugerencia de Moretti de que la promesa de la literatura comparada se ve empobrecida si limitamos sus alcances a las literaturas de Europa o las de América del Norte. Pero encuentro algo restrictivo limitar el estudio de la escritura en la "periferia" a la adaptación de las realidades locales a partir de normas metropolitanas. Los escritores en Asia, África, Europa Oriental y otros lugares pueden hacer exactamente lo que Moretti concedería a escritores del centro: generar nuevas formas, como Gerald Martin lo ha descrito en el caso de la literatura latinoamericana, que han transformado decisivamente el curso la historia literaria en su sentido más amplio.

Traducción: Ignacio M. Sánchez Prado.

Notas

[1] Este artículo se publicó originalmente en inglés en *New Left Review* 15 (2002): 61-74.

[2] Moretti ha defendido un programa para el estudio literario según líneas darvinistas. Véase su ensayo "On Literary Evolution".

[3] El caso de Brasil complicaría innecesariamente mi tema, así que me concentraré a partir de aquí en escritores de la América Hispánica. Existen puntos en común claramente importantes entre las literaturas de Brasil y de Hispanoamérica. Pero existen también diferencias significativas que requerirían tratamiento especial, aunque sin alterar la sustancia de mi argumento. A diferencia de Hispanoamérica, Brasil fue la capital de un Imperio (cuando la corte portuguesa se movió a Río de Janeiro tras la invasión napoleónica de la Península Ibérica); a diferencia de Hispanoamérica se volvió una monarquía cuando se separó de Portugal; y a diferencia de Hispanoamérica, la transición del dominio aristocrático al republicano ocurrió sin una guerra de independencia. Estos contrastes históricos dan cuenta de un sentido de nación más fuerte manifestado más temprano que en cualquier país hispanoamericano y ejercen influencia en muchos temas, eventos y estructuras de la literatura brasileña. El resultado fueron varios distintos fenómenos literarios en Brasil que no tienen contrapartes en Hispanoamérica: una variante peculiar del romanticismo con temas indígenas, un modernismo propio (que emergió en los años 20 y no tiene nada que ver con el movimiento homónimo en Hispanoamérica); y narrativas muy influyentes en las cuales la identidad nacional se representa como una fusión de tres razas.

[4] Mariátegui deliberadamente ignoró la novela que ganó su status canónico en la segunda mitad del siglo xx como la novela peruana más importante del siglo xix: *Aves sin nido* (1889) de Clorinda Matto de Turner. Esta novela intentaba representar los predicamentos sociales de las poblaciones indígenas del Perú,

pero carecía de un ingrediente que Mariátegui exigía a la ficción narrativa de esta clase: un compromiso con la cultura indígena. En vez de Matto de Turner, apuntó a Enrique López Albujar como "el primero que en nuestro tiempo explora estos caminos" (357).

5   Vale la pena anotar que las primeras historias literarias de la literatura hispanoamericana escritas por hispanoamericanos no fueron publicadas hasta fines de los cuarenta y que el grueso del estudio académico sobre la novela hispanoamericana del siglo XIX ha sido producido a partir de los ochenta.

6   Véase su *Atlas of the European Novel*.

7   Aunque Moretti se interesa esencialmente en el periodo que va desde finales del siglo XVIII hasta el presente, vale la pena apuntar que los parámetros de la práctica literaria en España, donde la poesía también era el género dominante, involucraron la adaptación creativa de modelos italianos a la lengua española en el momento preciso en que España ejercía su fuerza militar hegemónica sobre los territorios italianos. Garcilaso de la Vega mismo fue un soldado que peleó en las campañas italianas de Carlos V.

8   Esteban Echeverria escribió después de la independencia de España, pero antes de que Argentina se estableciera como nación al interior de sus fronteras actuales. José María Heredia lo hizo mientras Cuba era todavía una colonia española.

9   *Prosas profanas* (1896) de Darío fue estudiado por muchos poetas hispanoamericanos como un manual virtual de formas poéticas, pero, más importante todavía, como ejemplo de una obra poética que no dependía de las reglas del pasado.

10 Algunos otros como Unamúno o Cernuda rechazaron la importancia de Darío; pero se podría argumentar, por ejemplo, que algunas de las asperezas del lenguaje poético de Unamuno no existirían si no fuera porque el gran poeta español deseaba distanciarse de las armonías melifluas del nicaragüense.

11 Su poema político más famosos, que en efecto inauguró la literatura antiimperialista latinoamericana dirigida a los Estados Unidos, es "A Roosevelt", incluido en *Cantos de vida y esperanza* (1905).

12 Desde la perspectiva del principal crítico literario de la Cuba posrevolucionaria, el aspecto más significativo del modernismo, aún si no estaba claramente articulado en todo momento era una conciencia de "lo que después se llamaría el carácter subdesarrollado de nuestro mundo, así como comienzo de la actitud antiimperialista" (Fernández Retamar 328).

13 Aún críticos que leen la poesía de Darío como la expresión de la "decadencia burguesa" reconocen su importancia transformativa para la forma literaria y, en algunos de sus trabajos, una forma de salir de la decadencia. Véase Pérus, especialmente 62 y ss y 138 y ss.

14 Marcos cita novelas de García Márquez, Carlos Fuentes y Mario Vargas Llosa para ilustrar este punto.

¹⁵ Véase "El alacrán de Fray Gómez" en Palma 42-45.

¹⁶ Henry Fernández comenta en torno a la reconcepción de Antonioni de un dispositivo que descubrió en una historia de Cortázar: "The tension between photography and the written narrative in Cortázar becomes a tension between photography and cinematography in Antonioni" (166).

OBRAS CITADAS

Anderson, Perry. *The Origins of Postmodernity*. Londres: Verso, 1998.

Beckett, Samuel. *Waiting for Godot. A Tragicomedy in Two Acts*. Nueva York: Grove Press, 1982.

Bello, Andrés. *Obra literaria*. Pedro Grases, ed. Caracas: Biblioteca Ayacucho, 1979.

Darío, Rubén. *Poesía*. Ángel Rama, ed. Caracas: Biblioteca Ayacucho, 1977.

_____ "El triunfo de Calibán". *El modernismo y otros ensayos*. Iris M. Zavala, ed. Madrid: Alianza, 1989. 161-66.

_____ "Autobiografía". *Rubén Darío esencial*. Arturo Ramoneda, ed. Madrid: Taurus, 1991.

Eco, Umberto. *El nombre de la rosa*. Barcelona: Lumen, 1983.

Fernández, Henry. "Fron Cortázar to Antonioni: Study of an Adaptation". *Focus on Blow-up*. Roy Huss, ed. Englewood Cliffs, NJ: Prentice Hall, 1971.

García Márquez, Gabriel y Roberto Pombo. *Habla Marcos* (28 de marzo de 2001). Ejército Zapatista de Liberación Nacional. 26 de agosto de 2005. <http://www.ezln.org/entrevistas/20010325.es.htm>.

Fernández Retamar, Roberto. "Intercomunicación y nueva literatura". *América Latina en su literatura*. César Fernández Moreno, ed. México: Siglo XXI, 1972. 317-331.

Mariátegui, José Carlos. *Siete ensayos de interpretación de la realidad peruana*. México: Solidaridad, 1969.

Martin, Gerald. *Journeys through the Labyrinth. Latin American Fiction in the Twentieth Century* Londres: Verso, 1989.

Moretti, Franco. *Modern Epic. The World-System from Goethe to García Márquez*. Londres: Verso, 1996.

_____ "On Literary Evolution". *Signs Taken for Wonders. Essays in the Sociology of Literary Forms*. Londres: Verso, 1997. 262-278.

_____ *Atlas of the European Novel 1800-1900*. Londres: Verso, 1998.

_____ "Conjectures on World Literature". *New Left Review* 1 (2000): 64-81.

_____ "The Slaughterhouse of Literature". *Modern Language Quarterly* 61, 1 (2000): 207-227.

Palma, Ricardo. *Tradiciones peruanas.* Raimundo Lazo, ed. Sepan Cuantos 125. México: Porrúa, 1998.

Pérus, Françoise. *Literatura y sociedad en América Latina: el modernismo.* México: Siglo XXI, 1978.

Rama, Ángel. *Rubén Darío y el modernismo.* Caracas: Alfadil, 1985.

Rodó, José Enrique. *Ariel. Liberalismo y jacobinismo. Ensayos. Rubén Darío. Bolívar. Montalvo.* Sepan cuantos 87. México: Porrúa, 1997.

Vallejo, César. *Poesía completa.* Américo Ferrari, ed. Madrid: ALLCA XX, 1996.

Zapatero, a tus zapatos.
La tarea del crítico en un mundo globalizado

SEBASTIAAN FABER
Oberlin College

INTRODUCCIÓN

En el primer congreso académico a que asistí en mi vida, recién empezada mi licenciatura de Filología Española en la Universidad de Amsterdam, dos viejos profesores españoles tuvieron una pelea sobre el *Quijote*. Uno de ellos acababa de dar una charla sobre el tema; el otro, en el público, le disputaba un detalle de su presentación. El ponente, sintiéndose atacado, se preguntó en voz alta si su colega siquiera se había *leído* la obra. El otro, apenas superando su evidente indignación, reaccionó inmediatamente y, como por reflejo, se puso a recitar los primeros párrafos de la novela. El breve duelo académico me impresionó profundamente. Hasta aquel momento no había apreciado hasta qué punto la erudición literaria –el simple hecho de haber leído un texto o no– puede convertirse en un arma de ataque, un instrumento de prestigio o vergüenza públicos. Recordé el episodio años después, al leer *Changing Places*, la conocida novela de David Lodge sobre la vida académica en el mundo anglosajón. En una escena famosa, los asistentes a una fiesta de un departamento de inglés en California se ponen a jugar un partido de "humillación", una especie de juego confesional en el que uno recibe puntos por cada obra importante que confiesa *no* haber leído, con tal de que los otros sí la dominen. La fiesta termina en tragedia cuando un joven *assistant professor*, ambicioso y empeñado en derrotar a sus colegas, confiesa nunca haber leído *Hamlet*. Gana el juego, pero pierde su trabajo. Es natural: al fin y al cabo, los críticos académicos no sólo tenemos la obligación de conocer la historia literaria de nuestro campo al dedillo, sino además de haber leído, en persona, cada página de toda obra considerada medianamente importante. Nuestras bibliotecas se suponen no sólo enormes, sino bien manoseadas y anotadas. Y cada libro no leído nos amenaza como un posible motivo de vergüenza. Yo, que aprendí el español a los 18 años y recorrí la escuela graduada en relativamente poco tiempo, me pasé los primeros años de la vida profesional acosado por la conciencia vergonzosa de no haber leído bastante –y por el miedo de ser descubierto como el farsante que me creía.

Relato estas anécdotas personales porque el debate sobre la *world literature* tal como se ha ido desarrollando durante los últimos cinco o seis años, con contribuciones cruciales de Pascale Casanova y Franco Moretti –en quien me concentraré aquí– afecta directamente a la forma en que los críticos literarios universitarios nos concebimos a nosotros mismos y al modo en que definimos nuestra labor como académicos, profesores, escritores y lectores. Está en juego nada menos que el *ethos* de la disciplina: la naturaleza del conocimiento que generamos y los métodos que empleamos para tal fin; qué aceptamos como pericia en nuestro campo; y qué entendemos por rigor científico. Y es que el crítico literario "mundial" concebido por Moretti no se sentiría ofendido en lo más mínimo por la sugerencia de que nunca hubiera llegado más allá de la tapa de una novela canónica; ni tampoco entendería la gracia de un juego como "humillación".

Uno de los grandes méritos del debate sobre la literatura mundial, y el proyecto de Moretti en particular, ha sido el habernos forzado a reconsiderar nuestras bases disciplinarias. Visto en un contexto más amplio, sin embargo, el debate también constituye una reacción a –y un síntoma de– una profunda crisis que afecta a las Humanidades en general, y en particular al campo de la crítica literaria.[1] Aquí presentaré una serie de reflexiones tentativas sobre las implicaciones de las propuestas de Moretti para lo que considero mi campo académico. Dadas las limitaciones de espacio y la gran diversidad de ese campo (hasta cabe cuestionar si manifiesta bastante unidad para esa denominación), mis argumentos serán demasiado simplificadores. Ésto constituye un problema porque uno de mis puntos de crítica principales a Moretti es, precisamente, su falta de rigor y matización; me expongo, pues, a ser acusado del mismo crimen. En lo que sigue consideraré primero las prácticas actuales de cierta parte de la crítica literaria y los presupuestos metodológicos que las informan. Después presentaré un breve análisis de la crisis, mostrando cómo las propuestas de Moretti constituyen una respuesta interesante, aunque equivocada, ante ella.[2] En la parte final de este ensayo veremos cómo ciertos debates recientes en el campo latinoamericanista –debates generados en gran parte en reacción a la misma crisis, aunque enfocados precisamente en aquellos temas que Moretti ignora o trivializa– nos ayudan a poner en relieve algunos de sus puntos débiles.[3]

Como han señalado Moretti y Jonathan Arac, la crítica literaria académica, sobre todo en el mundo angloparlante, sigue teniendo una gran deuda con la exégesis bíblica. El conocimiento que genera la mayoría de los críticos se basa en lecturas cuidadosas de textos singulares, y el cuerpo bibliográfico de la disciplina lo constituyen, en su mayor parte, interpretaciones razonadas. Estas interpretaciones se supone que resultan de la interacción –o quizá más bien la alquimia– entre un texto particular y la mente de un crítico determinado. Aunque suele mantenerse que esas interpretaciones deben estar bien argumentadas y fundamentadas en el texto primario, también se suele asumir que variarán con cada lector y que, por tanto, todos los textos pueden generar un número infinito de interpretaciones válidas y rigurosas. De ahí, quizá, el imperativo de leerlo todo *uno mismo:* dejar que nuestra interpretación parta únicamente de lecturas ajenas no sólo sería una forma de hacer trampa, sino un procedimiento estéril. Al parecer se cree que la verdadera iluminación crítica sólo puede nacer del contacto directo, personal, íntimo con las fuentes.[4]

Si la lectura cuidadosa, el *close reading,* constituye el fundamento metodológico de una parte importante de la crítica literaria,[5] ¿en qué consiste exactamente la pericia del crítico –su pretensión de autoridad científica, lo que le distingue de cualquier otro lector de un texto literario? Aquí quizá sea útil distinguir, muy *grosso modo,* entre competencia técnica (lo que en inglés se llamaría *skill*) y conocimiento de fondo. Técnicamente, los críticos estamos entrenados para ser "buenos lectores", capaces de análisis rigurosos de cualquier texto que se nos ponga delante. El conocimiento, por otra parte, se identifica más con el campo de especialización (la novela francesa decimonónica, el teatro chino contemporáneo), y cabe dividirse a su vez en dos elementos: la erudición –las lecturas acumuladas– y la competencia cultural, es decir, una peculiar sensibilidad ante el contexto cultural en el cual se produjo la obra en cuestión, incluido, entre otras cosas, el dominio del idioma en que fue escrita. Así, por ejemplo, como hispanista soy capaz de realizar un análisis riguroso de un texto español no sólo porque soy un lector entrenado, sino también porque he leído los clásicos (erudición), hablo español, y porque dispongo de una íntima comprensión de la cultura española.[6]

Hay una obvia tensión metodológica entre la facticidad aparentemente objetiva del texto y la contingencia necesariamente subjetiva de la lectura del crítico.[7] En última instancia, este elemento contingente es el que garantiza la originalidad de la contribución al campo académico. Desde luego, la originalidad no sólo se debe a la pericia y erudición disciplinarias del crítico –su técnica, inteligencia y sensibilidad– sino también a la perspectiva particular (teórica, existencial, político-económica) desde la cual el crítico se aproxima al texto, además de sus intereses, experiencia vital e incluso su personalidad. Aunque quisiera, el crítico sería incapaz de generar una interpretación idéntica a la de un colega (cosa que, como señala Jackson [199], además le convertiría en un plagiario). Bien mirado, pues, la crítica literaria basada en el *close reading* está regida por un concepto muy propio del rigor, diferente de otros campos académicos. Esa noción del rigor tiene poco en común con la que se suele asociar con las ciencias naturales –para las cuales los experimentos sólo son válidos si se pueden repetir con idéntico resultado– o con el afán de totalización y representatividad estadística de las ciencias sociales (Jackson 198-200).[8]

LECTURAS A LARGA DISTANCIA

Franco Moretti, en una serie de ensayos aparecidos en la *New Left Review* y ahora recogidos en *Graphs, Maps, Trees,* ha venido arguyendo que la metodología de la lectura cuidadosa ha perdido validez, o al menos que ya no basta, dado el paisaje literario y teórico actual concebido en términos mundiales. "[T]he literature around us is now unmistakably a planetary system", afirma, implicando que los propios críticos hemos sido entre los últimos en enterarnos ("Conjectures" 148). Así, pues, cabe poner manos a la obra y adaptarnos a la nueva situación: "The question is not really *what* we should do –the question is *how*" (148). Si queremos salir del aislamiento de la literatura concebida en términos puramente locales –arguye Moretti– tendremos que abandonar la idea de la lectura intensiva como *sine qua non* de la crítica académica. Es más, puede que tengamos que sacrificar *toda* lectura de textos primarios, en parte porque simplemente serían demasiados:

> we are talking hundreds of languages and literatures here. Reading "more" seems hardly to be the solution. … [W]orld literature cannot be literature, bigger; what we are already doing, just more of it. … [W]orld literature

is not an object, it's a *problem*, and a problem that asks for a new critical method; and no-one has ever found a method by just reading more texts. That's not how theories come into being; they need a leap, a wager –a hypothesis– to get started. ("Conjectures" 149)

Para hacer el paso, por así decir, de la producción artesanal a pequeña escala al fordismo académico que permitiría la digestión masiva de decenas de miles de textos primarios –lo único que haría posible la formulación de teorías y "leyes" literarias verdaderamente mundiales– hace falta repensar la estructura laboral de nuestro campo académico. Y aquí, dice Moretti, "we have a lot to learn from the methods of the social and of the natural sciences" ("More conjectures" 80). Citando a Marc Bloch, para quien "un día de síntesis" en el campo de la historia social comparada se basaba por fuerza en "años de análisis", Moretti propone que el estudioso de la literatura mundial que pretenda formular hipótesis globales y ponerlas a prueba, se limite a aprovechar la labor previa de los especialistas en los cientos de subcampos nacionales y regionales. Esto significa, sin embargo, que la historiografía literaria mundial tendrá que contentarse con un conocimiento "de segunda mano"; "a patchwork of other people's research, *without a single direct textual reading*". Cuanto más ambiciosas las pretensiones del "crítico mundial", más distancia le separará de los textos primarios ("Conjectures" 150-1). Así la metodología del *close reading* se sustituiría –o al menos se complementaría– con una metodología de *distant reading*.

> where distance, let me repeat it, *is a condition of knowledge:* it allows you to focus on units that are much smaller or much larger than the text: devices, themes, tropes –or genres and systems. And if, between the very small and the very large, the text itself disappears, well, it is one of those cases where one can justifiably say, Less is more. If we want to understand the system in its entirety, we must accept to lose something. We always pay a price for theoretical knowledge: reality is infinitely rich; concepts are abstract, are poor. But it's precisely this "poverty" that makes it possible to handle them, and therefore to know. ("Conjectures" 151)

Moretti tiene razón al señalar una discrepancia insostenible entre, por un lado, las estructuras y prácticas de la crítica académica y, por otro, el mundo actual, globalizado, en que ésta se encuentra operando. Aunque el mercado laboral, las revistas o editoriales académicas y la estructura de muchos planes de estudio siguen organizados en torno a las naciones, los períodos históricos, los géneros y el canon, para muchos de nosotros esas categorías han dejado de ser legítimas. En las palabras algo dramáticas de Moretti, el campo está entre "the most backwards disciplines in the academy" (cit. en Eakin). En efecto, no sería exagerado afirmar que muchos críticos académicos nos sentimos atrapados dentro de un cuerpo institucional que ya no reconocemos como el nuestro. Me temo, sin embargo, que la solución propuesta por Moretti, lejos de resolver la crisis, sólo logre agravarla. Veamos por qué.

LA CRÍTICA EN CRISIS

Es importante comprender que la crisis en que se encuentra la crítica literaria académica no sólo era inevitable sino que llevaba muchos años gestándose. Desde sus mismos orígenes, el campo contenía dos elementos irresueltos que no podían por menos de acabar por socavar su legitimidad: una tensión entre calidad y cantidad; y una aparente falta de relevancia. Permítaseme explicar ambos en algún detalle. A los estudios literarios académicos siempre les ha aquejado una ambivalencia entre los imperativos de la erudición (cuantitativa) y de la técnica (cualitativa), entre el garbo del crítico genial y el sudor del lector-escribiente infatigable. Esa tensión queda reflejada en dos de las caricaturas más comunes del profesor de literatura. Por un lado, está el amanuense anónimo enterrado en su oficina, para quien el trabajo del crítico consiste en la dedicación continua a una labor cuasi monástica, compilando bibliografías, tomando apuntes, repasando toda la literatura primaria y secundaria antes –o en vez– de formular una idea propia, en la lenta producción de catálogos, panoramas, concordancias y, en general, libros y artículos sólidos pero terriblemente aburridos. Por otro, está su polo opuesto, menos monástico que majestuoso: el crítico como lector brillante, que da mucha más importancia a las ideas inspiradoras que a la solidez bibliográfica. También de él se supone que lo ha leído todo y bien; sólo que parece haberle costado menos sudor y lágrimas. (Curiosamente, como veremos dentro de un momento, Moretti viene a ser un híbrido de estos dos arquetipos: codicia la solidez cuantitativa de los monásticos sin dejar de reservarse el derecho a la postura de descuido aristocrático propio del crítico brillante.)

Si por mucho tiempo se pudo mantener la doble exigencia de cantidad y calidad sin crear tensiones imposibles, fue gracias a lo que podría llamarse una "ideología de la selección". Los campos de especialización –es decir, los corpus de literatura obligada– se limitaban nítidamente según las fronteras nacionales, lingüísticas, genéricas y canónicas. La crisis actual se debe en parte al colapso de esta ideología de la selección, que se ha revelado no sólo como políticamente sospechosa, sino como un impedimento molesto y arbitrario a una verdadera comprensión del fenómeno literario. Ya no hay excusas que valgan para limitarse al estudio de la literatura producida dentro de un solo territorio nacional; ni tampoco para excluir las masas ingentes de textos no canónicos –lo que Margaret Cohen llama *the great unread* (23).

El colapso de la ideología de la selección significa un gran paso adelante para la crítica académica. Dado que la disciplina nunca ha sido capaz de producir una definición satisfactoria de la calidad literaria (Hoesel-Uhlig 46), la noción de un canon cualitativo de obras "maestras" siempre ha carecido de fundamento. De forma similar, no hay buenas razones teóricas o histórico-literarias para dividir la literatura en unidades nacionales. Los propios autores, incluso los que se consideran parte de una tradición nacional, nunca han respetado las fronteras estatales (ni lingüísticas) en lo que se refiere a influencias y afiliaciones. Son raros los casos en que lo nacional ha sido una preocupación literaria principal –por más que ciertos autores y sus obras después hayan sido reclutados para causas patrióticas.⁹ Además, las historias literarias nacionales son notoriamente incapaces de dar cabida a fenómenos absolutamente cruciales para el desarrollo de la literatura como el exilio –voluntario o forzado, individual o colectivo–, por no hablar de obras, autores y naciones políglotas, o lenguas sin Estado-nación propia (¿en qué historia literaria nacional cabe la literatura escrita en quechua?). En verdad, las literaturas nacionales *no existen* como tales más allá de las historias literarias, los planes de estudio y los premios.

Si, a pesar de ello, todavía se habla de "la poesía española" o "la novela inglesa" es, más que nada, por inercia institucional. Claro que también sobran razones prácticas para mantener las estructuras tradicionales. Pero las costumbres institucionales y las consideraciones prácticas no bastan para constituir la legitimidad de una disciplina. Moretti, pues, tiene razón al exigir un nuevo paradigma: desprestigiada la ideología de la selección, la tensión entre calidad y cantidad se ha vuelto insoportable. De un día para otro, el número de textos "estudiables" se ha expandido hasta alcanzar alturas astronómicas. El problema es que sigue en pie el viejo imperativo de haberlo leído todo, dominarlo todo, "controlar" el campo –una halagadora ilusión que la ideología de la selección nos permitía albergar, pero que ahora es simplemente insostenible–. Desmentida esta ilusión, sin embargo, los críticos ya no sabemos a qué atenernos: ¿qué nos queda de nuestra legitimidad académica sin el halo de la erudición?

Y por si fuera poco, la tensión entre calidad y cantidad constituye sólo la mitad de la crisis. Otro problema, quizá más grave aún, lo comparte la crítica literaria con las demás de las Humanidades: la pérdida de relevancia. No es sólo que la sociedad ha dejado de apreciar el valor de las investigaciones humanísticas, sino que a muchos de los propios humanistas nos cuesta ver la importancia y utilidad de nuestra labor académica. Si esta crisis de relevancia afecta a todas las Humanidades desde hace algunas décadas, para la crítica literaria ha sido, en realidad, un problema eterno. Los críticos académicos nunca hemos podido deshacernos del estigma de la superfluidad. De la misma forma que la traducción luterana de la Biblia eliminó la necesidad del mediador eclesiástico, nos choca comprobar que los escritores y lectores se las suelen apañar muy bien sin nosotros. En ese sentido nos parecemos a un terapeuta que se siente llamado a intervenir en una relación romántica que funciona perfectamente. La aparente irrelevancia de nuestra labor se agrava todavía más porque nunca hemos conseguido definir en qué precisamente consiste nuestro objeto de investigación, ni qué aspectos de ese objeto nos toca analizar (Hoesel-Uhlig 48). En una diatriba notoriamente despiadada contra la *Literaturwissenschaft*, el intelectual holandés Karel van het Reve afirmaba en 1978 que la "ciencia de la literatura" era, en el mejor de los casos, inútil y, en el peor, un gran fraude, porque se había mostrado incapaz siquiera de presentar un argumento riguroso sobre las nociones más básicas de su campo –por ejemplo, en qué se distinguía la buena literatura de la mala– y porque ninguna de sus tesis sobre la literatura no era aplicable también a los textos no literarios. "[U]na de las preguntas principales de la ciencia de la literatura debería ser: cómo se puede describir un libro bueno … sin que esa descripción sea válida para un libro horroroso? … Los científicos de la literatura se han librado de esta pregunta de una vez al excluir del campo uno de los fenómenos literarios más interesantes, las diferencias cualitativas" (11). El problema, para Van het Reve, era que los críticos, a pesar de sus pretensiones científicas, no eran capaces siquiera de formular prohibiciones sencillas a lo Karl Popper: "no hay fenómeno del cual se afirme que no puede darse en la literatura" (23). Y para colmo, los seudocientíficos literarios tenían la mala costumbre de expresarse en una prosa pretenciosa, ilegible: "los practicantes de la *Literaturwissenschaft*, por regla general, no saben escribir" (8). ¿Qué sensibilidad literaria se puede esperar de alguien que no es capaz de componer una buena oración?

Desde los años setenta no han cesado las acusaciones a lo Van het Reve –la falta de valor científico, la metodología inadecuada, la jerga incomprensible– y una forma de explicar las numerosas transformaciones que ha vivido el campo es verlas como una búsqueda cada vez más desesperada de la legitimidad. El surgimiento de los estudios culturales constituyó un intento por arraigar esa legitimidad en un compromiso social, reclutando la disciplina para causas explícitamente políticas, al mismo tiempo que se extendía el área de los objetos estudiables más allá del canon y de los textos propiamente dichos. En reacción, otros han argüido que la crítica, para ser legítima, debe volver a ceñirse puramente al estudio de la "literariedad" de la literatura. Así, Mark Bauerlein equivale la "muerte" de la disciplina con el momento en que empezó a traspasar los límites implicados en "a purely aesthetic approach to literature" (1). Tampoco han faltado los empeñados en reforzar la legitimidad de la disciplina mediante una aproximación a los métodos de las ciencias sociales y las naturales, capaces de producir un conocimiento considerado verdaderamente riguroso. "The patterns of literary explanation seem to be made and broken without there being anything remotely resembling overall progress", se queja Livingston por ejemplo; "It is also not the least bit obvious what kinds of evidence are and are not to be included as determinations of the artifact in question. ... It is granted, of course, that readers can and should 'make meaning' out of literary texts; ... But it is another question whether such activities should be considered genuine research" (237-39; ver también Jackson 193-4).

UN CAMINO EQUIVOCADO

Los ensayos de Moretti, que sí pretende hacer *genuine research*, constituyen otro conato más en esta última dirección;[10] y –hay que admitirlo– la iniciativa tiene sus méritos. Van het Reve, por ejemplo, no sólo habría apreciado el estilo ameno de Moretti, sino que se hubiera quedado encantado con el tipo de hipótesis popperiana lanzada en "The Slaughterhouse of Literature" sobre la evolución del relato detectivesco, en concreto la identificación de un elemento formal específico (la clave) que puede haber garantizado el éxito de Conan Doyle frente a sus competidores en la versión literaria de la *supervivencia del más apto*. Sin embargo, por más refrescantes y entretenidas que sean las propuestas de Moretti, les aqueja una serie de graves problemas. Algunos son de carácter político; otros derivan del carácter interdisciplinario del programa propuesto. Como señala Jackson, el gran peligro de "importar" paradigmas científicos en la crítica literaria es que invita a juzgar las interpretaciones literarias "by the criteria of scientific method" (204) –un examen que los ensayos de Moretti no pueden sino suspender.

Quizá la mejor forma de señalar los puntos débiles de Moretti es aplicarle la metodología que rechaza y someter sus textos a una lectura crítica y cuidadosa. A mi ver, presentan cuatro dificultades principales. Lo que más llama la atención es que Moretti, al mismo tiempo que expresa su afición a la metodología y el rigor de las ciencias sociales y naturales, construye sus propios argumentos de forma muy *poco* rigurosa: sus textos abundan en confusiones y vaguedades conceptuales. Segundo, Moretti se equivoca al presuponer que la metodología de la lectura cuidadosa implica automáticamente una noción jerárquica del canon. Tercero, el abandono del *close reading* tal como lo concibe Moretti me parece un error fatal porque le privaría a la disciplina de uno de sus pocos fundamentos sólidos de legitimidad: una noción propiamente humanística del rigor. Y finalmente, las propuestas de Moretti tienen dimensiones políticas que éste ignora, pero cuya naturaleza problemática salta a la vista al conjugar sus textos con debates recientes en el campo latinoamericanista. En líneas generales, argüiré que los sacrificios necesarios para emprender la ruta morettiana hacia su codiciada posición panorámica, global, son tales que la visión desde la cumbre resulta perdidamente torcida, más peligrosa que útil. A diferencia de Moretti, me parece que la desaparición de la ideología de la selección y la globalización de los fenómenos literarios es *razón de más* para atenernos a lo que mejor sabemos hacer: leer con esmero para enfatizar, no ignorar, lo diferencial y particular. *Back to the basics,* pues: zapatero, a tus zapatos.

La falta de rigor que aqueja los ensayos de Moretti se manifiesta, entre otras cosas, en el uso descuidado de términos y categorías elementales. El afán de totalización y control conceptual, el deseo de querer "understand the system in its entirety", le tienta a contentarse repetidamente con atajos teóricos y estilísticos. En "Conjectures", por ejemplo, Moretti parece confundir desde el principio el fenómeno de la literatura mundial con el *estudio* de ese fenómeno. Goethe habla de aquél ("the age of world literature is beginning"); Moretti de éste. Cuando Moretti dice "world literature cannot be literature, bigger; what we are already doing, just more of it", quiere decir que la aproximación *académica* a la producción y el consumo literarios a escala mundial no puede ser la misma de la que los críticos hemos venido empleando para unidades más pequeñas. Un mismo descuido conceptual lo vemos en el uso de los adjetivos "local" y "extranjero". Cuando, inspirado en Jameson, Moretti describe la novela periférica como un "compromise between foreign form and local materials" (155), o entre "foreign *plot*, local *characters* and then local *narrative voice*" (158, énfasis en el original), "local" aquí quiere decir "propio de la nación periférica" (filipino, turco, etc.). Pero Moretti olvida que lo nacional —en el centro tanto como la periferia— suele construirse, precisamente, sobre la *negación* de lo verdaderamente local. (Como ha demostrado Benedict Anderson, lo nacional ya *es* un compromiso siempre, una construcción orquestada.)

Este uso descuidado de ciertas categorías puede parecer trivial —¿cómo construir un argumento sin pasar por encima algunos matices? ¿qué son los conceptos teóricos sino generalizaciones y abstracciones?— pero creo que en este caso apunta hacia un defecto mayor. Desde su posición "metacrítica", Moretti es tentado a invocar categorías conceptuales que carecen de referente preciso, uniforme o estable, como si correspondieran a sendas realidades primarias o concretas, a "hechos" sólidos e indisputables. En ese sentido, choca la ingenuidad de la respuesta de Moretti ante una duda de una de sus estudiantes:

> In the seminar where I first presented this "second-hand" criticism, Sarah Goldstein asked a very good, Candide-like question: You decide to rely on another critic. Fine. But what if he's wrong? If he's wrong, you are wrong, too, and you soon know, because you don't find any corroboration … And it's not just that you don't find positive corroboration; sooner or later you find all sorts of facts you cannot explain, and your hypothesis is falsified, in Popper's famous formulation, and you must throw it away. (154-155n)

En el universo popperiano, la aparición de un cisne negro puede desmentir la teoría de que todos los cisnes son blancos; pero cuesta aceptar la "inestabilidad estructural" de un texto o la aparición de un "narrador incómodo" —juicios interpretativos de carácter estético-literario— como "hechos" de la misma categoría. Incluso si fueran hechos "duros" comparables a fenómenos naturales, es filosóficamente ingenua la idea de que esos hechos sean capaces, de por sí, de contradecir una teoría. Como escriben Alan Sokal y Jean Bricmont en una crítica a Popper, "falsification is much more complicated than it seems" (62); incluso en las ciencias naturales —escribe Bérubé— "it isn't really possible to say that theories can be unambiguously 'contradicted' by facts … Theories can be disputed by other theories, but at no point in our lives do Facts simply raise their heads and speak in Nature's own voice to tell us that all our theories are wrong" (Bérubé, "Fine Clothes" 75). Es interesante que, en otro momento, Moretti reconozca que "theoretical expectations will shape facts according to your wishes": admite que, si se equivocó al presuponer que la novela inglesa surgió de forma "autónoma" fue porque "the core/periphery opposition made me look (or wish…) for a parallel morphological pattern" ("More Conjectures 79; 79n).

Esta tendencia de Moretti a convertir entidades conceptuales y juicios de valor en hechos y entidades sólidos acaba por socavar sus propios argumentos. Este efecto se ve sobre todo en sus referencias a las literaturas nacionales. Aunque todo su proyecto parece pretender invalidar la historiografía literaria tradicional, basada en y limitada por lo nacional y lo canónico, Moretti no parece cuestionar la existencia de una "novela" o "tradición" inglesa, francesa o japonesa, como si se tratara de sendas especies biológicas, nítidamente clasificadas en una taxonomía literaria a lo Linnaeus. Es más, de la misma forma que el metacrítico mundial depende de la labor previa de los especialistas nacionales (o "locales") para formular sus hipótesis —y se confiesa forzado a volver a ellos para poder confirmarlas[11]— las propuestas de Moretti se apoyan en la estabilidad de la historiografía literaria tradicional construida sobre la identificación de las unidades culturales con la del Estado-nación.

De modo similar, el hecho de que Moretti suele caracterizar las novelas surgidas en la periferia en términos predominantemente negativos —"flawed", "uneasy", "garrulous", "rudderless", "unstable", productos de "interference" y "compromise"— implica la existencia de otras tradiciones novelísticas (las del centro) que se presumen puras, autónomas, equilibradas, cómodas, y creadas sin "interferencias".[12] Esta presunción no sólo es falaz porque las novelas inglesas y francesas también se forjaron bajo influencias extranjeras (punto señalado por Arac que Moretti ha tenido que ceder ["More

Conjectures" 79]); sino porque, en rigor, una entidad como "la novela inglesa" no *existe* fuera del marco conceptual de la historiografía cultural nacionalista. Son estos matices importantes los que Moretti, en su afán de llegar a teorías unificadoras, decide ignorar. Y así, en un clásico desliz ideológico, llega a confundir lo análogo con lo idéntico, y lo metafórico con lo real. Puede que la evolución de ciertos fenómenos literarios se *parezca* a la evolución de las especies según Darwin; pero, como afirma Prendergast, no se puede pretender que las "leyes" naturales funcionen como las "leyes" de la historia cultural ("Evolution" 56-61).

La ironía del caso es que esta falta de matización, estos errores categóricos, acaban por reforzar el antiguo régimen disciplinario, por así decir: el marco metodológico nacionalista que ha dominado el campo desde el siglo XIX. Como consecuencia, las propuestas de Moretti son mucho menos radicales de lo que parecen. Y en efecto, al final de "Conjectures" Moretti admite que no se propone revolucionar la crítica literaria, ni mucho menos; sólo pretende renovar el campo de la literatura comparada. No parece prever que la crítica "mundialista" que propone invalide o desplace las estructuras académicas existentes; a lo más, constituirá un reto para éstas, una leve irritación ("a thorn in the side"). En los últimos párrafos del ensayo, la perspectiva mundial, presentada inicialmente con tanto garbo, se rebaja a una opción epistemológica más, una posición adoptable por quien se sienta atraído por ella, e ignorable para los demás: "you become a comparatist for a very simple reason: *because you are convinced that that viewpoint is better*. It has greater explanatory power; it's conceptually more elegant; it avoids that ugly 'one-sidedness and narrow-mindedness'; whatever" ("Conjectures" 161). Hay una curiosa discrepancia entre esta modestia final y el tono confiado y provocador que caracteriza el resto del ensayo.

CLOSE READING SIN CANON

La propuesta más controvertida del ensayo, claro está, es la del *distant reading*. Sin embargo, también aquí la argumentación de Moretti carece de fuerza. Para Moretti, la práctica del *close reading* está íntimamente ligada a la noción del canon textual, y el colapso de éste ayuda a invalidar la metodología de la lectura cuidadosa. "[T]he trouble with close reading ... (in all of its incarnations, from the new criticism to deconstruction)", dice, "is that it necessarily depends on an extremely small canon"; "you invest so much in individual texts *only if* you think that very few of them really matter. Otherwise, it doesn't make sense." ("Conjectures" 151). Pero esto no tiene por qué ser así. Es verdad que la lectura intensiva limita por fuerza el número de textos que uno puede digerir. Esta selección de textos, sin embargo, no tiene por qué constituir un canon en el sentido jerárquico y exclusivo del término: la inversión en textos individuales no implica automáticamente atribuirles algún estatus superior. Uno puede creer que cada ser humano es digno de la amistad y, sin embargo, tener un círculo limitado de amigos.[13]

A diferencia de Moretti, yo argüiría que el abandono de la lectura cuidadosa le privaría al campo de uno de los pocos fundamentos de legitimidad que le quedan: su peculiar concepción humanística del rigor, un rigor que es al mismo tiempo objetivo y subjetivo, y que permite las generalizaciones sin jamás perder de vista la especifidad de lo particular. Como escribe Pauline Yu, ex decana de Humanidades en UCLA, las disciplinas humanísticas insisten en este aspecto, ya que

> the inherently critical, analytical, and self-reflective faculties they cultivate resist by their very nature the impulse to arrive at universalizing generalizations shared by both the social and natural sciences. If we can crudely characterize the latter as seeking to demonstrate the applicability of homologous laws of nature or sweeping theoretical abstractions …, then we can equally crudely recognize in the humanities a predilection to follow the course of the particular. (http)

Como señala Arac, Edward Said –a su vez inspirado por Vico y Auerbach– ha sido uno de los defensores más importantes de esta visión disciplinaria, postulando las Humanidades como un contrapeso necesario al empobrecedor totalitarismo conceptual de las ciencias sociales y naturales. Visto así, una de las funciones principales de la crítica literaria –práctica humanística por excelencia– es servir de recordatorio: su papel es demostrar enfáticamente la irreductible complejidad de la realidad social, del individuo humano y sus productos culturales; una complejidad que siempre escapará y trascenderá a los modelos teóricos del momento y al dominio del propio crítico. Como dice Arac, para Said "what is actual in texts resists being made factual" (44).

Esta postura de respeto ante aquello que *no* se deja conocer o dominar por completo, se encuentra encarnada en la metodología peculiar de la crítica literaria y la noción de rigor que la informa. La crítica literaria es humanística porque parte del presupuesto de que su objeto de estudio –el texto literario– es *indeterminado* e *irreductible*. De ahí, también, el imperativo perpetuo de volver a la fuente primaria: no hay resumen o interpretación que puedan dar cuenta cabal de la infinitud de significados encerrados en un solo texto. Como escribe Jackson: "a literary text's key 'determinacy', that which makes it precisely a literary kind of text, consists of its intrinsic lack of determinacy" (198). Esta presunción de indeterminación e irreductibilidad del texto –tan irritante para ciertas mentes científicas– no sólo es la clave de la atracción a la lectura como tal, del *placer* que produce, sino también de nuestra identidad y legitimidad disciplinaria. El *distant reading*, por otra parte, obligado como está a fijarse en similitudes globales y a asumir que los textos sí son resumibles, reductibles o traducibles, no se puede permitir reconocer o respetar lo particular. En otras palabras, está forzado a lo literario de la literatura.[14] Desde una perspectiva humanística, los sacrificios que exige el método de Moretti, las pérdidas que está dispuesto a aceptar, son no sólo enormes sino destructivas.

Irónicamente, los pocos ejemplos concretos de su método que nos proporciona el propio Moretti confirman los peligros inherentes en su forma de proceder. Sus hipótesis globales, incluídas sus "leyes" del desarrollo histórico y formal de la novela, automáticamente excluyen todo lo que no se deja clasificar, contar o traducir. Tampoco es casual, como ha señalado Kristal, que Moretti haya basado su método en el análisis de la novela realista –con una trama, personajes y una voz narradora que no sólo se dejan identificar con relativa facilidad, sino abstraer de las idiosincracias idiomáticas. Es difícil imaginarse cómo se pudieran formular hipótesis "mundiales" de fenómenos o autores cuya distinción reside, precisamente, en la idiosincracia lingüística y cultural y la ausencia de toda trama –la poesía, por ejemplo, o la ficción modernista, géneros mucho más resistentes a los intentos de traducción y resumen. De hecho, lo que llama más la atención en las propuestas de Moretti –comparatista al fin y al cabo– es la ausencia de una consideración de la traducibilidad como problema.

Como admite Moretti en "The Slaughterhouse", su método consiste en someter gran cantidad de textos a preguntas muy específicas, ignorando todos aquellos aspectos que no tienen que ver con esas preguntas: "Face to face with the forgotten 99.5 percent of literature, and perplexed by its size, I couldn´t simply 'start reading': I had to read in the light *of something*" (226). En ese sentido, el crítico se convierte en una extensión de la función "búsqueda" de un programa informático. Ahora bien, es importante anotar que Moretti parece aplicar el mismo enfoque concentrado en su empleo de los "informantes especialistas", los críticos "locales": sólo los lee y valora en cuanto sus conclusiones –reducidas a una o dos frases– puedan corroborar o desmentir las hipótesis que Moretti esté barajando. El resultado es una misma pérdida de matices cruciales. Veamos como ejemplo la suerte que corren los análisis sutiles del crítico brasileño Roberto Schwarz, uno de los informantes locales más citados en "Conjectures". Moretti emplea Schwarz para reforzar tres de sus puntos principales: (1) la idea de que las literaturas periféricas tienen una "deuda" inevitable con las del centro; (2) que esta deuda se convierte en un "rasgo complejo formal" de la obra periférica, manifestado en ciertos defectos estéticos o estructurales; y (3) la idea más general de que las formas culturales, es este caso las novelísticas, suelen ser un reflejo abstracto de relaciones sociales concretas ("forms are the abstract of specific social relationships" [Schwarz 53]).

Ahora bien, es verdad que Schwarz, en sus análisis de la obra del novelista decimonónico José de Alencar,[15] señala las consecuencias del hecho de que tuvo que adaptar el modelo de la novela europea, cuya forma era adecuada para representar la realidad europea, a la realidad muy diferente del Brasil. También es verdad que, entre esas consecuencias, Schwarz identifica ciertos rasgos que pudieran considerarse como defectos formales. "By remaining faithful to observable (Brazilian) reality and the accepted (European) model", escribe Schwarz, "the writer unwittingly replays a central incongruity in Brazilian intellectual life, leaving it unresolved"; pero agrega inmediatamente que "there is no simple consequence to be drawn from such a dualism; in a culturally dependent country like ours, its presence is inevitable, and its results can be either good or bad": "Literature is not a matter of rational judgments but of imaginative form; the movements of a reputable key which actually opens nothing at all may well be of great literary interest" (46); "we must rid ourselves, though not entirely, of the pejorative connotations of the concept of borrowing itself" (49). Es verdad en Alencar "style and structure run at cross-purposes" mientras que en alguien como Balzac el estilo está "tightly and artifically constructed" y la trama, por más "ridícula" que sea, "somehow manages to retain its link with reality" porque esa realidad social, europea, estaba transformándose profundamente (51-52). El dualismo formal de Alencar, por otro lado, se explica porque en el Brasil esas transformaciones eran meramente superficiales: se asumían los ideales del liberalismo político y económico, por ejemplo, sin cambiar las estructuras sociales y económicas de la sociedad esclavista.[16] Schwarz, sin embargo, se empeña en subrayar que el *significado* de los supuestos defectos formales surgidos de estos desajustes no se ciñe a lo estético, y que también se les puede atribuir valores positivos:

> [F]oreign debt is as inevitable in Brazilian letters as it is in any other field, and is not simply an easily dispensible part of the work in which it appears, but a complex feature of it. It makes a significant contribution to our general body of culture, producing varying degrees of benefit, and borrowings can quite easily be morally, political, and aesthetically audacious as well as artistically inappropriate. Which of these contexts is most important? Nothing, apart from professional deformation, speaks in favour of a purely aesthetically-based judgement. (Schwarz 50-1)

Moretti, en su prisa de confirmar la "ley de Jameson", ignora todos estos matices y por tanto no puede por menos que implicar que los "compromisos" formales que acompañan la "exportación" de formas literarias del centro tienden a producir obras inferiores. Si, más tarde, vuelve sobre la obra de Schwarz, ahora con referencia a Machado de Assis, es sólo para afirmar que "In a few lucky cases, the structural weakness may turn into a strength" ("Conjectures" 159).[17]

En suma, desde una perspectiva humanística Moretti se nos aparece como un aeronauta miope que, para ganar altura, está obligado a echar todo su lastre —incluídas, en el momento final, sus gafas—. Esta miopía es tanto más grave cuanto mayor el área que sus hipótesis pretenden abarcar. Autoinstalado en la silla presidencial del "gran sintetizador", sin embargo, Moretti apenas parece darse cuenta de la enorme responsibilidad que tal posición conlleva —sobre todo porque una de las condiciones de rigor que Moretti se impone es que los especialistas que le proporcionan su "materia prima" *no* se comuniquen entre sí.[18]

LECCIONES LATINOAMERICANISTAS

Como otros ya han indicado con más tacto que un servidor, Moretti tampoco parece darse cuenta de las importantes consecuencias políticas de su método. Así, tiene poco interés en el efecto de sus propuestas sobre las relaciones de poder dentro de la producción de conocimiento académico; y no considera cómo sería la relación entre los equipos de especialistas y los grandes sintetizadores de teorías mundiales. Por ejemplo, ¿aquéllos tendrían algún tipo de control sobre el uso que harían éstos de sus productos?[19] A Moretti tampoco le parecen preocupar en lo más mínimo las condiciones de posibilidad que le permiten auparse a la cumbre teórica desde la cual puede apreciar y esbozar las panoramas globales. En otras palabras, le deja sin cuidado su posicionalidad.

En este sentido Moretti puede aprender mucho de los debates mantenidos durante los últimos diez años en los estudios culturales y literarios latinoamericanos –debates que ayudan a poner en perspectiva las diferentes respuestas ante la crisis de la crítica literaria y que reflejan, de modo diferente, varios de los fenómenos que le fascinan a Moretti, como por ejemplo la "importación", por la periferia, de productos y discursos culturales del centro. En un ensayo reciente, John Beverley da un buen resumen de los principales puntos de controversia. Como bien se sabe, la crisis de la crítica literaria tradicional, por un lado, y de los *area studies* por otro, dio lugar en algunos campos de la academia norteamericana a cierta aproximación entre las humanidades y las ciencias sociales, manifestada en el surgimiento los estudios culturales, postcoloniales y subalternos. Lo que comparten estos estudios es un rechazo epistemológico de lo canónico y de lo estético como principio organizador de la crítica cultural; una solidaridad política con los grupos oprimidos; una aproximación a los fenómenos sociales y productos culturales que es menos cuantitativa que "interpretativa", "lingüística" o "textual" (es decir, metodológicamente inspirada en la crítica literaria); y una profunda desconfianza hacia las élites en posesión del poder cultural (incluídos no sólo los intelectuales tradicionales en el sentido gramsciano sino también las élites universitarias). Otra consecuencia importante de este fenómeno ha sido la "globalización" de las problemáticas estudiadas y los marcos teóricos empleados: así, es fácil que del estudio del subalterno latinoamericano se combine o funda con el de la Asia del Sureste –conjugación facilitada porque la mayoría de los teóricos trabajan en la academia norteamericana y publican en inglés.

Como explica Beverley, el surgimiento de los diversos "estudios" ha provocado una fuerte reacción negativa de ciertos intelectuales izquierdistas latinoamericanos, cuya posición manifiesta una serie de correspondencias curiosas con la oposición ante esos mismos "estudios" de los sectores conservadores de la universidad norteamericana. Son tres las objeciones

principales. Primero, se afirma que los "estudios" imponen sobre
Latinoamérica una problemática y un modelo epistemológico que puede
ser aplicable al mundo postcolonial anglosajón, pero que tiene poco que
ver con la situación latinoamericana. La perspectiva que resulta, por tanto,
es torcida si no simplemente falsa. Segundo, dada la hegemonía global de la
universidad norteamericana y la correspondiente hegemonía del inglés como
lingua franca universitaria, el prestigio de los "estudios" eclipsa el gran corpus
académico propiamente latinoamericano escrito en español. Ello implica
no sólo "an overt or tacit negation of the status and authority of Latin
American intellectuals" sino que lleva a "a kind of cultural neo-colonialism,
concerned with the brokering by the North American academy of
knowledge both from and about Latin America" (49). Los latinoamericanos,
élites o subalternos, quedan reducidos a objetos de estudio del *knowing subject*
norteamericano (Achugar 381; Ramos 243; Richard 348; Cornejo Polar).
Tercero, al ignorar a la élite progresista latinoamericana, al invalidar la "alta
cultura" que produce, y al menoscabar sus bases identitarias nacionalistas o
regionalistas, los "estudios" le privan al continente de uno de sus pocos
espacios de la resistencia contra la globalización capitalista –convirtiéndose,
irónicamente, en un aliado de ésta.[20]

¿Cómo situar a Moretti dentro de este panorama? ¿Qué, si algo, pueden
contribuir sus propuestas a los debates latinoamericanistas –que, dicho sea
de paso, han dejado al campo en una aporía difícilmente superable?[21] Aunque
dudo que Moretti sea capaz de resolver los dilemas del latinoamericanismo
actual y me temo que su posible contribución sea más bien modesta, la
aporía latinoamericanista sí puede servir para resaltar ciertas dificultades
que Moretti ignora, y que acaban por socavar su ambiciosa empresa.

En cierto sentido, conjugar a Moretti con el latinoamericanismo actual
exige un acto de traducción interdisciplinaria: los dos campos parecen hablar
idiomas teóricos diferentes. (Se nota hasta qué punto la Literatura Comparada
ha quedado inmune ante la revolución de los estudios culturales, que tanto
impacto tuvo en los departamentos de inglés y, con algún retraso, en los de
estudios latinoamericanos.) La posición de Moretti en este contexto, por
tanto, es ambigua y compleja. Por un lado, comparte varios presupuestos
importantes con los proponentes de los estudios culturales, subalternos y
postcoloniales. No defiende una noción del canon fundada sobre principios
estéticos, por ejemplo; y no le importa incluir subgéneros populares en sus
historias literarias. En su llamada por la introducción de métodos más

rigurosamente "científicos", sin embargo, Moretti parece alinearse más con la crítica conservadora norteamericana, que rechaza la aparente gratuidad metodológica de los estudios culturales. (Si éstos generaron lo que se ha identificado como "el giro lingüístico" en las ciencias sociales, Moretti propone un "giro positivista" en la crítica literaria.) Así también el hecho de que Moretti se limite estrictamente al estudio de los textos impresos (excluyendo los "textos" orales, audiovisuales y sociales que han venido ocupando a muchos departamentos de lenguas modernas) lo asocia en cierto sentido con críticos conservadores como Harold Bloom y Bauerlein, que abogan por una crítica ceñida a lo puramente literario. Lo que aleja a Moretti de Bloom y los suyos, sin embargo, es su visión escandalosamente desmistificada del texto literario, y la desacralización de la lectura como el acto fundamental de la disciplina.[22] Se podría argüir que, en este sentido, Moretti es más radical incluso que los estudios culturales y subalternos: puede que éstos rechacen el fetichismo del texto canónico, pero lo sustituyen por un fetichismo del producto cultural popular. Moretti abandona *todo* fetichismo del material primario (aunque se podría argüir que lo sustituye con una infatuación narcisista con sus propios productos "científicos": los mapas, esquemas y gráficos).

Moretti también es más radical que los estudios culturales en su asunción del mercado y los mecanismos de consumo como una ente poderosa, cuasi natural, capaz de determinar las "leyes" de la historia literaria. La función que en Darwin es desempeñada por los factores ambientales –la selección entre las especies "aptas" y "menos aptas"– en Moretti la desempeñan las fuerzas del mercado: "Readers, not professors, make canons: academic decisions are mere echoes of a process that unfolds fundamentally outside the school ... Conan Doyle is a perfect case in point: *socially* supercanonical rigth away, but *academically* canonical only a hundred years later" ("Slaughterhouse" 209). En verdad, la fe incondicional de Moretti en la capacidad del mercado para determinar el valor de los productos culturales se acerca más al neoliberalismo del FMI que al populismo de los estudios culturales –por más que éstos tiendan a celebrar el consumo como acto de resistencia. (Aquí de nuevo llama la atención que Moretti no considere el funcionamiento del mercado de las traducciones, cuyos mecanismos son muy diferentes –más arbitrarios, menos "naturales"– que los de los mercados "locales").[23]

Lo que más sorprende, como se ha dicho, es que a Moretti no le parezcan preocupar las dimensiones geopolíticas del modelo de producción de conocimiento que propone. A pesar de "confiar" en informantes "locales", Moretti rechaza la idea –fundamental en la tradición intelectual de Latinoamérica– de que es preferible comprender una región desde un marco teórico autóctono, surgido y desarrollado en esa misma región. De forma similar, no le interesa el peligro de un posible imperialismo lingüístico. "Moretti's essay ['Conjectures'] treats language only in the abstract", escribe Arac; "It ignores the actual role of English in contemporary globalization, even though English is the crucial enabling medium that makes possible his survey of all those continents and years. … English in culture, like the dollar in economics, serves as the medium through which knowledge may be translated from the local to the global" (40). La respuesta de Moretti ante estas observaciones críticas de Arac es pragmática pero no por ello menos ingenua: "Sure, global English may end up impoverishing our thinking, as American films do. But for now, the rapid wide public exchanges it makes possible far exceed its potential dangers." (76n). En otras palabras: la meta justifica los medios. Y si, en los debates latinoamericanistas, la división laboral entre centro y periferia es identificada como un peligro que evitar, Moretti pretende instituir tal división, privilegiando sin pensarlo dos veces el inglés (y, se infiere, la academia norteamericana) como el medio "científico" más adecuado para la teorización a escala mundial.

Juntos, estos descuidos y negligencias no sólo empobrecen una iniciativa que por lo demás es necesaria y digna de admiración –¿quién duda la importancia de comprender de forma mucho más global el desarrollo formal y social de la literatura?– sino que invierten sus objetivos. Como hemos visto, en vez de transcender o reformar las estructuras tradicionales de la crítica académica, la refuerzan. Y para mayor ironía, la forma en que Moretti se propone estudiar el "sistema literario mundial", que reconoce, siguiendo a Wallerstein, como "unificado y desigual", está condenada a replicar la misma desigualdad que pretende analizar. Moretti no sólo *estudia* la unidireccionalidad de las "ondas" de producción cultural en su movimiento desde el centro hacia la periferia,[24] sino que sus modos de producción de conocimiento académico acaban *incorporando* esa unidireccionalidad.

CONCLUSIÓN: POR UN GLOBALISMO METONÍMICO

Moretti tiene razón cuando arguye que la literatura es un fenómeno mundial; que las estructuras institucionales actuales no le permiten a la crítica académica tener una visión teórica adecuada, totalizante, de ese fenómeno; y que, por tanto, le escapan evoluciones y patrones posiblemente muy importantes. También tiene razón cuando afirma que las prácticas actuales del campo, incluida la Literatura Comparada, dejan poco espacio para las hipótesis que transciendan el estrecho marco nacional-culturalista que ha sido el principio organizador de la crítica literaria desde los días de Herder. Sin embargo, el camino teórico y metodológico que propone para salir de la crisis es, a mi ver, antiproductivo. Es verdad que la reforma tendrá que ir más allá del campo de la literatura comparada; y que tendrá que abandonar el estudio de la literatura dentro de un marco exclusivamente nacional (dos pasos que, en última instancia, Moretti no se atreve a dar). Pero la disciplina no se puede permitir abandonar lo único que aún puede darle alguna legitimidad: su concepción humanística del rigor, cuya metodología por excelencia es el *close reading*, la lectura cuidadosa de textos primarios en su idioma original –una práctica que ejemplifica el respeto por la especifidad cultural y lingüística de cada producto de la imaginación humana.

Esto no quita la urgencia del problema práctico: *"What does it mean, studying world literature? How do we do it? … [W]e are talking hundreds of languages and literatures here".* ¿Cómo combinar el afán totalizador con el respeto ante lo específico? Como señala Reed, "It is a fundamental problem of the humanities: how to relate particular to general, to keep individual phenomena vividly present while giving them an explanatory context" (6). Sin pretender proporcionar una solución aquí, sí me parece que hay modelos alternativos al de Moretti, modelos que *no* parten de la jerarquía, el privilegio, y la pérdida de lo no traducible.

Consideremos, por ejemplo, la nueva historia de la literatura alemana editada por David Wellbery (2004), que resuelve la eterna tensión entre calidad y cuantidad de una forma diametralmente opuesta a la de Moretti. En vez de intentar captar "toda" la literatura alemana dentro de una sola estructura esquemática, o de convertirla en una narrativa teleológica, la *History* de Wellbery ha sido organizada de forma esencialmente metonímica, consistiendo de unos 200 ensayos de sendos contribuidores sobre todo tipo de temas dispares. No hay un hilo conductor narrativo, aparte del orden cronológico. La idea que subyace al proyecto es que la totalidad surja de una colección de particularidades contingentes, sin que esa totalidad —que cobra una forma diferente con cada lector y cada lectura— deje de manifestar su carácter tentativo, precario, problemático. Así como el proceso de congelación rápida preserva el valor alimenticio de las verduras, el objetivo de los editores ha sido presentar un panorama de la literatura alemana que preserve el "sabor" de lo que ven como el meollo de la práctica crítica: el "encuentro" entre lector y texto primario que caracteriza "the most exhilarating experiences of reading" (xvii). Si las historias literarias tradicionales suelen ser reductivas en su tendencia a usar textos individuales como meras ilustraciones de épocas, corrientes o fenómenos sociales, esta historia coloca lo particular en el centro: "The strategy … is to shun summary and cataloguing and to exploit, rather, the communicative potential of the anecdotal and the discontinuous for generating sudden illumination" (xviii).

Son muchas las objeciones posibles al libro de Wellbery —entre otras cosas, se le nota cierta nostalgia por el New Criticism. También es verdad que se limita al campo de la literatura alemana (aunque ésta es concebida en términos lo bastante amplios como para dar cabida a los exilios y los textos no literarios). Sin embargo, no es difícil imaginarse obras similares que se afrenten al desafío de "mapear" una historia de la literatura mundial —obras colectivas, basadas en la colaboración intensa de especialistas de muchos campos diferentes, pero en pie de igualdad, sin jerarquías explícitas o implícitas. Surgiría un panorama mundial que recuerda el "unsystematic, open-minded effort" propuesto por Auerbach (Arac 41), un proyecto mucho menos dispuesto que el de Moretti a sacrificar la especificidad cultural, y que no deja de reflejar el hecho de que la crítica literaria nace de una confrontación personal entre texto y lector. Este procedimiento metonímico me parece un camino más fructífero, políticamente legítimo y propio de nuestra disciplina humanística que las propuestas cuasi científicas de Moretti. Con un poco de imaginación utópica, se podría decir que asumir el colapso de la ideología de la selección *sin* abandonar la lectura cuidadosa libera el potencial radicalmente democrático del *close reading*. Nos forzaría a admitir que, en principio, no hay texto que no sea digno de una lectura intensiva; o, por decirle de otro modo, no hay texto particular que no nos pueda conducir hacia un espacio teórico que, a falta de mejor término, podría llamarse universal.

Para terminar, una breve vuelta a la fuente, a dos textos primarios –y canónicos– que refuerzan el argumento de Schwarz de que "we must rid ourselves … of the pejorative connotations of the concept of borrowing" y que "borrowings can quite easily be morally, political, and aesthetically audacious".[25] Primero, claro, Borges en "El escritor argentino y la tradición":

> Creo que nuestra tradición es toda la cultura occidental, y creo también que tenemos derecho a esa tradición, mayor que el que pueden tener los habitantes de una u otra nación occidental. … Creo que los argentinos, los sudamericanos en general, … podemos manejar todos los temas europeos, manejarlos sin supersticiones, con una irreverencia que puede tener, y ya tiene, consecuencias afortunadas. … [N]o debemos temer y … debemos pensar que nuestro patrimonio es el universo. (160-1)

No se trata de préstamos, pues, sino de apropiaciones.[26] Años después, le hace eco Bernardo Atxaga –autor vasco que escribe en euskera, escritor periférico dentro del centro europeo:

> Ya se sabe que hoy en día, en pleno siglo veinte … todo el pasado literario, ya el de Arabia, ya el de China, ya el de Europa, está a nuestra disposición … Cualquier escritor puede así crearse su propia tradición. … No hay, hoy en día, nada que sea estrictamente particular. El mundo está en todas partes, y Euskal Herria [el País Vasco], ya no es solo Euskal Herria sino … *el lugar donde el mundo toma el nombre de Euskal Herria.* (377, énfasis en el original)

NOTAS

[1] Esta crisis ha sido ampliamente documentada y estudiada. De los análisis en inglés publicados durante los últimos diez años, véase, entre muchos otros, Damrosch, Readings, Bérubé, Bérubé y Nelson, Nussbaum, Michael, Ellis, Kernan, Delbanco y Schwartz.

[2] Me concentraré aquí en las propuestas iniciales formuladas en "The Slaughterhouse of Literature", "Conjectures on World Literature", and "More Conjectures".

[3] Agradezco a mi colega Jed Deppman una serie estimulantes discusiones sobre estos temas y, sobre todo, su lectura cuidadosa de una versión previa de este ensayo.

4 Esta metodología fundada en el contacto personal entre texto y crítico le otorga un estatus algo extraño a las otras interpretaciones del mismo texto propuestas por otros críticos. Por un lado, estas interpretaciones forman parte del archivo disciplinario, y hay que reconocer y citarlas como tales. Por otro lado, parece que uno nunca se puede fiar de ellas por completo; en ese sentido, todo el campo se caracteriza por una curiosa falta de confianza colegial. No es casual que Jale Parla nos anime a todos a fiarnos más el uno al otro (122-23). Le agradezco a mi colega Erik Inglis el haberme sugerido esta idea.

5 Me doy cuenta de que estoy generalizando aquí: no *todo* el campo necesariamente atribuye un lugar central a la práctica del *close reading*, una práctica en sí misma también muy diversa.

6 En otra parte he analizado la importancia de elementos *afectivos* en este tipo de pericia (Faber, "Labor").

7 La facticidad del texto también es muy precaria, como demuestran los debates en torno a la crítica "genética" (véase Deppman, Ferrer y Groden).

8 Desde luego la práctica y teoría de las ciencias naturales y sociales son mucho más complejas, y tienen sus propias historias de luchas epistemológicas y cambios paradigmáticos; sin embargo, me parece que, comparado con los demás campos, el reconocimiento de la aportación personal del crítico como elemento fundamental en la generación del conocimiento académico constituye un rasgo distintivo de los estudios literarios.

9 Como arguye Prendergast en un ensayo crítico sobre el libro de Pascale Casanova, es verdad Wordsworth y Shakespeare "have been adduced as major figures in the unfolding if the 'national genius', the making of the 'Englishness' of English literature, with particualr reference to an alleged rivalry with French hegemony ...", pero en realidad "Wordsworth's competitive agenda seems to involve very different variables, such as class, gender and region, all of which are *internal* to pressures and debates within England itself" ("Negotiating" 109).

10 Como escribe Emily Eakin en *The New York Times:* "Mr. Moretti's quantitative method is simply the latest in a long line of efforts to make literary criticism look more like science".

11 "[N]o matter what the object of analysis is, there will always be a point when the study of world literature must yield to the specialist of the national literature, in a sort of cosmic and inevitable division of labour" ("Conjectures" 160).

12 Como afirma Arac, la proyección diacrónica de la relación entre centro y periferia que realiza Moretti hace que su teoría sobre el desarrollo de la novela "closer than Moretti might wish to the old priorities of Western comparatism and also to the stadial ('stages') model of development theories" (Arac 38).

13 Claro que en la práctica —al diseñar un programa de curso, por ejemplo, o una lista de lecturas para un examen de doctorado— la selección es inevitable y se hace con base en ciertos criterios. Lo que arguyo es no sólo que esos criterios

son variables, sino que no hay textos cuya lectura cuidadosa no pueda ser, en algún sentido, productiva: todo depende del contexto pedagógico o teórico, y en última instancia la inversión del lector cuidadoso garantiza, por así decir, el beneficio.

[14] Como escribe Apter, "The problem left unresolved by Moretti [is] the need for a full-throttle globalism that would valorize textual closeness while refusing to sacrifice distance" (79).

[15] Moretti lo llama, equivocadamente, "Roberto Alencar" ("Conjectures" 150).

[16] Fundamental en esta discusión es además la noción de la "ideología de segundo grado": la idea de que lo que en Europa funciona como ideología en el sentido marxista del término –en la definición de Schwarz, una "ilusión necesaria apoyada por las apariencias" (14)– pierde parte de su poder mistificador con la transplantación al entorno brasileño, donde más bien brilla en toda su falsedad, aunque al parecer las clases dirigentes se empeñan en ignorarlo. Lo que, para Schwarz, distingue a Alencar de Machado de Assis es que aquél, como las propias clases dirigentes, "deals with second-degree ideas as if they were of first degree" mientras que éste sabe transformar la discrepancia entre ideas importadas y la realidad social, convirtiéndola en una gran fuerza irónica que impregna toda su obra.

[17] Se nota un empobrecimiento similar cuando la tesis de Schwarz de que las estructuras sociales del Brasil quedan reflejadas, de forma abstracta, en la estructura narrativa de ciertas novelas brasileñas, se convierte en Moretti en otra: de que la novela periférica se convierte en espejo formal de la desigualdad del sistema mundial. Perdido todo matiz, afirma: "Forms are the abstract of social relationships: so, formal analysis is in its own modest way an analysis of power" ("Conjectures" 66).

[18] Como escribe Arac: "For Moretti, it is important that [the specialists] be 'independent', that each develop his or her argument directly from their limited materials. In Moretti's division of intellectual labour, the single-language scholar reads the texts in that language, but does not read the scholars of other languages; and the comparatist alone reads all the scholars" (39).

[19] Como escribe Arac: "what does it mean that those who know are not their own masters?" (45).

[20] "'Studies' … speaks the language of democracy, anti-elitism, the popular, the subaltern, the new; but, in the eyes of many Latin American intellectuals, it appears to be at the service of US global and regional hegemony" (Beverley 53). Véase también Faber ("Learning" 262-68).

[21] Esa aporía está expresada de forma bastante explícita en el artículo citado de Beverley, pero también en *The Exhaustion of Difference*, de Alberto Moreiras.

[22] Bloom ha afirmado que el método de Moretti le parece "absurdo": "I'm interested in reading. That's all I'm interested in" (cit. en Eakin).

²³ Véase Orsini sobre este tema (330-1).

²⁴ Como escribe Kristal, Moretti "proposes a program in which world literature should essentially be studied as a set of variations on a Western theme" (61).

²⁵ O, como dice Kristal: "Moretti's model is designed to show how the periphery comes to terms with Western forms, but it falls short on the other side of the equation, where [we see] ... an emancipation of the periphery from Western forms, even in situations where Western political or economic hegemony is still operational"; "I am arguing ... in favour of a view of world literature in which ... the West does not have a monopoly over the creation of forms that count; in which themes and forms can move in several directions ..." (73-74).

²⁶ Orsini también prefiere sustituir la imagen de una cultura central que "presta" elementos culturales a una cultura periférica con la de la "apropiación": "Cultural influence becomes a study of appropriation, rather than of centres and peripheries" (326).

OBRAS CITADAS

Achugar, Hugo. "Leones, cazadores e historiadores: A propósito de las políticas de la memoria y del conocimiento". *Revista Iberoamericana* 180 (1997): 379-87.

Anderson, Benedict. *Imagined Communities*. Londres: Verso, 1989.

Arac, Jonathan. "Anglo-Globalism?" *New Left Review* 16 (2002): 35-45.

Apter, Emily. "Global *Translatio:* The 'Invention' of Comparative Literature, Istanbul, 1933". *Debating World Literature*. Christopher Prendergast, ed. Londres: Verso, 2004. 76-109.

Atxaga, Bernardo. *Obabakoak*. Pról. Ibon Sarasola. Barcelona: Ediciones B, 1989.

Bauerlein, Mark. *Literary Criticism: An Autopsy*. Filadelfia: University of Pennsylvania Press, 1997

Bérubé, Michael. "The Abuses of the University". *American Literary History* 10/1 (1998): 147-63.

_____ "On Fine Clothes and Naked Emperors". *Tikkun* 14/2 (1999): 63-76.

_____ y Cary Nelson. *Higher Education Under Fire: Politics, Economics, and the Crisis of the Humanities*. Nueva York: Routledge, 1995.

Beverley, John. "*Adiós:* A National Allegory (Some Reflections on Latin American Cultural Studies)". *Contemporary Latin American Cultural Studies*. Stephen Hart y Richard Young, eds. Londres: Arnold, 2003. 48-60.

144 • Sebastiaan Faber

Borges, Jorge Luis. *Discusión*. Madrid: Alianza, 1997.

Cohen, Margaret. *The Sentimental Education of the Novel*. Princeton: Princeton University Press, 1999.

Cornejo Polar, Antonio. "Mestizaje e hibridez: Los riesgos de la metáfora (Apuntes)". *Revista de Crítica Literaria Latinoamericana* 24/47 (1998): 7-11.

Damrosch, David. *We Scholars: Changing the Culture of the University*. Cambridge: Harvard University Press, 1995.

Delbanco, Andrew. "The Decline and Fall of Literature". *New York Review of Books* 46/17 (1999). <http://www.nybooks.com/articles/318>.

Deppman, Jed, Daniel Ferrer y Michael Groden (eds.). *Genetic Criticism: Texts and Avant-Textes*. Filadelfia: University of Pennsylvania Press, 2004.

Eakin, Emily. "Studying Literature by the Numbers". *New York Times* (10 de enero de 2004): B9.

Ellis, John M. *Literature Lost: Social Agendas and the Corruption of the Humanities*. New Haven: Yale University Press, 1997.

Faber, Sebastiaan. "Labor of Love: Hispanism as Hispanophilia". *Reinventing Hispanism*. Jorge J. E. Gracia, ed. Albany: SUNY Press, forthcoming.

_____ "Learning from the Latins: Waldo Frank's Progressive Pan-Americanism". *New Centennial Review* 3/1 (2003): 257-295.

Hoesel-Uhlig, Stefan. "Changing Fields. The Directions of Goethe's *Weltliteratur*". *Debating World Literature*. Christopher Pendergast, ed. Londres: Verso, 2004. 26-53.

Jackson, Tony E. "'Literary Interpretation' and Cognitive Literary Studies". *Poetics Today* 24/2 (2003): 191-205.

Kernan, Alvin (ed.). *What's Happened to the Humanities?* Princeton: Princeton University Press, 1997.

Kristal, Efraín. "'Considering Coldly…': A Response to Franco Moretti". *New Left Review* 15 (2002): 61-74.

Livingston, Paisley. *Literary Knowledge: Humanistic Inquiry and the Philosophy of Science*. Ithaca: Cornell University Press, 1988.

Michael, John. *Anxious Intellects: Academic Professionals, Public Intellectuals, and Enlightenment Values*. Durham: Duke University Press, 2000.

Moreiras, Alberto. *The Exhaustion of Difference: The Politics of Latin American Cultural Studies*. Durham: Duke University Press, 2001.

Moretti, Franco. "Conjectures on World Literature". *Debating World Literature*. Christopher Prendergast, ed. Londres: Verso, 2004. 148-62.

_____ "More Conjectures". *New Left Review* 20 (2003): 73-81.

_____ "The Slaughterhouse of Literature". *Modern Language Quarterly* 61/1 (2000): 207-227.

_____ *Graphs, Maps, Trees: Abstract Models for a Literary History.* Londres: Verso, 2005.

Nussbaum, Martha. *Cultivating Humanity. A Classical Defense of Reform in Liberal Education.* Cambridge: Harvard University Press, 1998.

Orsini, Francesca. "India in the Mirror of World Fiction". *Debating World Literature.* Christopher Prendergast, ed. Londres: Verso, 2004. 319-334.

Parla, Jale. "The Object of Comparison". *Comparative Literature Studies* 41/1 (2004): 116-25.

Prendergast, Christopher. "Negotiating World Literature". *New Left Review* 8 (2001): 100-121.

_____ "Evolution and Literary History: A Response to Franco Moretti". *New Left Review* 34 (2005): 40-62.

Ramos, Julio. *Desencuentros de la modernidad en América Latina.* México: Fondo de Cultura Económica, 1989.

Readings, Bill. *The University in Ruins.* Cambridge: Harvard University Press, 1996.

Reed, T.J. "Number the Years". Res. de *A New History of German Literature,* ed. por David E. Wellbery. *TLS* (22 de julio de 2005): 6-7.

Reve, Karel van het. *Literatuurwetenschap: het raadsel der onleesbaarheid. Johan Huizinga-lezing 1978.* Baarn: Het Wereldvenster, 1979.

Richard, Nelly. "Intersectando Latinoamérica con el latinoamericanismo: Saberes académicos, práctica teórica y crítica cultural". *Revista Iberoamericana* 63/180 (1997): 345-361.

Schwartz, Richard B. *After the Death of Literature.* Carbondale: Southern Illinois University Press, 1997.

Schwarz, Roberto. *Misplaced Ideas: Essays on Brazilian Culture.* Londres: Verso, 1992.

Sokal, Alan y Jean Bricmont. *Fashionable Nonsense: Postmodern Intellectuals' Abuse of Science.* Nueva York: Picador, 1998.

Wellbery, David E. Introducción. *A New History of German Literature.* Wellbery y Judith Ryan, eds. Cambridge: Harvard University Press, 2004. xvii-xxv.

Yu, Pauline. "The Course of the Particulars: Humanities in the University of the Twenty-First Century". *The Transformation of Humanistic Studies in the Twenty-First Century: Opportunities and Perils. American Council of Learned Societies Occasional Papers* 40 (1997). <http://www.acls.org/op40yi.htm>.

La literatura latinoamericana ante
La República mundial de las Letras[1]

FRANÇOISE PERUS

Instituto de Investigaciones Sociales, UNAM

> Tout cela, sommairement conté, a pour seule qualité
> d'ouvrir la trace à d'autres dits. C'est aux poétiques
> conjointes que je fais appel en ce moment.
> Edouard Glissant. *Traité du Tout-Monde. Poétique IV*
> (29)

Al final de *La República mundial de las Letras,* Pascale Casanova plantea la posibilidad de ir configurando un "nuevo universo literario mundial", que atendiera a las relaciones de desigualdad –que su propia investigación intenta poner de manifiesto– entre, por un lado, las literaturas que, como la francesa, han logrado un alto grado de "autonomía" respecto de otras prácticas discursivas; y por el otro, las literaturas de otras regiones del mundo que, por su condición "periférica", siguen pugnando por el logro de esta misma autonomía. Aun cuando no me cabe la menor duda acerca de la desigualdad que priva en las relaciones de todo tipo entre los países "centrales" y los que suelen calificarse de "periféricos", no estoy tan segura de que, en el ámbito propiamente literario, estas desigualdades –y sus efectos en las prácticas artísticas de los escritores periféricos– se planteen necesariamente en los términos formulados por la autora. Al menos en el caso concreto de las literaturas latinoamericanas –a las que ella se refiere en varios momentos de su argumentación– son muchas las dudas que surgen ante no pocas de sus aseveraciones.

Acaso estas dudas provengan del hecho de que Pascale Casanova pasa por alto gran parte de la reflexión crítica e historiográfica llevada a cabo por los latinoamericanistas de dentro y fuera del subcontinente americano. Aparte del sin duda valioso manual de Claude Cymerman y Claude Fell, *Histoire de la littérature hispano-américaine de 1940 à nos jours,* destinado ante todo a estudiantes universitarios franceses –aunque haya traducción al español– el único crítico e historiador latinoamericano que cita la autora (al lado de las siempre agudas y polémicas reflexiones de escritores como Octavio Paz, Carlos Fuentes o Mario Vargas Llosa) es el brasileño Antonio Candido, y más concretamente *L'endroit et l'envers. Essai de littérature et de sociologie*. Sin desconocer el valor de los planteamientos y las tesis sociológicas de Candido –que, sin duda, ejercieron gran influencia en parte al menos de la crítica y la historiografía literarias latinoamericanas de los 70's[2]–, me parece que definir la problemática latinoamericana a partir de los planteamientos de uno solo de sus estudiosos, o mejor dicho de la convergencia de algunas de sus tesis con las de la propia autora, no hace justicia ni a la labor de sistematización del legado de las tradiciones latinoamericanas llevada a cabo desde otras perspectivas, y desde tiempos atrás, por otros muchos críticos, ni a los debates sobre los vínculos de este mismo legado con la "literatura mundial". Si como sostiene la propia Pascale Casanova, un "capital literario" se compone de las obras de los autores, de los trabajos críticos acerca de dichas obras, y de las traducciones de éstas a otros idiomas, lo que demuestra su propio trabajo, basado ante todo en obras y autores traducidos al francés, es que la valorización de la literatura latinoamericana por parte del "centro" parisino es no sólo limitada, sino también selectiva y sesgada.

Ciertamente, un trabajo como el de la autora de *La República mundial de las letras* de ninguna manera pretende ser exhaustivo. Tan sólo intenta poner de relieve las "leyes" que rigen la configuración histórica del "espacio literario" a escala planetaria, e interrogarse acerca de las transformaciones y las perspectivas de dicho "espacio" en el marco de la "mundialización". Sin embargo, y pese a sus intentos por descentrar la problemática y poner de manifiesto las desigualdades que imperan en este ámbito como en otros, me parece que los planteamientos y los análisis de la autora permanecen hasta cierto punto prisioneros de los supuestos que ella misma pretende superar. Y no sólo por importantes lagunas de información, sino también y sobre todo por la perspectiva y el instrumental conceptual que guían su investigación (tanto la selección de las fuentes como la configuración e interpretación de los fenómenos que analiza).

"EL RIESGO DE LAS METÁFORAS"[3]: ALGUNOS DESLINDES HISTÓRICO-CONCEPTUALES

Antes de procurar ubicar la literatura, la crítica y la historiografía literarias latinoamericanas ante planteamientos como los de Pascale Casanova –sin duda relevantes y destinados, en buena hora, a relanzar no pocos debates olvidados en el ámbito de los estudios literarios, en América Latina y fuera de ella–, quisiera detenerme por un momento en cierto desplazamiento del énfasis puesto en un aspecto central de la problemática, que aparece entre el texto (2005) inserto en el presente volumen y *La República mundial de las Letras* (1999).

Este desplazamiento concierne a la "centralidad" parisina, que llevó a algunos críticos a rebelarse contra lo que tomaron por el "galocentrismo" de la autora: en el texto de 2005, esta "centralidad" se ha vuelto "europea", antes que "parisina". Rectificación o precaución diplomática, esta reformulación no carece de consecuencias; oscurece a mi juicio una dimensión fundamental de la problemática: no hay, ni puede haber constitución de un patrimonio literario y cultural sin *políticas* de largo plazo que la sustenten y promuevan, mediante instituciones y ordenamientos jurídicos diversos que regulen sus formas de existencia, tanto dentro del espacio nacional como fuera de él. La historia *particular* de Francia, de la que partió inicialmente la autora –no creo que por "galocentrismo", sino para destacar el carácter varias veces secular del proceso de configuración de este patrimonio– tenía a mi entender la virtud de servir de referencia histórica y contrapeso a la concepción mercantil que, con el advenimiento de la "modernidad", ha venido penetrando los diversos "espacios literarios" y las relaciones entre los "centros" y las "periferias" literarias. Esta dimensión política reviste particular importancia por cuanto la desigualdad que, con justa razón, observa la autora entre los centros y las periferias no consiste obviamente en la carencia de acervo literario en estas últimas, sino en las condiciones y las formas concretas de existencia de estos acervos –en gran medida todavía por rescatar, explorar y organizar–, como consecuencia de situaciones coloniales y neocoloniales, que han obstaculizado y sesgado su configuración como "patrimonio" (antes que como "capital") y la valorización (no mercantil) de éste dentro y fuera de su propio espacio. No se trata aquí tan sólo de una supuesta falta de "acumulación de procedimientos literarios", y ni siquiera de ausencia de "políticas culturales" o "literarias", sino de política a secas; esto es, de la subordinación de los destinos de aquellos espacios "periféricos" a los designios de "centros" que, no por hallarse "fuera" de ésos, dejan de actuar "dentro" de ellos y de moldear –*no sin tensiones ni contrapesos*– sus economías, sus estructuras y sus procesos sociales, sus instituciones y sus leyes, y las concepciones que tienen sus distintos sectores sociales (los "letrados" inclusive) de su lugar y papel en el mundo (en el suyo propio, y en el de "más allá"). La condición colonial –y sus secuelas– es ante todo, y pese a grandes diferencias en el tiempo y en la forma, *desgarre*, en los hechos y en todos los órdenes de la vida. Lo que el caso *particular* de Francia –que de ninguna manera puede convertirse en "modelo universal", como se vera más adelante– pone de relieve, son las diferencias que median, en términos siempre muy generales, entre procesos histórico-sociales "autocentrados" (y no por ello exentos de contradicciones y tensiones), y otros que no pudieron o no han logrado serlo, y que bregan hoy –como Francia, por cierto, aunque por razones distintas– con sus propias herencias y sus propias condiciones histórico-presentes.

La cuestión de la periodización histórica

La reconstrucción previa del proceso histórico que, a partir del siglo XVI, dio lugar a la hegemonía francesa en los ámbitos literarios europeos, no hace de *La República de las Letras* una historia de las relaciones literarias internacionales desde aquellas fechas: de leerse en esta perspectiva, saltaría a la vista el "olvido" del hecho, más que comprobado, de que, en el ámbito latinoamericano –por no referirnos más que al que nos ocupa–, existen distintas y muy variadas formas de literatura desde la Colonia –e incluso antes de ella–, ligadas o no al aparato de dominación eclesiástica y política. El ejemplo francés sirve más bien para mostrar que las distintas literaturas –en el ámbito europeo o "mundial" (que, en la investigación que nos ocupa, queda en buena medida circunscrito a la Europa occidental y sus antiguas áreas coloniales)– no advienen a la "modernidad" en las mismas condiciones, es decir habiendo constituido un *patrimonio* cultural y literario susceptible de convertirse, en *determinadas condiciones históricas y políticas* –nacionales e internacionales–, en fuerza de atracción para escritores de muy diversas latitudes, si es que no en vara de medir la "universalidad" de cada quien. Esta "centralidad" es sin duda relativa, y las condiciones actuales –y más concretamente la subordinación, cada vez más estrecha, de aquel patrimonio, y del conjunto de las prácticas culturales y literarias, a la lógica del *mercado* y el *capital*– son las que parecieran ponerla en entredicho, llamando a reflexionar acerca de las *formas históricas de su configuración y de las concepciones de la literatura que ella conllevaba*. Si esta apreciación del objeto central de la reflexión de Pascale Casanova es atinada[4] (aunque el muy novedoso cruce de perspectivas desde el "centro" y desde las "periferias", y la no menos sugerente multiplicación de calas y traspasos, en ambos sentidos, del "Meridiano de Greenwich literario" en la consideración de casos concretos, vuelven algo difícil su circunscripción), cabe preguntarse hasta dónde los análisis y el instrumental conceptual del que se vale la autora ofrecen vías para imaginar y perfilar respuestas a los desafíos planteados por las nuevas formas de las "relaciones literarias internacionales" definidas por la "mundialización".

A este respecto, la primera dificultad me parece radicar en la formulación de los criterios mediante los cuales se busca definir una "modernidad literaria", cuyas fronteras espacio-temporales no son nunca demasiado precisas. No se trata desde luego de postular una correspondencia mecánica entre la evolución de las relaciones literarias y las distintas fases y formas de expansión del sistema capitalista en su conjunto (y por ende de los desplazamientos y las transformaciones de las relaciones entre "centros" y "periferias"), haciendo de las primeras el "reflejo" de las segundas. Pero en la medida en que la argumentación de la autora de *La república mundial de las letras* acude al vocabulario de la *economía* para dar cuenta del funcionamiento paradójico del "mundo (no mercantil) de la literatura" con base en una analogía con el "mercado" y el "capital", no está por demás ahondar en las implicaciones de estas metáforas, que vinculan entre sí los ámbitos —en principio disgregados— de la economía y la literatura.

Con todo y los antecedentes históricos que la autora trae a colocación, *La República mundial de las Letras* se centra —al menos en lo que concierne la primera de sus perspectivas, *la del análisis desde el polo hegemónico*— en el periodo que suele caracterizarse como el de la "modernidad", que a muy grandes rasgos puede ubicarse entre el siglo XVIII y la segunda mitad del siglo XX. Desde el punto de vista de las formas de constitución y existencia del "espacio" literario metropolitano —francés para el caso—, dicho periodo se define por una serie de tensiones, entre las cuales cabe destacar la que se va perfilando entre, por un lado, la concepción de la literatura como "patrimonio" cultural, a la vez "nacional" y "universal", y por el otro lado, la inserción de éste, y de las prácticas de escritura y lectura correspondientes, en "el mercado". Mercado que, tratándose de la literatura, no es ninguna abstracción, sino que descansa en el surgimiento y el auge de la industria editorial, en consonancia con la ampliación, generalización o democratización de la enseñanza; vale decir, con factores históricos de *orden social y político*, que la autora no trata sino de soslayo, sin ahondar en sus efectos en las transformaciones de las formas concretas de existencia de la literatura, y sin ofrecer periodizaciones precisas al respecto.

Esta tensión de fondo –a menudo no percibida como tal, como se verá enseguida–, entre las concepciones de la literatura como "patrimonio", por un lado, y como "objeto mercantil", por el otro, se pone de manifiesto en las formulaciones de Paul Valéry, citadas por la misma autora, en las que el poeta y ensayista francés equipara el "material de la cultura" con un "capital". Cito: "Para que el *material de la cultura* sea un *capital*, exige también la existencia de hombres que lo necesiten y que puedan servirse de él (...), y que sepan, por otra parte, adquirir o ejercer las costumbres que hacen falta, la disciplina intelectual, las convenciones y las prácticas para utilizar el arsenal de documentos y de instrumentos que los siglos han acumulado". A lo que la autora añade: "Así pues, este *capital* se encarna también en todos los que lo transmiten, se apoderan de él, lo transforman y lo reactualizan. Existe bajo la forma de instituciones literarias, académicas, jurados, revistas, críticas, escuelas literarias, cuya legitimidad se mide por su número, su antigüedad y la eficacia del reconocimiento que decretan. Los países de gran *tradición* literaria revivifican a cada instante su *patrimonio* literario a través de todos los que participan en él o se consideran sus responsables" (29, énfasis mío).

Nótese en esta primera formulación y su comentario, la equiparación entre el material de la cultura, el capital, el patrimonio y la tradición, y el énfasis puesto en las prácticas –la preservación, la creación, recreación y transformación– ligadas a la existencia de este acervo literario y cultural, y en las instituciones que los sostienen, a las que, por cierto, haría falta añadir las instituciones educativas, en sus diversos niveles. En efecto, el papel de éstas en la socialización –en la trasmisión y la recreación– del patrimonio y en las diversas elaboraciones de éste como tradición no pueden pasarse por alto, pese a que las instituciones educativas "desbordan" de algún modo lo que la autora define como el "espacio literario", *demasiado circunscrito a mi modo de ver al ámbito de escritores y críticos y al de las diversas formas de institucionalización de sus propias prácticas.* Ciertamente, lo que Pascale Casanova entiende por "espacio literario" –que no se distingue mayormente de la noción de "campo" elaborada por Pierre Bourdieu sino por su dimensión "mundial", inspirada por la noción de "sistema-mundo" acuñada por Fernand Braudel– puede ayudar a entender la *forma*, o una de las formas, en que escritores y críticos han venido representándose las condiciones de ejercicio de sus propias prácticas. Sin embargo, este recorte metodológico, hasta cierto punto arbitrario, poco contribuye a abrir paso al análisis de las formas de existencia –complejas y diferenciadas– de las obras literarias, en donde el aparato escolar, y sus estrechos vínculos con el sistema editorial, desempeñan –o desempeñaban hasta no hace mucho un papel esencial, al menos en Francia.[5] Como lo señala el mismo Candido a propósito de la literatura brasileña, la configuración histórica de un "sistema literario" es inseparable, no sólo de un conjunto de obras que "dialoguen" entre sí, sino de la existencia y la formación de un público lector relativamente amplio y estable.[6] Lo exiguo y precario de este sector, antes que la ausencia de escritores, es lo que ha caracterizado, y sigue caracterizando, las "periferias literarias". Y es también lo que a menudo mueve a éstos a buscar la vinculación de sus prácticas a otros "espacios", o a ubicarlas de entrada en la *conflictividad* que surge, no tanto de un supuesto desfase temporal entre el "centro" y la "periferia" –desfase que, según la autora, pudiera medirse con base en la distancia (temporal) que los separa del "Meridiano de Greenwich literario"–, sino de la conciencia, más o menos difusa, al menos en los escritores de las antiguas periferias coloniales, de que se dirigen a la vez a por lo menos dos "públicos" distintos y desconectados entre sí: el "local" (bastante heterogéneo, por cierto), por un lado; y el del "polo hegemónico", sea éste "literario" o "político" (o los dos a la vez, aunque sean distintos), por el otro. En esta perspectiva, acaso convendría confrontar las nociones de "espacio" y de "campo" literario –tal y como las conciben Casanova y Bourdieu con base en su particular concepción de la "autonomía literaria"– con la noción de "sistema literario" que Candido retoma de Tynianov, adaptándola y concretándola de acuerdo con las condiciones específicas del Brasil. Valdría incluso cotejarlas con la noción de "tradición" reelaborada por Antonio Cornejo Polar, quien partió a su vez del esquema "comunicacional" de Jakobson, transformándolo con base en el estudio de la literatura del Perú colonial y moderno, y mediante la elaboración paulatina de categorías analíticas como las de "literaturas heterogéneas" y de "totalidad heterogénea y conflictiva" (mas no "dialéctica"); categorías éstas que lo llevaron a concebir formas de lectura y de historiografía sumamente novedosas.[7] Si bien, en todos estos abordajes –"centrales" unos, "periféricos" otros, pero todos contemporáneos entre sí– la huella de los formalistas rusos es patente, pero los derroteros historiográficos y críticos que ésos contribuyeron a perfilar divergen sustancialmente.

154 • Françoise Perus

Ahora bien, en otra de las formulaciones de Valéry, la metáfora que consiste en equiparar la literatura a un "capital" tiene otras y nuevas implicaciones. Cito nuevamente: "Ya ven que tomo prestado el lenguaje de la Bolsa. Puede parecer extraño, adaptado a cosas espirituales; pero considero que no hay ninguno mejor, *y quizá no exista ningún otro para expresar las relaciones de esta especie*, porque la economía espiritual, así como la material, cuando se piensa en ello, se resumen ambas muy bien en un simple conflicto de evaluaciones". Y añade a continuación: "Digo que hay un valor denominado 'espíritu' como hay un valor *petróleo, trigo* u *oro*. Digo valor porque hay apreciación, y porque hay debate sobre el precio al que se está dispuesto a pagar dicho valor; podemos *seguirlo* como dicen los hombres de la Bolsa, podemos observar sus fluctuaciones, dentro de no sé qué cotización que constituye la opinión del mundo sobre él" (25-26).

De éstas y otras formulaciones similares del poeta y ensayista francés, la autora desprende, no tanto la *mise en place* de una contradicción de fondo —cuyas modalidades históricas ameritarían análisis detenidos y concretos—, cuanto la "paradoja" de un "espacio literario autónomo, regido por leyes propias, aunque similares a las de la economía", cuando no a las del funcionamiento de la Bolsa de Valores. Ahora bien, esta concepción eminentemente liberal —en el sentido ideológico preciso del término— del espacio literario, cuyo funcionamiento se calca sobre el modelo de la libre competencia en el marco de un mercado mundial unificado, e incluso sobre el de la especulación bursátil, no carece de inconvenientes.

Ciertamente, Pascale Casanova se empeña en mostrar que dicho mercado no es tan "igualitario" como pareciera, puesto que el "valor" se forma en el "centro", y que éste se define como tal por el mayor "capital" literario que ha logrado acumular con base en la propia producción y en la de las "periferias" que gravitan en su misma órbita: las europeas primero, y las "descolonizadas" de manera más reciente. Sólo que, una vez asimilados la creación y el patrimonio literarios al "capital acumulado", y definidas las condiciones de la lucha en este mismo mercado por el mayor o menor volumen de este "capital", uno no ve bien cómo las viejas y nuevas periferias —desprovistas, según la autora, de "capital literario"— podrían alcanzar a revertir las desigualdades que las aquejan, y que parecieran estarlas condenando a rehacer, a destiempo y en condiciones desventajosas, el camino andado en otros tiempos por los centros, o a mimetizar los valores y los procedimientos artísticos que estos mismos centros han logrado hacer pasar por "universales". Hace tiempo ya que, en América Latina, el espejismo del "desarrollismo" –esto es, la representación de la desigualdad en las relaciones entre centros y periferias como una distancia temporal que tendría que colmarse mediante la asimilación de los valores y la adquisición de las tecnologías de los centros –ha sido puesto en duda como medio de salir del llamado "subdesarrollo". Siguiendo una maliciosa –¿y premonitoria?– metáfora *literaria* de la "modernidad" elaborada por García Márquez, Macondo ya intentó "poner el plato con el tenedor y el cuchillo detrás de la puerta y sentarse pacientemente a esperar que nos conocieran los recién llegados" (10); sólo que, al hacerlo, terminó cargando con un muerto, del que nunca llegó a saber bien a bien si era militar, cura o médico..., ¡o en realidad ninguno de los tres, sino una especie muy particular de parásito (puesto que su único rasgo cierto era su condición de herbívoro que acabó agonizando en medio de sus propios desechos)![18]

Pero volviendo a cosas menos regocijantes, y sin salirnos del ámbito literario, para América Latina, estas políticas económicas, inspiradas o no por la CEPAL, sólo han contribuido al desmantelamiento –o al ahogamiento– de lo que, décadas antes, había representado un ingente esfuerzo de construcción de políticas e industrias editoriales propias, ligadas a la ampliación de la escolarización y la formación de un público lector. Piénsese, por no citar sino unos pocos ejemplos, en editoriales como Losada, EUDEBA o Austral en el Cono Sur; en Monte Ávila y Ayacucho en Venezuela; en EDUCA en Costa Rica; o en Porrúa, Era, Siglo XXI o el Fondo de Cultura Económica en México, que no subsiste –ésta última– sino gracias a subsidios directos e indirectos del Estado. Con o sin subsidios, todas estas editoriales habían contribuido, con sus diversas "colecciones", no sólo a la publicación y sistematización de nuestro propio legado literario, sino también a una amplia difusión de la literatura mundial en el ámbito latinoamericano Hoy en día, el mercado latinoamericano del libro es en gran medida un mercado transnacional y monopólico –que para nada favorece la, de por sí difícil y precaria, difusión interna de la "producción" literaria latinoamericana–, cuyos circuitos de distribución son, por lo demás, más caóticos que nunca: no sólo la librería se confunde cada vez más con el supermercado, sino que, como en éstos, la realización del valor de las "mercancías" –los libros– tiene constantemente que recurrir a baratas o liquidaciones masivas, por falta de compradores.[9] Por lo mismo, los nexos orgánicos y vivos entre la literatura latinoamericana del pasado –de la Colonia, y antes de ella, para acá– y la más actual, en sus muy diversas modalidades, quedan obliterados, desarticulados o rotos; y el "valor" literario tiende, efectivamente, cada vez más a confundirse con la "novedad", impulsada por un mercado regido por la ley de la ganancia y la necesidad de acelerar al máximo la realización del capital financiero invertido en la producción material de los libros. A la reducción y desarticulación del público lector –debido tanto al creciente empobrecimiento y a la precariedad laboral de amplios sectores sociales del subcontinente, como a la recomposición de los sectores adinerados, más interesados en el espectáculo y la diversión que en la reflexión y la autorreflexión, dadas las "vías rápidas" por las que suele transitar su vertiginoso ascenso social–, se suma el desmantelamiento insidioso del sistema educativo en su conjunto, cada vez más sometido, él también, a las leyes del mercado, y cada vez menos orientado hacia la formación artística y humanista de los lectores potenciales. La reducción de las clases de literatura en el bachillerato, la supresión de la carrera de Letras en varias universidades del subcontinente, y la disolución de la "literatura" en el "todo cultural" que promueven, para aquel público de "consumidores", las llamadas industrias culturales –con o sin el beneplácito y el apoyo de los poderes públicos y sus instituciones–, constituyen un claro síntoma de las profundas transformaciones a las que, en las últimas décadas, el mercado y el capital están sometiendo la cultura en su conjunto, al menos en América Latina.

Sin duda, las "leyes propias del espacio literario" en las que Pascale Casanova funda, en primera instancia, la "autonomía (relativa)" de dicho "espacio" –nacional o mundial– permite una descripción bastante sugerente de aquello que, en su artículo de 2005, la autora precisa acudiendo a *La Philosophie des formes symboliques* de Ernst Cassirer: "Literary space in all its forms –texts, juries, editors, critics, writers, theorists, scholars– exists twice over: once in things an once in thought; that is, in the set of beliefs produced by this material relations and internalized by the players in literature's Great Game" ("Literature as a world" 82). No pongo en duda de que ésta pueda ser la forma en que los "jugadores" perciben sus relaciones mutuas y se representan, *al menos en el muy corto plazo*, las condiciones del ejercicio de sus prácticas. Considero sin embargo que el análisis de las "relaciones materiales" en las que descansan aquellas "creencias" –llevado a cabo con base en una mezcla de fenomenología y de sociología de cuño estructural-funcionalista que, como veremos más adelante, empalma por otro lado con las derivaciones de la concepción saussureana de la lengua en la teoría y la crítica literarias–, queda sesgado por el uso metafórico que hace la autora de la noción de "capital" (y de sus correlatos, el "mercado" y el "valor"). Lo queramos o no, la "modernidad" –esto es, la forma de la sociedad y el estado nacional y moderno– han hecho, al menos teóricamente, de la literatura y de la cultura en general *un bien público*, cuyas formas de elaboración, transmisión y socialización constituyen el envite, explícito o no, de los debates teórico-críticos e historiográficos en torno a la literatura. De hecho, la historia y la crítica literarias surgieron –al menos en Francia–, no como formas de "valorizar" autores y obras en el incipiente mercado, sino para organizar y sistematizar la transmisión y la socialización de un "patrimonio" que, hasta antes de la generalización de la enseñanza, se hallaba circunscrito al ámbito de la aristocracia (enlazada con parte de la burguesía), con sus "cenáculos", sus "salones", sus "academias" o sus teatros. Pese a sus "oposiciones" o sus "diferencias", en estos espacios y estas formas de socialización, todos compartían un mismo sistema de referencias "letradas y cultas", y una misma concepción del dominio que ejercían sobre la cultura y la literatura.[10]

La "autonomía literaria" de la que nos habla la autora de *La República mundial de las Letras,* y que según ella se consolida durante la segunda mitad del Siglo XIX para adquirir la forma "irreversible" de un funcionamiento similar al de la economía de mercado, puede entenderse entonces como la respuesta, o el conjunto de respuestas a la vez sociales, políticas y literarias –las *"poétiques inscientes"* de las que nos habla Bourdieu en *Les règles de l' Art–*, que un conjunto de escritores dieron a su circunstancia particular. Circunstancia particular que consiste en las *encrucijadas* definidas por: 1. la pervivencia de formas tradicionales del ejercicio de la literatura; 2. la instauración progresiva de un sistema de enseñanza – pronto generalizado, e incluso obligatorio -, que acarreó profundas transformaciones tanto en la relación con las "Letras" –y de una manera general con el "saber"–, como en las formas de socialización ligadas a ellos; y 3. la ampliación correlativa de la industria y el mercado editorial. A estos diversos factores, conviene desde luego sumar las correlaciones específicas, no exentas de segmentaciones, diferenciaciones y jerarquizaciones, que caracterizan sus relaciones mutuas. No es mi propósito entrar a discutir aquí las diversas interpretaciones que las historias literarias –y no tan literarias– han dado de este "momento" particular de la literatura francesa, y del afán de muchos de los escritores de entonces por mantenerse a "igual distancia" de los sectores populares, de la nueva burguesía financiera en ascenso, del Estado –napoleónico o republicano– y del "mercado" literario en expansión.[11] Tan sólo me interesa recalcar su carácter de momento histórico-concreto, que por consiguiente no puede generalizarse, ni proyectarse retrospectivamente sobre el pasado, y menos aún convertirse en el "modelo universal" al que tendrían que adecuarse aquellos que aún no han logrado "hacer abstracción de sus circunstancias".

Ahora bien, no porque la estructura tripartita antes descrita revistió, en la Francia de la segunda mitad del siglo XIX, una forma particularmente nítida, ha dejado por ello de seguir siendo precaria e inestable, dado que no atañe al sólo estamento literario, sino también a las formas y al funcionamiento de la sociedad en su conjunto. En este sentido, en la "historia" que de la consolidación de la "autonomía del espacio literario" (hoy, por cierto, en entredicho junto con la "centralidad" parisina o europea) proporciona la autora, y que podemos ubicar en el periodo que va de un fin de siglo a otro, llama la atención el que pueda pasarse por alto, o tratar como hechos "circunstanciales", acontecimientos como las dos grandes crisis económicas del periodo –la de 1873-1895, ligada a la especulación financiera y la expansión colonial europea; y la de 1929-1938–; o las dos Guerras Mundiales en las que una y otra desembocaron, con todo y lo que acarrearon de transformaciones culturales, sociales y políticas a escalas europea y mundial, incluidos los desplazamientos y las reconfiguraciones de los espacios "centrales" y sus relaciones con las viejas y nuevas "periferias". La Revolución Rusa, la constitución y el desmoronamiento del Bloque socialista, la Guerra Fría y la "descolonización" del llamado Tercer Mundo –a la que sí se refiere la autora– forman parte de este proceso de conjunto. En éste, un poco más largo tal vez que el que Eric Hobsbawn ha llegado a definir como "The Age of Extremes, 1914-1991" en el plano de la cultura, y en el de la literatura en particular, no todo fue lucha por la preservación de la "autonomía literaria" y la valorización de la "diferencia", en medio de pugnas personales por el reconocimiento y la consagración. Algunas propuestas poéticas de relieve, y no pocos debates conceptuales y construcciones teóricas hubieron también en el periodo.[12] De cara a nuestro tan poco halagüeño presente histórico, acaso más valdría preguntarse hasta dónde estas grandes "revoluciones" del siglo XX –las tecnológicas inclusive, aunque no separadas de las otras– no encerraban ya buena parte de las encrucijadas ante las cuales nos encontramos actualmente. Y convendría también interrogarnos acerca de cómo podríamos contribuir a restablecer las conexiones vivas y creativas entre, por un lado, el espacio de experiencias, propio de la literatura, que pudiera proporcionarnos este pasado, y por el otro lado, los difusos horizontes de expectativas que nos permite vislumbrar el mundo actual.[13]

De resultar ciertos, los análisis que propone Pascale Casanova de la "autonomía literaria" conducen a una *separación de hecho* entre la literatura –esto es, la "Literatura" y el estamento constituido por sus cultores– y las muy diversas realidades socio-culturales del mundo actual, a las que los poderes mediáticos hoy hegemónicos buscan uniformizar y disolver, tanto en los "centros" como en las "periferias". Ante la magnitud de los recursos –tecnológicos y de capital (financiero)– de los que disponen estos poderes, la cerrada defensa de la "autonomía literaria", tal y como la entiende la autora, difícilmente podría llegar a tener las de ganar... Hoy, *la relación de predominio*, que hasta el fin de la Segunda Guerra Mundial parecía seguir zanjándose a favor del sistema educativo y las instituciones públicas (tanto en lo que atañe a la transmisión y recreación del patrimonio literario, como en lo que concierne al mantenimiento de un sector social dedicado al cultivo de las Letras y las Humanidades en buena medida dependiente de las instituciones universitarias) se halla hoy *invertida*, para beneficio de un amplio sector del capital –transnacional y monopólico–, volcado hacia las "industrias culturales" y la ampliación de un mercado de "consumidores", tan homogéneo como sea posible. En este nuevo marco, los valores (no mercantiles) que, mal que bien, siguen todavía adheridos a la existencia de un patrimonio literario o cultural eminentemente público, no representan, *para el capital*, sino la posibilidad de transferir valor desde este ámbito particular hacia un mercado que responde ante todo a las necesidades *privadas* de reproducción y ampliación del capital invertido. *Para los poderes públicos*, en cambio, esta transferencia de valor, la delegación de la "formación" del público lector en formas de difusión regidas por valores mercantiles, y la sustracción de las instituciones educativas de su lugar y papel en la formación artística y humanística de los lectores potenciales, conllevan la cesión de gran parte de su funciones republicanas; esto es, de su papel *rector*, tanto en la preservación del carácter público del patrimonio literario y cultural, como en el mantenimiento las condiciones que permitieran la renovación de lazos activos, vivos y creativos, de este patrimonio con el presente de la cultura en devenir. Y en cuanto a *los escritores*, cada vez más se ven impelidos a compensar su pérdida de "prestigio" y de "autonomía" por una denodada lucha por la valorización de su propia *imagen*, no tanto en el propio espacio cuanto en el de los medios y su mercadotecnia publicitaria. No creo que sea necesario subrayar que esta lucha poco contribuye a la reflexión sosegada y la creatividad verdadera: las recetas probadas son sin duda mucho más eficaces cuando de ventas se trata. La *excepción cultural* que se empeña, con justa razón, en defender la UNESCO en contra de las pretensiones de la OMC, responde sin duda a una preocupación genuina ante lo que aparece cada vez más como un *verdadero desfonde la noción misma de cultura y sus herencias.* En aquellos "espacios periféricos" en donde estas herencias son más precarias, menos elaboradas y sedimentadas, y en donde los sistemas educativos han padecido y siguen padeciendo carencias endémicas, la depredación a la que se halla sometida la cultura en su conjunto es obviamente más preocupante aún. Y no son las distintas formas de folklorización del pasado –indígena o no, mágico-mítico o no-, reciclado como "valor diferencial" en la "Bolsa de los valores literarios", las que pueden servir de contrapeso a estas formas de depredación, material y cultural.

La otra cara de la "autonomía literaria"

Hasta aquí, he procurado seguir a la autora de *La República de las Letras* en el aspecto propiamente sociológico de sus análisis, y en las paradojas de sus propuestas conceptuales. En efecto, el camino que consiste en procurar "des-politizar", e incluso "des-ideologizar" y "des-nacionalizar", a la historia y la crítica literarias haciendo abstracción de tales dimensiones para "leer" el problema de la "autonomía literaria" acudiendo a la sociología, y circunscribiendo dicho problema a las ambigüedades de una especie de estamento supranacional cuyas creencias se hallan sometidas a las "leyes" de un mercado cada vez más mundial, no deja de resultar sorprendente. En esta sustitución de las –sin duda discutibles– explicaciones ideológico-políticas antes al uso por las "leyes" de la economía liberal, considero que le falta a la autora otorgar una atención mayor, no sólo a la "República" –que es también *res publica*–, sino también a las "Letras". Las formas de existencia de la literatura en el tiempo no se reducen a las condiciones históricas de su producción –sean éstas imaginarias, ideológico-políticas o económicas- ni tampoco a las de *objeto* de (libre) consumo.

Nuevamente, no se puede rehacer aquí la historia de las prácticas literarias, ni de las muy diversas concepciones estéticas que las acompañaron, desde la antigüedad clásica hasta nuestros días. Pero, acaso, de esta historia puedan rescatarse algunas enseñanzas que pudieran contribuir a la restitución de los nexos vivos entre el pasado y el presente, y abrir caminos hacia otras formas de historiografía y de pedagogía de la lectura, para aquel público que deambula, errante, de festival en festival, de feria en feria, de escaparate en escaparate, sin lograr dar forma a experiencia alguna, ni sacudirse los tópicos y estereotipos del discurso dominante, los de la "identidad" inclusive. Para el rescate de este espacio de experiencias y su vinculación con nuestro presente histórico abierto al devenir, partiré de nueva cuenta de las propuestas conceptuales de la autora de *La República mundial de las Letras*, por cuanto su concepción de las relaciones entre la lengua y la literatura es también la que la lleva –no sé si a pesar suyo– a dar el "modelo" francés por "universal", y a proponerlo como medio de hacerse, aunque sea tarde, un lugarcito en la actual "República mundial de las Letras".

En su examen del proceso histórico mediante el cual la literatura francesa adquiere conciencia de sí misma como tal, Pascale Casanova señala un primer momento decisivo, de suma importancia por sus implicaciones en la concepción de la literatura: el momento en que, bajo la protección de Francisco Primero, una serie de escritores –ante todo los poetas de La Pléyade– se dan a la tarea de ir elaborando una literatura en francés, que se deslindara al mismo tiempo del latín (que, además de lengua culta, sigue siendo la lengua administrativa) y de las múltiples formas del habla "vulgar"; esto es, de los diferentes lenguajes hablados por el conjunto de la población en sus intercambios verbales cotidianos y concretos. Este proceso secular de *deslinde* –que contempla la creación paulatina de una serie de normas escritas y "literarias", es decir "cultas"–, no conlleva ni la cancelación de toda referencia a la cultura greco-latina, ni el desconocimiento de las formas habladas y "vulgares". Supone más bien la elaboración de una doble *frontera*, que convierte a la "lengua literaria" en tributaria tanto de las formas de la herencia greco-latina como de lo que denominaré aquí, para simplificar, como los "lenguajes vivos" –"populares" o no– ligados a actividades concretas y a las formas y los ámbitos de socialización de las mismas. El recuerdo de este "origen", del trabajo de deslinde y elaboración artística de esta frontera, móvil y porosa, entre formas "cultas" (latinas primero, francesas después) y lenguajes "vivos", resulta tanto más relevante cuanto que este "origen" es precisamente lo que la tradición francesa pareciera haberse empeñado en borrar, con la inculcación de las normas escritas y cultas hasta para los intercambios verbales más vivos y cotidianos.[14] Sin este proceso secular – ya caricaturizado por Molière en *Las preciosas ridículas*–, resultaría bastante difícil explicarse el éxito de las derivaciones de las concepciones saussureanas de la lengua en el ámbito de la teoría y la crítica literarias francesas, y los trastocamientos de la problemática de la forma a los que condujeron estas mismas derivaciones.

Convertida la "lengua culta" en "lengua común", pareciera que no le queda a la "lengua literaria" sino producir a como dé lugar el "valor diferencial" –en los términos del sistema abstracto de la lengua descrito por Saussure– que la separa de los usos de esta "lengua común". Sólo que la *lengua* de Saussure no existe concretamente en ninguna parte: consiste en una abstracción teórica y metodológica, que no sólo hace abstracción del "habla", sino que deja fuera de su campo de estudio toda la problemática de los intercambios verbales concretos, incluidos los lenguajes, los géneros y las formas que intervienen en ellos y confieren *forma concreta* – cognitiva y valorativa– tanto al enunciado de que se trate como al sujeto de la enunciación y a su interlocutor, real o virtual. Con estos lenguajes, géneros y formas –unos histórica y culturalmente codificados como "literarios" y otros no– tienen que vérselas la creación literaria y las poéticas concretas, y no simplemente con el conjunto de reglas de carácter lógico-formal descrito por Saussure como *sistema abstracto y sincrónico de la lengua*. Como no son lenguajes, géneros o formas vacíos, sino modelizaciones conjuntas del "mundo" (el de la experiencia) y de la actitud valorativa respecto de éste y de sus diferentes aspectos, su organización concreta –estilística y compositiva– en el texto de que se trate no puede considerarse como simple "procedimiento", o asunto puramente "técnico". Todos ellos tienen memoria, transportan significado y valor de un espacio socio-cultural a otro, de un tiempo cultural a otro, y constituyen la "materia viva" con la que tiene que bregar cualquier *poética concreta*.

El "atajo teórico"[15] que consiste en concebir la "lengua literaria" sobre el modelo saussureano de la lengua, y en fundar la otra cara de la "autonomía literaria" en una analogía con la regla metodológica que permitió al lingüista ginebrino describir, entre otros, el nivel fonológico del sistema de la lengua, es al parecer el que conduce a la autora de *La República mundial de las Letras* a esta extraña ponderación de la "apuesta" de Beckett, presentada como "primera revolución verdaderamente autónoma". Cito el texto *in extenso* por cuanto sintetiza, más que ningún otro pasaje del libro, la concepción que tiene Pascale Casanova de la relación entre la "autonomía literaria" –como una pura combinación de "significantes"– y la "lengua común":

> Beckett pone en entredicho poco a poco, y cada vez más radicalmente, todos los "efectos de lo real" en los que descansa la narración novelesca. Rechazando primero el presupuesto de la verosimilitud espacial y temporal, después los personajes y hasta los pronombres personales, se esfuerza en inventar una literatura pura y autónoma, liberada de las normas de la representación tradicional. Esta emancipación supone la puesta en práctica de nuevos utensilios lingüísticos o de un nuevo empleo del lenguaje, independiente de las trabas no específicas de la legibilidad inmediata. Para crear los utensilios "técnicos" de la abstracción literaria, tiene que inventar un material literario inédito que permita eludir el significado, esto es, la narración, la representación, la sucesión, la descripción, el decorado, el personaje mismo, sin por eso resignarse a la inarticulación. En suma, crear una lengua literaria autónoma, o cuando menos la más autónoma imaginada nunca por un escritor. La apuesta de Beckett, una de las más ambiciosas y más locas de la historia literaria, consiste en silenciar el sentido todo lo posible para acceder a la autonomía literaria. Indudablemente, es en *Cap au pire* donde vemos la culminación de su proyecto magistral de una escritura absolutamente autosuficiente que engendra su propia sintaxis, su vocabulario, su gramática autodecretada, y que crea incluso vocablos que responden a la sola lógica del espacio puro de un texto que sólo debe a sí mismo el poder ser escrito. Para arrancar a la literatura de la última forma de dependencia, rompe con la idea misma de la lengua común. Al emprender la búsqueda de una literatura de la "no palabra", es, sin duda, él quien inventó la lengua literaria más libre, es decir, la literatura liberada del propio sentido de la palabra. Beckett no escribe ni en francés, ni en inglés, sino que elabora su propio material estético partiendo de sus solas problemáticas estéticas, consumando de este modo, quizá, en la incomprensión más total, la primera revolución literaria más autónoma. (445-446)

Llevada, al parecer, por el entusiasmo que le proporcionan sus presupuestos teóricos, la autora no contempla la posibilidad de que el experimento de Beckett pudiera encerrar una *profunda y deliberada ironía* acerca de estos mismos presupuestos, como lo deja entender el título de la obra citada: *Cap au pire*, es decir, "Rumbo a lo peor"... Por otra parte, me surge la duda de si este experimento –que, a juicio de la autora, desvincula la práctica literaria a la vez de la "lengua común" y de cualquier tradición literaria—, no merecería relacionarse (¡ironía de por medio!) con muchas de las manifestaciones supuestamente artísticas que promueve la actual mercantilización de la cultura. Pero, además, confieso que no alcanzo a vislumbrar qué es lo que, siguiendo el razonamiento de la autora, podrían ganar las actuales "periferias" con enfilar sus prácticas literarias por semejantes derroteros.

Llegada a este punto, me pregunto qué es lo que, de cierta forma, tuerce los genuinos esfuerzos de la autora por colocarse en la perspectiva de las "periferias dominadas", abriendo caminos de análisis muy sugerentes y esclarecedores, en particular cuando de las tensiones y contradicciones a las que se enfrentan los escritores de las "periferias" —trátese de las europeas o de las que corresponden a las antiguas áreas coloniales— en sus prácticas artísticas concretas. Prácticas artísticas que, es preciso subrayarlo, no han de confundirse con las declaraciones de los autores, ni con las apreciaciones de tal o cual crítico: unas y otras tienden a fijar e inmovilizar la significación de las obras, y en la argumentación de Pascale Casanova, sustituyen con demasiada frecuencia la reflexión acerca de las poéticas concretas en las que se sustentan dichas prácticas. Si de ir sentando las bases de una "historia literaria de la literatura mundial" se trata, considero que el ámbito de las poéticas —que permite resolver conjuntamente el problema del acabamiento formal de los textos y el de su apertura a contextos muy diversos y salvar así el escollo de la disyunción entre texto y contexto—, tendría que colocarse en el centro de la reflexión.

Este soslayo, sin embargo, no permite entender cómo se articulan, en la argumentación de la autora de *La República mundial de las Letras*, la sociología de cuño weberiano con la teoría y la crítica estructuralistas. Acaso el manejo que hace ella de la sincronía y la diacronía pudiera ayudar a aclarar este punto. En efecto, Pascale Casanova concibe la "conquista de la autonomía literaria" como un proceso ascendente, que culmina con una "modernidad" irreversible en el marco de una "globalización" que se da, ella misma, cual hecho incontrovertible. Con base en estas premisas, el "espacio literario mundial" puede efectivamente entenderse como una "estructura" cerrada —la alfombra de Henry James, otra metáfora peligrosa—, aunque no por ello exenta de jerarquizaciones (las hay también entre los distintos niveles del sistema de la lengua). En esta figuración sincrónica de la diacronía, los lugares de las diferentes unidades discretas se hallan distribuidos de acuerdo a su

distancia respecto de la figura central –el "Meridiano de Greenwich literario",
otra metáfora más–, y sus respectivos "motivos" no se distinguen de dicha
figura sino por la "diferencia", históricamente producida aunque no por
ello menos "estructural", que los separa de ella. Y a semejanza de lo que
sucede en la lingüística saussureana, la modificación (parcial) de la estructura
no puede provenir sino de un elemento considerado "marginal" dentro de
la estructura de conjunto, la cual se vería entonces en la necesidad de adaptarse
para la plena integración de dicho elemento. En esta perspectiva, cabe
preguntarse entonces si la irrupción, en la escena literaria mundial, de las
literaturas llamadas aquí "periféricas" –en particular las de las antiguas y no
tan antiguas áreas coloniales, "rezagadas" en cuanto a la conquista de su
propia "autonomía"– no representaría el advenimiento de este elemento
"marginal", que viene a poner en entredicho la estabilidad del "centro"; vale
decir, la preeminencia de este "centro" en la "estructura", junto con las
concepciones de la literatura que el mismo se empeñó en "universalizar".
De ser así, la mercantilización transnacional y monopólica de la literatura, y
la disolución de ésa en el todo indiferenciado de la "cultura" (con el
consiguiente desfonde de las tradiciones letradas), podrían representar la
forma –¿transitoria?– que va adoptando la estructura para operar una
redistribución de los centros y las periferias. Pero, dado que esta repartición
de lugares en la alfombra jamesiana descansa también en la desigualdad,
quedaría entonces por saber de qué afanes hegemónicos se trata, y sobre
todo, qué concepciones de la cultura y la literatura se hallan en juego. Me
parece que estas interrogantes, algo difusas, son las que pugnan en el texto
de Pascale Casanova, y las que podrían explicar la muy peculiar y sugerente
forma de exposición adoptada por la autora: el cruce de perspectivas desde
el "centro" y desde las "periferias" –este constante atravesar el "Meridiano
de Greenwich" en un sentido y en otro–, sin lograr salir de su propio sistema
conceptual, pese a los muchos caminos de análisis que parecieran abrir sus
observaciones y sus planteamientos concretos.[16]

La literatura latinoamericana en el mundo actual: otros deslindes

Todas las distancias y las diferencias guardadas, el proceso de deslinde
entre tradiciones cultas y lenguajes vivos, que recordaba Pascale Casanova a
propósito del origen de la "lengua literaria" francesa, puede considerarse
como similar –mas no idéntico– al que tuvieron que enfrentar los escritores

americanos luego de la llegada de los españoles a este nuevo continente, en 1492. En este caso, el problema resulta tanto más complejo cuanto que, al iniciarse la Conquista, no sólo la lengua del imperio distaba mucho de haberse estabilizado, debido en buena medida al largo proceso de Conquista y Reconquista que siguió a la Romanización. Pese a la gramática de Nebrija (1492), el español peninsular hablado por los conquistadores, unos "letrados" y otros no tanto, presentaba no pocas diferencias y variantes.[17] A la ausencia de "fijación" de la lengua imperial, se sumaba por otra parte la falta de sedimentación de las múltiples referencias culturales que traía consigo esta muy peculiar mezcla de lenguajes orales y escritos: además de ponerse en contacto unos con otros,[18] dichos lenguajes tuvieron que confrontarse con mundos extraños y desconocidos —ni lingüística ni culturalmente homogéneos tampoco—, aunque hasta cierto punto *prefigurados* tanto por el imaginario ligado al descubrimiento previo de las Indias Orientales, como por la épica medieval, las novelas de caballería, las narrativas relativas a las hazañas romanas, o la simbología bíblica y cristiana.[19]

Unidas al afán de conquista y dominación colonial, las confrontaciones —imaginarias y prácticas— de estas heterogeneidades lingüísticas y culturales, definieron de entrada al espacio geocultural americano como un lugar particularmente propicio para la proliferación de formas de expresión basadas en la traducción de unos lenguajes a otros, y en las transcodificaciones múltiples, tanto internas como externas.[20] La acumulación de elementos descriptivos, el cotejo, la analogía y la paráfrasis; la traslación, la equiparación y la metaforización; el rodeo, el circunloquio, la digresión, el relato intercalado y la redundancia, que caracterizan muchas de las narraciones relativas al Descubrimiento y la Conquista, constituyen sin duda otras tantas maneras de dar cuenta, esquivar o resolver en el plano de los enunciados, los conflictos derivados del plurilingüismo, la heteroglosia, la superposición y las escisiones entre imaginarios disímiles y distantes, pero confrontados —y enfrentados— en los distintos ámbitos de la práctica colonial y su verbalización.[21] Todos estos rasgos no afectan desde luego a la sola designación: repercuten también en la sintaxis y el estilo, pero sobre todo en las formas de construcción y exposición del propio pensamiento, en donde la "palabra otra"—la del "otro", real o imaginario— no deja nunca de hacerse presente, si es que no de pugnar por hacerse oír.[22] Las distintas modalidades de la Crónica —del Descubrimiento, la Conquista o la Colonización— dan buena cuenta de estas tensiones y de las muy diversas búsquedas formales a las que dieron lugar, no sólo la heterogeneidad de los "materiales" –lenguajes, formas, imaginarios, mitos o símbolos–, sino también las muy diversas y complejas condiciones de la enunciación, y las frecuentes dudas, ambigüedades, o inestabilidades del sujeto de esta misma enunciación. Atestiguan también, más que ninguna otra forma literaria del periodo colonial que, desde que entró a formar parte del "sistema-mundo" en siglo XVI, el continente americano ha estado –acaso tanto como el Mediterráneo de Fernand Braudel, transportado al manos en parte en el ámbito americano– *abierto a, atravesado por, y pugnando con tradiciones culturales muy diversas*, "occidentales" o no, cuya elaboración y reelaboración siguen abiertas y en proceso. Las distintas áreas, formas y tiempos de la colonización y la descolonización, el aporte africano –en particular en el Caribe, en donde es preciso sumar también los aportes hindúes o chinos–, o las migraciones masivas del siglo XIX en el Cono Sur –posteriores a la Independencia y en el momento de la constitución del Estado nacional– complican aún más tanto las búsquedas creativas como la formulación de instrumentos analíticos apropiados.

Ciertamente, en el periodo que Ángel Rosenblat define como el de la "hidalguización", que corresponde *grosso modo* al siglo XVII y parte del XVIII, la literatura colonial da muestras, como la peninsular por cierto, de marcados esfuerzo por deslindar, o separar, las formas literarias –ante todo en la poesía, y en menor grado en el teatro religioso– de los lenguajes y las formas ligados a los intercambios verbales más triviales, llanos y populares que, en las narraciones ligadas a la Conquista y la colonización primera, coexistían sin mayor dificultad con las formas y los lenguajes cultos. Sin embargo, los mismos rebuscamientos "barrocos" de este lenguaje que pretende a la "autonomía" –esto es a la elaboración de normas cultas y letradas, desligadas de las formas de expresión y socialización de los sectores ajenos al aparato de dominación colonial y eclesiástica (inquisitorial)– no dejan de poner de manifiesto las profundas tensiones y escisiones de las sociedades virreinales.[23] Con todo, estos intentos de *segregación* de la cultura y la Letra por parte de las instituciones imperiales y los sectores sociales ligados a ellas condujeron también a la creación y difusión, en otros ámbitos, de formas y lenguajes –unos perseguidos, otros satíricos y a plena luz del día– mucho más abiertamente dialógicos que aquellos que propugnaba la dominación imperial.[24] A estas manifestaciones marginales, habría sin duda que sumar las elaboraciones –imaginarias y prácticas, orales y escritas– del hecho colonial en lenguas indígenas, no exentas, ellas mismas, de traducciones de un imaginario cultural a otro, o de transcodificaciones de un universo mitológico a otro: la violencia del "contacto" entre españoles e indígenas tampoco podía preservar los "vestigios" de la cultura indígena en toda su "pureza". En este caso tampoco, las lenguas son ajenas a los lenguajes, las formas y los mitos mediante los cuales se elabora y socializa la experiencia vivida. Estas literaturas en lenguas indígenas no podrían por consiguiente constituir un "sistema literario" aparte; y si por la noción de "sistema literario" hemos de pasar, más valdría entonces acudir a la de "polisistema", que permitiría poner en relación estas diferentes tradiciones entre sí.[25]

Ahora bien, los procesos de Independencia reabrieron de varias maneras lo que la Colonia y sus instituciones se habían empeñado en monopolizar. La construcción del Estado-nación, en ruptura con la Colonia, colocó efectivamente el problema de la "lengua" en el centro de muchos debates, entre los cuales la polémica entre Andrés Bello y Domingo Faustino Sarmiento sigue siendo la más recordada. Como se desprende de ésta y otras polémicas, las disyuntivas no se planteaban entonces en torno a la coexistencia del español con las lenguas indígenas, sino en torno del "español de América" y su "normalización"; vale decir, de la elaboración de las fronteras entre los "lenguajes vivos" y unas normas letradas y cultas que remitían ineluctablemente, sea a una metrópoli en declive (invadida por Napoleón en 1808, y luego derrotada frente a los EE.UU en 1898), sea a una Colonia rechazada o dejada atrás.[26] En el empeño de las naciones recién independizadas por redefinir su lugar en el mundo, y completar al mismo tiempo lo que la empresa colonial había dejado a medias y aparecía como un lastre para le entrada con pleno derecho en la modernidad occidental, la reapertura hacia lenguajes y formas europeas o francesas no consiste exactamente en una "novedad": además del origen europeo de muchos criollos e independentistas señalado por Vanni Blengino, responde a la frecuentación previa de los pensadores de la Ilustración, y a la presencia de las numerosas expediciones científicas que zurcaron el continente americano desde el siglo XVIII: unos y otros prefiguraban el progreso anhelado. La apropiación, reapropiación o reorganización del territorio nacional a expensas de gauchos, llaneros o comunidades indígenas, llevadas a cabo entre la segunda mitad del siglo XIX y las primeras décadas del XX, recuerdan sin duda la empresa colonial, pero los imaginarios que acompañan estas nuevas prácticas "colonizadoras", y dan pie para su elaboración literaria, ya no remiten a las mitologías fabulosas, a la épica medieval o a la simbología cristiana.[27] En su proyección del futuro sobre el presente, los forjadores de la nación, no sólo *imaginan* el progreso con base en los tópicos y los *signos* que les proporciona las ideologías liberales, sino que *proyectan* sobre el pasado que lastra el presente, el sistema de categorizaciones de la versión positivista del liberalismo, y gran parte del imaginario ligado a la contraimagen de la "civilización" y el "progreso" forjada por Europa para deslindarse de su propio pasado, y de unos "espacios" relegados a la condición de antigua periferia. (Tampoco se puede olvidar que el "largo" siglo XX se caracteriza por una *tendencia* al desplazamiento de la "civilización occidental" desde el Mediterráneo hacia el Atlántico, con las consiguientes pugnas por la hegemonía y la redefinición de los espacios "periféricos" o "semi-periféricos"; tendencia que podría estar hoy en vías de reestructuración, como lo dejan entrever tanto la geopolítica actual como el "reciclaje" mediático de muchos imaginarios, y en particular de los estereotipos que buscan inmovilizarlos) Así, en el paradigmático *Facundo* de Sarmiento, la "barbarie" pampeana –opuesta a los teatros, los fracs o los figurines parisinos que simbolizan la "civilización"–, se significa en buena medida con las *imágenes* del "orientalismo" "revisitado" no hace mucho por Edward Said, mezcladas con otras muchas representaciones de aquel Medioevo europeo, oscuro y estático, que presentaban hasta no hace mucho, los manuales de historia francesa, antes de que Jacques Le Goff –entre otros muchos– abogara *"pour un autre Moyen Âge"*.[28]

Sin embargo, lo que en el complejo gesto de Sarmiento interesa destacar, no es su *"ideología"*. Al anclar unilateralmente el texto en las "condiciones históricas de su producción" y vincularlo con la nueva oligarquía en gestación, la lectura puramente ideológica podría fijar sus posibilidades de significación, tanto hacia atrás como hacia delante; con todo, esta lectura no deja de poner de manifiesto la *mise en place* de aquel "lugar ideológico" de larga duración, que ha tomado sucesivamente la forma de opuestos complementarios como "civilización y barbarie", "atraso y progreso", "centro y periferia" (hoy reformulado eufemísticamente bajo la forma de "interdependencia"). Pero, desde el punto de vista que nos ocupa –la posibilidad de una lectura "literaria" del texto de Sarmiento–, más conviene reparar en la manera que tiene el sujeto de la enunciación de situarse respecto de los distintos "saberes" –lenguajes, formas discursivas orales y escritas, mitos y símbolos de procedencia muy diversa– que trae a colación, para significar y volver sensible para su lector / auditor (el texto es en buena medida una pieza de oratoria), la conjunción de "civilización" (imaginada) y de "barbarie" (proyectada), que caracteriza, según él, a la "República Argentina una e indivisible". En efecto, en el proceso de ir conjuntando y confrontando los dos espacios que han de configurar esta unidad deseada, el orador, expositor y narrador no se limita a yuxtaponer ambos mundos: se desplaza de un lado al otro de la frontera imaginaria que los opone. Al mismo tiempo que acude a todo un acervo de citas, "letradas" y "cultas", tanto para fundamentar sus argumentaciones como para significar los mundos referidos, hace un uso "bárbaro" de estas mismas "citas", muchas de ellas inexactas y sacadas de su memoria, además de desprovistas de toda jerarquía entre los autores mencionados. Este uso "bárbaro" de la "civilización" no se debe al sólo hecho de que Sarmiento escribe en exilio y en condiciones precarias, como lo demuestra el empuje de este mismo gesto que lo lleva a calificar a Napoleón de "gaucho malo". Pero, por el otro lado, al intentar dar cuenta de la *realidad* pampeana, más allá de la proyección "letrada" del imaginario oriental o medieval, descubre formas de vida, de organización social y de cultura –el "payador" como historiador tradicional–, que desmienten, hasta cierto punto, los valores que, sobre este mismo mundo social y cultural, intentaba proyectar los imaginarios mencionados. Con todo, esta misma cultura, en la que se funda la fama y el poder caudillesco de Facundo Quiroga, como lo muestran los "cuentos de fogón" en los que descansa la vida *novelada* del caudillo, es al mismo tiempo la que el mismo sujeto de enunciación se empeña luego en poner a distancia.[29]

La complejidad de la *poética* del texto de Sarmiento –apenas esbozada aquí–, y la inestabilidad del sujeto de la enunciación que organiza los muy diversos saberes con que busca significar aquel mundo escindido de la Argentina de mediados del siglo XIX, y sitúa al mismo tiempo, cognitiva y valorativamente, a su lector / auditor potencial ante estos mismos saberes, no sólo recuerda la experiencia *práctica y literaria* de los cronistas del siglo XVI. Junto con restablecer los vínculos orgánicos de las búsquedas, formales y concretas, de los escritores del XIX con el "origen" de la literatura latinoamericana –que, como el de la francesa se encuentra en el siglo XVI, aunque los caminos recorridos desde entonces por una y otra sean muy distintos–, prefigura también los principales derroteros de la narrativa latinoamericana del siglo XX, con Faulkner o sin él. ¿No había señalado ya Sarmiento su deuda con Fenimore Cooper, quien, a su juicio, debía su valor y su fortuna al hecho de haberse sabido colocar en la *frontera* entre dos mundos, para verlos y oírlos en sus relaciones mutuas? Por falta de espacio, dejo para otra ocasión la exposición de las muchas implicaciones de esta concepción de la narrativa latinoamericana como un *complejísimo "juego" de alteridades y distancias*, cuya "matriz" habría de buscarse en las múltiples *potencialidades*, siempre abiertas y exploradas por las más diversas vías, de formas inscritas en las condiciones primeras de la inserción del continente americano en el "sistema-mundo" descrito y recreado por Braudel. Tan sólo puedo señalar, por ahora, que vías de análisis que pasaran por la poética concreta de los textos –esto es, por lo "propiamente literario"–, y que descansaran al mismo tiempo en la comparación, el *vis à vis* y el diálogo genuino entre *formas concretas y vivas*, nos permitiría tejer muchos de los vínculos necesarios entre "espacios" y "tiempos" –históricos, socioculturales y literarios– aparentemente desconectados entre sí; dejar atrás el sistema de encallamientos de las obras dentro de corrientes y movimientos literarios inmovilizados en un pasado supuestamente clausurado, o traslados arbitrariamente a contextos históricos y culturales harto distintos; y olvidarnos de las *querelles de clocher* entre escritores o naciones.

La *Weltliteratur* con que soñaba Goethe descansaba en efecto en el "comercio" y el "intercambio", pero no en el sentido mercantil de estas palabras que priva hoy en nuestro mundo. En el horizonte del siglo XVIII, el comercio y el intercambio todavía podían referirse a las ideas y las múltiples formas de la creación artística, sin que ello implicara su supeditación a las "leyes" del mercado. Estas formulaciones de Goethe han de leerse más bien en relación con ciertas formas de mecenazgo, que podían percibirse como impositivas o limitantes para la libertad de creación. Hoy en día, las formas que adopta el regreso de los "mecenazgos" son otras, y acaso menos visibles por impersonales y abstractas. Pero sus peligros no son muy distintos, aunque sin duda bastante más nefastos. Por ello, en el ámbito de la literatura como en otros, nosotros insistimos en la necesidad imperiosa de un *diálogo intercultural*, que no ha de confundirse con el "multiculturalismo" hoy en boga, que tiende a aislar y segregar. En el "Tout-Monde" del que nos habla Glissant, la historia y la memoria –el *diálogo intracultural*– son también necesarias y propicias para la recreación del juego de alteridades y distancias que nutre cualquier diálogo verdadero. En estas dos formas del diálogo cultural, la experiencia americana –una de las primeras y más largas experiencias de colonización, y entre de las primeras en sacudirse la dominación colonial– tiene sin duda muchísimo que aportar.

NOTAS

[1] Una primera versión, reducida, de este trabajo fue presentada como ponencia en el marco del XXXV Congreso Internacional del Instituto Internacional de Literatura Iberoamericana, que se llevó a cabo en Poitiers del 28 de junio al 1 de julio de 2004.

[2] La influencia de Candido en el ámbito hispanoamericano pasa primordialmente por Ángel Rama. Las perspectivas historiográficas y críticas de Roberto Fernández Retamar coinciden en gran medida con las de Candido y Rama, mientras que las de Antonio Cornejo Polar van divergiendo cada vez más de lo que puede entenderse como un horizonte inicialmente compartido. Ver al respecto, las colecciones de ensayos en la serie Críticas del IILI editadas por Raúl Antelo (Candido), Mabel Moraña (Rama), Elzbieta Sklodowska y Ben A. Héller (Fernández Retamar) y Friedhelm Schmidt-Welle (Cornejo Polar).

[3] Alusión al último texto de Antonio Cornejo Polar, presentado en el congreso de LASA, Guadalajara 1996: "Mestizaje e hibridez: el riesgo de las metáforas". Respecto de este último texto del crítico peruano y de su obra en conjunto, remitimos al trabajo de Mabel Moraña, "De metáforas y metonimias: Antonio Cornejo Polar en la encrucijada del latinoamericanismo internacional" y también al volumen *Antonio Cornejo Polar y los Estudios latinoamericanos* mencionado anteriormente.

[4] Constituye el objeto de la reflexión del capítulo 5 con que concluye la Primera Parte del libro, y tiene por título: "¿Del internacionalismo literario a la mundialización comercial?"(217-227).

[5] A este respecto, pueden consultarse, Balibar y Balibar y Laporte. Por otra parte, el libro de Marc Fumaroli, *L'Etat culturel,* ofrece un estudio del sistema de enseñanza durante la III República, y una crítica de la política cultural de la V. República, que se orientó hacia la promoción de la mercantilización de la cultura. Estos tres trabajos se citan con el objeto de señalar las muy distintas políticas que puede poner en práctica un mismo Estado nacional, incluso en el ámbito de la lengua, la literatura y la cultura. El estado no es nunca un ente abstracto, lo mismo que la nación, que tampoco se reduce al "nacionalismo".

[6] Ver *Formação da literatura brasileira (Momentos decisivos).*

[7] Ver en particular el último libro de Cornejo Polar, *Escribir en el aire.*

[8] Ver *La hojarasca* (1955).

[9] La referencia sobre el inicio de la caída del mercado latinoamericano del libro es "El boom en perspectiva" de Ángel Rama.

¹⁰ Jacques Derrida formula este carácter de "bien público" de la literatura de la siguiente manera: "La literatura es una invención moderna, inscrita en convenciones e instituciones que, para ajustarse a este rasgo, aseguran por principio su *derecho a decir todo*. La literatura liga su destino, por lo tanto, a una especie de no-censura, al espacio de la libertad democrática (libertad de prensa, libertad de expresión, etcetera). Ninguna democracia sin literatura; ninguna literatura sin democracia (...) La posibilidad de la literatura, la legitimación que una sociedad le da, el apaciguamiento de la sospecha o el terror con respecto a ella, todo eso va –políticamente– con el ilimitado derecho a formular cualquier pregunta, a poner bajo sospecha todo dogmatismo, a analizar cualquier presuposición, incluso las de la ética o de la política de la responsabilidad."(28. Citado por Hillis Miller 92). De esta concepción *política* de la literatura y su carácter moderno, interesa ante todo la definición de la literatura como lugar de reflexión y debate, y como práctica de la libertad; dimensiones ambas ligadas a formas de organización social esencialmente democráticas, esto es republicanas (no hay correspondencia alguna entre la economía de mercado y la democracia). Aunque, como hemos señalado con anterioridad, a propósito del libro de Marc Fumaroli, un mismo estado "republicano" puede llevar a cabo políticas bastante contradictorias. De hecho, estas observaciones valen para cualquier forma de creación y recreación de la cultura –el conocimiento científico inclusive–: cada una de estas formas tiene sus "convenciones" y sus "instituciones", y en esto la literatura no constituye ninguna excepción, ni puede pretender a privilegio alguno.

¹¹ Respecto de estas interpretaciones, remitimos, entre otros posibles, al trabajo de Dubois, en particular a su discusión con J.P. Sartre, R. Barthes y P. Bourdieu, que puede encontrarse también en "Vers une théorie de l'institution", por cuanto introduce una discusión entre las nociones de "campo" e "institución" literarios, que retoma Bourdieu, muy de soslayo, en *Les règles de l'Art* (321n). Para la noción de institución, ver también Viala. De una manera general, las diferentes concepciones de las nociones de "espacio" "campo", "institución" y "sistema" literarios merecerían ser analizadas y confrontadas dentro de perspectivas comparatistas, y con base en investigaciones concretas. Por lo que concierne a la "entrada de América Latina en la Modernidad", el libro de Julio Ramos, *Desencuentros de la Modernidad en América Latina*, sigue siendo sin duda, y hasta hoy, la mejor aproximación concreta. Por mi parte, intenté una primera discusión con las tesis expuestas por Ángel Rama en *Rubén Darío y el Modernismo*, con el ensayo intitulado *Literatura y Sociedad en América Latina: el Modernismo*. La bibliografía sobre el tema es desde luego mucho más amplia, pero puede empezar a rastrearse a partir del libro de Julio Ramos. Para "balances" más recientes de la "modernidad literaria latinoamericana", remitimos a Moraña y Herlinghaus. El libro de Carlos J. Alonso, *The Burden of Modernity*, ofrece también perspectivas de análisis muy sugerentes.

¹² De hecho, las principales "teorías literarias", y la institucionalización de la crítica y la historiografía literarias en las universidades datan de este siglo XX, y corren parejo con las de otras disciplinas humanísticas y sociales. Más que a la consagración de la "autonomía literaria", estos fenómenos parecen responder a la necesidad de encarar los grandes conflictos de este mismo siglo y al "malestar en la cultura" que los vienen acompañando. Para una interpretación del proceso de la literatura latinoamericana durante la Guerra Fría, ver Franco. La noción de "ciudad letrada" a la que acude la autora proviene del crítico uruguayo Ángel Rama, y en la medida en que se refiere a la situación colonial y poscolonial latinoamericana, merecería también cotejarse con las nociones de espacio, campo, institución, sistema y tradición literarios.

¹³ Con este planteamiento, aludimos al texto de Ricoeur, "Hacia una hermenéutica de la conciencia histórica", en donde el filósofo francés debate con la "dialéctica negativa" de Adorno y Horkheimer, replantea el problema de la tradición –las tradiciones– interrogando las formas de su transmisión –la "tradicionalidad"–, y llama la atención acerca de los peligros de la instauración de un *cisma* entre el pasado, entendido como "espacio de experiencias" y el "horizonte de expectativas" del presente: "Por una parte, hay que resistir a la seducción de esperas puramente *utópicas,* que sólo pueden desesperar la acción, porque a falta de anclaje en la experiencia en curso, son incapaces de formular un camino practicable hacia los ideales que sitúan 'en otra parte'. (...) Por otra parte, es preciso resistir a la contracción del espacio de experiencia. Para ello hace falta luchar contra la tendencia a considerar el pasado desde el solo ángulo de lo acabado, de inmutable, de lo caduco. Es menester volver a abrir el pasado, reavivar en él las potencialidades incumplidas, impedidas e incluso masacradas. En suma, y en contra del adagio según el cual el porvenir sería en todos los aspectos abierto y contingente, y el pasado unívocamente cerrado y necesario, debemos hacer nuestras esperas más determinadas y nuestra experiencia más indeterminada." (83-85). Este primer texto se complementa con "El mundo del texto y el mundo del lector", que "traduce" estos planteamientos al plano de la lectura de los textos, sean éstos de carácter histórico" o "literario". Ambos textos provienen de *Temps et récit.*

¹⁴ La reconstitución de este proceso constituye la materia de los primeros puntos del capítulo 2 de la Primera Parte del libro, y resulta muy ilustrativa de la *particularidad* del "modelo francés" y de su concepción de sí mismo como "universal". Aun cuando el lector pudiera esperar una relativización de las concepciones de las relaciones entre lengua y literatura que entraña este proceso particular, y su contraste con otros procesos, la autora hace de él un modelo paradigmático que la lleva a afirmar luego que las "periferias" rehacen –a destiempo– el camino seguido por Francia, lo que no deja de resultar bastante cuestionable, al menos en el caso de América Latina.

[15] Ésta es la formula que emplea la autora para cuestionar la lectura ideológico-política que hace Edward Said de la literatura de las antiguas potencias coloniales (415). La traducción dice "abreviación teórica" para lo que en francés debe ser "raccourci", que expresa mejor el término "atajo". No discuto los "raccourcis" teóricos de Said –los hay–, pero me parece que el afán de la autora por despolitizar la literatura la lleva a su vez a una serie de "equivalencias" muy discutibles, entre otros la asimilación de los "contenidos" a una muy imprecisa noción de "lo político".

[16] En su contribución a este volumen, Pascale Casanova se deslinda de los planteamientos de Immanuel Wallerstein acerca de la globalización en términos de "sistema-mundo", a los que opone la "economía-mundo" de Fernand Braudel, aduciendo la autonomía (relativa) del espacio literario mundial – "extendido al mundo entero según una estructura de dominación relativamente independiente de las formas de dominación política, económica, lingüística, social" ("La literatura como mundo" 73). Este deslinde respecto de Wallerstein permitiría contemplar la literatura como una estructura global, que permitiría cancelar, no sólo la existencia, o la posibilidad, de elementos "extra-sistémicos", sino también la posibilidad de "interacción entre [cada] elemento[s], es decir una acción y un efecto directos entre las diferentes posiciones. Una estructura, por el contrario, se caracteriza por relaciones objetivas, que pueden ejercerse independientemente de toda interacción directa" ("La literatura como mundo" 73). Sólo que, de acuerdo con esta concepción, la "estructura" –con las jerarquizaciones que le son inherentes– no puede transformarse (lo que por cierto no se reduce a una cuestión de acción y efecto directos); sólo puede reconfigurarse variando sus "motivos", con base en la "producción" de "diferencias". Pero, estas "diferencias", que no ponen en cuestión la existencia de la estructura, y en torno a las cuales estarían pugnando los escritores sometidos a las "leyes" del mercado, ¿no son precisamente las que produce y reproduce la estructura mercantil, para una mejor valorización –capitalista– de sus "productos"?

[17] Ver, al respecto, los estudios de Ángel Rosenblat "Los conquistadores y su lengua: 1. Nivel social y cultural de los conquistadores y pobladores del siglo XVI; 2. La hispanización de América; 3. La primera visión de América": incluidos en *Estudios sobre el español de América* (5-122).

[18] A este propósito, refiere Bernal Díaz –cap. CCVI de la *Historia verdadera de la Conquista de la Nueva España*–: "Eramos quinientos cincuenta compañeros que siempre conversábamos juntos, así en las entradas como en las velas y en las batallas y reencuentros de guerras" (Citado por Rosenblat 36). Lo que de esta observación de Bernal conviene subrayar son los intercambios, en el ámbito de socialización propio de la Conquista, entre "letrados" y no letrados, o si se prefiere entre formas cultas y lenguajes orales; intercambios que conllevan la "popularización" de los elementos "cultos" y la impronta de los lenguajes orales

176 • Françoise Perus

en las formas escritas. Este tópico atraviesa a buena parte de la literatura hispanoamericana, y refuerza la observación de Rosenblat en otra parte de su ensayo, en el sentido de que la literatura en lengua española se halla en términos generales, y pese a ciertos momentos de "excesos culteranos", más cerca del habla coloquial que la francesa.

[19] La introducción de Mercedes Serna a su antología de las *Crónicas de Indias*, y la amplia bibliografía –americana y europea– que la acompaña, constituyen una excelente síntesis del conjunto de problemas planteados por la lectura de las crónicas de Indias y la gran variedad de sus "fuentes".

[20] La noción de transcodificación, y la diferenciación entre transcodificaciones "internas" y "externas", provienen de Iuri Lotman, *La estructura del texto artístico*.

[21] Ver al respecto los planteamientos de Enrique Pupo-Walker en *La vocación literaria del pensamiento histórico en América*.

[22] Ver a este respecto, los dos libros de Todorov.

[23] Esta observación de Edouard Glissant sobre el arte barroco abre otras perspectivas, que permitiría vincular este afán de autonomía con el antes y después de la Conquista y la colonización: "Pour l'art baroque, la connaissance pousse par l'étendue, l'accumulation, la prolifération, la répetition et non pas avant tout pour les profonds et la révélation fulgurante. Le baroque est volontiers de l'ordre (ou du désordre) de l'oralité. Celà rencontre dans les Amériques la beauté toujours recommencée des métissages et des créolisations, où les anges sont indiens, la Vierge noire, les cathédrales comme des végétations de pierre, et cela fait écho à la parole du conteur qui elle aussi s'étend dans la nuit tropicale, accumule, répète. Le conteur est créole ou quechua, navajo o cajun. Dans les Amériques, le baroque est naturalisé." (116).

[24] A este respecto, y para el caso de la Nueva España, remitimos a los trabajos de Pablo González Casanova citados en la bibliografía. Una revisión de estos trabajos historiográficos del historiador y sociólogo mexicano pueden encontrarse en Perus, "La obra primera de Pablo González Casanova".

[25] Ver al respecto Iglesias Santos.

[26] En su reciente libro, intitulado *La zanja de la Patagonia*, el historiador italiano Vanni Blengino resume así el "caos" y la "orfandad cultural" a la que se vieron enfrentadas entonces las nuevas naciones hispanoamericanas, empeñadas al mismo tiempo en repensar su propio lugar –real o imaginario– en el mundo y en completar la apropiación de su territorio –las más de las veces en contra los indios–, que las formas particulares del asentamiento colonial habían dejado a medias (o que se revelaban poco adecuadas a las nuevas formas de inserción en el mundo occidental entonces también en expansión): "Conquistada definitivamente la independencia de la madre patria en 1824, luego de innumerables batallas muchas veces ganadas y otras perdidas, los países hispanoamericanos, finalmente, ya son políticamente libres, pero al mismo tiempo

huérfanos. Junto con la independencia política se verifica, por parte de las élites intelectuales americanas, un rechazo hacia la tradición cultural impuesta por España. Se trata de una ruptura que libera a los pueblos nuevos de los lazos políticos y culturales que los ligaban a la madre patria, pero que crea, a su vez, un vacío de identidad debido al rechazo de la tradición colonial. No debe olvidarse que las élites revolucionarias estaban compuestas en gran parte por descendientes de españoles y de europeos, y que no podían, por lo tanto, apropiarse –salvo en sentido metafórico– del pasado precolombino. Los enormes espacios de los que disponían las nuevas naciones, delimitadas por confines geográficos a menudo muy lábiles en cuanto están subordinados a la cambiante realidad política, no son suficientes para colmar tal vacío de identidad (...) Se le atribuye a la literatura, más que a cualquier otra disciplina del saber, la responsabilidad de expresar una identidad nacional que aún debe construirse. Pero para que esto suceda, es necesario inventar una literatura, y los aspirantes a escritores se ven obligados a encontrar modelos literarios que sustituyan a aquellos que son todavía una herencia cultural de la madre patria. La primera generación de intelectuales formada después de la Revolución ya no vive los temores reverenciales de los padres frente a España y Europa. (...) Estos jóvenes establecen en sus escritos una nueva jerarquía cultural de los países europeos, que pone en primer lugar a Francia e Inglaterra, en segundo a Alemania e Italia y en último lugar a España. Una taxonomía que se vuelve comprensible si se piensa en la hostilidad hacia la madre patria a la cual en aquellos años se acusa de atraso y de oscurantismo político y social. Liberalismo político e innovación literaria son los dos pilares sobre los cuales se apoyan los principios éticos y estéticos de estos jóvenes. En ellos, el liberalismo va a la par con la admiración hacia todo movimiento innovador en literatura. En esta generación se prefigura una tendencia que, si por un lado caracteriza a las vicisitudes culturales de un país periférico, por otro hace suya la tradición cultural occidental en sus manifestaciones más innovadoras. Ni siquiera los movimientos nacionalistas y tradicionalistas podrán prescindir, por vocación, del vivir 'adentro' de la cultura europea y al mismo tiempo en sus 'márgenes', por la posición periférica cultural y geográfica que ocupa el país" (177-178).

[27] El *Martín Fierro* de José Hernández, y las formas populares aparentadas –orales y escritas– constituyen obviamente la excepción. Se trata de formas que reanudan con las formas épicas y líricas del Medioevo, traídas por los conquistadores y asentadas en el imaginario popular. Hoy en día estas formas subsisten ligadas a la música.

[28] Ver Le Goff, *Pour un autre Moyen Âge*. Ver también *La civilization de l'Occident Médiéval*. Para la revalorización de los estudios sobre la Edad Media europea, en el marco de los esfuerzos de constitución y cimentación de la Unión Europea, remitimos al trabajo de Francesco Stella, "Antigüedades europeas" –que se acompaña de una amplia bibliografía muy actualizada. Tanto el trabajo de F.

178 • Françoise Perus

Stella sobre las "Antigüedades europeas" como el volumen en el que se encuentra incluido ofrecen perspectivas muy novedosas sobre las posibilidades del "comparativismo" literario en el mundo actual. Antes que empeñarnos en la construcción de "narrativas globales", me parece que el fomento de, y la profundización en los estudios literarios *comparados* responden mucho mejor a los envites de la "mundialización" mercantil. En el caso de las literaturas latinoamericanas, abordadas también en varios de los capítulos del volumen, el comparativismo a la vez "interno" y "externo" podría constituir una vía para devolver a las literaturas latinoamericanas su lugar y papel en el mundo, al margen de consideraciones –ideológicas– acerca de su carácter supuestamente "periférico". En este punto, discrepo también de las posiciones de Pascale Casanova, enunciadas en su artículo "Del comparatismo a la teoría de las relaciones literarias internacionales", en el cual la autora descarta el comparativismo por "nacionalista". Considero que esta concepción de la literatura comparada no hace justicia a las evoluciones complejas del comparativismo – las del libro de Gnisci o las propuestas de Daniel-Henri Pageaux, entre otras, dan buenos ejemplos–. El problema "nacional" es una de las dimensiones de las "relaciones internacionales" –literarias o no– con que brega el trabajo de Pascale Casanova, sin alcanzar a precisarlo: a mi modo de ver, sus dificultades radican en la confusión de lo político con el Estado, y de éste con una simple función de dominación, de la que el "nacionalismo" sería la expresión más característica. Los traslapes –o *raccourcis théoriques*– que ella opera en este ámbito, se ponen de manifiesto en un párrafo como el que aparece en la p. 55 de *La República*..., en donde la política de la lengua se reduce a un "marcador" de "diferencias" (entre estados), "*en el sentido en que los lingüistas hablan de la lengua como de un sistema fonético de diferencias*" (énfasis mío).

²⁹ En *La zanja de la Patagonia*, el lector podrá encontrar un gesto similar, mas no idéntico, en el análisis que hace V. Blengino del libro de Mansilla, *Una excursión a los indios ranqueles*.

OBRAS CITADAS

Alonso, Carlos J. *The Burden of Modernity. The Rhetoric of Cultural Discourse in Spanish América*. Oxford: Oxford University Press, 1998,

Antelo, Raúl, ed. *Antonio Candido y los estudios latinoamericanos*. Pittsburgh: Instituto Internacional de Literatura Iberoamericana, 2001.

Balibar, Renée. *Les français fictifs. Le rapport des styles littéraires au français national*. París: Hachette, 1974.

_____ y Dominique Laporte, *Le français national. Politique et pratique de la langue sous la Révolution*. París: Hachette, 1974.

Blengino, Vanni. *La zanja de la Patagonia. Los nuevos conquistadores: militares, científicos, sacerdotes y escritores.* Liliana Huberman, trad. México: Fondo de Cultura Económica, 2005.

Bourdieu, Pierre. *Las reglas del arte.* Barcelona: Anagrama, 1995.

Candido, Antonio. *Formação da literatura brasileira (Momentos decisivos).* São Paulo: Livraria Martins, 1959.

_____ *L'endroit et l'envers. Essai de littérature et de sociologie.* París: Mettaillé, UNESCO, 1995.

Casanova, Pascale. *La república mundial de las letras.* Barcelona: Anagrama, 2001.

_____ "Del comparatismo a la teoría de las relaciones literarias internacionales". *Anthropos. Teoría de la literatura y literatura comparada. Actualidad de la expresión literaria* 196 (2002): 61-70.

_____ "Literature as a World". *New Left Review* 31 (2005): 71-89.

_____ "La literatura como mundo". En este volumen, 63-87.

Cornejo Polar, Antonio. *Escribir en el aire .Ensayo sobre la heterogeneidad socio-cultural de las literaturas andinas.* Lima: Horizonte, 1994.

_____ "Mestizaje e hibridez: los riesgos de las metáforas. Apuntes". *Revista Iberoamericana* 180 (1997): 341-344.

Cymerman, Claude y Claude Fell, *Histoire de la littérature hispano-américaine de 1940 à nos jours.* París: Nathan, 1997. (Versión española: *Historia de la literatura hispanoamericana. Desde 1940 hasta la actualidad.* Buenos Aires: Edicial, 2001.)

Derrida, Jacques. *Passions.* Paris: Galilée, 1993.

Dubois, Jacques. *L'institution de la littérature.* París/ Bruselas: Labor / Fernand Nathan, 1978.

_____ "Vers une théorie de l'institution". *Sociocritique.* Claude Duchet, coord. Paris: Fernand Nathan, 1979. 159-172.

Franco, Jean. *Decadencia y caída de la ciudad letrada. La literatura latinoamericana durante la Guerra Fría.* Héctor Silva Migues, trad. Barcelona: Random House Mondadori, 2003.

Fumaroli, Marc. *L'État culturel. Essai sur une religion moderne.* Paris: Fallois, 1991.

García Márquez, Gabriel. *La hojarasca.* Buenos Aires: Sudamericana, 1971.

Glissant, Edouard. *Traité du Tout-Monde. Poétique IV.* Paris: Gallimard, 1997.

González Casanova, Pablo. *El misoneísmo y la modernidad cristiana en el Siglo XVIII.* México: COLMEX, 1948.

180 • Françoise Perus

_____ y José Miranda. *Sátira anónima del siglo XVIII*. México: Fondo de Cultura Económica, 1953.

Hernández, José. *Martín Fierro*. Madrid: Cátedra, 1988.

Hillis Miller, J. "Derrida y la literatura". *Jacques Derrida y las Humanidades*. Tom Cohen, ed. Ariel Dilón, trad. México: Siglo XXI, 2005. 85-114.

Hobsbawn, Eric. *The Age of Extremes. A History of the World 1914-1991*. Nueva York: Vintage, 1996.

Iglesias Santos, Monserrat, comp. *Teoría de los Polisistemas*. Madrid: ArcoLibros, 1999.

Le Goff, Jacques. *Pour un autre Moyen Âge*. Paris: Gallimard, 1977.

_____ *La civilization de l'Occident Médiéval*. Paris: Flammarion, 1997.

Lotman, Iuri. *La estructura del texto artístico*. Victoriano Imbert, trad. Madrid: Istmo, 1988.

Mansilla, Lucio Victorino. *Una excursión a los indios ranqueles*. Buenos Aires: Kapelusz, 1966.

Moraña, Mabel. "De metáforas y metonimias: Antonio Cornejo Polar en la encrucijada del latinoamericanismo internacional". *Nuevas perspectivas desde/sobre América Latina. El desafío de los estudios culturales*, Mabel Moraña ed. Pittsburgh: Instituto Internacional de Literatura Iberoamericana, 2002. 221-229.

_____ ed. *Ángel Rama y los estudios latinoamericanos*. Pittsburgh: Instituto Internacional de Literatura Iberoamericana, 1997.

_____ y Hermann Herlighaus, eds. *Fronteras de la modernidad*. Pittsburgh: Instituto Internacional de Literatura Iberoamericana, 2003.

Perus, Françoise. *Literatura y sociedad en América Latina. El modernismo*. México: Siglo XXI, 1976.

_____ "La obra primera de Pablo González Casanova". *Anthropos. Revista de documentación científica de la cultura* 168 (1995): 77-84.

Pupo-Walker, Enrique. *La vocación literaria del pensamiento histórico en América. Desarrollo de la prosa de ficción: siglos XVI, XVII, XVIII y XIX*. Madrid: Gredos, 1982.

Rama, Ángel. *Rubén Darío y el Modernismo. Circunstancias socio-económicas de un arte americano*. Caracas: Universidad Central de Venezuela, 1970.

_____ "El boom en perspectiva". *Más allá del boom. Literatura y mercado*. México: Marcha, 1981. 51-110.

_____ *La ciudad letrada*. Hanover: Ediciones del Norte, 1984.

_____ *La ciudad letrada*. Hanover: Ediciones del Norte, 1984.

Ramos, Julio. *Desencuentros de la Modernidad en América Latina. Literatura y Política en el Siglo XIX*. México: Fondo de Cultura Económica, 1989.

Ricoeur, Paul. *Temps et récit*. 3 vols. Paris: Seuil, 1985.

_____ "Hacia una hermenéutica de la conciencia histórica". *Historia y Literatura*. Françoise Perus, comp. México: Instituto Mora, 1994. 70-123.

_____ "El mundo del texto y el mundo del lector". "Hacia una hermenéutica de la conciencia histórica". *Historia y Literatura*. Françoise Perus, comp. México: Instituto Mora, 1994. 221-262.

Rosenblat, Ángel. *Estudios sobre el español de América*. Biblioteca Ángel Rosenblat III. Caracas: Monte Ávila, 1990.

Said, Edward. *Orientalism*. Nueva York: Vintage, 1978,

Sarmiento, Domingo Faustino. *Facundo. Civilización y Barbarie. Vida de Juan Facundo Quiroga*, México: Porrúa, 1966.

Saussure, Ferdinand de. *Cours de Lingüistique Générale*. Tullio De Mauro, ed. Paris: Payot, 1972.

Serna, Mercedes, ed. *Crónicas de Indias*. Madrid: Cátedra, 2000.

Schmidt-Welle, Friedhelm, ed. *Antonio Cornejo Polar y los estudios latinoamericanos*. Pittsburgh: Instituto Internacional de Literatura Iberoamericana, 2002.

Sklodowska, Elzbieta y Ben A. Heller, eds. *Roberto Fernández Retamar y los estudios latinoamericanos*. Pittsburgh: Instituto Internacional de Literatura Iberoamericana, 2000.

Stella, Francesco. "Antigüedades europeas". *Introducción a la literatura comparada*. Armando Gnisci, coord. Luigi Giuliani, trad. Barcelona: Crítica 2002. 71-127.

Todorov, Tzvetan. *Nosotros y los otros*. Martí Mur Ubasart, trad. México: Siglo XXI, 1991.

_____ *La Conquista de América. El problema del otro*. Flora Botton Burla, trad. México: Siglo XXI, 2000.

Viala, Alain. *Naissance de l'écrivain à l'âge classique*. Paris: Minuit, 1985

_____ "L'histoire des institutions littéraires". *L'Histoire littéraire aujourd'hui*. Henri Béhar et Roger Fayolle, coords. Paris: Minuit, 1990. 118-128.

"Nunca son pesadas/las cosas que por agua están pasadas"

"Las literaturas no son emanaciones de la identidad nacional: son construidas gracias a rivalidades siempre negadas y la lucha literaria siempre internacional", escribe Pascale Casanova (58). Las tesis repetidamente enfatizadas en el curso de su libro, *La république mondiale des lettres* han tenido una recepción envidiable. Perry Anderson pronostica que "puede tener la misma influencia liberadora que tuvo el *Orientalismo* de Edward Said" (http) y William Deresiewsicz lo califica como "un libro brillante e innovador y un revisión radical del espacio literario global" (http). Por cierto, es la más completa de las recientes contribuciones al estudio de la literatura mundial. La misma autora lo avala como una perspectiva radicalmente nueva e ignorada por los escritores metropolitanos enceguecidos por su posición hegemónica. El valor literario, dice, se da en el marco de una estructura que tiene su propia dinámica y no corresponde a factores, políticos, históricos o económicos. Como las "Conjectures on World Literature" de Franco Moretti, *What is World Literature* de David Damrosch, y *Death of a Discipline* de Gayatri Chakravorty Spivak promete no solo la superación del marco nacional sino también la renovación de la literatura comparada, que particularmente en los Estados Unidos se había identificado demasiado estrechamente con literatura europea. Pero mientras los libros de Spivak y de Damrosch, de distintas maneras, quieren extender la práctica de la lectura "detallada" (close reading) a textos fuera del ámbito europeo, los textos de Moretti y Casanova pretenden superarla.

Lo que más me interesa señalar en los ensayos de Moretti y Casanova es no sólo la fascinación por construir un sistema o una estructura mundial sino también la desvalorización de la lectura detallada (close reading) que implica y la imposibilidad de abarcar transformaciones recientes que han

184 • Jean Franco

cambiado drásticamente la situación de la literatura en el panorama cultural actual.

Las "conjeturas" de Moretti tienen como modelo el libro de Immanuel Wallerstein, *Modern World-System* publicado en 1974. Entre los méritos del libro de Wallerstein se encuentra el enfoque en las relaciones económicas entre centro, periferia y semiperiferia, que suplanta el análisis restringido a la economía de los estados nacionales. La ventaja de postular un sistema mundial es que explica la persistente dependencia de la periferia, aunque se le ha criticado a Wallerstein por su distorsión de la historia del desarrollo del capitalismo, y porque subestima la política y la funcionalidad del estado nacional respecto al sistema económico (Skocpol). La motivación de las conjeturas de Moretti es la transformación del estudio de la literatura comparada, que ha sido severamente limitada por su concentración en literaturas europeas, su liberación del estudio de la literatura de procesos nacionales y el reconocimiento de la desigualdad entre las culturas centrales, que tienen más recursos, y los de la periferia. Esta perspectiva mundial, limitada a un solo género –la novela– tiene como consecuencia la imposibilidad de hacer lecturas detenidas (close readings) en que se han basado tradicionalmente los estudios literarios. "Sabemos como leer textos," escribe Moretti, "ahora tenemos que aprender como no leerlos" (57). Es preciso, dice, adoptar como método la lectura distante o por medio de la traducción o apoyándose en la crítica existente. La distancia "es una condición de conocimiento: permite enfocar en unidades que son muy pequeñas o muy grandes. Y si, entre lo grande y lo pequeño el texto desaparece, es un caso que se puede justificar diciendo, "menos es más" (57). Al destacar las relaciones inter-sistémicas, Moretti propone una división de trabajo entre los que estudian "los árboles" (las literaturas nacionales) y los que se preocupan por las grandes olas.

No quiero detenerme en un texto que ha sido ampliamente criticado desde muchas perspectivas. Para Jonathan Arac su argumento tiende a apoyar el imperialismo del inglés, Emily Apter observa que no resuelve el problema de como combinar lo global con el empeño lingüístico que necesita la lectura cuidosa del texto. En lo que se refiere a América Latina Efraín Kristal señala que la omisión de la poesía a favor de la novela distorsiona fatalmente la historia literaria latinoamericana y pasa por alto relaciones literarias que no siempre irradian simplemente desde el centro a la periferia. Toma como ejemplo la cita casi textual en el *Waiting for Godot* de Samuel Beckett de versos prestados de "Considerando en frío" de César Vallejo. La crítica de Kristal ilustra la importancia de la lectura cuidadosa y detallada que Moretti quiere sacrificar a favor de la lectura distante.

Más que ola, el sistema mundial de Moretti parece una red que tiene agujeros demasiado grandes y deja escapar los "trazos", como diría Sor Juana, a quien cito en adelante, así simplificando la complejidad de las transacciones y relaciones que provocan en la periferia proyectos transformadores.

A diferencia de Moretti, Pascale Casanova, apropiándose de la innovadora obra de Fernand Braudel rechaza la noción de sistema a favor de "estructura". En un sistema todos los elementos se conjugan mientras que en una estructura los elementos pueden operar independientemente en un espacio en donde se pelean constantemente las fronteras.[1] Lo que motiva a los escritores es el reconocimento y, en el caso, de los de la periferia, el acceso a "lo universal". Según Casanova, la historia literaria mundial pasa por varias etapas: primero, la emergencia de las literaturas europeas en lenguajes vernáculos de la sombra del latín, luego la formación de literaturas nacionales. Los escritores franceses fueron los primeros en superar esta etapa y declarar la autonomía de la literatura. Por esta razón, París se convierte, en el siglo XIX, en la capital de la república de letras, y crea la estructura de traducciones, casas editoriales y críticos que le permite imponer "lo universal" como criterio de admisión a la república. Sin embargo, constata Casanova, lo universal como etiqueta de lujo es una ficción inventada por el centro que obliga a las "pequeñas literaturas" y las literaturas de la periferia a competir por el reconocimiento o resignarse a la marginalidad. Los escritores despojados (*démunis*) de las literaturas pequeñas (*petites littératures*) o de la periferia se aprovechan a su vez del reconocimiento por el centro cuyos valores confirmen y que les puede venir en forma de premios, traducciones y crítica favorable. El lenguaje en que se escribe juega un papel importante en estas jerarquías. En el siglo XIX el francés se convierte en el lenguaje de la diplomacia y de las relaciones sociales entre élites en Alemania y en Rusia. Considerado el lenguaje más elegante, el francés representa el ideal para escritores como Ruben Darío y César Moro. Solo cuando a su vez, los autores de la periferia y de las pequeñas literaturas se liberan de las presiones nacionales y empiezan a desafiar los criterios del centro llegan a provocar una verdadera revolución que rompe con la pretensión de la universalidad del primer mundo y cambian la dirección de las relaciones literarias.

Términos como "juego", "apuesta", "*gold standard*", que equiparan el mundo literario al capitalismo especulativo y aventurero evidentemente son derivados de "las reglas del juego del arte" de Pierre Bourdieu, pero se notan también resonancias hegelianas. Según la teoría hegeliana y sus derivaciones marxistas, el esclavo (los marginados de la república de letras) tiene conciencia de la desigualdad que el amo (el centro) ignora –en su vertiente marxista, el proletariado tiene más conciencia que la burguesía–. El amo sólo tiene una conciencia dependiente, mientras que el siervo debido al miedo de la muerte llega a la conciencia de sí. Aplicada al mundo literario es el conocimiento de la desigualdad que da urgencia a la lucha de los marginados o por asimilarse a sus criterios o por lanzar su reto.

La república de Casanova es un lugar de "incesantes contestaciones de la autoridad, de la legitimidad y de las rebeliones". Sólo cuando a su vez, los autores de la periferia y de las pequeñas literaturas se liberan de las presiones nacionales y empiezan a desafiar los criterios de centro, logran provocar una verdadera revolución que compite con la pretensión de universalidad del primer mundo. El realismo mágico constituyó un movimiento decisivo de toma de poder, "porque es estéticamente coherente y estable una unidad literaria a la escala del continente". Casanova no niega que haya literaturas importantes que no se traducen fácilmente como es el caso de *Mucanaima* de Mario de Andrade que describe como "nacional, etnológica, modernista, irónica, desencantada, política e literaria, lúcida y activista, anticolonial y antiprovincial, autocrítica y completamente brasileña, literaria y antiliteraria, llevando al grado más alto de expresión el nacionalismo fundador de las literaturas desprovistas y emergentes". Sin embargo esta lista de adjetivos eclécticos demuestra cierta confusión porque al mismo tiempo que se usa como términos de elogio, no son suficientes para hacer que la novela traspase fronteras para establecer un nuevo criterio de la universalidad.

Casanova se declara la compañera de ruta de los rebeldes. Quiere que el libro se transforme en una arma crítica al servicio de todos los ex-céntricos y de la literaturas periféricas, "desposeídas y dominadas". Desea que su lectura de los textos de Du Bellay, Kafka, Joyce y Faulkner, se convierta en "instrumento de lucha en contra de la evidencia, la arrogancia, las imposiciones, los dictámenes de la crítica del centro que ignora la realidad de la desigualdad de acceso al universo literario" (479). En América Latina, donde los escritores han jugado papeles significativos en el escenario nacional, el libro promete una perspectiva más amplia de relaciones e influencias transnacionales. Ayuda a entender, por ejemplo, la fascinación por el francés y la atracción de París como metrópoli cultural. Por otro lado, las conclusiones del libro pueden dar lugar a malentendidos como el de Terry Eagleton quien, en una reseña de *La república mundial de la letras*, llega a pensar que "el único lugar donde "la cultura" realmente importa hoy en día es en condiciones políticamente opresivas y económicamente desastrosas" (http).

Como Moretti, Casanova descubre la desigualdad de la república mundial como si fuera una novedad, ignorando que desde la colonia, los latinoamericanos tenían plena conciencia de ella y adoptaban varios recursos en su lucha contra el poder hegemónico: heterogeneidad, transculturación, hibridización, "antropofagia" son algunas de las tácticas. Ya en el siglo XVII, Sor Juana Inés de la Cruz, refiriéndose a la *Celestina* respondió irónicamente a la supuesta superioridad del centro escribiendo, "siempre las (comedias) de España son mejores" para luego compararlas con la *Celestina* mexicana que "era mestiza/ y acabada a retazos, /y si le faltó traza, tuvo trazos,/ y con diverso genio/se formó de un trapiche y de un ingenio". Aunque reconoce Sor Juana la sofisticación de las obras importadas –"nunca son pesadas/ las cosas que por agua están pasadas",– defiende la producción local. La combinación de trapiche e ingenio produce algo que tiene valor: el azúcar. El producto de la colonia es diferente del del centro, y la *Celestina* mestiza representa un "diverso genio" del de España, un 'diverso genio' defendido por generaciones de escritores y pensadores que antes del "realismo mágico" atraía la atención del mercado internacional. El centro, para Sor Juana, era por supuesto Madrid y no París (119-120).[2]

No cabe duda que en épocas más recientes, muchos autores latinoamericanos estaban de acuerdo con Darío que París "era un paraíso en donde se podía respirar la esencia de la felicidad terrenal" (102). Más tarde, Cortázar justificaba su residencia en Francia por la "ubicuidad mental" que otorgaba y criticaba la pobreza artística de los provincianos "para quienes las músicas de este mundo empiezan y terminan en las cinco notas de una quena". Respondiendo, José María Arguedas señaló que "todos somos provincianos. Provincianos de las naciones y provincianos de la supranacional que es también una esfera, un estrato bien cerrado del valor en sí como usted con mucha felicidad señala" (30). Pero el "perdedor" en esta lucha por el reconocimiento del centro quizás ganó en otro campo. Es Arguedas más actual que Cortázar, ya que su obra ha provocado discusiones sobre transculturación y heterogeneidad, temas candentes en la época de migraciones. Es Arguedas más que el autor de *Fantomas y los multinacionales*, pese a que éste captó el lado negro de la globalización.

Lo que importa, según Casanova, es la táctica de un escritor frente al espacio internacional o nacional que casi siempre opera como una presión contra "la autonomía". Este enfoque tiene varias consecuencias. En primer lugar, le permite comparar la respuesta de escritores de diferentes épocas, por ejemplo, *La défense et Illustracion de la langue francaise* de Du Bellay, publicada en 1549, el ensayo de Carpentier "América ante la joven literatura europea" en que postula la autonomía de la literatura latinoamericana, su especifidad y su alcance continental (318). Compara el lenguaje cotidiano de Mark Twain con el uso que hace el autor contemporáneo James Kelman del dialecto escocés. (398-99). Habla del "parentesco entre Schmidt y Joyce" y compara este parentesco a aquel "que une a Faulkner con Juan Benet, Rachid Boudjedra o Mario Vargas Llosa" porque han ocupado, en sus espacios nacionales respectivos, el mismo lugar que "les ha permitido tomar una actitud de desafío frente a los mismos valores literarios establecidos" (451). Sin embargo, refiriéndose a Yeats y Neruda, comenta que antes de llegar a comparar a los dos es necesario un estudio histórico de los dos universos literarios y un análisis de su posición en este universo –lo que sugiere la necesidad de investigaciones mucho más detalladas que las de su libro. No es de sorprenderse, por lo tanto, que Casanova tienda a citar autores conocidos en Francia, en cuyas declaraciones apoyan su tesis. Entre los ausentes de su libro se puede contar a Donoso y Lamborghini, Piglia y Macedonio Fernández y un elenco considerable de otros escritores invisibles por ser 'nacionales'. Entre autores latinoamericanos Darío, Fuentes y Paz son muy citados mientras que no menciona a Arguedas y menciona a Rulfo solo una vez como violador del realismo. Vallejo es citado solamente por haber descubierto al Perú desde Francia y Cortázar por haber sido politicamente comprometido y al mismo tiempo defensor de la autonomía de la literatura. Mientras cita a Antonio Candido, no menciona a Roberto Schwarz (un crítico favorecido por Moretti), Ángel Rama o Josefina Ludmer y al reducir la literatura a los conflictos entre escritores corre el peligro que los estudian de letras se enfoquen más en los insultos y peleas (Huidobro contra Neruda, Vargas Llosa contra García Márquez) lo cual a pesar de una cierta atracción deportiva, nos aleja de la literatura.[3]

Al restringir su tesis a las maniobras internas de la república desvinculadas de otros factores, Casanova no llega a explicar adecuadamente la enorme baja del prestigio de las letras en las últimas décadas. Aunque se muestra consciente del advenimiento de una nueva etapa de literatura mundial, el capítulo de su libro dedicado a ella, "De l'internationalisme littéraire à la mondialisation commerciale?" (227-237) y colocado en el centro del libro, es el más escueto y el más débil. En este capítulo reconoce que la república de las letras es ahora policéntrica y que Nueva York, Barcelona y Londres son tan importantes como París. Reconoce también la influencia mundial de la cultura popular norteamericana pero la única explicación ofrecida es que, gracias a la industria de cine, hay una invasión de la cultura popular americana en el mercado, de manera que el polo autónomo se ve amenazado por el polo comercial. Toma como paradigma de la novela popular en el mercado internacional, *Lo que el viento se llevó*. La comercialización a escala nacional ha producido la ficción mundial desnacionalizada que puede ser entendida en cualquier parte del mundo. Sin embargo, la descripción del mecanismo de este cambio es vaga. Como no se permite reconocer que la política nacional e internacional influye en la dinámica de la república de las letras, no puede darse cuenta de los efectos devastadores primero de la guerra fría y luego de la imposición neoliberal.

Durante la guerra fría ambos poderes conducían una lucha cultural clandestina subvencionando proyectos que apoyaban su política. Mientras la Unión Soviética invitaba a escritores de todo el mundo (entre ellos, Jorge Amado y Pablo Neruda) a defender la paz, los Estados Unidos defendían la libertad de la cultura mediante revistas, cine, radio, exposiciones y el envío de "embajadores culturales" –todo lo cual ha sido muy documentado.[4] Como el uso de la palabra 'democracia' hoy en día, "la libertad de la cultura" y "lo universal" eran etiquetas que ocultaban la intención propagandística. Se trataba de una batalla por la influencia proseguida con diversas armas –por medio de exposiciones, becas, traducciones y revistas subvencionadas por la CIA y por el Centro de Relaciones Interamericanas. Los Estados Unidos, así, pretendían imponer una hegemonía alternativa, creando focos culturales en Nueva York, Washington y Los Ángeles no solamente rivalizando París, sino también imponiendo su versión de lo universal (en arte, el estilo internacional). No se trataba de una lucha dentro de la república de las letras sino un esfuerzo intencionado de uno de los grandes poderes, que quería rebatir el centro cultural de París para instalarlo en los Estados Unidos.[5] *Cuadernos*, la revista subvencionada y dirigida a América Latina durante los cincuenta reflejaba fielmente el proyecto beligerante del *Congreso por la Libertad*

de la Cultura y pretendía reclutar intelectuales latinoamericanos para su causa.
Su editor, Julio Gorkin, anunciaba en el primer número, "Nuestros *Cuadernos*
aspiran a reunir y traducir lo universal a nuestro idioma, pero también, y
especialmente, a reunir y canalizar las ricas y variadas expresiones del espíritu
latinoamericano en la dirección de lo universal" (4).

Este universalismo se
dirigía a combatir los discursos nacionalistas y populistas de la época y los
obsesivos debates acerca de la identidad nacional en que predominaba la
cuestión de la especificidad de la nación y la posibilidad de su desarrollo
autónoma, algo que en el terreno político, en Guatemala, en la República
Dominicana y en Cuba, Estados Unidos trató de suprimir por fuerza. Este
uso de la cultura como arma propagandística desmiente la tesis de Casanova
quien atribuye las transformaciones en la industria del libro a procesos
internos. El sucesor de *Cuadernos* en la lucha anti-comunista era *Mundo Nuevo*
fundada para combatir la influencia de la revista cubana *Casa de las Américas*
y cuyo editor, Rodríguez Monegal introdujo un interesante cambio de
vocabulario.[6] "Cosmopolita" ahora reemplazó lo universal como etiqueta
de valor. Con sede en París, *Mundo Nuevo* aprovechó el prestigio de esta
ciudad para nombrar los nuevos miembros de la élite literaria, poniendo
como criterio de evaluación a Borges quien, según el editor, "desarraigado
y cosmopolita representaba el valor literario en su máxima pureza"
(Rodríguez Monegal 85).

La ceguera ante estos usos de la literatura evidentemente limita el alcance
de los proponentes de la literatura mundial a sistemas y estructuras que
ahora se ven más claramente como etapas culturales vinculadas a la formación
y auge de los estados nacionales y a su transición al neoliberalismo. Wallerstein,
por lo menos, había reconocido que el sistema no dura y que estamos ahora
en una época de transición. "El sistema histórico presente" dice, "está en
un estado de desintegración hacia un sistema futuro cuya naturaleza no se
puede pronosticar" ("Scholarly" 224). En cuanto a la literatura, como ha
señalado Josefina Ludmer, ahora "caen las divisiones tradicionales entre
formas nacionales o cosmopolitas, formas del realismo o de la vanguardia,
de la "literatura pura" o la "literatura social", y hasta puede caer la
diferenciación entre realidad histórica u ficción" ("Territorios" 103). Las
reformas neoliberales de los noventa cambiaron las coordenadas de la vida
de las personas, sus expectativas y sus posibilidades, creando una verdadera
revolución cultural severamente afectada, en América Latina, por la censura
y la represión y violencia de gobiernos militares.

Muchos críticos han tomado la fecha, 11 de septiembre de 1973, fecha del golpe militar chileno, como el fin de ciertos imaginarios utópicos que no podían sobrevivir la transformación del estado nacional en agente de la globalización. La transición a esta nueva realidad se realizaba, en muchos países latinoamericanos, por medio de experiencias de violencia instrumentalizadas por gobiernos militares que dejaban los países escindidos. La unidad espiritual del pueblo ya no era imaginable y aun donde, hoy en día, predomina el populismo, como en la Venezuela del Presidente Chávez, las divisiones son flagrantes. Una consecuencia de la promoción en los noventa de políticas económicas neoliberales era el creciente poder de corporaciones trasnacionales inclusive en la industria del libro. La desaparición de muchas pequeñas editoriales devoradas por las grandes corporaciones ayudó al triunfo del *best-seller* internacional. Los innovadores de antaño, como García Márquez, se convierten en autores que repiten sus formulas de éxito. Junto a la disminución de importancia de la literatura frente a la cultura visual y oral, se ha aumentado el papel de la cultura en la sociedad. Como ha señalado George Yudice "en la actualidad es casi imposible encontrar declaraciones que no echen mano del arte y de la cultura como recurso, sea para mejorar las condiciones sociales, como sucede en la creación de la tolerancia multicultural y en la participación cívica a través de la ciudadanía cultural y de los derechos culturales por organizaciones similares a la UNESCO, sea para estimular el crecimiento económico mediante proyectos de desarrollo cultural urbano y la concomitante proliferación de museos cuyo fin es el turismo cultural" (22-23).

En un ensayo reciente, Josefina Ludmer examina el imaginario de la isla urbana que aparece en la novelística contemporánea, constatando que "para descifrar el enigma de la isla urbana necesitamos un aparato diferente del que usamos antes, otras nociones y categorías por pensar los regímenes de significación y las políticas de la sociedad naturalizada. Necesitamos instrumentos conceptuales preindividuales, postsubjetivos y postestatales de la desdiferenciación que acompaña la brutal diferenciación del presente" ("Territorios" 108).

Como ha demostrado en dos libros recientes, la literatura es una de las formas en que lo imaginario social se manifiesta, y la separación de la cultura y la política es una división virtual más que absoluta. En su libro, *El cuerpo del delito*, toma el delito como instrumento conceptual "utilizable para definir y fundar una cultura" y "para separarla de la no cultura y para marcar lo que la cultura excluye". Los cuentos de delito no solo excluyen sino relacionan "el estado, la política, la sociedad, los sujetos, la cultura y la literatura". Esta teorización rompe con el esquema marxista de superestructura e infraestructura y la noción de la evolución de la literatura para reconstituir lo imaginario de una época, un imaginario que capta los cuentos de delito encontrados no solo en literatura sino también en el periodismo, en las leyes y en manuales. No sólo borra la diferencia de la "alta cultura" y la cultura popular o la cultura política sino demuestra como los múltiples cuentos del delito señalan fronteras, exclusiones y prejuicios sociales instrumentalizados por el estado. Con un énfasis distinto del de Casanova, sugiere que la separación de la cultura y estado es producida por el mercado y la globalización que convierten la literatura en transnacional y el estado en "nacional-regional" –o sea la autonomía de la literatura es menos una manipulación de los escritores del centro y más relacionada con la estructura global capitalista que se aprovechaba de los estados nacionales y al mismo tiempo deja que la cultura se "mundializa" (*Cuerpo* 468-9).

Su investigación sobre "el presente" da constancia de la transformación u obliteración de las categorías de antaño. Dice que hoy en día no es el estado sino la ciudad "la manera en que lo global se encarna nacionalmente". En la literatura escrita en las últimas décadas, "caen las divisiones entre formas nacionales o cosmopolitas, formas del realismo o de la vanguardia, de la "literatura pura" o la "literatura social", y hasta puede caer la diferencia entre realidad histórica y ficción. Aunque muchas escrituras siguen usando esas divisiones clásicas de la literatura (la tienen como centro y quieren encarnarla), después de 1999 se ven nítidamente otros territorios y sujetos, otras temporalidad ye configuraciones narrativas: otros mundos que no reconocen los moldes tradicionales". La reorganizacion se manifiesta también en la caída de fronteras "en el plano político y a veces jurídico" ("Territorios" 103). La literatura, dice, ya no trata de la identidad nacional. Es una territorialización que es el sitio de otras subjetividades e identidades y otras políticas –estas políticas incluyen políticas de vida (de los cuerpos, de las enfermedades, del sexo,) y también políticas de creencias. Hay una impresionante simetría, dice, entre lo biológico y lo espiritual (algo que vemos a diario en la política nacional de los Estados Unidos, en el caso de las discusiones sobre la investigación de "células madre", el aborto y en decisiones sobre la prolongación de la vida, como en el caso de Terry Schiavo). Entre los autores que Ludmer cita, casi todos masculinos, se cuenta

Mario Bellatín, Pedro Juan Gutiérrez, César Aira, Fernando Vallejo, Paulo Lins pero curiosamente no Diamela Eltit cuya novela *Mano de obra* podría perfectamente ilustrar la descripción que hace Ludmer de la ciudad de la escritura de hoy en donde "hay islas cuyos habitantes parecen haber perdido la sociedad o algo que la representa en la forma de familia, trabajo,clase, razón y ley, forma un grupo génerico de prostitutas, villeros, imigrantes. En el interior de la isla no se opone lo urbano y lo rural, lo humano y lo animal, lo que une a los habitantes son rasgos pre individuales, biólogicos –sexo, edad, enfermedad etc. y que no sufren mutaciones historicas" ("Territorios" 105).[7]

Ludmer ve lo mundial con una óptica mucho más política que los teóricos de la literatura mundial; no necesita citar autores de África o la India, porque las novelas que lee son expresiones ya de un imaginario global; no necesita sacrificar la lectura de textos porque su método se basa en una lectura que registra lo imaginario social del presente y su recurrencia en novelas escritas en distintas zonas del continente. Es un cambio de óptica que sitúa lo global en la vivencia diaria de las ciudades y provoca reflexiones que desbordan la república de las letras.

NOTAS

[1] En su ensayo más reciente, "Literature as a World", Casanova menciona a Moretti y sus críticos.

[2] Las citas provienen todas de la obra *Los empeños de una casa.*

[3] En su libro *What is World Literature?,* David Damrosch intenta combinar estudios detallados de unos escritores de distintas partes del globo y las peripecias de las traducciones de sus obras, pero tiene que abandonar tanto 'estructura' como 'sistema'.

[4] Véase Saunders y Franco.

[5] Véase Guilbaut.

[6] Es interesante el grito de alarma de Ángel Rama ante esta propaganda disfrazada. Véase, "Las fachadas culturales".

[7] Evidentemente el texto solamente es una anticipación de un libro futuro y no necesariamente significa la exclusión de la novela de Eltit. Mucho de su pensamiento se funda en el de Paolo Virno y en su ensayo sobre *El recuerdo del presente,* un ensayo que sobrepasa el eterno lamento sobre el fin de las utopías. No es posible resumir una teoría tan compleja en un párrafo; solamente quiero señalar que postula un cambio radical en el sujeto, en la cultura y también una sociedad 'naturalizada' de identidades pre-individuales.

194 • Jean Franco

OBRAS CITADAS

Anderson, Perry. "Union Sucrée". *London Review of Books* (septiembre 2004). 20 marzo 2005. <http://www.lrb.co.uk/v26/n18/ande01_html>.

Apter, Emily. "Global *Translatio*: The 'Invention' of Comparative Literature, Istanbul, 1933". *Critical Inquiry* 29 (2003): 253-281.

Arac, Jonathan. "Anglo-Globalism". *New Left Review* 16 (2002): 35-45.

Arguedas, José María. *El zorro de arriba y el zorro de abajo*. Buenos Aires: Losada, 1971.

Bourdieu, Pierre. *Les règles de l'art: genèse et structure du champ littéraire*. París: Seuil, 1992.

Casanova, Pascale. *La République Mondiale des Lettres*. París: Seuil, 1999.

_____ "Literature as a World". *New Left Review*. 31 (2005):71-90.

Cortázar, Julio. "Un gran escritor y su soledad". *Life en español*. 7 de abril de 1969. s/d.

_____ *Fantomas contra los vampiros multinacionales*. México: Excélsior, 1975.

Cruz, Sor Juana Inés de la. *Obras completas de Sor Juana Inés de la Cruz*. Mexico: Fondo de Cultura Económica, 1957.

Damrosch, David. *What is World Literature?* Princeton: Princeton University Press, 2003.

Darío, Rubén. *Autobiografía*. Buenos Aires: Eudeba, 1968.

Deresiewicz, William "The Literary World System". *The Nation* (diciembre 2005). 20 marzo 2005 <http://www.thenation.com/doc.mhtml?i=20050103&s=deresiewicz>.

Eagleton, Terry. "The World Republic of Letters". *The New Statesman* (2005) 1 septiembre 2005. <http://www.newstatesman.com/Bookshop/300000096328>.

Franco, Jean. *Decline and Fall of the Lettered City. Latin America in the Cold War*. Cambridge: Harvard University Press, 2002.

Guilbaut, Serge. *How New York Stole the Idea of the Avant-Garde. Abstract Expressionism, Freedom and the Cold War*. Arthur Goldhammer, trad. Chicago: University of Chicago Press, 1993.

Gorkin, Julián. "Libertad y universalidad de la cultura". *Cuadernos* 1 (1953): 3-4.

Kristal, Efraín. "Considering Coldly... A response to Franco Moretti". *New Left Review* 15 (2002): 61-74.

Ludmer, Josefina. *El cuerpo del delito. Un manual*. Buenos Aires: Perfil, 1999.

_____ "Territorios del Presente. En la isla urbana". *Pensamiento de los Confines* 15 (2004): 103-110.

Moretti, Franco. "Conjectures on World Literature". *New Left Review* 1 (2000): 54-68.

_____ "More Conjenctures". *New Left Review* 20 (2003): 73-81.

Rama, Ángel. "Las fachadas culturales". *Marcha* 1306 (1966). s/d.

Rodríguez Monegal, Emir. "El Congreso del Pen Club". *Mundo Nuevo* 5 (1966): 85-90.

Saunders, Frances Stoner. *The Cultural Cold War. The CIA and the World of Arts and Letters.* Nueva York: New Press, 2000.

Skocpol, Theda. "Wallerstein's World Capitalist System: A Theoretical and Historical Critique". *Social revolutions in the modern world.* Cambridge: Cambridge University Press, 1994. 55-71.

Spivak, Gayatri Chakravorty. *Death of a Discipline.* Nueva York: Columbia University Press, 2003.

Virno, Paolo. *El recuerdo del presente. Ensayo sobre el tiempo histórico.* Buenos Aires: Paidós, 2003.

Wallerstein, Immanuel. *The Modern-World System.* New York: Academic Press, 1974.

_____ "The Scholarly Mainstream and Reality: Are We at a Turning Point?". *Modern World-System in the Longue Durée.* Boulder: Paradigm, 2004. 219-229.

Yúdice, George. *El recurso de la cultura. Usos de la cultura en la era global.* Barcelona: Gedisa, 2002.

Apuntes sobre la "literatura mundial", o acerca de la imposible universalidad de la "literatura universal"

HUGO ACHUGAR

CONJETURAS, REFLEXIONES Y DEMÁS

Roberto Fernández Retamar preguntaba hacia 1972: "¿existe ya esa literatura universal, esa literatura mundial, no como agregado mecánico, sino como una realidad sistemática?" (44). Retamar fundamentaba la imposibilidad de una teoría universal de la literatura en el hecho de que el mundo todavía no era uno ni en la época de Goethe ni en el momento en que escribía su ensayo. Sostenía su argumentación –aunque sin explicitarlo– en la realidad político-económica del momento de su escritura: la "guerra fría" estaba en su apogeo; el mundo era, por lo menos, bipolar; Salvador Allende no había sido derrocado; el muro de Berlín estaba intacto; el Sandinismo era todavía una esperanza y la corrupción de líderes populares era impensable. Eran además los tiempos de apogeo de la "nueva" narrativa latinoamericana y la revolución informática no estaba en el horizonte inmediato.

Hoy, a mucho tiempo de la desaparición del mundo bipolar en que el crítico cubano escribía hace más de treinta años, en plena época de la "globalización económico-financiera" o de la "mundialización de la cultura" y cuando el flujo informático de Internet cada día alcanza mayores espacios y sectores sociales –aunque de modo desigual–, la actual discusión académica acerca de la "literatura mundial" ha adquirido otro carácter y la afirmación de Fernández Retamar necesita ser repensada.

A comienzos del año 2000, Franco Moretti afirmaba que:

> Pienso que es tiempo de que volvamos a la vieja ambición de la *Weltliteratur*: después de todo, la literatura alrededor nuestro es ahora sin duda un sistema planetario. La cuestión no es realmente *qué* debemos hacer, la cuestión es *cómo* hacerlo. (54-5)

Moretti consideraba que la "literatura mundial" no es un "objeto" sino un *problema*, "un problema que pide un nuevo método crítico". La hipótesis necesaria, según Moretti, para lidiar con el problema la encontraba en la idea del "sistema-mundo" de Wallerstein, un sistema que es simultáneamente

> *uno y desigual*: con un corazón, y una periferia (y una semiperiferia) que están unidas en una relación de creciente desigualdad. Una, y desigual: *una* literatura (*Weltliteratur*, singular, como en Goethe y Marx), o quizás aun mejor, un sistema mundo literario (de literaturas entre relacionadas); pero un sistema que es diferente del que Goethe y Marx tenían esperanzas, ya que es profundamente desigual. (56)

Un poco, antes en 1999, Pascale Casanova creía o pretendía ofrecer una solución, partiendo de una idea similar aunque no igual a la del "sistema-mundo" y de la misma constatación de que se trataba de un "mundo desigual", al postular en *La República mundial de las Letras*

> …un nuevo método de interpretación de los textos literarios, basado en una historia literaria renovada, es el instrumento indispensable de la constitución de un nuevo universo literario. Sólo si se comprende el sumo particularismo de un proyecto literario se puede acceder al verdadero principio de su universalidad. (…) Hay una universalidad que escapa a los centros: la dominación universal de los escritores que, aunque adopte formas históricas diferentes, no por ello deja de producir, desde hace cuatro siglos y en todas partes del mundo, los mismos efectos. (454-5)

"Conjectures on World Literature", el ensayo de Moretti del año 2000, no solucionaba el "problema de la literatura mundial", más aún, tal como lo entiendo, lo que hacía era mantener la dualidad y la tensión entre lo nacional y lo universal. Lo que sí parecía aportar era una suerte de partición de aguas, de división de campos sin establecer jerarquías entre lo nacional y lo mundial/ universal.[1] En cambio, lo propuesto por Casanova sí establece jerarquías basadas en nociones como "meridiano de Greenwich", "capital literario", centros y lenguas dominantes y otros que llama "dominados"; e incluso "espacios literarios medianos" que constituirían "excepciones dentro del conjunto de los territorios bajo dominación colonial" (365 y también 365, nota 2).

Sin embargo, las diferencias entre Moretti y Casanova radican, parcialmente, en las nociones de "sistema-mundo" y "espacio mundial" que ambos manejan. Al menos, tal es lo que discute Casanova quien desestima la idea de Wallerstein de la que parte Moretti, pues no le "parece pertinente en el caso de los espacios de producción cultural." A lo que agrega de inmediato: "Un 'sistema' supone en efecto una relación de interacción entre cada elemento, es decir, una acción y un efecto directos entre las diferentes posiciones. Una estructura, por el contrario, se caracteriza por relaciones objetivas, que pueden ejercerse independientemente de toda interacción directa" ("La literatura como mundo" 73).

Es por esta diferencia quizás que si bien ambos establecen diferencias entre países, Moretti no jerarquiza lo "universal internacional" por sobre lo "nacional" mientras que Casanova sí lo hace. Más exactamente, hay, implícito en los planteos de Casanova, una suerte de "construcción esteticista" o "una medida estética del tiempo" –a pesar de sus distanciamientos con la "literatura pura"– no presente en Moretti.

Emily Apter, por su parte, señaló en el 2003 que

> El problema que Moretti dejó sin resolver –la necesidad de un globalismo a toda máquina que pudiera valorizar la textualidad al tiempo que rechazara sacrificar la distancia –fue confrontada muy tempranamente en la historia literaria por Leo Spitzer cuando fue encargado por el gobierno turco de diseñar un currículo en Estambul en 1933. Considerando no sólo lo que Spitzer predicó –un euro centrismo universal– sin más bien lo que él mismo practicó –una escenificada cacofonía de encuentro multilingüísticos– uno encuentra un ejemplo de comparatismo que sostiene a la vez dimensión global y una cercana textualidad. (255-6)

La argumentación de Apter ignora la propuesta de Casanova y si bien discute a Moretti considera además otros paradigmas cercanos o afines al de "literatura mundial".[2] Todos estos paradigmas, según Apter, aun cuando prometen un compromiso vital con tradiciones no occidentales, no ofrecen soluciones metodológicas al problema pragmático de cómo hacer creíbles comparaciones entre diferentes lenguas y literaturas. Eso es precisamente lo que se propone Pascale Casanova al considerar el tema de la traducción, de la fabricación por parte del mercado de lo que llama "el meridiando de

Greenwich" y los distintos sistemas generados por lo que denomina una
"relativamente autónoma historia literaria".[3]

Poco después, Moretti vuelve sobre el tema en "More Conjectures", –
un ensayo publicado en 2003–, y sostiene:

> The way we imagine comparative literature is a mirror of how we see the
> world. "Conjectures" tried to do so against the background of the
> unprecedented possibility that the entire world may be subject to a single
> center of power –and a centre which has long exerted an equally
> unprecedented symbolic hegemony. (Moretti 2003)

El debate a propósito de la literatura universal/mundial involucra a
múltiples críticos y también a escritores de distintas partes del planeta. Pero
no se trata simplemente, de una discusión sobre la viabilidad o no de una
disciplina académica: la literatura comparada. Ésto va de suyo y está presente
en gran parte sino en la casi totalidad de los escritos sobre este tema; sin
embargo, creo, como indica Frances Ferguson, que no se trata sólo de
transformar o abandonar viejos paradigmas comparatistas como han
propuesto Apter, Spivak y Chow sino que

> The difficulty with comparison and hierarchization, I want to suggest, is
> not that we compare and choose but that we imagine that the value of a
> particular choice is itself generalizable. (…) Moretti's point, I take it, is
> that hierarchies are not generalizable or universalible. (Ferguson, 324-5)

En definitiva, lo que estaría planteado en este debate es que habría en el
ámbito de la crítica y de la teoría literaria una confrontación no sólo en
torno a la categoría de *Weltliteratur* –o de más de una *Weltliteratur* como
propone Moretti en un texto posterior– o las opciones metodológicas, sino
a las implicaciones políticas y culturales que este instrumento teórico plantea
en el debate contemporáneo en tiempos de la presente globalización. Más
aún, en este debate lo que también está presente –sobre todo en
Casanova– es un nuevo embate de una suerte de esteticismo y un reclamo
–compartido de algún modo por Apter– de atención a la textualidad o
literariedad.

En este sentido, el debate retoma –en otra circunstancia histórico-
política y con un desarrollo artístico de casi un siglo– algo de las discusiones
que a partir de transformaciones vinculadas a las grandes revoluciones

sociales y estéticas de comienzos del siglo XX se dieron en América Latina (México, Brasil, Argentina, etc.) y muy especialmente en la URSS. Pienso en afirmaciones como la siguiente presente en Tinianov y otros formalistas de la época.

> Si estudiamos la evolución limitándonos a la serie literaria previamente aislada, tropezamos en cada momento con las series vecinas, culturales, sociales, existenciales en el vasto sentido del término y en consecuencia nos condenamos a ser parciales. (Tinianov 89)

En cierto modo, la discusión todavía está centrada en cuán independiente la serie artística o literaria es o está de la serie social. El debate estuvo de algún modo presente en relación con la novela de la revolución mexicana y luego en torno al grupo de "Contemporáneos", pero también entre los formalistas rusos y los artistas de la época así como entre diversos sectores de las diferentes vanguardias en Occidente, sus periferias y semi periferias. Pero este "dilema" o problema: autonomía real, total o parcial de la obra de arte y las condiciones económico-políticas nacionales e internacionales de producción, distribución y legitimación aparecen vinculadas —explícita o implícitamente— en los debates sobre la literatura universal/mundial.

Por eso mismo, parece necesario establecer ¿qué se quiere decir cuando se afirma que algo es universal? O, ¿más aún, qué tiene valor o significado universal? La "universalidad no es una presunción estática, no es un *a priori*, y debería en cambio ser entendida como un proceso o una condición irreducible a cualquiera de sus determinados modos de apariencia" (3), afirman Butler, Laclau y Žižek. Esta condición de proceso de la universalidad o de lo universal supone una categoría de lo "universal histórico" en tensión con la idea de una "universalidad ahistórica" que es lo que muchas veces se implica con la noción de "literatura universal"; es decir, un arte válido "orbi et urbi" por los siglos de los siglos.[4]

CAMPOS Y SUJETOS

El problema, como siempre, radica o está en desde dónde y desde quién se establece la valoración o la universalidad de un texto o de una obra artística. Pero el "desde dónde" y el "desde quién" no sólo tiene una ubicación

202 • Hugo Achugar

económica, cultural y geográfica como plantea Casanova sino también estética. Es decir, la noción de "campo mundial" que, elaborada a partir de Braudel y Bourdieu, utiliza con ingenio para describir la formación y la fabricación del sistema de la literatura mundial surge de un lugar de enunciación que presupone un "*a priori* estético" donde existe lo "auténticamente universal" y aquello que no lo es. La misma hegemonía que "documenta" Casanova no puede –a pesar de sus reiterados esfuerzos por desembarazarse del euro o franco centrismo– evitar su "centralismo esteticista". Lo cual no muestra otra cosa más que el hecho de que su noción de universalidad está marcada por el lugar estético desde donde habla.

Al parecer y viendo lo planteado por Pascale Casanova, si bien existiría un "arte" que sufre cambios estilísticos y culturales el mismo tendría alcance universal y se caracterizaría por su aspiración autonómica oponiéndose a la llamada "literatura nacional" estéticamente, según Casanova, "más conservadora":

> *Cabe*, no obstante, *lamentar* que entre dos candidatos, José Saramago y António Lobo Antunes, la Academia sueca haya escogido al más "nacional" y al que encarna una *estética novelesca conservadora*, António Lobo Antunes, escritor innovador, creador de formas literarios inéditas, era sin duda el único auténtico "clásico del futuro" portugués. (mis cursivas, 199 n)

La distinción entre un escritor nacional cuya estética novelesca es conservadora y un "escritor innovador" "creador de formas literarias inéditas" "auténtico 'clásico del futuro' portugués" que realiza Casanova implica no sólo la expresión de sus personales preferencias estéticas sino un juicio de valor.[5] Es decir, el establecimiento de juicios de valor que "distinguen" –en el sentido de "una dialéctica de la distinción" a lo Bourdieu– y establecen pertenencias no sólo a "comunidades interpretativas" (Fish) sino además a sistemas de valoración con aspiraciones "científicas", "objetivas" o "académicas".

París es un "altar de consagración" (175), es la "capital literaria del mundo" afirma Casanova y recurre a una serie de "pruebas" que acreditan su hipótesis. A pesar de que, en más de una ocasión, señala que París ocupó este lugar sólo hasta 1960, insiste a lo largo de su libro en la centralidad de París.[6] Siguiendo y citando diversos autores que establecen la centralidad de

París, afirma tautológica y "pariscentricamente" con Beckett: "no es conocido en París, es decir, no es conocido". Sólo después de 216 páginas Casanova advierte que París ha perdido o ha comenzado a perder la hegemonía como "capital literaria" y centro instaurador de lo universal. Lo hace recién al comenzar a estudiar el fenómeno comercial, es decir el mercado. Pero aún este reconocimiento del mercado sigue estando marcado por el "centro esteticista" desde donde habla y universaliza. Pascale Casanova, reconoce que la "República mundial de las Letras tiene su propio funcionamiento (…) *y, sobre todo, su historia*, que, ocultada por la apropiación nacional (esto es, política) cuasi sistemática del hecho literario, aún no ha sido nunca verdaderamente descrita" (mis cursivas, 24). Sin embargo, esta "República mundial de las Letras" de Casanova parece tener más que una historia, una genealogía que parte de una incuestionada "universalidad" y sobre todo, de acuerdo con la descripción de esta autora, más que de una democrática "república mundial" de lo que se trata es de un "oligárquico reino mundial de las Letras". Siguiendo a Valéry Larbaud afirma:

> [La aristocracia artística] Está investida del poder supremo de constituir el gran monumento de la literatura universal, de designar a quienes se convertirán en los "clásicos universales", es decir, quienes propiamente hablando "hacen" la literatura: su obra, "en ciertos casos, siglos después de su muerte", encarna la grandeza literaria, traza el límite y la norma de lo que es y será literario, se erige en su sentido propio en el "modelo" de toda literatura futura. (37)

Sin embargo, más adelante, Casanova precisa "la internacionalización" que se propone describir y sostiene que

> … significa más o menos lo contrario de lo que normalmente se entiende por el término neutralizador de "mundialización", por el cual se cree posible pensar la totalidad como la generalización de un mismo modelo aplicable en todas partes: en el universo literario, es la competencia la que define y unifica el juego, al tiempo que designa los límites de dicho espacio. (61)

Sin embargo, "la generalización de un mismo modelo" que rechaza en la idea de "mundialización" reaparece, como vimos, por la puerta de atrás cuando desestima la obra de Saramago o similares como ejemplos de "arte

204 • Hugo Achugar

nacional". O incluso, cuando reconociendo "el carácter irremediable y la violencia de la escisión entre *el mundo literario legítimo* y sus arrabales sólo son perceptibles para los escritores de las periferias ..." (65, mis cursivas), distribuye legitimidades, autenticidades y referencias extraídas todas ellas de una misma concepción de modernidad estetizante a lo Octavio Paz y similares. Más claro todavía es la discusión o el análisis de los planteos de Said, (412- 416) donde se vuelve explícito el *leit motiv* del "esteticismo".

¿Qué es entonces lo universal? ¿Es válido plantearse la categoría de literatura universal o mundial o cosmopolita? ¿Podemos y sobre todo debemos escapar a la "trampa" del dilema nacional versus global o universal? ¿Qué sentido tiene hablar de la universalidad de Homero, Goethe, Benet, Borges, Vargas Llosa, Alvaro Mutis, Clarice Lispector, u Onetti; pero, desestimar la de Saramago, Rigoberta Menchú, Benedetti, o similares?

¿En qué medida el "club universal" es necesario o constituye el único valor? Todo esto obliga a repensar varios temas: los más obvios son los de las literaturas nacionales, las tradiciones locales como lo hace Casanova, pero también el tema de los valores y del o de los cánones. Y sobre todo, implica preguntarse ¿quién es el "sujeto" –el "nosotros"- que establece el valor?

Lo que está en juego en el tema de la universalidad está claramente planteado por Judith Butler cuando sostiene:

> La cuestión de la universalidad ha surgido quizás de un modo más crítico en aquellos discursos de la izquierda que han notado el uso de la doctrina de la universalidad al servicio del colonialismo y del imperialismo. El temor, por supuesto, es que lo que se ha nombrado como universal es la provinciana propiedad de la cultura dominante, y que "universabilidad" es indisociable de expansión imperial. (15)

Butler se pregunta "¿qué debe ser la universalidad? ¿cómo entendemos que es lo que implica ser un 'humano'?", como ella misma lo aclara, no se trata de responder a estas preguntas sino de permitir una apertura y finalmente agrega que a lo que se aspira es a mostrar que "la universalidad no es hablable fuera de un lenguaje cultural, pero que su articulación no implica que esté disponible un lenguaje adecuado. Esto quiere decir que solo cuando hablamos (pronunciamos) su nombre, no escapamos a nuestro lenguaje, aun cuando podamos –y debamos- empujar los límites" (41).

La "universalidad no es hablable fuera de un lenguaje cultural" esto es lo que me parece central. En cierto sentido, se podría afirmar que "el valor no es pronunciable fuera de un lenguaje cultural", de un lenguaje cultural y de una determinada estructura social. La universalidad de ciertos valores ha sido y sigue siendo determinada desde el horizonte de la clase media que *universaliza* sus valores. Lo que no encaja dentro de aquello que caracteriza y distingue a las clases medias no puede aspirar a la universalidad. En realidad, la lógica de este tipo de argumentación es tautológica.

¿Quién es el soporte o el sujeto que enuncia una determinada estética universal? ¿Existe algo que pueda ser pensado como un sujeto universal? ¿No será que se trata de un "pensamiento deseoso", es decir, el sueño de lo "humano universal"? Existen "culturas y clases dominadas", eso es un hecho indiscutible. Pero, ¿la existencia de la desigualdad y de la hegemonía asegura lo universal? O ¿no será que seguimos estando en aquello de que las ideas hegemónicas son las ideas de la clase precisamente hegemónica?

Antes del feminismo, de los enfoques étnico-raciales, del postcolonialismo y de los *queer studies*; es decir, antes de la reconstrucción del sujeto moderno, el sujeto universal pudo ser europeo, blanco, heterosexual, masculino, etc., etc. ¿Es posible pensar un sujeto cuya universalidad no esté radicada en la heterogeneidad ya por todos conocida y reconocida? ¿Existe ese horizonte de lo humano universal? ¿Cómo sería ese sujeto? ¿Qué propiedades tendría?

Pensar un sujeto universal cultural, literario o estético –tenga las propiedades o las características que se quiera– supone partir de un "mundo uno", de un "sistema mundo" o de un "espacio mundial" a nivel literario, estético y cultural con centros y periferias, dominantes y dominados, hegemonías y subordinaciones. Pero ¿qué pasaría si en lugar de ese único mundo universal hubiera una fragmentación cultural, literaria, estética? No me refiero a "disidencias" lingüísticas, literarias; es decir, no me refiero a la lucha del "quebecois" frente al francés, ni del español americano frente al de España, ni al "chicano" frente al español y al inglés. Pienso más bien, en sistemas de valores o de valoración autónomos –lo que no quiere decir independientes o no relacionados– en los que aquello que se considera "válido" dentro de un universo carece absolutamente de valor en otros. Es decir, "comunidades interpretativas" en las que Arno Schmidt o Juan Carlos Onetti implican ejemplos de pedantería, discursos ininteligibles o simplemente imposibles de generar el más mínimo placer. Comunidades o

sectores donde el placer es generado por textos que los centros hegemónicos
–París, New York, Barcelona, Buenos Aires, México, Milán o los que sean-
consideran "atrasados", "cursi", "kitsch" o "carentes de todo tipo de *valor*
estético". ¿No supone una cierta arrogancia propia del dominante o del
autosatisfecho suponer ya no que Saramago o Eduardo Galeano sino que
los poemas o los relatos que el "vecino", el "ignorado prójimo", crea por
fuera de la "tradición universal" carecen de valor?
    El contra argumento es evidente. No es que carezcan de valor, es que
"no son universales". No son universales y no ingresan en la historia de una
literatura autónoma o autonomizada de lo político, de lo nacional, de lo
local. Pero, una cosa es describir la centralidad y universalidad de la "nación
Vuitton" y descalificar los habitantes "de la naciones que piratean a Vuitton",
otra, sin embargo, es ignorar que existen universos donde "Vuitton" es un
significante vacío y lo que sí tiene sentido para dichos universos ni siquiera
es registrado por el panopticón universalista.
    No estoy argumentando el valor de lo "local", no es eso. Lo local, en el
paradigma de la globalización es una de sus partes, por aquello de lo "glocal".
No se trata de argumentar lo regional, lo nacional o lo periférico, de lo que
se trata es tener presente que la universalidad es siempre un relato narrado
por los vencedores donde los vencidos son, las más de las veces, invisibles.
Tan invisibles que no pueden siquiera ser registrados por el paradigma de la
universalidad, ya que dicho paradigma opera como la conocida pregunta:
¿de qué color es el caballo blanco de Bolívar –hay variantes en las que en
lugar de Bolívar, aparece Napoleón, Artigas, Washington, etc.–?
    Es decir, si me propongo describir las características de la "literatura
mundial" o de "la República mundial de las Letras" voy a encontrar dichas
características. No voy a poder incluir lo que mi objeto de estudio no
contempla, lo que mi horizonte ideológico –y especialmente en el tema que
nos ocupa, mi horizonte estético– me impide siquiera considerar.
    Por lo mismo y una vez más, ¿quién es el sujeto de la noción "literatura
universal"? ¿desde qué paradigma estético o cultural habla? ¿tenemos hoy
un único mundo; el "campo intelectual mundial" del que parte Casanova
no será una hipóstasis que vuelve universal –el Premio Nóbel, por ejemplo–
lo que existe sólo para los habitantes de un "micro clima"?
    La globalización económico-financiera es un hecho que poca gente
niega. ¿Implica esto que la idea de "sistema-mundo" –"profundamente
desigual", al decir de Moretti; con dominantes y dominados, al decir de

Casanova– es válido también para la cultura y para la literatura? ¿Alcanza con afirmar dicha desigualdad?

EL LUGAR DE LA LITERATURA

El problema a cierto nivel tal, como dejan entrever entre muchos otros tanto Moretti como Casanova, estaría en la "textualidad". De hecho, este debate sobre la "literatura mundial o universal" reedita, como vimos, el de la "especificidad literaria", el de la "literariedad". Pero implica además la conocida pregunta ¿qué es literatura? No sólo quizás "¿qué es literatura?" sino sobre todo ¿cuál es el lugar de la literatura en la cultura contemporánea? ¿o quizás cuál es el lugar de la palabra escrita-literaria en la cultura contemporánea? El campo intelectual, cultural, literario contemporáneo tiene una consistencia híbrida –híbrida no es la mejor caracterización pero aun cuando problemática es indicativa de lo que estoy argumentando– es decir, tiene una "forma" o una "discursividad" –como parece preocupar a varios de los participantes en el debate- que no es reducible a un "artefacto literario" cuya genealogía se traza desde, por lo menos, Du Bellay. El campo intelectual contemporáneo está atravesado por el comic, Internet, el video-clip y demás producciones culturales de un modo y con una intensidad desconocida para cuando la "literatura" como "producción simbólica" hizo su aparición.

No creo que la mayoría de aquellos involucrados en el debate acerca de la llamada "literatura universal" partan de concepciones "belleletrísticas" de la literatura. Pero la propia noción de "literatura" implica una "disciplina" y por lo mismo un "disciplinamiento". Y como toda disciplina, como todo reino o universo, tiene sus límites, sus fronteras, sus reglas, sus archivos y bibliotecas. Archivos, bibliotecas y fronteras que diseñan un planeta con meridianos y continentes. ¿Por qué no extender entonces la noción de "espacio mundial" a la cultura toda? ¿Sería posible? El problema es que si se realiza dicha operación entonces el "meridiano de Greenwich" cambia de lugar y hasta es posible que exista más de uno. Frente a Hollywood está Bollywood y si el primero rige en cierta parte del mundo, Bollywood se hace sentir sobre mucho más de mil millones de habitantes del sudeste asiático.

¿Qué quiero plantear con todo lo anterior?

Siguiendo la lógica de la universalidad, sería quizás posible hablar de la universalidad de la *Biblia*. Pero la *Biblia* no es universal según la lógica de la "literatura universal" por dos obvias razones: la primera y más evidente, no es universal pues existen otros textos como el *Corán*, para sólo nombrar uno, que demuestran su carácter no universal. La segunda y menos obvia, por el hecho de no ser literatura. Y sin embargo, dicho texto es entendido en múltiples instituciones académicas de Occidente y sus periferias como literatura con una textualidad especialmente rica y con "valores literarios específicos". Quizás, en la línea de argumentación de Casanova, cabría agregar una tercera razón y es que la *Biblia* no es un texto independiente de lo político, nacional o religioso.

¿Entonces? ¿No será que hay más de una noción de literatura? ¿No será que la propia noción de literatura no es universal? ¿No será que la noción de literatura tiene su propia historia y que no es aconsejable tomar como paradigma de lo que es y debe ser "literatura" concepciones históricamente datadas?

Pienso no sólo que hay diferentes nociones acerca de lo que es literatura –"belleletrística", antropológica o culturalista, etc.– sino que hay prácticas artísticas que han sido consideradas como parte de la literatura y que en realidad –de acuerdo a ciertas nociones de literatura– no lo serían. ¿Dónde "poner", en qué casillero o disciplina se deben considerar muchas de las producciones de las vanguardias? ¿Las llamadas "performances" que tanta atención merecen en los estudios académicos contemporáneos, son literatura? ¿Qué hacemos con la "video-poesía? ¿No será que la noción de "literatura universal/mundial" que muchos manejan presupone un textualismo o una concepción filológica que no logra dar cuenta de mucha producción –por cierto, perteneciente a la llamada "alta cultura" y no a la "oralidad" o al localismo "pintoresco" de sociedades no occidentales o a la "sub literatura" atrasada producida por "marginales" o habitantes desposeídos–, producción artística y cultural cuya "universalidad" no puede ser pensada por los estamentos dominantes? ¿O será que todo este debate solo concierne a lo hegemónico?

Se podría argumentar que lo que estoy planteando no tiene que ver con la literatura sino con otro "objeto", con otra "disciplina". Se podría argumentar que estoy argumentando desde ese animal imposible de asir que algunos llamamos "crítica cultural". Se podrían argumentar múltiples razones, lo que me parece claro es que eso que se llama "literatura" es un objeto marcado históricamente con mutaciones varias a lo largo de los siglos.

FINALMENTE, PENSANDO DESDE AMÉRICA LATINA

Ahora bien, ¿qué sentido tiene toda esta discusión desde América Latina? ¿Tiene sentido formular dicha pregunta? La respuesta, para algunos, es obvia: tiene sentido y mucho. Después de todo, los estudios literarios –comparados o no– son o pretenden ser, como toda disciplina científica o académica, "universales". No es posible pensar en estudios literarios argentinos o bolivianos como ramas del conocimiento diferentes de los estudios literarios franceses, alemanes o italianos. Sin embargo, la doble o múltiple articulación de eso que llamamos "América Latina" o "América Latina y el Caribe" a nivel regional, nacional e internacional o supranacional implica un "área de estudios comparados" –como señalara hace más de veinte años Ana Pizarro– que no se rige con las mismas categorías de los estudios de literatura comparada a nivel europeo. La discusión en el ámbito de AILC no es nueva y tiene diferentes fracciones y grupos teóricos e ideológicos.

El tema, el debate, la pregunta, entonces, quizás no tenga el mismo sentido ni la misma importancia que en otras partes. Es cierto que hoy hay escritores –aquellos jóvenes reunidos en torno a *McOndo* y al grupo mexicano del "Crack"– que en función de su necesidad de tomar distancia parricida con el "realismo mágico" defienden una "literatura mundial" deslatinoamericanizada, pero –ya lo sostuve en otro ensayo–[7] su posición retoma la que generaciones precedentes tuvieron en el escenario intelectual latinoamericano, tanto a nivel nacional como del conjunto supranacional de la región.

Para terminar entonces quizás valga la pena insistir en que este debate de hoy acerca de la "literatura mundial" es producto –sí producto y no desarrollo autónomo– del momento histórico que vive la clase media académica en partes de Occidente y algunas de sus periferias. No es un debate "universal" por aquello de que "la universalidad no es hablable fuera de un lenguaje cultural". Es decir, la universalidad es solo pronunciable dentro de las fronteras de un lenguaje cultural: el de los estudios de literatura comparada que pertenecen a un tiempo de fronteras disciplinarias y sociales hoy en día en crisis y en proceso de transformación.

NOTAS

1   En realidad, el tema que motiva a Moretti es la discusión o la tensión entre literatura comparada y literatura nacional, así como la dificultad/ imposibilidad para dar cuenta de ambas sin tener competencia en todas las diferentes literaturas nacionales. La dificultad lleva, según Moretti, a que exista una división de trabajo que no se debe solo a razones prácticas sino también teóricas. Es aquí donde el crítico introduce un nuevo par de metáforas a la hora de considerar la literatura o la cultura en una escala mundial: las metáforas del árbol y la de la ola. "Los árboles y las ramas son aquello a lo que los Estados-nación se cuelgan; olas son lo que hacen los mercados; y así de esta manera. No hay nada en común entre estas metáforas. Pero —*ambas funcionan.* La historia cultural está hecha de árboles y de olas [...] Ésta, entonces, es la base para la división del trabajo entre la literatura nacional y la literatura mundial: literatura nacional, para la gente que ve árboles, literatura mundial, para quienes ven olas. [...] pero ¿cuál es mecanismo dominante... el interno o el externo? ¿La nación o el mundo? ¿El árbol o la ola? No hay modo de solucionar de una manera simple y permanente esta controversia" ("Conjectures" 67).

2   Por ejemplo, "literatura global" (Jameson y Masao Miyoshi), Cosmopolitismo (Bruce Robbins y Timothy Brennan), literatura mundial (Damrosch y Moretti), transnacionalismo literario (Spivak), estudios poscoloniales y estudios diaspóricos (Said, Bhabha, Lionnet, Chow) al tiempo que olvida otros como el "cosmopolitismo" a la Appadurai, Mignolo y otros.

3   Casanova, al considerar los estudios postcoloniales y en particular a Edward Said y a Frederic Jameson —así como la lectura "postcolonial" de Joyce de Enda Duffy—, señala que "en cada caso, se opera una especie de abreviación teórica que pone entre paréntesis la especificidad literaria. (...) Puesto que nunca toman en cuenta el espacio literario —nacional e internacional— que mediatiza los objetivos políticos, ideológicos, nacionales y literarios, esas críticas *rebajan* con demasiada brutalidad el hecho literario a la cronología y a la historia política" (415, mis cursivas).

4   La discusión de Butler —al igual que la de Laclau y la de Žižek—, por supuesto, no está centrada en las implicaciones de la noción de "literatura mundial" sino en temas centrales de filosofía y política contemporáneas discutiendo los dilemas teóricos del multiculturalismo, el debate del universalismo versus el particularismo, las estrategias de la izquierda en una economía globalizada así como en relación con los aportes del postestructuralismo y el psicoanálisis lacaniano para la teoría social.

5   Lógica similar —aunque opuesta— a la de Gugelberger cuando éste sostiene que Neruda es un escritor del llamado Tercer Mundo mientras Jorge Luis Borges es un "escritor del primer mundo".

⁶ Es cierto que habla de Londres, Nueva York, Barcelona e incluso São Paulo, pero en su esquema no existen Nueva Delhi, Tokio, México o Buenos Aires sin mencionar otras "capitales culturales" o "ciudades globales" –como ha estudiado Saskia Sassen– a lo largo del globo.

⁷ Ver mi ensayo *"Weltliteratur*, o cosmopolitismo, globalización, 'literatura mundial' y otras metáforas problemáticas".

OBRAS CITADAS

Achugar, Hugo. *"Weltliteratur*, o cosmopolitismo, globalización, 'literatura mundial' y otras metáforas problemáticas". *Planetas sin boca. Escritos efímeros sobre arte, cultura y literatura*. Montevideo: Trilce, 2004. 53-64.

Apter, Emily. "Global *Translatio*: The 'Invention' of Comparative Literature, Istanbul, 1933". *Critical Inquiry* 29 (2003): 253-281.

Bourdieu, Pierre. *Creencia artística y bienes simbólicos*. Buenos Aires: Aurelia Rivera, 2003.

Butler, Judith, Ernesto Laclau y Slavoj Žižek. *Contingency, Hegemony, Universality*. Londres: Verso, 2000.

Casanova, Pascale. *La República mundial de las Letras*. Barcelona: Anagrama, 2001.

_____ "La literatura como mundo". En este volumen, 63-87.

Fernández Retamar, Roberto. *Para una teoria de la literatura hispanoamericana y otras aproximaciones*. La Habana: Casa de las Américas, 1975.

Ferguson, Frances. "Comparing the Literatures: Textualism and Globalism". *ELH* 71/2 (2004): 323-327.

Fish, Stanley. *Is There a Text in this Class? The Authority of Interpretive Communities*. Cambridge: Cambridge University Press, 1980.

Gugelberger, Georg. "'Decolonizing the Canon: Considerations of Third World Literature". *New Literary History* 22 (1991): 505-534.

Kristal, Efraín. "'Considering Coldly...'. A Response to Franco Moretti". *New Left Review* 15 (2002): 61-74.

Moretti, Franco. "Conjectures on World Literature". *New Left Review* 1 (2000): 54-68.

_____ "More Conjectures". *New Left Review* 20 (2003). 73-81.

_____ "Dos textos en torno a la teoría del sistema mundo". En este volumen, 47-62.

Pizarro, Ana, coord. *Hacia una historia de la literatura latinoamericana* México: El Colegio de México, 1985.

_____ *La literatura latinoamericana como proceso*. Buenos Aires: CEAL, 1985.

Sassen, Saskia. *La ciudad global.* Buenos Aires: Eudeba, 1999.

Tinianov, J. "Sobre la evolución literaria". *Teoría de la literatura de los formalistas rusos*. Tzvetan Todorov, ed. Ana María Nethol, trad. México: Siglo XXI, 2002.

Derechos humanos y estudios literarios/culturales latinoamericanistas: perfil gnóstico para una hermenéutica posible (en torno a la propuesta de Pascale Casanova)

HERNÁN VIDAL
University of Minnesota

Estimo que la mejor manera de apreciar el trabajo de Pascale Casanova[1] desde la perspectiva de la crítica literaria/cultural latinoamericanista con base en Estados Unidos es la de esbozar la situación de esta crítica en el momento actual. Luego de una reflexión al respecto, tendrá mucho más sentido adscribir un espacio a las proposiciones de Casanova y discernir su relevancia. Tal procedimiento tiene la ventaja, además, de convertir su propuesta en un incentivo más para definir nuestro propio pensamiento con claridad, por lo que agradezco a la autora.

Para mejor entender este marco de recepción debo indicar que lo preparo desde una postura excéntrica en referencia a las tendencias predominantes en la actual crítica literaria/cultural latinoamericanista. Esto se debe a que he abogado por una hermenéutica de lo poético fundamentada en el Derecho Internacional de Derechos Humanos para tiempos de paz y conflicto armado. Las tabulaciones vigentes de los Derechos Humanos son consecuencia de la Modernidad inaugurada en el siglo XVIII y afirman criterios de juicio universal sobre la acción ética de individuos, corporaciones, gobiernos, estados nacionales e instituciones transnacionales. Son criterios considerados como válidos para toda época y civilización. Indudablemente esto no cuadra con la actitud escéptica ante todo discurso universal de redención científica de la humanidad de quienes han adoptado las premisas de la llamada posmodernidad.

Elaborar este marco de recepción tomará la mayor parte de mi exposición. Discutiré la propuesta crítica de Casanova sólo en el tercio final. No veo otro camino. Pido paciencia.

SITUACIÓN ACTUAL Y LOS DERECHOS HUMANOS COMO ALTERNATIVA
HERMENÉUTICA POSIBLE

Desde la década de 1960 en adelante, lo más significativo de los estudios
literarios fue incitado por los sucesos de la Revolución Cubana y su
repercusión en el resto de Latinoamérica, las dictaduras de la Doctrina de la
Seguridad Nacional, la Revolución Nicaragüense y la guerra civil en El
Salvador. Paralelamente surgió el movimiento por la reivindicación de los
derechos de la mujer y, mucho más tarde, la demanda de reivindicación de
los derechos de los homosexuales.

Responder a esos sucesos obligó a los críticos literarios a una lectura
sistemática de textos antes considerados como ajenos a la estética literaria,
en especial textos de teoría social y semiología de la cultura. En su primera
ola de las décadas de 1970-1980, estos estudios se preocuparon de la
producción literaria entendida como concomitante ideológico en la
construcción de la dependencia latinoamericana a partir del siglo XV. Las
investigadoras feministas se dedicaron a recuperar la obra literaria
desconocida u olvidada de mujeres, tratando de revelar en ella una diferente
capacidad de apreciación de la historia de su época en comparación con la
de los escritores masculinos que predominaban en los cánones de obras
estudiadas. Estos estudios se dirigieron también a la producción teatral
colectiva, literaria y de testimonios en situaciones revolucionarias o como
reacción y resistencia a las dictaduras militares. En el esfuerzo por captar el
trasfondo social y político de estas tareas, los críticos literarios acumularon
material de tipo etnográfico que no recibía atención de la sociología y la
antropología. Por ejemplo, la problemática de los Derechos Humanos o las
reacciones populares en términos metafóricos y simbólicos en medio de
cotidianeidades altamente conflictivas y politizadas.

Puede decirse que en este período las articulaciones teóricas del material
recolectado y estudiado se dio con claros referentes en la realidad empírica
de grandes movimientos sociales, intentando captar la complejidad de sus
aspectos políticos, étnicos, de clase, de género y de representación simbólica,
según quedan condicionados por las instituciones sociales rectoras. Fueron
académicos altamente politizados los que intentaron conectar su trabajo
académico en solidaridad con esos movimientos sociales, con la certidumbre
de que su trabajo coincidía con necesidades reales de las culturas
latinoamericanas.

Conviene recordar estos cuatro términos para la discusión que sigue: politización, solidaridad, referentes en la realidad empírica latinoamericana y coincidencia con sus necesidades reales. Así surgieron en la academia estadounidense lo que más tarde se llamaría "Estudios Culturales". Se trataba de una serie de agendas temáticas elaboradas según diferentes categorías epistemológicas que, sin embargo, se unían con Latinoamérica en solidaridad política.

La solidaridad, el referente empírico latinoamericano y la certidumbre de responder a sus necesidades reales se perdieron gradualmente, de manera que se ha afirmado que en la década de 1990 los estudios culturales latinoamericanistas en Estados Unidos se convirtieron en un campo más bien autorreferente, narcisista, y de gran confusión. Diversas razones contribuyeron a este resultado.[2]

Factores iniciales fueron el fin de las dictaduras de la Doctrina de la Seguridad Nacional seguido por procesos de redemocratización cuestionables porque defraudaron las expectativas de justicia plena por las atrocidades cometidas por los militares y por la sumisión de los nuevos gobiernos democráticos a las políticas económicas neoliberales impuestas por las dictaduras; el fin negociado de la guerra civil en El Salvador, que llevó al desmantelamiento instantáneo de un movimiento de solidaridad internacional construido con trabajo largo e intenso; la incompetencia política del liderato sandinista en Nicaragua que en 1990 llevó a la derrota del gobierno en elecciones abiertas; el colapso del bloque soviético de naciones y el conocimiento ya inocultable de las graves violaciones de Derechos Humanos cometidas dentro de sus fronteras; y, por consecuencia, la pérdida de influencia cultural de la Revolución Cubana. En poco más de una década, los latinoamericanistas de izquierda en Estados Unidos perdieron los referentes concretos que habían estado motivando su discurso.

¿Qué llenaría este vacío?

A la vez, en el primer lustro de la década de 1990 la pérdida de relevancia de los estudios literarios entre los estudiantes de bachillerato, su creciente demanda de cursos "culturales" y el interés de los administradores universitarios en "globalizar" el currículo abrió oportunidades para que los latinoamericanistas difundieran más ampliamente su trabajo sin verse constreñidos por el idioma español. Las editoriales universitarias se abrieron para ellos, por supuesto con el requisito de publicar en inglés. Esto quedó reforzado por los subsidios de la Fundación Rockefeller para financiar proyectos conjuntos que acercaran a investigadores latinoamericanos con investigadores latinoamericanistas basados en Estados Unidos en torno a la problemática de los efectos de la "globalización" en las culturas nacionales. Estas oportunidades obligaron a un intenso esfuerzo por readecuar un aparato teórico para hacer frente a estas demandas académicas. Este esfuerzo fue un imperativo aún mayor para académicos que buscaban reciclar el sentido político de su trabajo, compensar de algún modo la pérdida de referentes democratizadores concretos en la historia latinoamericana contemporánea y reafirmar una imagen de intelectuales "radicales", "subversivos".

En este último aspecto el grupo que alcanzó más visibilidad fue el de investigadores que se dedicaron al estudio de la llamada "subalternidad". Se trató de un proyecto que inicialmente tuvo gran pertinencia y capacidad de convocatoria ante la situación latinoamericana post-Guerra Fría. Aplicando teoría de intelectuales hindúes –en especial Ranajit Guha– a Latinoamérica, buscaron identificar sujetos de cambio social o resistencia a los efectos del orden "global" abandonando los criterios "tradicionales" de los partidos políticos de la izquierda, cuestionando su teoría revolucionaria y aun intentando reemplazarla con sus propias disquisiciones académicas.

Desde sus gabinetes académicos en Estados Unidos los "subalternistas" exploraron en los llamados "nuevos movimientos sociales" articulados en torno a problemas puntuales de raza, étnia, género y sexualidad y también en grupos que demostraban rebeldías e insurgencias momentáneas o prolongadas. Conscientes de que se trataba de articulaciones fugaces pero de alta capacidad simbolizadora, pensaron que la lógica de esos movimientos implicaba cortacircuitos insolucionables para la administración del sistema neoliberal y para los Estados nacionales. Como supuestos sirvientes dóciles del neoliberalismo "global", el poder ordenador de los Estados nacionales fue anatemizado: "Una manera de entender la historia subalterna es pensar en ingobernabilidad e insurrección, desobediencia e indisciplina. Insurrección implica que el subalterno está negando su propia negación dentro del orden establecido, invitando a que se lo castigue mediante su contranegación. El insurgente puede perder todo, desde un sentido del sí mismo hasta su propio cuerpo; por tanto, las rebeliones primero deben pasar por el filtro de la conciencia" (Ileana Rodríguez, *NTC* 176).

Para varios de los "subalternistas", prestar atención a esos cortacircuitos implicaría una renovación teórica y práctica de la investigación académica, con el mérito de ser subversivas: "la noción de subalternidad, como envés o negación de dicha razón [neoliberal], traza sus límites y abre así un nuevo universo para repensar el conocimiento mismo desde otras perspectivas" (Rodríguez, *NTC* 176).

Desde Latinoamérica –y también en Estados Unidos– se cometió el error de asociar al "subalternismo" con los "estudios culturales latinoamericanistas" como si fueran equivalentes. Para intelectuales de países arrasados por largas guerras civiles o afectados por el terrorismo de Estado y preocupados por una pacificación nacional, la idealización de los "subalternos" por su potencial permanente de "ingobernabilidad, insurrección, desobediencia e indisciplina" resultó descabellada e irresponsable. ¿El "subalterno" liberador también incluiría a las bandas de narcotraficantes que aterrorizan a comunidades en los barrios marginales de las grandes ciudades latinoamericanas?

Tampoco fue bien recibido el repudio "subalternista" de la literatura como institución cercana al Estado como parte del programa cultural de construcción de ideologías de identidad nacional. Los "subalternistas" imputaron a la institución literatura la calidad de programa para el sojuzgamiento del imaginario social de voces rebeldes que no cabían dentro de los sistemas políticos. Por esto debía prestarse atención especial al "género testimonio" como manera de captar esas voces de manera prístina. Para intelectuales latinoamericanos de países cuyas esferas públicas letradas son incipientes o de gran fragilidad, el repudio de la literatura era desprestigiar el campo que desde las independencias del siglo XIX les había estado asegurando una función y un prestigio como líderes culturales y como articuladores de coaliciones para la negociación política. Por lo demás, en términos reales, ¿qué significa de hecho declarar la bancarrota cultural de un campo tan prestigiado y monumentalizado como la literatura?

La exportación a Latinoamérica de versiones como esta de los "estudios culturales latinoamericanistas" terminó en que se los considerara como "imperialismo cultural" estadounidense.

En la medida en que la identificación de lo "subalterno" no se apoyó en evidencia empírica, la proposición de este agente de subversión se hizo más bien como ejercicio teórico rayano en la fe religiosa: "necesitamos creer, aun si ilusoriamente, aun si como acto de fe o apuesta pascaliana, que los estudios subalternos por un lado, reinscriben el sentido de la política dentro de la academia, socavando las bases sobre las que descansaban los poderes de las disciplinas, y por el otro, proponen formas de conocimientos alternos" (Rodríguez, *NTC* 177). Por el contrario, con más apego al dato empírico, puede pensarse que estos movimientos sociales son fácilmente cooptables, desacreditables por su conducta en la cotidianeidad o neutralizables como potencial conflictivo por el sistema político, el Estado y las instituciones intergubernamentales que administran la "economía global"; en ocasiones son aun promovidos por el USAID estadounidense interesado en crear esferas públicas diversificadas, cuestionadoras del Estado y de la sociedad política en las democracias representativas latinoamericanas recientemente restauradas.[3]

Por su parte, feministas que por su progresismo político inicialmente apoyaron al Sandinismo en Nicaragua, al Frente Farabundo Martí en la guerra civil salvadoreña y a la oposición a las dictaduras de la Doctrina de la Seguridad Nacional finalmente concluyeron que era imposible el diálogo con los hombres políticos cuyo machismo los hacía sordos, ciegos e insensibles ante sus argumentaciones y ante los problemas específicos de la mujer. Se afianzó aún más, por tanto, el feminismo como teorización abstracta sobre la definición social y representación simbólica de los roles genéricos con el objeto de desconstruir el poder de las ideologías patriarcalistas.

Las exploraciones teóricas de esta generación de investigadores se pusieron de moda en las generaciones jóvenes, de tal manera que llegaron a ser objeto académico en sí mismas y por sí mismas, llevándolas a disquisiciones infinitas, ya del todo desconectadas de la realidad cultural latinoamericana y de sus necesidades. La reiteración incesante de los mismos nódulos teóricos habría llevado a un ensimismamiento del discurso crítico que trae a la memoria el escolasticismo colonial incapaz de captar la materialidad latinoamericana circundante.

La sobreteorización y sus reiteraciones y redundancias temáticas quedaron también marcadas por la pasión con que se dio el reciclamiento de la fe política, el prurito de exhibir una identidad académicamente "subversiva" y la búsqueda de la notoriedad profesional, característica normal de las profesiones académicas. Esto llevó a declarar que, de hecho, existía un campo establecido de investigación llamado "estudios culturales latinoamericanistas" y a olvidar que, en realidad, se trataba nada más que de una convergencia de temáticas de investigación y enseñanza asistidas por paradigmas epistémicos muy variados.

Esta diversidad habría demandado un diálogo profesional tolerante y amplio. Por el contrario, las tensiones acumuladas llevaron a fuertes polémicas descalificadoras y "ninguneadoras" de otras temáticas y de otros paradigmas analíticos.

En resumen, intentar un balance de lo ocurrido en la década de 1990 muestra una extraña contradicción. Por una parte los llamados "estudios culturales latinoamericanistas" significaron un extraordinario acopio y dominio teórico de temáticas sociales que enriquecieron el análisis e interpretación de todo tipo de simbolización y discursividad cultural. Con ello el crítico literario adquirió un rango nunca visto en el pasado. Por primera vez el crítico académico apareció gestando la discusión de problemáticas de real relevancia para las civilizaciones americanas, dejando atrás su antiguo rol de mero descriptor de las inmanencias textuales privilegiadas por los cánones literarios vigentes. La maestría en lo teórico se alcanzó inicialmente en los trabajos de solidaridad de las décadas de 1970-1980 y ciertamente continuó con las crisis de la década de 1990.

Pero junto con la conciencia de este avance hay una intensa confusión, melancolía, frustración y sensación de fracaso por lo logrado. El origen de esta confusión melancólica parece estar en que, agobiados por las incertidumbres y angustias existenciales acarreadas por el colapso de las grandes utopías de redención científica de la humanidad, acicateados por el nuevo mercado académico abierto por los estudios de "globalización", en los años '90 los latinoamericanistas estadounidenses dedicados a los "estudios culturales" no percibieron que su error estuvo en no haber recreado protocolos de congregación, de diálogo y de convivencia profesional basados en la solidaridad, como en la etapa anterior.

A la luz de este cuadro, la voluntad de dar fin a la melancolía del presente debiera llevar al restablecimiento de los protocolos solidarios y dialoguistas perdidos y recordar lo olvidado –que los "estudios culturales" se iniciaron como un conjunto de agendas independientes entre sí para ser irradiadas extra-académicamente, muchas de ellas creadas en momentos de barbarie extrema en la consecución de fines políticos en Latinoamérica. Reafirmar el valor de los "estudios culturales latinoamericanistas" supone proyectar hacia el futuro una cuidadosa selección de las temáticas de investigación y enseñanza. En esta selección debe primar el criterio de responder a necesidades reales de todas las culturas americanas. Ciertamente una de estas temáticas debe ser la defensa de los Derechos Humanos como postura hermenéutica en el análisis e interpretación cultural, asunto que hasta ahora no ha recibido atención entre los académicos asociados con los "estudios culturales latinoamericanistas".

Si de una u otra manera ha entrado en crisis la mayoría de los constructos teóricos aplicados al estudio de los asuntos culturales latinoamericanos –el subalternismo, el desconstruccionismo, el postmodernismo, el feminismo– el juicio prudencial sugiere la necesidad de reflexionar sobre la construcción de espacios culturales que promuevan los Derechos Humanos. En la actualidad éstos ya son indudablemente reconocidos como sentido fundamental de toda praxis social.

Ninguna de las materias de estudio emergentes de las "modernizaciones" inducidas por la "globalización" en Latinoamérica –las artes, la literatura, el teatro, la influencia de los medios de comunicación masiva, del consumismo, de las nuevas formas de trabajo y de las migraciones– tendrá pleno sentido si no hay conciencia de que los Estados nacionales surgidos desde las independencias decimonónicas no lograron fundar culturas promotoras y respetuosas de los Derechos Humanos, según los describe el Derecho Internacional para tiempos de paz y de conflicto armado. De otra manera no habrían ocurrido las horribles atrocidades cometidas recientemente y su comisión habría recibido una justicia clara y tajante, en el momento apropiado, sin dilaciones.[4]

A diferencia del énfasis en lo político que ha caracterizado a los "estudios culturales latinoamericanistas", el esfuerzo por comprender lo que implica una cultura de promoción de los Derechos Humanos obliga a retroceder a un ámbito existencial anterior a lo político y aún más fundamental que lo político.

Prestemos atención al Artículo 3 de la Declaración Universal de Derechos Humanos proclamada por las Naciones Unidas en 1948 –"Todo individuo tiene derecho a la vida, a la libertad y a la seguridad de su persona". El término "persona" –fundamental en la concepción actual de los Derechos Humanos– significa "máscara" y se originó en la antigua tradición teatral greco-romana. En el Artículo 3 la conjunción del término "máscara=persona" con los de "vida" y "libertad" figurativamente transforma a las sociedades en espacios en que los potenciales de la humanidad debieran manifestarse con la posibilidad de que los seres humanos jueguen el mayor número de los roles que constituyen la organización social. Principio fundamental en esto es considerar que todo ser humano tiene un valor que aportar a la comunidad, a menos que haya impedimentos certificables que invaliden a las personas –por ejemplo, trastornos psíquicos y fisiológicos o criminalidades comprobadas.

Para que tal habilitación del potencial humano sea implementable debe existir el antecedente de un largo trabajo en que, desde un pasado remoto, múltiples generaciones hubieran creado valores y normas para que esa habilitación llegara a ser voluntad incuestionable de la colectividad en el presente y también convicción de futuro. Es el Estado nacional la institución encargada y responsable de implementar esos valores y normas aun en medio de los conflictos más cruentos. El Estado debe ser constantemente interpelado para que cumpla con este precepto.

Esto obliga a estudiar la forma en que se han formado, diseminado y encarnado las narrativas de identidad nacional por medio del aparato educacional como fundamentos posibles de culturas respetuosas de los Derechos Humanos. En este tipo de estudios encontraremos claves sobre la manera en que las élites nacionales latinoamericanas han respondido a las incitaciones de integrarse a la "economía global" en la historia de sus diferentes ciclos. Más allá de cualquier forma de nacionalismo, la existencia de una tradición de respeto de los Derechos Humanos debiera llevar a la conciencia y al discernimiento para pensar que la manera en que se inyecte en la nación la lógica de esos diferentes ciclos de "globalización" no tiene que privilegiar ciegamente los intereses metropolitanos por sobre los locales.

Aceptemos que, en la configuración presente de la "economía globalizada" imperante, no hay otras opciones de desarrollo socio-económico sino en los términos fijados por los conglomerados transnacionales. Sin embargo, hay espacio –aunque sea mínimo– para modularlos de manera humanizadora si la población nacional y sus liberatos sociales, laborales, políticos y financieros actúan con un consenso, sentimiento y convicción fundamentales de lo que es la dignidad humana y del imperativo de respetarla en la satisfacción de sus necesidades espirituales y materiales. El desafío está en usar la lógica y los mecanismos del sistema para asegurar los mayores beneficios posibles para las poblaciones nacionales y eludir o morigerar sus efectos negativos. A este reconocimiento han llegado aun países como China y Cuba. Muchas naciones africanas, por el contrario, demuestran los efectos de la clausura de alternativas y la incapacidad de las élites dirigentes para detectar y usar los espacios de maniobra existentes. La participación cada vez menor de Africa en la economía mundial ha provocado el colapso catastrófico de las infraestructuras materiales más fundamentales para mantener un orden social y una calidad de vida mínimos. Esto, junto con la inexistencia de una mínima base ética sobre el valor del ser humano ha provocado olas de genocidio étnico, además de la falta de atención apropiada a las epidemias de enfermedades fulminantes y la incapacidad de erradicar enfermedades endémicas.[5]

Estas observaciones prudenciales son válidas aún si el modo con que se crean las condiciones favorables para introyectar la "globalización" implica que las élites dominantes usen la violencia militar y los opositores den una respuesta similar. Quienes usan la violencia militar deben convencerse de que su aplicación sólo dura un período relativamente breve y que la tarea posterior de ganar la paz a largo plazo es aún de mayor importancia. La paz no será estable si los contrincantes actúan como si la guerra fuera a prolongarse eternamente y, por tanto, aplicando un errado criterio de inmediatez, buscan un rápido triunfo suspendiendo el imperio de la ley, practicando el terrorismo de Estado y causando destrucciones, sufrimientos y muertes innecesarias. De allí la conveniencia de respetar el Derecho Humanitario para el conflicto armado –las Convenciones de Ginebra (1949) y sus Protocolos Adicionales (1977).

Debe reconocerse que ni los individuos, ni las instituciones privadas ni los Estados dejarán de cometer violaciones de los derechos civiles, políticos, económicos, sociales y culturales. También debe reconocerse que todas estas agencias a la vez tienden a respetar los pactos y convenios internacionales, aun por conveniencia egoísta e intereses mezquinos. El sistema mundial ha llegado a ser realidad porque hay una racionalidad de conveniencias mutuas. Es razonable pensar, por ejemplo, que si compramos un pasaje aéreo, a menos que intervenga un accidente o un acto de terrorismo, con gran probabilidad llegaremos a destino. Si usamos el correo internacional, es muy probable que nuestro envío llegará. Las grandes compañías multinacionales tendrán dudas de invertir en un país en que se suspenda el estado de derecho porque las repercusiones sociales alterarán la paz para transar sus negocios y, con seguridad, sus inversiones correrán peligro. Las empresas privadas, los Estados y los ciudadanos afectados por prácticas dolosas de empresas extranjeras pueden recurrir a los tribunales de la Organización Mundial de Comercio para tratar de reivindicar sus intereses. Los individuos cuyos derechos han sido violados y no encuentran justicia en su país pueden recurrir a la Comisión de Derechos Humanos de las

Naciones Unidas, de la Organización de Estados Americanos y de la Unión Europea. Puede que los Estados declaren políticas de defensa de los Derechos Humanos hipócritamente, sólo para promover sus intereses particularistas en la arena nacional e internacional. Por ello es que el eje fundamental del movimiento de defensa de los Derechos Humanos son las organizaciones no gubernamentales (ONGs) de carácter nacional e internacional. Estas son agencias independientes con la capacidad de evaluar las políticas nacionales e internacionales de los gobiernos y de las instituciones interestatales, demandar transparencia y responsabilidad de la autoridad gubernamental en sus decisiones y el modo en que se hacen los gastos públicos, hacer observaciones críticas al respeto con eficacia técnica, publicidad y muchas veces con resultados positivos. Por su acción en circunstancias de represión y de conflictos catastróficos, las ONGs más conocidas son Amnistía Internacional, Human Rights Watch, la Federación Internacional de Sociedades de la Cruz Roja y de la Medialuna Roja y el Consejo Mundial de Iglesias. No obstante, ya en la década de 1990 había surgido una cantidad espectacular de ONGs dedicadas al activismo en favor de la ayuda humanitaria, de la igualdad de los géneros, de patrones sostenibles de producción, consumo y uso tecnológico, de circulación mundial de mensajes culturales, de seguridad humana y ecológica, de protección de los pueblos indígenas.

En años recientes la agenda de estas ONGs se ha dirigido a formar una "sociedad civil mundial" que represente con efectividad a las ciudadanías del mundo para influir sobre políticas de desarrollo humano globales y nacionales desde las bases de la sociedad civil, dando término a la época en que la política era canalizada exclusivamente a través de partidos y sus ideologías homogenizadoras de la diversidad cultural, de Estados nacionales, de grandes bloques de naciones en conflicto o aliadas y de organizaciones supranacionales. Desde todo tipo de posiciones religiosas e ideológicas las ONGs buscan intervenir e influir en las conexiones entre Estados, comunidades, mercados, políticas económicas nacionales e internacionales, sistemas ecológicos, acceso a formas de gobernabilidad existentes y creación de nuevas formas de gobernabilidad. Para ello han buscado y obtenido representación en diversas ramas de las Naciones Unidas, en la Organización Mundial de Comercio, en el Banco Mundial, en el Fondo Monetario Internacional, en la Corte Internacional de Justicia, en el Grupo de las 8 naciones más desarrolladas. En muchas instancias la influencia ejercida por las ONGs ha dejado atrás posturas meramente opositoras para también contribuir a la definición y redefinición de problemáticas y normas pertinentes a cada caso.

El auge mundial de este tipo de institución ha llevado a la creación de ONGs transnacionales para definir objetivos complementarios de todas ellas y buscar acuerdos estratégicos comunes en cuanto a modos de relación con las organizaciones de gobierno local, regional, nacional e internacional, asegurar la organización más participativa de su membrecía y la legitimidad y transparencia del aparato directivo y de su financiamiento. Entre ellas están CIVICUS: Alianza Mundial para la Participación Ciudadana, el Foro Social Mundial, el Foro Económico Mundial, la Organización Internacional de Uniones de Consumidores (OUIC). Estas ONGs han organizado "cumbres" mundiales por su propia cuenta o han llamado a la participación masiva de ONGs nacionales en las que organiza las Naciones Unidas, "cumbres" en que anualmente se reúnen cientos de miles de representantes.[6]

La lógica que moviliza al movimiento mundial de las ONGs es la convicción de que los efectos de la "globalización" bien han puesto en jaque las libertades logradas en el orden jurídico de los estados nacionales o éstos han tomado tendencias despóticas para atraer a los conglomerados transnacionales y darles el mayor acomodo posible. Para ello los gobiernos han tenido que seguir directivas del Banco Mundial y del Fondo Monetario Internacional, instituciones de control transnacional cuyas burocracias no han sido elegidas por una participación ciudadana democrática. Los efectos de la "globalización" han mostrado la necesidad de una forma de ciudadanía que no se restrinja a los límites legales de los Estados y abra espacios de acción transnacionales sin abandonar los Estados nacionales. Esta amplitud es de particular importancia en aquellos Estados compuestos por una multiplicidad étnica. En ellos los diferentes grupos étnicos se enfrentan con principios supuestamente democráticos que en nombre de "derechos ciudadanos iguales para todos" homogenizan diferencias culturales vitales para su supervivencia. De aquí surge la convicción de que el mayor control que tengamos sobre nuestras vidas individuales y colectivas no puede lograrse solamente dentro de arreglos políticos nacionales sino también con activas solidaridades transnacionales.[7]

La coordinación de solidaridades transnacionales obliga a una postura ética desacostumbrada en la tradición de la política exclusivamente intraestatal:

la diferenciación entre los intereses del "nosotros" contra el de los "otros", en que los aliados posibles son sólo los connacionales. De allí que las ONGs transnacionales deban ser entendidas como "comunidades dialógicas": "Uno de los deberes de la ciudadanía mundial es crear estas comunidades de discurso más amplias y reducir en su medio las formas de exclusión injusta: se trata de asegurar que cada uno de estos dispositivos sea gobernado por el diálogo y el consenso más bien que por el poder y la fuerza"; "Aquí se encuentra uno de los aspectos más prometedores en que no sólo los Estados sino también una gran variedad de actores no-estatales pueden participar como buenos ciudadanos internacionales dentro de una esfera pública mundial, y en que se pueden crear normas internacionales que no simplemente reflejen los intereses y las preferencias ideológicas de los grandes poderes y de las corporaciones transnacionales dominantes" (Linklater, 53).

Las ONGs producen una enorme cantidad de material informativo, analítico e interpretativo sobre problemáticas actuadas y verbalizadas por agentes reales, de carne y hueso, no producidos por disquisiciones teóricas y abstractas, estrictamente académicas. Es enorme la variedad de asuntos y riqueza simbólica que ofrecen para la investigación y la enseñanza en "estudios culturales latinoamericanistas".

Todo esto apunta a la manera como ha gravitado la filosofía política de Inmanuel Kant y su concepto de un posible "derecho internacional cosmopolita" actualmente en proceso de ser creado. Volveré sobre este tema al comentar el trabajo de Pascale Casanova.

Dado que la creación de esa "sociedad civil mundial" tiene una intención ética preocupada del destino de toda la especie humana, estimo que mis argumentos deben hacer evidente una formulación de una hermenéutica posible de la cultura basada en los Derechos Humanos. Ella debe esbozar un conjunto de hipótesis sobre los comportamientos esenciales que ha mostrado la especie humana en toda época y lugar a través de su historia. Este "esencialismo" debe entenderse como una construcción histórica cuyo sentido y teleología han quedado decantados a través de siglos en la acumulación y formulación de normas y principios que han llegado a conformar el Derecho Internacional de Derechos Humanos. De allí que se diga que estas normas configuran criterios fundamentales y mínimos, transhistóricos y transculturales, para la evaluación del comportamiento de Estados, gobiernos y todo tipo de instituciones burocráticas en la conducción de su política hacia los colectivos humanos.

Dada la historia latinoamericana de las décadas recientes, estimo que ya no es apropiado ni conveniente que esa hermenéutica se base en teleologías semejantes a parusías milenaristas –la "ley natural" en versión escolástica, hegeliana o marxista– que predigan el fin de una "historia imperfecta" para dar paso a una "verdadera historia" de la humanidad. Si reconocemos que todo individuo, institución, gobierno y Estado ha violado, puede violar y violará Derechos Humanos, resulta mucho más cuerdo trabajar con la hipótesis de que esas violaciones han ocurrido, están ocurriendo y seguirán ocurriendo. Por tanto, el milenarismo debe ser reemplazado por un gnosticismo que acepte que la historia de la especie humana está gobernada por formas de disciplinamiento inhumano interrumpidas por ciclos de rupturas esporádicas para crear espacios de libertad relativa, seguidos por la construcción de nuevas rutinas de disciplinamiento inhumano y luego nuevas rupturas.

Este gnosticismo permite que la historiografía haga énfasis en valorar esos momentos de liberación y no en la persecución de quienes retarden la marcha hacia la parusía, llámense paganos, pecadores, burgueses o comunistas

Al privilegiarse un criterio antropológico como el propuesto, la creación poética oral o escrita, religiosa o secular, de ficción o de utopías sociales cercanas a la religión, la filosofía y la ciencia política no puede sino ser una manifestación de la forma en que la humanidad simboliza la vivencia de esos ciclos liberatorios a través de su historia. Estimo preferible hablar, por tanto, de la "poética" como factor "universal" más que de una "literatura mundial" enmarcada en un concepto más bien geopolítico como el que observo en la propuesta de Pascale Casanova. No obstante, mi preferencia no descarta los criterios geopolíticos; más bien los hace complementarios del criterio antropológico.

CULTURA VERSUS CIVILIZACIÓN (IMPERIAL)

La poesía puede entenderse como la representación simbólica y analógica resultante del choque permanente entre dos potenciales e imperativos humanos –la infinita capacidad de autotransformación que ha mostrado la especie humana a través del tiempo para satisfacer necesidades materiales y espirituales, potencial en conflicto con el imperativo de ahorrar buena parte de la plusvalía producida colectivamente para mantener la infraestructura institucional con que se ha organizado el orden social en un momento de la historia. Se trata del choque inevitable entre cultura y civilización. Cultura es la capacidad imaginativa de la humanidad para trabajar en la creación y diseño de herramientas materiales, utensilios simbólicos, procedimientos, instituciones organizadoras de relaciones sociales y autoridades administrativas jerarquizadas con el objeto de producir para la satisfacción de necesidades en permanente expansión precisamente porque las necesidades anteriores ya han sido satisfechas, creándose, por tanto, otras necesidades y la demanda de nuevas satisfacciones. Mientras el potencial de la cultura es el esfuerzo por concretar utopías posibles y probables en el horizonte de oportunidades que permite un orden social, civilización es el sistema de alienaciones impuesto para ahorrar la plusvalía indispensable para sostener las infraestructuras materiales y burocráticas que dan continuidad a la organización social según los modos con que se la ha fundado.

La civilización es, por tanto, la creación y administración sistemática y racionalizada de la escasez material y espiritual. Ciertos sectores de la sociedad contribuirán con su trabajo a la acumulación colectiva de plusvalía pero recibirán menos alimento, vestuario, cuidado de su salud, lugares de habitación apropiados para seres humanos y acceso a los códigos simbólicos acumulados.

El cuerpo de estos seres alienados se desgastará en el trabajo más allá del deterioro natural de la materia corporal, sin que reciban compensaciones suficientes para repararlo adecuadamente. Sentirán, además, que reciben mucho menos placer, amor, solidaridad, conocimiento, gozo de la belleza, entendimiento de su entorno. Se trata de seres condenados a ser menos humanos en cuanto se los priva de la posibilidad de ejercer las opciones más amplias de su potencial cultural. Por su parte, desde su situación de relativa opulencia, las jerarquías administradoras de la escasez sistémica o beneficiadas por ella inventan discursos justificatorios que legitiman y racionalizan la alienación imputando a los desposeídos alguna carencia o falla religiosa, ideológica, política, ética, sexual, genérica, racial, étnica. Se trata de discursos que, además, sobre la base del sistema de alienación imperante, cometen la ironía de construir definiciones sesgadas de lo que es "la buena sociedad", "el bien común", "la calidad de vida", "el ser humano ideal".

En un campo social en que la escasez ha sido "naturalizada" es inevitable que también los alienadores tomen conciencia de que en el mundo que administran nunca habrá lo suficiente para todos, material o espiritualmente. A menos que encuentren algún modo de aislarse totalmente en las delimitaciones espaciales que les corresponden, tendrán que contemplar la miseria, suciedad, hedor y fealdad del entorno de los alienados y percibir las lacras de sus cuerpos y mentes deformadas.

Aunque puede que no en toda sociedad esto resulte en alguna forma de conciencia culpable y, quizás, corregible y productora de discursos expiatorios, los poderosos indudablemente repudiarán la experiencia de lo indeseable. Tendrán que protegerse de las amenazas y de los crímenes de los alienados, de los vituperios que circulan en sus discursos liberadores, de sus hoscas resistencias y de sus conspiraciones y esfuerzos insurreccionales. Para los alienadores, el espacio y presencia de los alienados son espejo fiel y directo de los efectos de su trabajo administrativo y del poder que han acumulado. Por esto, los alienadores quedan alienados ellos mismos en proporción directa con la calidad de alienadores que asumen los alienados con su sumisión al sistema.

A pesar de la miseria material o espiritual sistémica, el ser humano no tiene más refugio para su vulnerabilidad congénita que su comunidad de alienados. Sólo allí encontrará los medios para ganarse la vida, satisfacer sus urgencias sexuales, encontrar compañía y amistad permanentes o momentáneas. Sólo en medio de la alienación podrá encontrar alguna medida de refugio, consuelo, caridad, piedad, solidaridad. Por otra parte, después del agotamiento físico y mental provocado por infinitas tensiones y conflictos entre sí, tanto alienados como alienadores ansiarán encontrar algún punto de convivencia pacífica, alguna utopía construida conjuntamente para distender la violencia virtual, potencial o declarada que articula al sistema de administración social.

El desbalance conflictivo entre las carencias del ser y la añoranza de un punto de paz y equilibrio social se manifiesta en tensiones que, por último, resultan en fuertes descargas espirituales que implican experiencias noéticas. Experiencias noéticas son aquellas situaciones de sobrecarga y descarga verbal de tensiones racionales y emocionales que provoca vivir las alienaciones de un orden social.[8] Estas descargas generan y exteriorizan un logos mítico cuyos símbolos funden la cercanía inmediata de la cotidianeidad con una intuición cósmica que se presenta a la conciencia como el significado de la "condición universal" de la humanidad.

El logos mítico contiene en sí un descomunal salto de la imaginación para dar cuenta del sentido y teleología de la humanidad de acuerdo con principios trascendentales que la inmediatez de la experiencia cotidiana es incapaz de avalar. En la experiencia noética el ente temporal del ser humano es captado como eternidad, lo cual exige un acto de fe para afirmar su veracidad. De los esfuerzos por comprender la significación de los símbolos entregados por el logos mítico surge la filosofía como intento de captar el sentido y teleología de la existencia. Más tarde, por los actos analíticos de la razón, surgen los principios hipotéticos de la historiografía en una inversión por la que la ficción de lo eterno evalúa y enjuicia lo temporal. De este modo, lo que todavía no existe y quizás nunca existirá aparece presidiendo sobre lo real. En estas circunstancias se originan esos momentos de ruptura de las disciplinas sociales coercitivas que permiten avizorar libertades posibles y orientar la voluntad para una praxis que las concrete.

Como cimentador ideológico del sentido de las relaciones sociales, el simbolismo mítico surgido como mediación entre lo temporal y lo eterno, lo real y lo irreal es negociado conjuntamente por alienados y alienadores para dar cuenta del fatalismo de tener que vivir juntos. Por ello ambos intentarán alguna forma de cooperación para dotar al simbolismo mítico de equilibrios que ocultan, disfrazan o enmascaran la polaridad real de su situación social en un medio de escasez. Por esta intención de equilibrio el gran salto de la imaginación para dar cuenta de la "condición humana" universal se transformará en un constructo teológico-metafísico que habla de la redención y la reconciliación social estableciendo principios arbitrarios que, sin embargo, se consideran como reales o realizables. Sobre esta base se proclama un destino común fundamentado bien en el tótem, la religión, la nacionalidad, la raza, la etnia, la clase social, la lengua común. Para corroborar la validez de estos principios no existen criterios posibles de comprobación. No obstante, impelidos por la fe mítica, los seres humanos se lanzan en un enorme esfuerzo y sacrificio voluntario para materializar socialmente estos principios.

Se trata de una redención-reconciliación fraguada en mala fe, según el término propuesto por Jean-Paul Sartre: colectivos humanos que no tienen otra opción que la de cohabitar dentro de un territorio articulado por un ordenamiento social alienador específico deben allanarse a alguna forma de convivencia pacífica y complementaria pretendiendo que a las injusticias de hecho existentes, por muy ofensivas que sean, puede quitárseles importancia o postergar su reivindicación para un vago futuro. No obstante, es del todo cierto que la gravitación de estas injusticias nunca deja de presionar la conciencia y la memoria colectivas.

Esta reconciliación en mala fe se concreta en monumentos negociados colectivamente. En medio o después de conflictos sociales intensos, ciertos episodios, sucesos, lugares, personas, formas discursivas, textos alusivos llegan a ser reconocidos por todas las partes como concreciones que dan testimonio fiel tanto de las motivaciones excelsas que las llevaron a la lucha como a la intención de reconciliarse, una vez que su capacidad de llevar adelante el conflicto ha quedado exhausta.

Las narraciones orales y los textos de ficción literaria o de interpretación social canonizados nacional o internacionalmente pueden entenderse como tales monumentos construidos en mala fe. En un apretado haz de contradicciones simultáneamente convergentes y divergentes, estos textos hacen referencia a una plétora de contradicciones no resueltas –a las alienaciones soportables o intolerables que se han acumulado en una civilización; a la búsqueda o esperanza de reivindicación; a los límites que intenta imponerles el poder conservador; y a los intentos de encontrar en lo teológico-metafísico algún punto de balance, redención y reconciliación de todas estas contradicciones.

Ante estos monumentos, situándose desde la perspectiva hermenéutica del Derecho Internacional de Derechos Humanos para tiempos de paz y de conflicto armado, la función del crítico literario/cultural es desmontar las contradicciones que la mala fe intenta reconciliar para poner en evidencia aquellos elementos figurativos que de hecho o potencialmente impliquen atropellos de los Derechos Humanos y exaltar y valorar aquéllos que de hecho o potencialmente promuevan su respeto.

En el trasfondo del gnosticismo que he expuesto está el trabajo teórico hecho en la década de 1970, en que muchos críticos literarios usamos la Teoría de la Dependencia para entender los modos como se ha construido la civilización, la escasez y las alienaciones sistémicas en Latinoamérica. Hago énfasis en que la Teoría de la Dependencia fue una aproximación sistémica al estudio de las alienaciones latinoamericanas entendiendo a la región como conjunto sujeto a los mismos procesos socio-económicos aunque con diferentes formas institucionales de asumirlos y reaccionar ante ellos. Más tarde sus conceptos se universalizaron con la Teoría del Sistema Mundial promovida por Immanuel Wallerstein.[9] Vale la pena repasar los fundamentos de la Teoría de la Dependencia para la interpretación cultural porque Pascale Casanova también basa sus argumentos en una concepción sistémica, la Teoría del Sistema Mundial, pero sus resultados son radicalmente diferentes. La Teoría de la Dependencia apareció en la década de 1960 negando las premisas del difusionismo liberal imperante hasta entonces. Postuló un principio radical –la causa del "subdesarrollo" latinoamericano no era una imperfecta o escasa integración de las economías locales con el mercado mundial; por el contrario, el "subdesarrollo" era consecuencia directa de esa integración a través de los diferentes imperios europeos inaugurados en 1492. Por ello se usó una frase irónica –la historia latinoamericana era la "historia del desarrollo del subdesarrollo". América fue organizada como "periferia" de "centros" imperiales cuya función sería succionar plusvalía para mantener la cohesión económico-militar del sistema.

La integración se dio con la lógica de tres concepciones de la riqueza de las naciones, concepciones que inauguraron tres ciclos de dependencia: mercantilismo (fines del siglo XV hasta las primeras décadas del XIX); librecambio (mediados del siglo XIX hasta la década de 1910); neoliberalismo o "globalización" (mediados de la década de 1960 hasta el presente). Dado que en todos estos ciclos se ha mantenido un intercambio comercial desfavorable para la "periferia" latinoamericana y una mayor acumulación de plusvalía en los "centros" imperiales, la conclusión era inevitable en cuanto al sentido del trabajo colectivo de los latinoamericanos. Es un trabajo "inauténtico" en la medida en que no permite una libre determinación de la manera de definir y satisfacer las necesidades de las poblaciones. De allí que la "dependencia" fuera definida como una situación en que el trabajo colectivo en Latinoamérica no responde a necesidades materiales y espirituales libre e internamente definidas, sino a los modos de succión de plusvalía impuestos por las potencias extranjeras que han integrado y retenido a la región en su esfera de poder diplomático, económico y militar. Esta noción está implícita en la actual Teoría del Sistema Mundial, aunque no queda relevada de la manera dramática y honesta como lo hizo la Teoría de la Dependencia.

Como corolario se pudo percibir una contradicción esencial en cuanto a la naturaleza del trabajo de los intelectuales periféricos: aunque la producción del logos mítico entregado por la experiencia noética pudiera tener una motivación consciente de redención y liberación humana, la lógica material del sistema mundial en sus diferentes ciclos introducía un condicionamiento inconsciente puesto que resultaba precisamente, en lo contrario, en alienación, en dependencia. En otras palabras, la producción intelectual de los latinoamericanos siempre ha estado marcada por una mala fe que postula utopías emancipatorias dentro de los límites inerradicables impuestos por los ciclos históricos de renovación de la dependencia.

De allí que ese logos mítico se manifiesta como una fusión inestable de tres elementos –misión salvífica, ecumene y superexplotación para grandes sectores de trabajadores. Son elementos que simbólicamente han presidido las discursividades que han reticulado espacialmente las relaciones humanas entre centro y periferia y, por extensión, en la periferia, entre ciudad primada e interior. Esta tríada de elementos ha gravitado siempre en la conformación de un motivo clásico en las discursividades culturales latinoamericanas –el choque entre civilización (centro metropolitano y local) versus barbarie (periferia = espacios del interior nacional).

El celo épico con que los ibéricos actuaron la lógica mercantilista en América se fundió con el celo en la evangelización de los paganos por la Iglesia Católica. De hecho, la conversión religiosa complementaba la economía mercantilista proveyéndole una masa de trabajadores razonablemente dóciles. La misión cristiano-mercantilista abrió paso a un ecumenismo proyectado desde las ciudades primadas con que los colonizadores intentaron dar coherencia administrativa a las diversas civilizaciones conquistadas, situándolas bajo los íconos unificadores de un Dios, una Iglesia, un Rey, una ley universal, una lengua.

Materialmente este ecumenismo se concretó de diferentes maneras, en mestizajes raciales fortuitos o inducidos calculadamente; reductos indígenas "civilizadores"; sincretismos –hoy algunos dicen "hibridismos"– cimentadores de hábitos rutinarios y redes de coerción visibles o no evidentes. Los mestizajes y sincretismos fundamentaron las inercias de las rutinas cotidianas que permitieron que los imperios ibéricos en América se mantuvieran hasta el siglo XIX. En estos reductos "civilizadores" ocurrió el genocidio indígena tanto por las nuevas enfermedades introducidas por los europeos como por el trabajo brutal con que fueron superexplotados.

En las primeras etapas del período de la colonia se produjo una catastrófica mortandad indígena tanto por las enfermedades traídas desde Europa como por la deportación de pueblos desde sus localidades ancestrales hacia los nuevos centros de producción minera o agrícola. La escasez de trabajadores llevó a los empresarios coloniales a superexplotarlos tanto para saldar las crecientes deudas resultantes del balance desfavorable del comercio con la *metrópoli* como para resarcirse de las incertidumbres de tormentas y naufragios asociadas con el comercio de ultramar hacia Europa y Asia.

Reflexionemos, sin embargo, que en medio de esta brutal contradicción entre evangelización, boato, superexplotación y genocidio se inauguró el Derecho Internacional para las relaciones interestatales y el Derecho Internacional de Derechos Humanos con las disquisiciones de Francisco Vitoria y con las protestas y trabajos del dominico Antonio de Montesinos en la Isla Española y de Bartolomé de las Casas. Con Montesinos y Las Casas se inició con gran tempranía en América el movimiento de defensa de los Derechos Humanos económicos, sociales y culturales. En Europa, el Vaticano los pondría en su agenda mucho tiempo después con la encíclica *Rerum Novarum* (1891). Pero también cabe preguntarse, ¿hasta qué punto la angustia de Las Casas por el genocidio indígena fue más bien una preocupación por la seguridad económica del imperio ante la catastrófica mortandad de la fuerza laboral?

Las independencias latinoamericanas fueron incentivadas por las doctrinas librecambistas diseminadas por Inglaterra y Estados Unidos. Para los ingleses la lógica del librecambio fue doctrina misionera. Las naciones debían reconocer la "ley natural", el "sentido común" de que la prosperidad estaba en abrirse sin trabas a un comercio mundial que generaría mayor demanda de las mercancías más diversas, generando, por tanto, un consumo que crearía civilizaciones de mayor complejidad en lo material y lo espiritual. Cada nación, a semejanza de individuos racionales, de recto juicio, como entes libres, sin ninguna compulsión, se reunirían en el mercado internacional para intercambiar, en beneficio mutuo, los productos que podían producir en mayor cantidad y a costo más bajo.

El predominio de esta lógica forzó a naciones emergentes de la más diversa configuración cultural a las tareas ecuménicas de estabilizar el Estado y de homogenizar sus procedimientos bancarios, el intercambio de valores, los códigos legales para facilitar las inversiones extranjeras y el comercio de importación-exportación; y, para habilitar este comercio, la construcción de las infraestructuras militares, de transporte, distribución, comunicación y educación. En la administración del intercambio surgieron clases medias profesionales que luego se convertirían en oponentes políticas de las oligarquías librecambistas. El inglés y el francés se convirtieron en *lingua franca*. Como en la época de la colonia, nuevamente las grandes ciudades y puertos hicieron de focos irradiadores de las decisiones políticas hegemónicas, de los estilos de vida y de los deseos generados por esta modernización europeizante.

En el período utópico de construcción y estabilización de los Estados nacionales y del afianzamiento del librecambio los liberales proclamaron un mito literario en el que aparecían como profetas que conducían al "pueblo" para liberarlo del "cautiverio" espiritual en que los había sumido la colonia ibérica.[10] Se trataba de una "peregrinación" por el "desierto de la barbarie" que terminaría en la "tierra prometida" de la civilización europeizada representada por la gran ciudad. Este era el alegato de Esteban Echeverría en su *Dogma socialista* (1837). Cinco años más tarde, en 1842, con su "Discurso de Incorporación a la Sociedad Literaria" José Victorino Lastarria convirtió el ideario de Echeverría en un programa de construcción de identidades nacionales utilizando la literatura.

Pero, en realidad esa modernidad fue afianzada por dictaduras oligárquicas de "orden y progreso" que sirvieron de garantizadores de las inversiones extranjeras y de las oligarquías locales conectadas con ellas. Avaladas por el cientificismo positivista, en un nuevo ciclo épico estas dictaduras conquistaron militarmente las regiones del interior para despojar de tierras a los pueblos indígenas y explotarlas para la exportación. Junto con el genocidio y la deportación de indígenas cometieron las grandes masacres de trabajadores en las minas, haciendas y puertos que caracterizaron las décadas finales del siglo XIX y de comienzos del XX. Esta represión mantuvo el orden establecido contra la sublevación de los trabajadores por el catastrófico descenso de la calidad de su vida debido a la frecuente devaluación de la moneda nacional. Las devaluaciones protegían al gran capital librecambista nacional del intercambio comercial desfavorable y de las continuas recesiones mundiales de fines del siglo XIX.

¿Hay diferencia entre la creación de los nuevos Estados-nación y la entrada en un nuevo ciclo de dependencia con el librecambio?

En las décadas finales del siglo XIX y las primeras del XX el desaliento causado por las consecuencias reales de la utopía librecambista se hicieron patentes. Los grandes proyectos del liberalismo –consolidación del latifundio para la exportación agrícola; atracción de masas de inmigrantes para contar con una fuerza laboral abundante; construcción de una infraestructura ferroviaria para la exportación y la distribución de importaciones europeas–parecieron haberse degradado. Aunque quizás en algunos países las oligarquías mantuvieran en sus manos la propiedad del latifundio, Inglaterra, Alemania, Estados Unidos y Francia controlaron los sistemas de frigoríficos, de transporte terrestre y marítimo, las estructuras financieras y de mercadeo internacionales. Con ello dominaron tanto la producción en las economías locales como los precios de sus productos en la economía internacional. En otros países latinoamericanos los capitalistas extranjeros no sólo dominaron esa infraestructura internacional sino también, de manera directa, el latifundio y la minería. Las oligarquías liberales entraron en decadencia como agentes de la acumulación nacional de capital.

Ya que los argumentos de Pascale Casanova otorgan gran importancia a la figura de Rubén Darío, no perdamos de vista que su obra se origina en este contexto.

En medio de esta miseria tomó ímpetu la lucha de las clases medias profesionales por los derechos civiles y políticos buscando una participación democrática en la cosa pública. El Estado oligárquico se había acostumbrado a resolver los conflictos sociales agudos mediante masacres. También es la época en que los trabajadores, incentivados por el anarco-sindicalismo y el socialismo europeos y, más tarde, por la formación del movimiento comunista internacional, dan pasos decisivos para la formación de sindicatos y la demanda de legislación de seguridad social.

Por el hecho de que se caracterizó por una radical crítica de la construcción liberal de las nacionalidades, en el segmento final de esta sección conviene dar un salto de décadas para concentrar la atención en la llamada "narrativa del boom" de la década de 1960. Aunque adquirieron notoriedad precisamente cuando las compañías multinacionales comenzaron a "modernizar" nuevamente el consumo en Latinoamérica ofreciendo productos de fama "global", la narrativa de Jorge Luis Borges, Carlos Fuentes, Gabriel García Márquez, José Donoso, Juan Carlos Onetti, Ernesto Sábato, Mario Vargas Llosa, Juan Rulfo, Julio Cortázar coincidieron en mostrar el desgaste total de la concepción liberal de la historia. Mostraron a las oligarquías aposentadas en los espacios privilegiados por el liberalismo –las mansiones, las bibliotecas, el latifundio, los institutos militares, los grandes puertos de importación-exportación, las ciudades primadas– para convertirlos en zonas sagradas clausuradas, incomunicadas de la historia que se desarrollaba en el exterior. Allí el poder oligárquico se reproducía mediante rituales demoníacos en que los jóvenes eran despojados de su individualidad para que adoptaran las máscaras, los roles sociales con que sus mayores hacían el relevo generacional para renovar las relaciones internacionales de la dependencia. En gran cercanía con la Teoría de la Dependencia, en la "narrativa del boom" la historia aparecía como la repetición mecánica de ciclos de dependencia en que la potencialidad cultural latinoamericana perdía "autenticidad", haciéndose mero espejo fantasmagórico de la civilización de las "metrópolis".

EN TORNO A LA PROPUESTA DE PASCALE CASANOVA

Reportaje periodístico desde Nicaragua:
Entrevistas hechas en mayo de 1985 revelaron docenas de testigos y víctimas de atrocidades cometidas por los 'contras', incluyendo a un granjero baleado en la cabeza en castigo por haber vendido una vaca al ejército nicaragüense. Su hijo, a quien le volaron la cabeza en el mismo incidente, murió en sus brazos. El granjero recuperó la conciencia en momentos en que los cerdos devoraban los sesos de su hijo. En otra aldea una niña de diez años mostraba heridas de bala en el pecho y la parte de atrás de la cabeza. La habían usado para práctica de tiro. Una niña más joven y menos afortunada de la misma área había sido violada y decapitada. Clavaron la cabeza junto al camino como aviso contra quienes asistieran a las clínicas y escuelas del gobierno. En marzo de 1987, a pesar de fuertes declaraciones de negativa, unidades 'contra' según el *New York Times*, todavía bayoneteaban a bebés. (Cockburn 111)

Una apreciación del aporte teórico de Pascale Casanova obliga a un deslinde comparativo entre la identidad asumida por los críticos latinoamericanistas según lo expuesto anteriormente y la que ella asume.

En la sección primera de este trabajo mostré que, desde fines de la década de 1970 en adelante, un número importante de críticos literarios dejó de percibirse como meros técnicos en la descripción de inmanencias textuales de las obras canónicas del repertorio latinoamericano. Se redefinieron como proponentes e intérpretes de grandes problemáticas sociales de la región en circunstancias de intenso conflicto. Incitados por las consecuencias humanas de los movimientos revolucionarios y las dictaduras de la Doctrina de la Seguridad Nacional, muchos críticos literarios se transformaron en críticos de la cultura. Figurativamente puede decirse que "abandonaron la soledad del gabinete" y algunos adoptaron la práctica del trabajo etnográfico. En los informes de investigación difuminaron las delimitaciones entre las ciencias sociales y las literarias. Se dio una fuerte tendencia a subsumir la literatura como un elemento más entre conjuntos discursivos más amplios. Reforzada la noción de "imperialismo" por los esquemas de la Teoría de la Dependencia, inicialmente los nuevos críticos de la cultura tomaron conciencia cada vez más clara de que los sucesos históricos con que se comprometían obligaban a situar esos "conjuntos discursivos más amplios" en coordenadas mundiales. De allí el predominio actual de la Teoría del Sistema Mundial y la atención prestada a los problemas culturales de la "globalización". He propuesto que la melancolía provocada por las grandes catástrofes y derrotas de la época puede expresarse mejor con una epistemología gnóstica.

Hay un terreno común entre lo anterior y las disquisiciones de Casanova. Ella echa mano del nexo centro-periferia de la Teoría del Sistema Mundial para dar un sentido geopolítico a la manera como se construyen los textos monumentales de la "literatura mundial". Pero Casanova no integra el dato de las catástrofes humanas surgidas del nexo geopolítico de dominación-sumisión-rebeldía entre centro y periferia como condicionamiento de la producción literaria. Prefiere encauzar su esquema geopolítico sólo hacia el estudio de los parámetros *institucionales* del estudio de la literatura mundial; con ello desea contribuir a la renovación de la Literatura Comparada como disciplina académica.[11] Puede decirse que, para este propósito, en el uso de la geopolítica adopta una especie de postura inmanentista por cuanto crea la ilusión de un empirismo en que lo descrito toma rango de realidad concreta que "está allí", sólo hay que develarlo. Casanova nunca aclara que, de hecho, más bien maneja una analogía aproximativa entre la geopolítica y su esquema analítico de la literatura mundial.

Entremos en materia.

Como se sabe, la geopolítica es una doctrina castrense con que los altos mandos militares estudian las circunstancias y modos que llevan al nacimiento, desarrollo y muerte de los Estados-nación. Entre sí éstos viven en una guerra virtual y permanente porque deben competir en un mundo caracterizado por la escasez de territorio y de recursos naturales para sustentar las sociedades. Como unidades mayores de administración social, los Estados-nación surgen para cohesionar a las masas humanas y dirigirlas hacia una mejor competición. Para ello los Estados crean y mantienen

Grandes Estrategias Nacionales que, a largo plazo, como memoria colectiva, planifican la supervivencia de la nación y las estrategias con que se afianzarán y expandirán política y económicamente. Inevitablemente los Estados más fuertes dominan a los más débiles.

En la definición de la Gran Estrategia Nacional los Estados deben considerar factores como la ubicación geográfica, la topografía del territorio, su productividad, la comunidad o diversidad racial y étnica de la población, su capacidad de dominio de la masa territorial en que viven. De acuerdo con este catastro el Estado debe fomentar sistemáticamente los factores cohesionadores de la masa humana –una lengua única (preferible a la multiplicidad lingüística), las costumbres más difundidas étnicamente, las habilidades físicas y las actitudes psicológicas de mayor disciplina según las induce en la población existir en diversas zonas del territorio nacional. El control de estos factores asegura al Estado el dominio necesario de la masa territorial y humana para que el liderato nacional fije los Objetivos Nacionales específicos que faciliten la implementación de la Gran Estrategia.

Desde la perspectiva castrense, la conciencia de estos planteamientos hace difícil la relación entre los mandos militares y el liderato civil. Alejados de la rutina profesional de los institutos militares y adormecidos por ideologías pacifistas, los civiles son inconscientes del peligro perpetuo en que está insertada la nación en el campo de las relaciones internacionales.

Casanova usa este esquema de manera selectiva, separando la cultura literaria "mundial" de los aspectos materiales de la geopolítica. La "literatura mundial" funciona con una "ley de autonomía": "La república mundial de las letras tiene su propio modo de operación: su propia economía, que produce jerarquías y varias formas de violencia; y, por sobre todo, tiene su propia historia, la cual, largo tiempo oscurecida por la casi sistemática apropiación nacional (y por tanto política) de la importancia literaria, realmente nunca ha sido narrada. Su geografía está basada entre una capital, por una parte, y dependencias periféricas cuya relación con el centro está definida por la distancia estética que guarda con él. Está equipada, finalmente, con sus propias autoridades consagradoras, encargadas de legislar sobre materias literarias, que funcionan como los únicos árbitros legítimos en relación con asuntos de reconocimiento" (12).

Afirmar la autonomía del campo literario permite a Casanova una doble estrategia. Por una parte, guardar una relación analógica con la materialidad geopolítica como principio estructurador; con esto logra que sus argumentos sobre el campo literario sean plausibles y tengan impacto. Por otra, le permite conservar a París como centro espiritual de la "literatura mundial" desde el siglo XIX aunque materialmente Francia ya hace tiempo perdió la categoría de gran potencia en lo económico y lo militar.

Así como los militares acusan a los civiles de inconciencia ante la brutalidad de las realidades geopolíticas, Casanova argumenta que ni los críticos literarios ni los literatos tienen conciencia de que la literatura, como institución, constituye un campo geopolítico transnacional de "violencia invisible" de "relaciones de poder específicas de este mundo" y de "batallas que se luchan en él" (43): "Según el punto de vista prevaleciente, el mundo de las letras es de un internacionalismo pacífico, un mundo de acceso libre e igualitario en que el reconocimiento literario está al alcance de todos los escritores, un mundo encantado que existe fuera del tiempo y del espacio y por tanto escapa de los conflictos mundanos de la historia humana" (43). Casanova indica que esta inconciencia afecta a todos los escritores del mundo. Sin embargo, afirma que los escritores de la periferia son los más propensos a llegar a alguna conciencia de esa geopolítica, produciéndose a la vez la paradoja de que son ellos también los más adeptos a "estar al día" con "las últimas invenciones estéticas de la literatura internacional" porque saben que, para "sobrevivir como escritores", deben "ser reconocidos por sus centros respectivos" (43).

Los centros mundiales de la literatura son tales porque han logrado una temprana creación, acumulación, distribución y consumo de "valor literario". Haciendo un uso geopolítico de los conceptos de "capital simbólico" y "campo cultural" de Pierre Bourdieu, Casanova explica que las lenguas nacionales son el capital fundamental en ese proceso de acumulación: "Ciertas lenguas, en virtud de los textos escritos en ella, toman la reputación de ser más literarias que otras, que de hecho encarnan la literatura. En realidad, una literatura está tan relacionada con la lengua que hay la tendencia a identificar la 'lengua de la literatura' –la 'lengua de Racine' o la 'lengua de Shakespeare'– con la literatura misma. Para que una lengua adquiera un alto grado de literariedad debe tener una larga tradición, en que cada generación refina, modifica y expande las posibilidades formales y estéticas de la lengua, estableciendo, garantizando y llamando la atención sobre el carácter literario de lo que se escribe en ella. Esta tradición funciona, en efecto, como certificado de valor literario" (18-19). Más concretamente, este "valor literario" se demuestra con el número de textos canónicos que alcanzan la categoría de "clásicos" y forman un "panteón" que se convierte en "patrimonio nacional". Esta situación crea un ambiente y una atmósfera especial de "riqueza", "nobleza" y "prestigio".

Así ciertas lenguas nacionales asociadas con los imperios modernos – siempre rivales entre sí, siempre renovando sus aspiraciones "neoimperiales"– crean y mantienen esferas de influencia geopolítica que se irradian internacionalmente, en especial hacia los países que sojuzgaron directamente en el pasado: "Las literaturas no son, por tanto, una emanación pura de la identidad nacional; son construidas a través de rivalidades literarias, que siempre son negadas, y luchas que siempre son internacionales" (36). Aunque Casanova no lo dice, esa irradiación debería relacionarse con el poder geopolítico material de un país, pero París ha rebasado los límites de la declinación histórica de Francia y todavía se mantiene como centro de la "república mundial de las letras".

La Italia renacentista reforzada por el legado latino fue reconocida como el primer centro literario; luego, en el siglo XVI, Francia superó a Italia con el surgimiento de los escritores asociados con la Pléiade y se estableció como la primera potencia en crear un proto-espacio literario transnacional; después fueron España e Inglaterra. En el presente Londres y Nueva York ejercen dominio sobre los escritores australianos, neozelandeses, irlandeses, canadienses, hindúes, y africanos anglófonos. París domina a los escritores francófonos de Bélgica, Suiza, Canadá y algunos países africanos. Berlín es hegemónico ante los escritores austriacos, suizos, escandinavos y los países del antiguo imperio austro-húngaro.

La hegemonía de estos centros se mantiene con la elaboración y reelaboración de capital simbólico literario. Los escritores asociados con estos centros se apropian de este "valor" participando en instituciones literarias, academias, paneles de jurados que otorgan o niegan premios, revistas y escuelas literarias. Así los escritores quedan consagrados en "panteones" de la fama. El principal de ellos es el Premio Nobel de Literatura otorgado por la Academia de Ciencias de Suecia, que actúa con París, según Casanova, en una simbiosis complementaria. Luego se expande la circulación de este "valor" mediante un circuito de editoriales, de librerías, con el número y venta de libros que se publican por año, con el tiempo dedicado a la lectura por habitante, con el número de retratos de escritores que aparecen en los billetes y estampillas de un país, con el número de calles con nombres de escritores famosos, con el espacio dedicado a la reseña y discusión de libros en la prensa y la televisión. La literatura de los "patrimonios nacionales" se hace "universal" por el trabajo de "traductores cosmopolitas" y por la existencia de políglotas en todo el mundo. Los traductores del centro funcionan como "agentes exportadores- importadores de valores" literarios y, por tanto, como una especie de "aristocracia", "supremo poder que decide lo que es literario y lo que merece reconocimiento imperecedero, o consagra a todos los que designa como grandes escritores: aquéllos que, en sentido estricto, producen literatura, cuyo trabajo encarna (en algunos casos 'siglos después de su muerte') la grandeza literaria misma como clásicos universales, y define los criterios de lo que se considera o se considerará literario –literalmente convirtiéndolos en modelos para toda literatura futura" (21). Estos "traductores cosmopolitas" son los que hacen del centro una "bolsa" de comercio, una institución bursátil en que se transan "valores literarios".

Con estos argumentos se ha configurado un cuadro geopolítico en que la abundancia se concentra en el centro y la escasez en la periferia. En analogía con el concepto de "efecto de mostración" de las teorías económicas desarrollistas, Casanova muestra que el centro busca modos para que el consumo de su capital literario en la periferia se haga intensamente deseable y adictivo, cuyo consumo diferencia indiscutiblemente la calidad de las personas, haciéndolas superiores.

Los políglotas de la periferia son los ávidos consumidores de las literaturas "cosmopolitas" y "universales". La influencia internacional de una lengua puede medirse por la cantidad de personas que la hablan en el mundo. Esta multitud de políglotas permite que en la periferia se afiancen campos culturales similares a los del centro, con casas editoriales, traductores, críticos y comentaristas literarios que establecen nexos de importación-exportación con el centro.

En el esquema de Casanova la situación ideal de los escritores y de sus textos está en que los "traductores cosmopolitas" los "rescaten" de la escasez de su mundo, de su "prisión dentro de fronteras literarias y lingüísticas" nacionales (22) y les otorguen autonomía y legitimidad aplicándoles los criterios internacionalistas que administran. Las naciones periféricas son una prisión en la medida en que el escritor queda atrapado por problemáticas políticas internas y de definición de la identidad nacional. Esto convierte su obra en un "kitsch" de folklore, de color local, de exotismo. Privilegiar la política nacional resulta en la práctica de un psicologismo basado en técnicas literarias de corte "neorealista" o "neonaturalista" obsoletas. Esta literatura queda condenada a la categoría de "anacrónica".

No obstante, en las naciones periféricas también hay escritores de vocación internacionalista que se esfuerzan por "estar al día" con las últimas novedades vanguardistas del centro. Ellos tienen un potencial de transformación revolucionaria de la literatura mundial, pero también corren un riesgo supremo: el de caer bajo la influencia lingüística rutinaria de los centros hegemónicos en que se ubica su nación. Casanova argumenta que algunos de los escritores periféricos que finalmente logran notoriedad la alcanzan por rebelarse contra esta dominación lingüística y se adhieren a los modelos literarios y prosódicos de otras lenguas. En el caso latinoamericano, Casanova menciona a Rubén Darío y su rebelión contra "los eternos clisés españoles de la 'Edad de Oro', y de su indecisa poesía moderna" (96) echando mano del francés. "Al premunirse del poder literario de Francia, Darío triunfó en cambiar los términos del debate estético hispánico y en imponer el modernismo francés, primero en Latinoamérica y luego, invirtiendo los términos del sojuzgamiento colonial, también en España" (96-97).

Por otra parte, al darles la oportunidad de integrarlos a la "gran literatura", puede que la industria editorial de estos centros lingüísticos les dé su espaldarazo a cambio de que imiten modelos literarios metropolitanos, aunque sean obsoletos. En este caso, con gran publicidad las editoriales crean falsos "sucesos" de renovación literaria. Casanova cita el caso de la llamada "novela poscolonial" inglesa editada en Londres. Aunque este "suceso" fue gestado en un centro "universalista", se trata de otra trampa nacionalista.

Situación diferente sería la de París, "la capital de la literatura mundial" según Casanova, "la ciudad dotada del mayor prestigio literario en el mundo" (24). Casanova atribuye esto a que allí se ha concentrado una "cantidad de recursos literarios, sin comparación en Europa", a "la naturaleza excepcional de la Revolución Francesa" (25) y a la reputación alcanzada como lugar acogedor de refugiados políticos, tolerante de los extranjeros, especialmente de los escritores y artistas, a la tradición de libre examen de las ideas. También están las mitificaciones de la ciudad construidas por la literatura y por la gran moda como centro de las letras, las artes, el lujo, el buen gusto y lo moderno.

Por todas estas condiciones, hacia fines del siglo XIX París cumplió con el desiderátum de Casanova: la despolitización de su enorme acervo literario y, por tanto, la capacidad de ofrecerlo como ente "universal" que responde sólo a "leyes autónomas", poniéndolo al alcance de todo escritor que desee liberarse de la prisión de las literaturas nacionales: "la competición literaria internacional, ahora también separada de las rivalidades estrictamente nacionales y políticas, adquirió vida propia. La difusión de la libertad a través del espacio literario mundial ocurrió con la autonomización de sus espacios constituyentes, con el resultado de que las luchas literarias, libres de sus constreñimientos políticos, ahora no debían obedecer ninguna otra ley que la ley de la literatura" (37). Conviene citar, además, lo que Casanova observa en cuanto a la literatura latinoamericana: "De manera similar, aun considerando diferencias de tiempo y lugar, los escritores latinoamericanos en el siglo XX consiguieron alcanzar una existencia y una reputación internacional que confirió a sus espacios nacionales (y, de manera más general, al espacio latinoamericano) una reputación y una influencia en el mundo literario mayor, sin comparación con las de sus países natales en el mundo internacional de la política" (38-39).

En la medida en que "el mundo de las letras" tiene un "tiempo propio", diferente al de la historia, en la medida en que París es el depósito geográfico en que se acumulan las olas de vanguardias literarias que renuevan el campo, en la medida en que todos los "escritores internacionales" prestan atención permanente a lo que allí ocurre, Casanova estima conveniente considerar a París como el equivalente al meridiano de Greenwich de la modernidad literaria: "El espacio literario crea un presente sobre cuya base pueden medirse todas las posiciones, un punto en relación del cual se pueden localizar todos los otros puntos. Así como la línea *ficticia* conocida como meridiano primordial, elegida arbitrariamente para la determinación de la longitud, contribuye a la organización *real* del mundo y hace posible la medición de distancias y la ubicación de posiciones en la superficie de la tierra, del mismo modo lo que podría llamarse meridiano de Greenwich de la literatura permite estimar la distancia estética relativa desde el centro del mundo de las letras a todos los que pertenecen a él. Esta distancia estética también se mide en términos temporales ya que el meridiano primordial determina el presente de la creación literaria, es decir de la modernidad. La distancia estética de una obra o corpus de obras [producido en la periferia] puede medirse desde el centro por su separación temporal de los cánones que, en el momento preciso del estimado, definen el presente literario" (88).

Para el escritor periférico internacionalista, integrarse o ser integrado a la "república mundial de las letras" equivale a "emanciparse" de la historia (86), es decir, liberarse para perseguir una vocación literaria "universal" en el "tiempo real" del "mundo de las letras", emancipándose de la obligación "particulizadora" de comprometerse con la política en el "tiempo ficticio [= falso]" de la nación (93): "Los territorios más independientes del mundo literario pueden establecer su propia ley, sentar los principios y criterios específicos aplicados por sus jerarquías internas, y evaluar obras y pronunciar juicios sin considerar divisiones políticas y nacionales. En verdad, la autonomía es de hecho un imperativo categórico propio, que conmina a los escritores del mundo a unirse contra el nacionalismo literario, contra la intrusión de la política en la vida literaria. En otras palabras, el internacionalismo estructural de la mayoría de los países literarios fortalece y garantiza su independencia" (86). Casanova otorga tal rango a esta integración que la califica como "obtener la salvación artística", con lo que toma un tono religioso (91).

A pesar de la religiosidad con que ha descrito la "universalización" del escritor periférico, finalmente Casanova da un vuelco radical a sus disquisiciones y muestra que aun París ejerce un imperialismo etnocéntrico en lo que llama "Parisificación, o universalización por negación de la diferencia" (154). "Las grandes naciones consagradoras reducen las obras literarias extranjeras a sus propias categorías de percepción, las que confunden con normas universales, a la vez que ignoran todos los elementos del contexto histórico, cultural, político que posibilita que se pueda apreciarlas apropiada y completamente"; "En este sentido la noción de universalidad es una de las invenciones más diabólicas del centro, porque al negar la estructura antagonista y jerárquica del mundo, y proclamando la igualdad de todos los ciudadanos de la república de las letras, los monopolistas de la universalidad obligan a otros a someterse a su ley. Universalidad es lo que ellos –y sólo ellos– declaran como aceptable y accesible para todos" (154). Casanova lo ilustra con la extrema manipulación de la obra de Henrik Ibsen. Sometido al criterio de la luchas ideológicas locales de fines del siglo XIX, en Londres se lo convirtió en dramaturgo realista-naturalista mientras en París –en una polarización absurda– se lo hizo simbolista.

Casanova termina con esta postura. Luego de haber estado ensalzando el "universalismo" conferido por los centros de poder literario, al final hace protesta antimperialista por la adulteración del significado original de las obras escritas en la periferia. En especial se refiere al caso de Franz Kafka, escritor cuya intención era, en realidad, fundar una literatura nacional checa. Como paliativo, afirma que el esquema geopolítico que ha propuesto "... puede servir como instrumento de lucha contra las presunciones, la arrogancia y los dictados de los críticos [literarios] del centro, que ignoran el hecho básico de la desigualdad de acceso a la existencia literaria. Hay una especie de universalidad que escapa a la conciencia de los centros: la dominación universal de los escritores [periféricos] que, aunque históricamente ha tenido diferentes formas, de todas maneras se las ha arreglado para producir los mismos efectos en todo el mundo durante los últimos cuatrocientos años" (355).

¿Qué motiva este vuelco radical?

Pero aún más, por último Casanova indica que incluso la ambigua autoridad de París ha sido degradada. Ya no se trata sólo de que la autoridad de París sea disputada por Londres y Nueva York. Todos estos centros se ven amenazados por el "polo comercial". En Estados Unidos y a través de toda Europa grandes conglomerados editoriales intentan reemplazar a los tradicionales legitimadores de "literatura autónoma" –las antiguas editoriales pequeñas– promoviendo la publicación y distribución masiva y global de obras que sólo hacen mímica de los estilos de la modernidad vanguardista. Motivados únicamente por ampliar los márgenes de ganancia, estos conglomerados distribuyen textos que con esa mímica repiten los modelos comerciales del *best-seller* y de las películas de Hollywood. La antigua "Internacional intelectual" que avizoraba "el advenimiento de una sociedad pequeña, cosmopolita, iluminada, que silenciaría los prejuicios nacionales reconociendo y promoviendo la libre circulación de grandes obras vanguardistas de todo el mundo, hoy corre el peligro de ser fatalmente socavada por los imperativos de la expansión comercial" (172).

Si este breve perfilamiento de las disquisiciones de Pascale Casanova es razonablemente certero (téngase en cuenta que su libro tiene 420 páginas) estamos preparados para situarlo dentro de la matriz de recepción elaborada en las secciones anteriores y relacionarlo con el momento actual de la crítica literaria/cultural latinoamericanista con base estadounidense.

En primer lugar, apunto a que Casanova adopta una postura de relajación "cool" sobre la geopolítica literaria, en fuerte contraste con el activismo político "caliente" de los latinoamericanistas. Aunque hay un terreno común en cuanto ella echa mano de la Teoría del Sistema Mundial y habla de los nexos entre centros dominadores y periferias sometidas y rebeldes, para el latinoamericanista es sorprendente que su visión sea totalmente "aséptica" ante el dato irreductible de que la implementación de esos nexos –y, por tanto, condicionamiento inevitable de la producción cultural– siempre ha resultado en episodios de genocidios, atrocidades increíbles y marginaciones deshumanizadoras. Como incentivo en la demanda de justicia, para el latinoamericanista esta "suciedad" es una de las materias primas principales de su trabajo. Obligado por los parámetros evaluativos gnósticos que presentara con anterioridad, me he condenado a pensar que la "asepsia" argumental de Casanova es de una mala fe monumental. Sin embargo ...

¿Qué origina la visión sin mácula de esta "república mundial de las letras"?

Con algunos de los términos que moviliza, Casanova entrega las claves necesarias para detectar ese origen: "república mundial"; "universal"; "autónoma"; "imperativo categórico"; "cosmopolitismo". Su geopolítica termina por convertirse en apología de la concepción kantiana de la moral, de la política y de las relaciones internacionales. Esto es lo que provoca ese "vuelco radical" sobre el que he llamado la atención. Aquí hay una directa relación con el tema contemporáneo de la creación de una "sociedad civil mundial" que preocupa al movimiento internacional de Derechos Humanos. Por tanto, hay un grado de afinidad con mi propuesta de una hermenéutica de la cultura presentada en una sección anterior. Repasemos la temática kantiana para detectar la manera como Casanova la usa.

Kant establece una progresión histórica de la civilización como empresa domesticadora de la humanidad. Ella parte de la barbarie del estado natural de la especie humana y asciende a las disciplinas de la sociedad civil, del derecho internacional y tiene, como objetivo final, la construcción de un derecho cosmopolita.[12]

Como Hobbes, Kant reconoce la tendencia humana a la violencia en el proceso de liberarse del reino de la naturaleza, del estado natural. Esto porque hay una dualidad conflictiva en los individuos –por una parte desean vivir en comunidad sabiendo que así se desarrollará el máximo de sus potenciales; pero, a la vez, quieren imponer sus criterios egoístas sobre los demás. Por tanto, es imperativa la necesidad de un dispositivo coercitivo –la sociedad civil– para mantener la paz y el orden. Paradójicamente, es la misma coerción legal la que lleva a los seres humanos a su libertad en la vida colectiva al forzarse en ellos la conciencia de que las libertades de un individuo deben ser válidas para todos; mis libertades serán posibles sólo en la medida en que yo no infrinja las libertades de los otros.

Esto es lo que Kant llamó "imperativo categórico", principio que fundamenta el imperio de la ley disciplinadora de la humanidad. Este principio moral también es imperativo de la política. El Estado, por tanto, debe fundamentarse en una constitución republicana que garantice este principio "universal" y absoluto. La constitución debe, además, inducir la libre gestión y participación política de los individuos limitando el poder de la autoridad con un sistema de controles y balances entre los poderes legislativo, ejecutivo y judicial. En el republicanismo los individuos son considerados como seres libres, iguales y autónomos para ejercer su voluntad de manera independiente, sin inhibiciones indebidas por parte de la autoridad, pero sujetos a la ley según los términos del imperativo categórico.

No obstante, las demandas de administración de una creciente complejidad social y la necesidad de defensa ante un potencial de guerra permanente inducen al Estado a resolver tensiones con expedición inmediata, sin sopesar las consecuencias morales a largo plazo. Esta inmediatez conduce al despotismo puesto que, por cuestiones de seguridad, los individuos pierden su libertad al ser transformados en instrumento de la razón de Estado. Se los convierte en un instrumento político y pierden la calidad moral de fines en sí mismos, lo que lleva a toda clase de resistencias y rebeliones.

A nivel internacional, Kant considera que los estados son equivalentes a individuos necesitados de la misma sujeción moral y legal impuesta en la sociedad civil. Aquí tenemos la noción de derecho internacional. Así como los individuos necesitan un amo disciplinador, el estado republicano, los estados debieran tener su propio amo disciplinador a nivel internacional, "puesto que todos ellos siempre harán mal uso de su libertad si no tienen algo por sobre ellos para aplicarles fuerza según lo precisa la ley" (46).

Comentaristas del concepto de derecho internacional han observado[13] que esta propuesta de Kant fue motivada por la situación europea luego del Tratado de Westfalia de 1648. Este tratado había terminado con la llamada Guerra de Treinta Años y con las aspiraciones de supremacía verticalista de los Habsburgos y del Vaticano sobre Europa. Se afirmó la autonomía y soberanía de los Estados nacionales en términos horizontales, igualitarios, pero entendida como el derecho de los monarcas despóticos a declarar la guerra a otras naciones bajo su exclusiva responsabilidad si consideraban que sus intereses eran amenazados o dañados. La guerra fue, por tanto, legitimada como instrumento de la política internacional y se lo usó con gran frecuencia. Se intentó regularla legalmente.

Para Kant, esta situación indicaba que las naciones europeas habían fracasado en la superación de la barbarie del estado natural. No obstante, el alto costo de las guerras y la destrucción incontrolable de valiosos recursos llevó al Tratado de Paz de Utrecht (1713-1715), caracterizado por la búsqueda general de un "balance de poder". El Tratado de Utrecht se convirtió en derecho internacional; se lo llamó Derecho Público de Europa, pero, en términos kantianos, no puso término a la barbarie del estado natural puesto que, de todas maneras, legitimaba la formación de coaliciones estatales para las guerras de adquisición territorial.

De allí que Kant propusiera una "paz perpetua" proyectando el imperativo categórico para llegar alguna vez la de formación de una federación cosmopolita de Estados comprometidos a la protección de los intereses de cada uno sobre la base del respeto de los intereses de todos. En las Proposiciones Quinta y Séptima de la "Idea para una Historia Universal con Propósito Cosmopolita" (IHUPC) plantea primero que el "mayor problema de la especie humana, la solución a la cual la naturaleza lo compele a buscar, es la de lograr una sociedad civil que pueda administrar una justicia universal" (45) y luego que el "problema de establecer una constitución civil perfecta está subordinado al problema de una relación externa con otros estados gobernada por la ley, y no puede resolvérselo a menos que esto último también sea resuelto" (47). Kant no veía otra solución que la de terminar con los sufrimientos causados por las guerras constantes con el criterio de que los estados se guiaran por el imperativo categórico que impone disciplina a nivel de las sociedades civiles nacionales: "Las guerras, las tensas e interminables preparaciones militares, y las angustias resultantes que todo estado finalmente llega a sentir, aun en medio de la paz —estos son los medios con que la naturaleza impulsa a las naciones a hacer intentos iniciales imperfectos, pero finalmente, después de muchas devastaciones, conmociones y el completo desgaste de sus poderes, a dar el paso que la razón podría haberles sugerido aun sin tantas experiencias tristes —el de abandonar el estado de salvajismo sin ley y entrar en una federación de pueblos en que cada estado, aun los más pequeños, puedan esperar que su seguridad y derechos surjan no de su poder propio ni de su propio juicio legal, sino sólo de esta gran federación (*Foedus Amphyctyonum*), del poder unido y de las decisiones gobernadas por la ley de una voluntad unida" (IHUPC, 47).

Los elementos expuestos demuestran que para Pascale Casanova el intercambio literario internacional todavía está sumido en la barbarie del estado natural. De allí la violenta competencia "neoimperial" de los diferentes centros intelectuales. Tampoco considera que las sociedades civiles nacionales hayan cumplido su tarea de domesticar a los seres humanos puesto que en ellas la libertad literaria de los "escritores nacionales" es coartada por sistemas políticos que los convierten en instrumentos de razones de estado reales o virtuales. De manera vaga y ambigua, por un momento París parece concretar el ideal cosmopolita de la "república de las letras" aunque, finalmente, ese cosmopolitismo bien parece disolverse en un imperialismo etnocéntrico o ser devorado por el comercialismo de los conglomerados transnacionales.

Por tanto, en términos generales hay una afinidad entre la propuesta de Pascale Casanova y una hermenéutica posible para la crítica literaria/cultural latinoamericanista basada en el Derecho Internacional de Derechos Humanos para tiempos de paz y de conflicto armado. No obstante esta afinidad, hay una enorme discrepancia en lo referente a la "asepsia" con que Casanova elabora su proyecto. Como lo he indicado, los estudios culturales latinoamericanistas, de manera directa o indirecta, han hecho del dato de las violaciones de Derechos Humanos parte integral y vertebradora de su discurso.

Como conclusión a este trabajo quiero rescatar aquellos aspectos de Kant que Casanova ha excluido y que coinciden con el gnosticismo que he propuesto.

En "Conjeturas sobre el Inicio de la Historia Humana" (CIHH) Kant plantea que a todas luces puede comprobarse un progreso en el tránsito humano entre la barbarie del estado natural y la sujeción de los instintos por la coerción del imperativo categórico en la sociedad civil. Esto fue lo que permitió la proclamación de la igualdad de todos los seres humanos como premisa racional y afirmar que se los debe considerar como un fin en sí mismos. Esta progresión fue dinamizada precisamente por la tensión dialéctica entre los dos polos conflictivos de la personalidad humana –la necesidad de convivir en comunidad simultáneamente con la tendencia de cada uno a imponer criterios egocentristas sobre los demás. Esto llevó a que, en medio de innumerables calamidades y catástrofes experimentadas a través de su historia, la humanidad fuera decantando lecciones que la razón ha percibido, acumulado y gradualmente implementado como derecho doméstico, nacional e internacional para una convivencia civilizadora. La naturaleza humana tiene, por tanto, una teleología racional cuyo movimiento hacia el "derecho cosmopolita" y la "paz perpetua" *puede discernirse y deducirse del examen del dato empírico de la historia de la humanidad.* Captado el sentido de esta teleología, éste puede convertirse en *Idea* rectora para organizar el discurso político y la acción hacia sus objetivos.

Aquí hay un núcleo de conceptos de gran similitud con el gnosticismo: a pesar de su tendencia al mal, la redención humana puede abrirse paso en medio de relaciones que tienden a calamidades y catástrofes constantes.

En medio de este gnosticismo, atención especial merece la función que Kant asigna a la imaginación literaria en la teleología hacia el cosmopolitismo. En CIHH Kant afirma que plantear la conjetura histórica de tal progresión como asunto histórico equivale a producir "obras de ficción", a trazar "un plan para una novela". En otras palabras, la imaginación literaria puede ayudar a la consecución de la "paz perpetua" y a la mayor dignificación del ser humano avizorando y estimulando el deseo de un orden internacional basado en la paz como preparativo para la construcción de un gobierno superestatal de las naciones en los términos que propone: *"Introducir* conjeturas en varios puntos del *curso* de una narración de la historia para llenar lagunas de la crónica es por cierto permisible; porque lo que viene antes y después de estas lagunas –es decir, las causas remotas y los efectos respectivos– puede capacitarnos para descubrir las causas intermedias con certidumbre razonable, haciendo así que el proceso intermedio sea inteligible. Pero *basar* una narración histórica solamente en conjeturas no parecería mejor que trazar un plan para una novela. En realidad, tal narración de ningún modo podría ser descrita como *historia conjetural* sino meramente como obra de ficción. Sin embargo, lo que sería presuntuoso introducir en el curso de una historia de las acciones humanas bien puede ser permisible en referencia al primer inicio de esa historia, porque si el inicio es producto de la naturaleza, puede ser descubierto por medios conjeturales" (221; su traducción/su énfasis).

Puede decirse, entonces, que la propuesta de Casanova se ha regido no sólo por la Idea del cosmopolitismo sino también por la función conjetural que Kant otorga a la literatura a expensas del contexto histórico empírico.

Casanova parece construir sus argumentos no sólo para afirmar esa teleología cosmopolitista sino también para mostrar lo lejano que está todavía su objetivo final. Por el contrario, la crítica literaria/cultural latinoamericanista ha elegido instalarse en el desarrollo de la *empiria* histórica y ha luchado por mantenerla y usarla como dato condicionador y conformador de su discurso. Esa *empiria* histórica está en las luchas de reivindicación de los Derechos Humanos que se desarrollan en los espacios del estado-nación. Entonces, ¿por qué negar la importancia de los espacios nacionales si toda justicia deberá definirse, en primera instancia, dentro de ellos? El movimiento contemporáneo por la construcción de una "sociedad civil mundial" cosmopolita ha tenido la sabiduría práctica de expandir los espacios de lucha más allá del estado-nación, sin abandonarlo.

Para un latinoamericanista este deslinde hace que la interpretación de Casanova sobre el significado deshumanizador de los "espacios literarios nacionales", del sentido salvífico de los "espacios cosmopolitas" para los "escritores internacionales" y la interpretación que hace de Rubén Darío, Octavio Paz y de los escritores de la narrativa del "boom" sean altamente cuestionables. No puede reducirse su motivación como creadores simplemente a la búsqueda de la fama mundial, a entrar al "panteón" del "universal" literario, como si su visión de mundo no estuviera también profundamente marcada y motivada por la protesta ante las injusticias vividas y observadas en sus naciones y en Latinoamérica en general.

Casanova contribuye, sin embargo, al afianzamiento del movimiento mundial de Derechos Humanos. Por tanto, no tiene sentido descartar sus disquisiciones porque rehúsa "ensuciar" su visión de mundo con lo que ocurre en la periferia. No dejo de pensar que entre la relación posible de la crítica literaria/cultural latinoamericanista con esta geopolítica *sui generis* de Casanova se desliza otra versión del mito de Calibán y Próspero.

NOTAS

1 He usado la versión inglesa por comodidad de acceso. Las citas de esta obra que haré más adelante son traducciones mías.
2 Mis apreciaciones sobre el estado actual de la crítica literaria/cultural latinoamericanista basada en Estados Unidos se fundamentan en los artículos sobre el tema recién aparecidos en un número especial de *Nuevo Texto Crítico* (Stanford University), Año XIII-XIV 2000-2001 N° 25/28, editado por Adriana

J. Bergero (University of California, Los Angeles) y Jorge Ruffinelli (Stanford University). En adelante citaré de esta edición refiriéndome a ella como *NTC*. Con el objeto de tener mejores precisiones sobre esta situación entrevisté a los profesores Román de la Campa (State University of New York, Stony Brook); John Beverley (University of Pittsburgh); Sara Castro-Klaren (Johns Hopkins University); Jean Franco (Columbia University); Mabel Moraña (Washington University, St. Louis); Ileana Rodríguez (Ohio State University); Marc Zimmerman (Houston University); Abril Trigo (Ohio State University); Gustavo Verdesio (University of Michigan); José Rabasa (University of California, Berkeley); Javier Sanjinés (University of Michigan); Adriana Bergero (University of California, Los Angeles). De manera especial agradezco al profesor Gustavo Verdesio que me permitiera examinar "Latin American Subaltern Studies Revisited: Is There Life After the Demise of the Group", su ensayo introductorio a un número especial de la revista *Dispositio*, N° 52, 2005, antes de su aparición, dedicado a evaluar el "subalternismo" latinoamericanista; agradezco también a la profesora Ileana Rodríguez que me facilitara su texto "Is There a Need for Subaltern Studies?" antes de su aparición en ese mismo número de *Dispositio;* se trata de un conmovedor testimonio personal sobre los motivos y circunstancias que llevaron a la formación del Grupo de Estudios Subalternos. Agradezco sinceramente las opiniones que se me confiaron; creo haber sido fiel a ellas. Si hay discordancias, se deben al imperativo de hacerlas muy compactas para darles cabida en una sección muy breve.

³ Uno de los mismos "subalternistas", Marc Zimmerman, expresa la gran posibilidad de que estos grupos sean cooptados por los gobiernos o por organizaciones transnacionales; ver "Transnational Crossings and the Development of Latin American Cultural Studies", *NTC* 267. Ver, además: Banco Mundial; McGann y Johnstone 159; Forman y Welch.

⁴ El *Informe Rettig* (1991) de la Comisión de Verdad y Reconciliación nombrada por Patricio Aylwin, presidente del primer gobierno de redemocratización en Chile que asumiera en 1990, es el documento más claro en este sentido. A excepción de la Iglesia Católica, señala que la mayor parte de la institucionalidad política y civil chilena aceptó pasivamente y por largo tiempo las violaciones masivas de Derechos Humanos cometidas por el régimen militar entre 1973-1990.

⁵ Robert D. Kaplan ilustra estas catástrofes vívidamente en *The Ends of the Earth*.

⁶ Para un trasfondo general en la materia ver: Anheir, Glasius y Kaldor; Clark; Keck y Sikkink; Delanty; Heater; O'Byrne.

⁷ Véase Linklater.

⁸ He adoptado el término "experiencia noética" de Eric Voegelin. Ver sus ensayos al respecto en *Anamnesis.*

[9] Para una visión de la manera en que la Teoría de la Dependencia se transfiguró en Teoría de Análisis del Sistema Mundial ver Peet.

[10] Una visión más amplia de los juicios que ahora emito sobre la literatura liberal hispanoamericana y la "narrativa del 'boom' puede verse en mi *Literatura hispanoamericana e ideología liberal: surgimiento y crisis* (1976) incluido en Hernán Vidal.

[11] Para una visión general de la recepción de la propuesta de Pascale Casanova desde la Literatura Comparada véase Prendergast.

[12] Ver "Introduction", Hans Reiss, *Kant. Political Writings*. Más adelante, las referencias a textos específicos de Kant son tomadas de esta edición.

[13] Véase particularmente el capítulo "Kantian International Right: Background and Paradigm Shift" en el libro de Georg Cavallar.

OBRAS CITADAS

Anheir, N.K., M. Glasius y M. Kaldor, eds. *Gobal Society 2001*. Oxford: Oxford University Press, 2001

Banco mundial. *Estrategia Regional para el Trabajo con la Sociedad Civil en América Latina y el Caribe. Facilitando las Alianzas, el Diálogo y las Sinergias (AFOO-AFO1)* (26 de agosto de 2005) <http://www.bancomundial.org.ar/sco_ong.htm>.

Bergero, Adriana J. y Jorge Rufinelli. *Nuevo Texto Crítico* 25/26 (2000-2001).

Casanova, Pascale. *The World Republic of Letters*. M.B. DeBevoise, trad. Cambridge: Harvard University Press, 2004.

Cavallar, Georg. "Kantian International Right: Background and Paradigm Shift". *Kant and the Theory and Practice of International Right*. Cardiff: University of Wales Press, 1999.

Clark, JD. *Transnational Civil Society Action*. Londres: Earthscan, 2003.

Cockburn, Leslie. *Out of Control*. New York: The Atlantic Monthly Press, 1985.

Delanty, Gerard. *Citizenship in a Global Age*. Buckingham: Open University Press, 2000.

Forman, Johanna Mendelson y Claude Welch. *Civil-Military Relations: USAIDS Role*. Washington, DC: Center for Democracy and Governance, Technical Publications Series, 1998.

Heater, Derek. *World Citizenship*. Londres: Continuum, 2002.

Informe Rettig. Santiago: Comisión de Verdad y Reconciliación, 1991.

Keck, M. y K. Sikkink. *Activists Beyond Borders: Advocacy Networks in International Politics*. Ithaca: Cornell University Press, 1998.

Linklater, Andrew. "Cosmopolitan Citizenship". *Cosmopolitan Citizenship*. Kimberly Hutchings and Roland Dannreuther, eds. Londres: MacMillan Press, 1999. 23-41.

McGann, James y Mary Johnstone. "The Power Shift and the NGO Credibility Crisis". *The Brown Journal of World Affairs* XI/II (2005): 159-172

Kaplan, Robert D. *The Ends of the Earth. A Journey to the Frontiers of Anarchy.* New York: Vintage, 1997.

O'Byrne, Darren J. *The Dimensions of Global Citizenship.* Londres: Frank Cass, 2003.

Peet, Richard. *Global Capitalism. Theories of Societal Development* London: Routledge, 1991.

Prendergast, Christopher. ed. *Debating World Literature.* London: Verso, 2004.

Reiss, Hans. *Kant. Political Writings.* Cambridge: Cambridge University Press, 1995.

Rodríguez, Ileana. "Is There a Need for Subaltern Studies?". *Dispositio* 52 (2005).

Verdesio, Gustavo. "Latin American Subaltern Studies Revisited: Is There Life After the Demise of the Group". *Dispositio* 52 (2005).

Vidal, Hernán. *La literatura en la historia de las emancipaciones latinoamericanas* Santiago de Chile: Mosquito Comunicaciones, 2004.

Voegelin, Eric. *Anamnesis: On the Theory of History and Politics.* Columbia: University of Missouri Press, 1990.

Zimmerman, Marc. "Transnational Crossings and the Development of Latin American Cultural Studies". *Nuevo Texto Crítico* 25/28 (2000-2001).

La expulsión de la república, la deserción del mundo

GRACIELA MONTALDO

Columbia University

DESIGUALDAD Y VISIBILIDAD

Enrique Gómez Carrillo fue un intelectual guatemalteco que en el *fin-de-siècle* se quejaba de "...lo absurdo que el nacionalismo resulta aplicado a la literatura" (10). Por ello publica *Las cien obras maestras de la literatura universal* para el público hispanoamericano a principios del siglo XX. El libro comenta, glosa, presenta, para un público en formación, por ejemplo, los saludos de David, el Mahabarata, el libro de los muertos, la epopeya de Gilgamesh, el Corán, el Kodziki de Japón, una antología griega, las Olímpicas de Píndaro, el banquete de Platón, el Beowulf, la canción de Rolando, el Kalevala, el poema del Cid, la saga de Ojal, la gesta de Petubastis, la saga de Fridtjof, las mil noches y una noche, las praderas de oro de Masudi, el Orlando furioso de Ariosto, poesías de Ronsard, una obra de teatro de Cervantes, Macbeth, el carrito de arcilla (de la antiguedad sanscrita), el burlador de Sevilla, el don Juan de Molière, Kokusenya Kasen, entre otros.[1]

La enumeración es borgiana y, por tanto, puede funcionar como una miniatura del universo pero también como el espejismo de la apropiación de la cultura en tiempos de la sociedad de consumo. Gómez Carrillo, una autoridad cultural en su época para el mundo hispano, fue una de las figuras más modernas de entonces; el precio de olvido que hoy paga se debe, muy posiblemente, a que su actividad se desarrolló en la zona fronteriza entre la cultura letrada tradicional y la cultura que comenzaba a ser masiva, aquella que requería, por ejemplo, una antología de las mejores obras de la literatura universal, una antología de los cien mejores poemas de amor, cien (¡cien! como tituló su colección) libros de crónicas a través del mundo. Todo eso le dio Gómez Carrillo al público hispanoamericano que se estaba iniciando en la lectura y lo hizo, junto con muchos otros escritores, a través de colecciones de libros accesibles en precio para un mercado hispanoamericano que comenzaba a expandirse y que no sería muy exigente en cuanto a la calidad de las traducciones, los recortes respecto de los originales, la calidad del papel. Libros baratos. Así fueron llamados los libros que a principios del siglo XX se editaban en colecciones populares y contenían las "grandes cumbres del pensamiento humano", predominantemente europeo o extraído de la biblioteca europeísta. Un pensamiento que no distinguía razón nacional sino que se expandía, como una onda, por los nuevos sectores alfabetizados, que tenían muy en claro cuánto la cultura burguesa podía ayudarlos en sus pretensiones de ascenso social.

Olvidar esta dimensión en cualquier discusión sobre "literatura mundial" me parece perder de vista una cuestión central en las condiciones en que se genera el deseo por abarcar el mundo, que es el deseo del imperialismo por imponerse y, correlativamente, el deseo de muchos sectores sociales que, con los cambios de la modernización política, aspiraban a acceder y/o poseer algo de la cultura dominante, aquella que los excluía –y excluye– por definición. Será en ese momento cuando aparezca la industria cultural, ese dispositivo que regulariza, desde entonces y cada vez más, la producción y difusión de la cultura. Hay allí una condición para que la cultura, decididamente un bien, se expanda y acceda a un umbral transnacional. Entre Goethe –y su aspiración a la *Weltliteratur*– y Gómez Carrillo –con sus libros pseudo-eruditos– hay un abismo; un abismo estético, cultural, político y también el trazado de la barrera que divide el mundo de la cultura alta y la masiva. Esa barrera se traza y se sustenta precisamente porque ambas empiezan a parecerse o, al menos, a compartir formas de construcción. Las multitudes que se alfabetizan con las políticas burguesas, generan toda la diferencia en el mundo de la cultura y posibilitan que la literatura pueda ser algo "mundial"; son ellas las que cada vez más establecen al campo cultural como un campo de diferencias y disputas. Por eso, entonces, si no es posible identificar las aspiraciones de Goethe y Gómez Carrillo, deberíamos preguntarnos qué es lo que hace que, a pesar de las diferencias, el deseo de ambos por algo que no es lo mismo pero que se enuncia en términos muy parecidos, sea posible; cuáles son las condiciones para hablar del mundo *en todo el mundo*. Quisiera ver cuáles son las diferencias que constituyen ese abismo que ha sido alimentado, naturalmente, por el etnocentrismo. No quisiera borrar esa diferencia sino hacerla el centro de una reflexión sobre la literatura en general porque pareciera que la postulación de la literatura mundial de Franco Moretti y de la república mundial de las letras de Pascale

Casanova viene, conjuntamente y por diferentes vías, a fortificar la barrera, a amurallar más las diferencias. La pregunta que quisiera hacerle a sus textos es qué implicancias tiene el *reconocimiento* de las barreras y de las desigualdades en el mundo de la cultura, y cómo puede responder la crítica a ese reconocimiento.[2]

No se trata sólo de cuestiones nacionales, no se trata sólo de cuestiones de centro/periferia; se trata más bien de la difusión de la alta cultura en tiempos de modernización, de la "bastardización" de la cultura de biblioteca que hoy parece coincidir con la del alto modernismo, de la caída de las barreras nacionales para mejor poder levantar las del gusto y la tradición, constituyendo las fronteras entre élites y muchedumbres, entre escritores centrales y periféricos, entre consumos legítimos e ilegítimos. Los países latinoamericanos y muy probablemente muchos otros de zonas periféricas y de entramados poscoloniales vivieron procesos culturales de modernización que implicaron simultáneamente tanto la pretensión de sincronizarse estética y culturalmente con las metrópolis, como la difusión de la cultura de la letra en sectores cada vez más amplios de las poblaciones nativas; porque la modernización siempre es una calle de doble vía, hacia adentro y hacia fuera, aunque no haya coincidencia entre ambas direcciones; en América Latina, como ha sido estudiado desde Ángel Rama –e incluso antes– modernizar ha sido una forma de excluir pero también de "democratizar", en el sentido de divulgar la letra, que había sido tradicionalmente el atributo de las elites y de imponer nuevas formas de sujetos de cultura. Nada de esto fue pacífico ni conciliador; por el contrario, generó eslabones que la secuencia "forma extranjera, contenidos locales y forma local"[3] no alcanza siquiera a ver. Y creo que ese es otro problema central de este debate: los campos de visibilidad que las categorías de literatura mundial y república mundial de las letras nos dejan ver y lo que nos ocultan.

Un ejemplo

Hay un ejemplo que por obvio no deja de ser revelador; se trata de la recepción del *Ulises* en la Argentina, un campo cultural muy activo a principios del siglo xx. Jorge Luis Borges escribe en un artículo titulado "El *Ulises* de Joyce" publicado en 1925 en *Inquisiciones*:

> *Soy el primer aventurero* hispánico que ha arribado al libro de Joyce: país enmarañado y montaraz que Valéry Larbaud ha recorrido y cuya

contextura ha trazado con impecable precisión cartográfica (N.R.F., tomo XVIII) pero que yo reincidiré en descubrir, pese a lo *inestudioso y transitorio de mi estadía en sus confines.* Hablaré de él con la licencia que mi admiración me confiere… / *Confieso no haber desbrozado las setecientas páginas que lo integran, confieso haberlo practicado solamente a retazos* y sin embargo sé lo que es, con esa aventurera y legítima certidumbre que hay en nosotros, al afirmar nuestro conocimiento de la ciudad, sin adjudicarnos por ello la intimidad de cuantas calles incluye. (*Inquisiciones* 23, énfasis mío)

En 1931 Roberto Arlt escribe el prólogo de su novela *Los lanzallamas* donde sostiene:

Variando, otras personas se escandalizan de la brutalidad con que expreso ciertas situaciones perfectamente naturales a las relaciones entre ambos sexos. Después, esas mismas columnas de la sociedad me han hablado de James Joyce, poniendo los ojos en blanco. Ello provenía del deleite espiritual que les ocasionaba cierto personaje de "Ulises", un señor que se desayuna más o menos aromáticamente aspirando con la nariz, en un inodoro, el hedor de los excrementos que ha defecado un minuto antes. / Pero James Joyce es inglés, James Joyce no ha sido traducido al castellano, y es de buen gusto llenarse la boca hablando de él. El día que James Joyce esté al alcance de todos los bolsillos, las columnas de la sociedad se inventarán un nuevo ídolo a quien no leerán sino media docena de iniciados. ("Palabras…" 190)

Esta declaración se encuentra en medio de un prólogo programático, donde antes Arlt ha descrito su posición incómoda y marginal en el campo letrado: "Orgullosamente afirmo que escribir, para mí, constituye un lujo. No dispongo, como otros escritores, de rentas, tiempo o sedantes empleos nacionales. Ganarse la vida escribiendo es penoso y rudo" (189). Hijo de inmigrantes en un país inmigratorio, periodista de éxito y con acceso restringido al núcleo de escritores tradicionales —al que Borges pertenece— , Arlt no se ha cansado de dejar en claro cuán profundo es el abismo que lo separa de las clases cultas tradicionales pero también cuán resistente es a aceptar las limitaciones que éstas le imponen. Y traduce esa resistencia en sus propios términos: el dinero. Y hace un pastiche con la información errónea que ha recibido de un libro que no leyó y un autor que desconoce por completo.

Borges confiesa no haber leído el *Ulises* completo y pasa a elogiarlo; Arlt, en cambio, no puede leerlo pero se afirma como escritor en contra de su lectura selectiva y "aristocrática" en Argentina. Los dos son escritores de la periferia y sus declaraciones ponen en escena las diferencias de acceso a la cultura. Sin leerlo con la reverencia que requiere el prestigio europeo de la obra y el autor, los dos son tocados por el ícono de la cultura moderna. Desde la literatura mundial y la república mundial de las letras, el episodio de los dos escritores argentinos más importantes del siglo XX, corrobora la centralidad de Joyce en la cultura moderna pero no es capaz de hacer visibles las escrituras que se producen al margen de sus procedimientos e, incluso, al margen de su aura. Por eso me pegunto si esa voluntad de ponerlo en el centro del debate en Arlt y Borges no es también la manera de evitarlo. Una manera radical de escribir desde el margen, o desde el error, de lo que se conoce a medias o se desconoce por completo, o se conoce de manera completamente desviada. La cultura latinoamericana está llena de esas lecturas desviadas y podemos leerla solo en relación con el canon europeo moderno o podemos leerla también como otra cosa. El ejemplo me hace pensar en todo aquello sobre lo que las teorías de

Moretti y Casanova no plantean con qué idea de literatura trabajar, qué otras cosas –además de la literatura europea– alimenta las máquinas de escribir de los escritores en cualquier lugar del mundo, dado que los escritores no solo leen novelas y la literatura no es la única práctica que los "influye".[4] El espejismo de las influencias puede ser más engañoso de lo que a primera vista se presenta, especialmente cuando se ve al "mundo" como un espacio de fuerzas que opera solo sobre un eje.

El método

Podría seguir con esta lógica del ejemplo pero ella, que puede ser inagotable, también es agotadora. Por lo demás, es en cierto modo la lógica que ha desencadenado la polémica recogida en gran parte en *New Left Review*: ejemplos y contraejemplos, regularidades y excepciones.[5] Por ello, las citas que he traído y las que evito no tratan de probar las hipótesis contrarias a las de Moretti y Casanova ni de reforzar sus argumentos sino relativizar el uso de un conocido repertorio de citas que nos evitan la concentración endogámica en un texto pero que sirven para probar argumentos más que para abrir problemas; las citas y los ejemplos hablan cuando las confrontamos con nuestros propios argumentos, no cuando les pedimos apoyo. Con el ejemplo de Borges y Arlt quisiera poner al malentendido sobre la mesa cuando se trata de transacciones culturales, y quisiera llamar "malentendido" a las formas no normalizadas de leer y de vincularse con la tradición. En los textos normativos –más que teóricos– de Casanova y Moretti se tiene la impresión de que ambos leen la literatura y los textos de los escritores sobre su propia práctica como si la *literalidad* fuera la única estrategia de la literatura.[6] De hecho, lo que sus textos presentan parece una forma de leer acorde con las disposiciones mercantiles de la cultura bajo la globalización económica. Las instituciones culturales y la cultura como institución, desde fines del siglo XVIII, son parte central de cualquier reflexión sobre la literatura; referir los textos directamente a ellas, sin detenerse en la cantidad de agentes y relaciones que median entre ambas desdibuja la cantidad de operaciones que sustentan, precisamente, la difusión de las formas. Ambos críticos se refieren al mercado como instancia central en la constitución de "lo mundial", en la "republicanización" de las letras, sin embargo, el movimiento que parece caracterizarlos es dar por sentada la instancia del mercado y operar como si él fuera una naturaleza que ha seleccionado lo mejor (Casanova) o "lo que hay" (Moretti). Hay cosas que se caen del mercado y no por ello una lectura crítica de la literatura debería evitarlas. Es el excedente y resto de lo que las instituciones normativas no aceptan lo que quizás nos hable del residuo de formas que se resisten, el "matadero" de la literatura que no necesariamente contiene lo epigonal y aquello que hay que leer como un desecho. Sin duda se trata de un problema de colocación. Me pregunto cómo un saber crítico puede ponerse en el lugar de "el mundo" y mirar o leer desde allí; sin duda, se trata de una ficción de lugar que, en este caso, parece sobreponer la idea de mundo a la de lo centroeuropeo.[7]

Desde la modernidad, la creciente presión por la homogeneización es lo que ha favorecido, precisamente, las desigualdades; de allí que la frase de Moretti, "Las teorías nunca abolirán la desigualdad: solo pueden aspirar a explicarla", resulte desconcertante porque sabemos que a más mundo, a más universalidad, más desigualdad. Podemos recordar lo que dice Alberto Moreiras acerca de la práctica crítica: "Hispanism, *like any other epistemic apparatus*, is a site of expropriation" (205, énfasis mío) y si olvidamos esta dimensión de la crítica y la teoría nos terminaremos limitando y sometiendo a usar los instrumentos de la desigualdad. No podemos abolirla pero podemos aspirar a no reproducirla ni naturalizarla. El paternalismo para con el débil no explica la desigualdad: la alimenta. Moreiras plantea claramente la necesidad de no naturalizar, no reificar la práctica crítica académica y hacer de la colocación crítica una forma de leer que nos permita salir de la interpretación, llamando la atención sobre las formas en que la literatura, la estética y las formas operan en relación con una exterioridad en permanente disputa. Por ello, esas formas de expropiación deben ser exhibidas, puestas sobre la mesa y problematizadas; a menos que solo querramos un mundo a nuestra imagen, donde nos limitemos a reproducirnos como lectores inteligentes de lo que la práctica de la desigualdad ha ido acumulando. Pues la postulación del mundo, de lo mundial, como marco de análisis, significa establecer una relación de poder así como lo fue la nación para la modernidad. Por ello, sostener, como lo hace Moretti en "Conjectures on World Literature" que "applying world-systems analysis to literature means emphasizing the unequal structure within which literature is written: the advantages that very few cultures enjoy, and the constraints under which all the others must work. This asymmetry of the literary world-system is the key contribution of world-systems analysis to literary study –and is also the point that has encountered the greatest resistance, because lots of people refuse to acknowledge the power of material constraints over cultural production: the power of matter over spirit, as it were" (57) es volver a traer oposiciones (materia/espíritu) que reestablecen todas las viejas categorías de la crítica tradicional. Las oposiciones nación/mundo, lectura cercana/lejana sobre las que también ambos sostienen sus argumentos, tampoco parecen ayudar a establecer nuevas perspectivas. Sabemos que una y otra vez Moretti aclara que "simplifica" los argumentos para mejor explicarse pero allí reside, precisamente, un problema central de su reflexión: seguramente es la posición de "mundo" la que lo obliga a simplificar.

El marco mundial no es menos problemático que el nacional y tampoco son esas las únicas opciones de la reflexión crítica. Casanova contesta a su propia pregunta de por qué elegir el marco mundial: "Porque parece que la puesta en día de los funcionamientos de este universo, y en particular de las formas de dominación que ahí se ejercen, supone la refutación de evidencias y de recortes nacionales y la puesta en marcha de un modo de pensar trans- o inter-nacional" ("La literatura como mundo" 71). Sin duda que la opción patrimonialista de la nación resulta insostenible hoy para un pensamiento crítico pero no quedan claras las ventajas de cambiar un marco por otro, si pensamos que la postulación del "mundo" hoy es tan funcional a la cultura dominante (el Mercado y sus instituciones) como lo fue en el siglo XIX la de la "nación" (el Estado y sus instituciones). Y aunque ella admita que hay muchas otras variables en juego, su libro no se resigna a utilizarlas. Pero siempre hay formas de salir del pensamiento binario. Ese espacio donde pensar la literatura ¿podría ser algo que deje de estar marcado por lo geográfico y constituirse como un campo de fuerzas y de poder en donde Goethe y Gómez Carrillo pudieran ser pensados conjuntamente? En los sistemas de Casanova y Moretti eso no parece posible pues solo nos permitirían ver cómo la idea de *Weltliteratur* "influye" en los escritores posteriores y se degrada en los libros de Gómez Carrillo, pero esto ya lo sabemos de antemano; mi pregunta es qué pasa con los libros de Gómez Carrillo y sus lectores en todo el mundo hispano, o con Roberto Arlt y sus ficciones fuera de molde; son libros, autores y formas de los que no quisiera deshacerme como meros pastiches reciclados de la literatura europea y aunque tenga el mundo como marco la instancia literaria no puede ser la única.[8]

Quizás uno de los casos más radicales en la crítica contemporánea latinoamericana sea el de Raúl Antelo, quien al construir un sistema de lectura de varias direcciones puede leer de qué modo ciertas obras de Marcel Duchamp, Roger Caillois o Valéry Larbaud –y son sólo tres ejemplos– no pueden pensarse fuera de su contacto con América Latina; pero no en tanto "tema" o "influencia" sino como formas de leer las culturas del otro en un sistema desjerarquizante, como constante intercambio y negociación en espacios culturales marcados por la diferencia. Una diferencia que la modernidad pone en escena y que hay que leer en sus múltiples direcciones. Y es muy claro cuando plantea sus opciones:

> Um rápido exame das tendências axiológicas que operam no campo do comparatismo latino-americano poderia apontar, para início de conversa, que nele existe, residualmente, um universalismo político, formal e ficcional, inscrito nos marcos da nação, e voltado à regulação das hegemonias ideológicas, enfrentado ao qual temos um outro tipo de universalismo, o universalismo irrepresentável da pós-nação, que se sustenta em paradoxais inclusões excludentes. Poderíamos, então, registrar, em consequência, como dado novo, a emergência de uma universalidade concreta, pós-nacional ou global, com seu corolário ficcional específico, as ações simbólicas unitárias (mercadológicas, segundo a vertente integrada desta tendência) ou pluralistas (que, segundo a visão apocalíptica

da mesma, cabe ao multiculturalismo). Mas, mesmo assim, constatamos a sobrevivência residual da primitiva universalidade concreta do Estado-nação, cujos efeitos ainda não cessam de registrar-se nos estudos de área. Haveria, entretanto, a meu ver, uma terceira posição, a da *singularidade* da literatura que, através de um regime estético,[9] se oferece como um excesso imanente que motiva uma incessante insubordinação contra a hierarquia dada. ("Os confins..." 1)

Imaginar un diálogo transversal y reversible –insubordinarse ante las jerarquías sin borrarlas– o ejercer la práctica crítica como forma de poner en escena el carácter de expropiación de nuestras lecturas son alternativas a la nación y el mundo, alternativas que permiten reflexionar sobre perspectivas culturales descentradas. La literatura mundial o la república mundial de las letras vienen a decir algo que ya sabíamos, ahora organizado en sistema y subrayando, al leer desde las hegemonías hacia las periferias, su poder etnocéntrico. Leer desde el centro hacia la periferia es lo que siempre se ha hecho pero no basta dar vuelta los términos: una lectura que pretende ser inversa no hace sino corroborar ese movimiento en una sola dirección, como la interpretación de *Cien años de soledad* que hace Moretti: esa novela satisface la exhaución europea y por eso puede dar el gran salto.

Podemos condenar a Borges al ostracismo por no haber ganado el premio Nobel (el lugar absolutamente marginal que ocupa en el libro de Casanova lo prueba y la ausencia de citas importantes que apoyarían sus argumentos lo subraya), también por no escribir novelas (la forma que Moretti estudia y lo que le permite evitarlo), incluso podemos expulsarlo de la literatura por no haber leído el *Ulises* completo y quitarle su pasaporte de escritor, pero al hacerlo no haremos sino poner en evidencia cómo la república penaliza –y no acepta– a sus escritores anómalos quitándoles su ciudadanía, cómo "lo mundial" se parece demasiado a un régimen de castigos y recompensas donde cada uno debe permanecer en el lugar que el sistema de las desigualdades le ha asignado pues el verticalismo es la única línea de análisis. No hay, en ese mundo, posibilidad de ver las formas de emancipación que otras culturas no centrales vienen haciendo durante siglos. El mundo, como idea, y el espacio literario, no parecen comparables con el tapiz del relato de Henry James a menos que sostengamos todo nuestro argumento en la fe: alguien, exterior al entramado cultural, diseñó la figura que los críticos nos ayudan a ver en el tapiz y que cada escritor/a, con paciencia de artesano, va tejiendo mientras cumple, obediente, su destino. Pero hay también un mundo laico de la cultura y una lectura posible desde la idea de no trascendencia, que permita rescatar todo aquello que no está previsto en las instituciones y que pone el deseo como motor de la máquina de escribir; un mundo donde las perspectivas sobre la literatura no son únicas y forman figuras muy diferentes según quién ordene los pedazos dispersos. ¿Puede la búsqueda de la totalidad, de un sistema o imagen que contenga todo, ofrecernos algo distinto a los presupuestos que organizan esa búsqueda?

TRADUCIR

Lo que intento decir es que reconocer el poder, las jerarquías, las formas de opresión que funcionan en la cultura no nos hace inocentes para continuar leyendo según las premisas que ellos suponen. Las formas de leer pueden ser insospechadas; está el malentendido, lo que se pierde involuntariamente, lo que no se sabe, lo que no se entiende según un modelo de interpretación y lo que deliberadamente se tergiversa y más, muchas más. Creo que entender la crítica como práctica que problematiza la cultura implica tomar cierta distancia del canon y también colocarse a contrapelo de la literalidad. Por ello, más que en la fe o la razón, preferiría pensar en el deseo como un motor que permita estudiar las transacciones que toda cultura y todas las relaciones culturales implican. Y también como una perpetua desviación de la norma. Creo que la mayoría de los escritores y escritoras latinoamericanos conocen, bien o mal, el canon europeo pero han entrado en discusiones y diálogo con textos dispersos y aleatorios y no sólo con ellos. Sé hasta qué punto Moretti y Casanova se oponen a la transversalidad pero si sacamos de la discusión cualquier práctica que no suscriba la verticalidad vamos a crear un mundo con un afuera muy extenso, donde estaremos todos los que ni siquiera accedimos al matadero.

Y en ese afuera se ubican los malentendidos y aquellos que se permiten bromear sobre, por ejemplo, las traducciones, un tópico central de la cultura latinoamericana –y de toda cultura periférica– y una condición de legibilidad de las culturas que intentan pertenecer al mundo. No me interesa determinar si es una *boutade* o no pero la declaración de, quizás, uno de los escritores argentinos contemporáneo más innovadores, llama a la reflexión y lo citaré hablando de la traducción de los "best-sellers horribles" con que se ganaba la vida (creo que ya no lo hace en virtud de los derechos de las editoriales transnacionales; pero no estoy segura), para ver los límites a que él, César Aira, extiende su relación con las instituciones. Citaré la descripción de un método de traducción que le permite poner muchas cosas en entredicho:

> Voy traduciendo sin haber leído nada de la novela, o sea que la traducción es una especie de lectura mediante la cual me voy interesando en la trama que generalmente es infinitamente tonta. [...] Como en mí es muy rígido este sistema de no leer antes, porque de lo contrario me aburro tremendamente, se vuelve una especie de aventura extraña porque a veces suprimo un capítulo entero sin leerlo. Una vez me dieron una novela inmensa, de esas románticas y sentimentalonas, que tendría unas 800 páginas; y el editor me pidió que se la redujera lo más posible. Entonces me lancé a una podada tremenda; más o menos iba siguiendo la trama, traducía una página y me saltaba cinco. Había llegado a las 250 páginas en mi traducción y todavía faltaban unas 300 del libro. Sucedía que la trama principal había terminado y se iniciaba una segunda... les quedaba un problema: se les había perdido un niño (el hijo de la protagonista); así que las últimas 300 páginas se iban en la recuperación de ese niño extraviado en los vericuetos del espionaje. Yo miré un poco y, como consideré que ya con 250 páginas había cumplido, reemplacé las otras 300 con una línea que decía: Recuperar a Paquito no nos dio ningún problema. ("Entrevista" 23)

La verdad de esta declaración importa menos que las condiciones de su enunciación, que la posibilidad de decirlo; y propongo leer la escena como una ficción sobre la colocación a-moral de un escritor en el presente, quien a la vez que complace al editor cortando un original (aunque sea malo) termina haciendo su propia literatura, escribiendo ficción en el interior de la mala ficción que traduce, como si la traducción fuera otro reducto de su propia literatura, como lo fue para Borges. Es el mercado mundial, en la figura del editor, quien le pide al escritor a sueldo que corte el original porque es muy costoso en los países periféricos editar libros de 500 páginas y los *best-sellers* deben reducirse a la mitad; el escritor acata y viola el pacto simultáneamente, traduce y corta pero sin leer, inventando su propia historia. Sospecho que tenemos aquí a otro candidato a la expulsión de la república; y estamos hablando de la instancia de producción de la literatura, no de una república de iguales, no de un diagrama donde convergen las formas sino del escritor traidor pero una traición que ya no se comete contra la lengua que se traduce sino contra la institución literaria; un escritor frente al mercado, cara a cara con él, que deserta de las normas de la institución y hace su ficción cuando "apenas" debe traducir una historia.[10] Ángel Rama, quizás el crítico latinoamericano que más radicalizó la lectura de la literatura de la región, caracterizó la historia de la cultura latinoamericana como una supremacía y dominio de la letra y de los letrados. Sin duda es ése el modelo que todavía perdura dentro del canon; pero gran parte de la literatura que se lee, la literatura que se reproduce y produce nuevas escrituras parece estar también vinculada al error y la zancadilla y no sólo a la norma y la obediencia. Y en países con débiles estructuras institucionales –para la política y la cultura– la literatura, *que allí no es una profesión*, muchas veces es el espacio de desviación e invención y si puede ser leída en términos nacionales es porque gran parte de los escritores y escritoras encuentran en la interlocución con ese primer público "natural" una manera de ejercer la literatura más allá de la institución misma; pero no solo por cuestiones ideológicas o de nacionalismo cultural sino porque la literatura forma parte de lo ilegible, de aquello que se escapa a la norma y las normas del mundo y puede intervenir desde fuera de la institución, una suerte de código de resistencia que ni siquiera abarca a la nación; muchas veces opera en su contra. No quiero defender la nación como marco de lectura, pero quisiera subrayar que la nación, que fue instancia normativa durante la modernización, hoy puede ser el refugio de aquellos que han sido expulsados del mundo.

Y las excepciones son lo que importa. Es también Aira, un vanguardista, quien ha dicho que "La herramienta de las vanguardias, siempre según esta visión personal mía, es el procedimiento. [...] Los grandes artistas del siglo XX no son los que hicieron obra, sino los que inventaron procedimientos para que las obras se hicieran solas, o no se hicieran" (*Boletín* 166). Si este pensamiento sobre la obra es radical es porque puede prescindir, precisamente, del producto, "...que la 'obra' sea el procedimiento para hacer obras, sin la obra" (167) repite en su texto sobre la vanguardia. En una de sus "novelitas", *Duchamp en México* (1997) postula a la literatura del futuro como una cuestión privada: cualquier persona, comprando los procedimientos para hacer novelas, podrá hacer novelas; los contenidos no interesan: "Un esquema de novela para llenar, como un libro para colorear" (*Taxol...* 16); "El beneficio es que ya no habrá más novelas, al menos como las conocemos ahora: las publicadas serán los esquemas y las novelas desarrolladas serán ejercicios privados que no verán la luz" (*Taxol...* 17). Esta utopía de una literatura para todos, la que haga todo el mundo en su casa cuando tenga la máquina de hacer novelas, es la suprema preeminencia de la forma, la forma que tocará a las muchedumbres –en la profecía autocumplida de Rubén Darío– y que les permitirá escribir. Vanguardia en estado puro, esta forma de atacar la institución –que todo el mundo se convierta en escritor/a– aboliendo los privilegios y eliminando el juicio de valor, quizás sólo puede ser una postulación, utópica y radical, que aspire a crear un arte para todos. Un universo de formas en estado puro, de máquinas solteras que no sirvan sino para describir procedimientos.

Sus opuestos, la literatura mundial o la república mundial de las letras, serán formas de reafirmar la institución y la institucionalidad de la literatura y de separarla de todo un sistema cultural en el que ella se produce. Pero en países donde las instituciones culturales son débiles, donde los escritores no terminan nunca de profesionalizarse, hay que pensar en los límites de la práctica literaria como condiciones de posibilidad de esas literaturas pero también como una forma de disparar la invención que no siempre y no solo acata normas. El mundo de abajo no es únicamente el de los espejos deformantes de las ferias de diversiones; no se puede dejar de sospechar que quizás bajo el nombre de literatura circula otra cosa que la mera institucionalización de una práctica. Así lo ve Lidia Santos, cuando habla del arte latinoamericano de los 70: "La originalidad de estos artistas radica en no percibir esta particular inserción latinoamericana en el mercado internacional de mensajes como un atraso constitutivo. Aceptando lo *kitsch* como parte del destiempo inherente a la modernidad latinoamericana, el arte de los años setenta a noventa lo transforma en metalenguaje de este desfase temporal" (*Kitsch tropical* 209). Sin duda, en el arte contemporáneo, las instituciones están por sobre las obras y los/as autores/as; son las que impulsan las formas de renovación que son admitidas como nuevas normas por la comunidad especializada y tienden a la homogeneización. Pero las instituciones aún no lo han abarcado todo.

Quizás tampoco habría que olvidar lo que hace Jean Franco en su *Decline and Fall of the Lettered City: Latin America in the Cold War*, cuando al describir la forma en que la literatura del Boom se hace cosmopolita no deja de subrayar la agenda anticomunista que sostiene varias revistas culturales latinoamericanas financiadas por intereses americanos. No hay nada de "natural", en su lectura, en la canonización del realismo mágico. En su libro se puede leer el conjunto de transacciones culturales y políticas que sostienen la trama de la institución literaria. Y los ejemplos podrían multiplicarse.

Toda república tiene sus expulsados pero también sus desertores; todo mundo tiene su afuera en el que operan los diferentes. Las instituciones han obrado por igual contra la deserción y la diferencia, a través de la represión o la captura. Como muchas otras prácticas, la literatura ha hecho lo que las instituciones le han pedido pero también ha hecho otras cosas. Ya sea que usemos mapas, diagramas, árboles o diseñemos repúblicas o campos, olvidar esa resistencia al orden nos pone en riesgo de olvidar el impulso de aquello que nació como opción política.

NOTAS

[1] Transcribo tal como Gómez Carrillo cita esas obras. En *Literaturas exóticas*, de 1920, Gómez Carrillo vuelve a editar un libro con las mismas características comentando la literatura contemporánea de Grecia, Japón, Egipto, Rusia, Albania.

[2] La desigualdad es casi el motivo de ambos autores. Casanova señala: "Ce livre pourrait ainsi devenir une sorte d'arme critique au service de tous les excentriques (périphériques, démunis, dominés) littéraires. Je souhaite que ma lecture des textes de Du Bellay, de Kafka, de Joyce, de Faulkner puisse être un instrument pour lutter contre les évidences, les arrogances, les impositions et les diktats de la critique centrale, qui ignore tout de la réalité de l'inégalité d'accés à l´universe littéraire" (*La République...* 479). Y Moretti: "Theories will never abolish inequality: they can only hope to explain it" ("More Conjectures..." 77).

[3] Franco Moretti, en "Conjectures on World literature" sostiene que esa "ley" (que toma de Fredric Jameson) funciona en las literaturas periféricas durante la modernización que siempre mezclan lo local y lo extranjero en diferentes proporciones según los casos: "For me, it's more of a triangle: foreign form, local material –*and local form*. Simplifying somewhat: foreign *plot*, local *characters*; and then, local *narrative voice*: and it's precisely in this third dimension that these novels seem to be most unstable..." ("Conjecture..." 65).

[4] Tampoco encuentro ninguna reflexión acerca de lo que ambos entienden por "influencia" o por "representación" en el caso de la literatura.

[5] No quiero reducir una polémica que es muy rica a solo un intercambio de ejemplos y citas pero creo que, precisamente porque el canon y el prestigio o el "éxito" son los criterios según los cuales la presión del centro se impone siempre sobre el margen, se limita la posibilidad del debate: lo que no es regularidad es excepción y todo termina explicándose con los mismos argumentos reversibles.

[6] Soy conciente de la diferencia entre ambos críticos; sin embargo, creo que el afán de trabajar con lo ya consagrado (o lo desechado pero entendido precisamente como desecho "natural") es semejante y es uno de los puntos de mi diferencia; cada crítico/a se coloca en algún lugar para leer y explicita lo que

llama "literatura". Dar como algo dado la literatura, los géneros, el campo cultural, los sistemas de consagración, el "mundo", la "república", el mercado, no es suficiente para construir sistemas.

[7] Suscribo la crítica que hace Chistopher Prendergast en "Negotiating World Literature" al etnocentrismo de ambos autores y a la falta de precisión respecto de términos clave del debate: literatura, nación, mundo. También creo con él que "the devil, as ever, is in the detail" (108-9) y que sistemas con tal grado de generalidad muestran permanentemente las exclusiones de las que están hechos.

[8] Insisto en lo extremo de poner en una misma mesa a Goethe y Gómez Carrillo; si la postulación del mundo intenta explicar algo, debería ser precisamente los casos extremos, no el canon.

[9] Cf. Rancière, *A partilha do sensível* y *El inconsciente estético* y Badiou, *Condiciones*.

[10] Tanta novela moderna ha ficcionalizado la figura del artista desde la segunda mitad del siglo XIX que estamos muy acostumbrados a la escena: el escritor entre pares, o entre sus libros, o frente a la página. Aira ficcionaliza al escritor muchas veces, pero siempre en relación al mercado y como científico loco o payaso.

OBRAS CITADAS

Aira, César. "Entrevista de Milagros Socorro a César Aira". *Actual* 16-17 (1994): 32-33.

_____ *Taxol. Precedido de Duchamp en México y La Broma.* Buenos Aires: Simurg, 1997.

_____ "La nueva escritura". *Boletín del Centro de Estudios de Teoría y Crítica literaria* 8 (2000): 165-170.

Antelo, Raúl. "The Logic of the Infrathin: Community and Difference". *Nepantla. Views from South* 3/3 (2001): 433-450.

_____ "Os confins como reconfiguração das fronteiras". *Revista Brasileira de Literatura Comparada* 7 (2006). En prensa.

Arlt, Roberto. "Palabras del autor". *Los siete locos. Los lanzallamas.* Caracas: Biblioteca Ayacucho, 1978. 189-190.

Badiou, Alain. *Condiciones.* E.L.Molina y Vedia, trad. México: Siglo XXI, 2002.

Borges, Jorge Luis. *Inquisiciones.* Buenos Aires: Seix Barral, 1994.

Casanova, Pascale. *La République Mondiale des Lettres.* Paris: Éditions du Seuil, 1999.

_____ "La literatura como mundo". En este volumen, 63-87.

Franco, Jean. *The Decline and Fall of the lettered City. Latin America in the Cold War.* Cambridge: Harvard University Press, 2002.

Gómez Carrillo, Enrique. *Literaturas exóticas*. Madrid: Mundo Latino, 1920.

———— *Las cien obras maestras de la literatura universal*. Madrid: Renacimiento, 1925.

Moreiras, Alberto. "Mules and Snakes: On the Neo-Baroque Principle of De-Localization". *Ideologies of Hispanism*. Mabel Moraña, ed. Nashville: Vanderbilt University Press, 2005. 201-229.

Moretti, Franco. "Conjectures on World literature". *New Left Review* 1 (2000): 54-68.

———— "The slaugherhouse of literature". *Modern Language Quarterly* 61/1 (2000): 207-227.

———— "More Conjectures". *New Left Review* 20 (2003): 73-81.

Prendergast, Christopher. "Negotiating World Literature". *New Left Review* 8 (2001): 100-121.

Rama, Ángel. *La ciudad letrada*. Hanover: Ediciones del Norte, 1984.

Rancière, Jacques. *A partilha do sensível. Estética e política*. Mônica Costa Netto, trad. São Paulo: exo experimental/Editora 34, 2005

———— *El inconsciente estético*. S. Duluc et al., trad. Buenos Aires: Del estante, 2005.

Santos, Lidia. *Kitsch tropical. Los medios en la literatura y el arte en América Latina*. Madrid: Iberoamericana, 2001.

Globalización, mediación cultural y literatura nacional

Juan Poblete
University of California-Santa Cruz

> De ahí que la literatura nacional enseñe más una
> 'actitud', un 'modo' de resolver problemas, que un
> canon estético   Ángel Rama (26)

Este trabajo quiere explorar el lugar de la cultura latinoamericana en la globalización y la globalización de la cultura latinoamericana a través del ejemplo de la cultura chilena y, más específicamente, de su literatura contemporánea. Para ello, estudio tres textos que me parece encarnan al menos tres tipos de resultados de la relación entre cultura global y cultura nacional. En la primera parte del ensayo discuto ciertas aproximaciones a la cultura de la globalización y a la globalización de la cultura. Presto luego atención a dos grupos de conceptos relacionados: por un lado el concepto de sistema literario mundial tal cual ha sido elaborado por Franco Moretti (World Literature) y Pascale Casanova (République mondiale des lettres) y, por otro, el concepto de industria cultural y sus avatares recientes en América Latina. En la tercera parte, me ocupo más específicamente de tres autores —Pedro Lemebel, Alberto Fuguet y Francisco Ibañez-Carrasco— que me parecen representativos de tres respuestas/ejemplos chilenos ante la díada globalización/cultura.

GLOBALIZACIÓN/CULTURA

John Tomlinson ha señalado que frente al problema de las relaciones entre globalización y cultura una respuesta frecuente ha sido limitarse a observar la paulatina globalización de la cultura. Es decir, que frente al conjunto de problemas que podemos reunir bajo la díada globalización/cultura, ha existido la tentación de elegir el de la expansión de la comercialización de ciertos productos metropolitanos a escala global (desde la Coca-Cola al McDonald's) o, más sutilmente, el de la expansión de la comercialización de las experiencias culturales (desde el centro comercial a la televisión por cable) como el núcleo duro de la globalización cultural. Mientras que la primera opción se basa en el predominio de la cultura productiva de los países metropolitanos, la segunda descansa sobre todo, en su capacidad para globalizar una forma concreta de experimentar el mundo a través del consumo y la comercialización de la vida.

Contrariamente a la tesis que cree que la explicación de las relaciones globalización/cultura se halla en la identificación de un contenido cultural que se esparce por el mundo asegurando la dominación de las formas y experiencias metropolitanas para luego asegurar la propagación de sus productos culturales e ideológicos, Tomlinson propone que la globalización no es ni una forma nueva de dominación por la cultura ni una forma de dominación cultural con contenidos fijos. La díada globalización/cultura se resuelve para Tomlinson en la siguiente propuesta, fundada en la teorización de Anthony Giddens: lo que se globaliza es un principio cultural abstracto que desterritorializa toda experiencia, tanto la de los tercermundistas como la de los países metropolitanos. Por desterritorialización Tomlinson, siguiendo a Néstor García Canclini, entiende la pérdida de la relación natural o naturalizada de la cultura con los territorios geográficos y sociales. Las reacciones a este principio cultural general, las respuestas a esta dominante cultural signada por la desterritorialización de la vida son, sin embargo, múltiples y variadas según sean las circunstancias locales de operación del principio. De este modo, el mismo principio que crea una cierta unicidad del mundo (desterritorialización) crea simultaneamente su fragmentación (reterritorialización) en las diversas respuestas a dicho proceso. Términos como glocalización, localización, globalismos locales y localismos globales intentan dar cuenta de la complejidad de las relaciones globalización/cultura.

De manera similar, pero añadiendo complejidad al análisis, Boaventura de Sousa Santos distingue entre el SMM (sistema mundial moderno) y el SMET (sistema mundial em transiçao). Mientras que el primero se asienta en dos pilares: la economía-mundo y el sistema interestatal, el SMET se asienta en tres, ninguno de los cuales es perfectamente coherente o sistemático. El tercer pilar, además de los dos ya nombrados, es la incorporación de prácticas sociales y culturales que antes estaban confinadas al ámbito de lo nacional o subnacional (57). A partir de la definición del modo de producción general de la globalización —es decir, de la capacidad que, en un intercambio desigual, tienen ciertos artefactos, condiciones, entidades o identidades de extender su influencia más allá de las fronteras del ámbito nacional en que se originan y de llamar local a otros artefactos, condiciones, entidades o identidades rivales– de Sousa Santos distingue entre cuatro modos específicos que generan cuatro formas de globalización. Estas son el localismo globalizado en que se globaliza con éxito un fenómeno local (el inglés global, la fast food, la música popular norteamericana, pero también la adopción global de las mismas leyes de propiedad intelectual, de patentes o de telecomunicaciones que imperan en los Estados Unidos); el globalismo localizado, a través del cual las condiciones locales son "desintegradas, desestruturadas e, eventualmente, reestruturadas sob a forma de inclusão subalterna" (de Sousa Santos 66) como ocurre en la conversión de la agricultura de subsistencia en industrial, la eliminación del pequeño comercio, el dumping ecológico, la deforestación y la destrucción de recursos naturales, etc. Las dos últimas formas de globalización se generan, según de Sousa Santos, en la resistencia, también globalizada, a las primeras dos formas de globalización: el cosmopolitismo (o la organización trasnacional de estados, regiones, clases o grupos sociales oprimidos por la globalización dominante) y la defensa del patrimonio común de la humanidad (luchas trasnacionales para proteger y descomercializar recursos cuya sustentabilidad sólo puede asegurarse a escala planetaria). Las primeras dos formas de globalización (localismo globalizado y globalismo localizado), dice de Sousa Santos, son hegemónicas y constituyen la globalización desde arriba y hacia abajo. Las dos últimas (cosmopolitismo y protección del patrimonio de la humanidad) son contrahegemónicas y encarnan la globalización desde abajo y hacia arriba.

De acuerdo a de Sousa Santos:

> os países centrais especializam-se em localismos globalizados, enquanto aos países periféricos cabe tao-só a escolha de globalismos localizados. Os países semiperiféricos são caraterizados pela coexistencia de localismos globalizados e de globalismos localizados e pelas tensoes entre eles. O sistema mundial em transiçao é uma trama de globalismos localizados e localismo globalizados. (66)

La hipótesis central de este trabajo intenta combinar estos dos análisis a propósito de la cultura chilena y, más específicamente, de la literatura nacional a partir de tres diferentes respuestas/ejemplos chilenos ante la díada globalización/cultura. Quiero sostener que la literatura chilena, en tanto literatura nacional en una sociedad semi-periférica y en su conexión con la experiencia de la globalización, es parcialmente redefinida por cada uno de los textos que aquí analizo. En estas redefiniciones la mediación de la experiencia (es decir su mediatización o transmisión por los canales propios de la industria cultural (los medios) y su distanciamiento constitutivo de nuevas relaciones entre tiempo, espacio y experiencia) tiene un lugar central. Si la literatura siempre medió la producción social del sentido de lo nacional en las modernidades latinoamericanas, si ella fue uno de los instrumentos centrales en la construcción de los imaginarios nacionales, y de las experiencias y las sensibilidades de poblaciones que eran simultáneamente nacionalizadas y modernizadas; en el momento de la posmodernidad globalizada, cuando pasamos de las sociedades en vías (inacabadas) de industrialización (es decir, centradas en la construcción de un mercado nacional) a sociedades supuestamente postindustriales, (orientación exportadora de la economía y desregulación, limitación de la capacidad de intervención y reducción del tamaño del sector público, "flexibilización" de la fuerza de trabajo y los mercados laborales), la literatura intenta explicar/ referir/representar el desorden de esta nueva modernización. Además de esta concentración representacional en el carácter mediado de la experiencia, quiero sostener asimismo que los tres ejemplos de literatura nacional que estudio aquí indican también en otros ámbitos (los de su producción material, circulación y consumo) las complejidades de la literatura nacional en tiempos de globalización cultural.

Frederick Stirton Weaver ha llamado "democracia neoliberal" al resultado conjunto de aquellas políticas económicas y sociales. Esta se caracterizaría, según Stirton Weaver, por al menos tres mecanismos que hacen compatible el capitalismo neoliberal y la democracia electoral. Primero, la limitación y reducción del sector público que ha significado una reducción de las limitaciones sobre los ricos y un aumento de la desprotección de los pobres. Ello a su vez ha significado que aun cuando las democracias formales o electorales se hallen activas, la democracia misma (en tanto fuerza progresista para la transformación igualitaria de la sociedad) haya perdido parte de su capacidad de cambio y un alto porcentaje de su raigambre en lo nacional. Es decir, en un cierto sentido y según Stirton Weaver, la democracia se ha convertido en este contexto en una fuerza conservadora. Un segundo mecanismo propio de las democracias neoliberales sería la llamada flexibilización de los mercados laborales y de la fuerza de trabajo. Estos cambios han afectado especialmente a las poblaciones urbanas y dentro de ellas a las mujeres, aunque su impacto en el ámbito rural (eliminación de la agricultura de subsistencia y migración forzada) no debe dejarse de lado. El tercer mecanismo se refiere al relativo eclipse de lo nacional como dimensión significativa de la política real, de la economía y de la cultura. Ello ha sido el resultado de una intensificación de las relaciones global-local en desmedro de la mediación proporcionada hasta hace poco por lo nacional. Mientras el consumo en los espacios nacionales se vuelve más globalmente homogéneo, las economías regionales subnacionales y locales se conectan directamente a través de su especialización productiva con el mercado global. Esto ha significado que ámbitos y aspectos importantes en las decisiones que afectan la vida local de los ciudadanos pasen y residan más allá de lo nacional y, por ello, más allá del control democrático (169-208). Entre los aspectos positivos de algunas de estas transformaciones cabe mencionar la proliferación, dentro del territorio nacional, de formas de asociación que expanden los ámbitos y los actores limitados de la política nacional tradicional. A los partidos políticos, la estructura del estado y los sindicatos se han unido ahora una serie de actores sociales que reclaman organizadamente cambios en las formas y sentidos de hacer política, expandiendo, de hecho, el alcance y la definición de la política y lo que es politizable. Esto ha significado también una revaloración de la cultura (incluyendo, ahora como una entre varias, la cultura nacional) como ámbito en donde se experimenta el sentido y las posibilidades de lo social en toda su heterogenidad de formas, espacios y actores. La ciudadanía expande así sus horizontes más allá de la participación en las elecciones. De las formas de homogenización cultural propias de los procesos de modernización nacional pasamos a múltiples (y a veces contradictorias) formas de heterogeneización de lo nacional en tiempos de globalización neoliberal. El intento por explicar/referir/representar literariamente el nuevo des/orden de lo nacional ocurre ahora, además, en condiciones de alta globalización de la cultura y en el medio de la cultura de la globalización. Ello supone tanto el incremento de la intensidad en el intercambio y viajes de formas y contenidos textuales cuanto un altísimo grado de intermedialidad (es decir, en una situación en que la literatura como medio discursivo recibe fuertemente el impacto de las formas de discursividad, de los relatos y formatos de otros medios de comunicación).

En resumen: mi hipótesis sostiene que los textos que analizo dan cuenta de una transformación del sentido de lo nacional literario y sus formas propias de territorialización del espacio social y cultural nacional a la vez que evidencian una renovación del potencial cultural crítico de los textos literarios nacionales en tiempos de globalización.

El punto en que la globalización se conecta con estos textos nacionales no es externo a ellos, ni simplemente un contenido referencial o un estilo narrativo, es una forma interna de estructuración y una práctica de la experiencia de lo nacional: la mediatización de la conexión global-local. Desde este punto de vista, la literatura nacional aparece como una tecnología social de mediación y como una tecnología de mapeo de lo social en que la sociedad se hace visible e imaginable a si misma. Ello supone una confirmación y una transformación de la influyente hipótesis de Benedict Anderson sobre las conexiones entre el discurso escrito (novelas y periódicos) y el imaginario nacional(ista). Es una confirmación en tanto la literatura continúa siendo uno de los discursos en que la nación se imagina activamente a si misma como un conjunto cultural coherente e inteligible. Es una transformación de la tesis de Anderson en la medida en que, en la época de la globalización, esa misma literatura que antes naturalizaba la relación entre un cierto territorio o localización, una lengua y culturas o sistema de referencias y una población o pueblo nacional, se dedica ahora insistentemente a cuestionar su naturalidad y unicidad o al menos a poner de relieve el carácter mediado y mediador del horizonte nacional. Paradójicamente, sin embargo, estos dos aspectos pueden ser combinados para declarar que la literatura nacional en tiempos de globalización performa, en su propia práctica reflexiva sobre la mediación de la relación global/local en un contexto social concreto, la naturaleza siempre inacabada pero coherente e inteligible de la cultura nacional. Esta podría considerarse una nueva versión de la famosa hipótesis de Antonio Cornejo Polar sobre las literaturas nacionales como totalidades contradictorias. A las contradicciones del tipo oral/escrito, elitario/popular, hegemónico/contra hegemónico que caracterizaban a la literatura nacional según Cornejo Polar, habría que agregar ahora en tiempos de globalización social y cultural, el carácter constitutivo que para la literatura nacional tienen la mediación local/global y la intermedialidad (literatura, cine, radio, periodismo, televisión). O extendiendo una tesis de Abril Trigo sobre la cibernación (Trigo, "Cybernation"), podría señalarse que la literatura nacional, precisamente en tanto es una elaboración estrictamente simbólica de la forma nacional de mediación entre lo local/ global en un contexto multimediático complejo, puede ser experimentada como el lugar de lo nacional por antonomasia, el espacio en que la virtualidad constitutiva de la nación se vuelve realidad. Si mi hipótesis es correcta, Lemebel, Fuguet e Ibáñez-Carrasco representan al menos tres posiciones posibles en la relación literatura nacional-mundial bajo condiciones de globalización. Es decir son mezclas inestables de globalismos localizados, localismos globalizados y formas de resistencia y aceptación.

Para llegar a ello, sin embargo, es preciso esclarecer primero las relaciones entre "world literature", "república mundial de las letras" y literaturas nacionales en tiempos de globalización. El esfuerzo final apunta a establecer formas de comprensión que eviten la supuesta contradicción o incompatibilidad entre el nivel global y el nivel nacional del análisis, a través de un énfasis en el nivel regional-global.

EL SISTEMA LITERARIO MUNDIAL Y LA INDUSTRIA CULTURAL

En "Conjectures on World Literature", Franco Moretti refiere a Marx y a Goethe para afirmar el alcance planetario y no simplemente comparativo del concepto de literatura mundial (*world literature*). De acuerdo a Moretti, el sistema literario mundial es uno y desigual. Es unitario porque se trata de un conjunto de literaturas nacionales interrelacionadas. Es un sistema desigual porque hay un centro, una periferia y una semiperiferia que se encuentran en relaciones de diferente peso simbólico y material a la hora de elaborar, proteger y exportar sus producciones literarias. De acuerdo a Fredric Jameson, cuando una cultura empieza a moverse hacia la novela moderna lo hace siempre en la forma de un compromiso entre la forma extranjera y los materiales locales. Añadiendo complejidad al binarismo de Jameson entre forma europea y contenido local, Moretti habla de un triángulo en el que hay materiales locales (los personajes), forma extranjera (la trama novelesca europea) y formas locales que se manifiestan a menudo en la voz del narrador. El resultado de esta amalgama, dice Moretti, es siempre inestable y por ello, enormemente creativo. Para visualizar la estructura constitutiva de este sistema de la literatura mundial, Moretti postula la combinación de dos metáforas científicas e historiográficas disímiles pero complementarias. El árbol y la ola son dos formas de expansión. Mientras el primero es la base de la formación de las culturas nacionales como totalidades autosuficientes (muchas ramas conectadas a un tronco único de sólidas raíces); la ola es la figura del mercado internacional en su fuerza expansiva y niveladora. Mientras el árbol reclama su espacio, su unicidad y su individualidad; la ola nos habla de la uniformación de todo espacio a partir de la fuerza expansiva y avasalladora de un centro originador.

El sistema literario latinoamericano, en tanto subsistema del sistema literario global, se nos presenta como un conjunto de árboles en un campo cultivado por fuerzas que a menudo se llevan los frutos económicos del cultivo a otros lares. Los árboles, sin embargo, tienen sus propias raíces y sus propias ramas, muchas de las cuales se conectan entre si formando patrones de alta imbricación. Algunas ramas de cada árbol, las que miran hacia el perímetro del campo, ya se encuentran sólidamente enganchadas con las de árboles vecinos en otros campos a través de diásporas y migraciones masivas y a través de la mediación comunicacional trasnacional. Cada cierto tiempo los árboles son remecidos por olas de viento (avant gardes, nouvelle vogues, new journalisms, etc.) que mueven todas las ramas al mismo tiempo, aunque no todas con la misma intensidad.

Desde un punto de vista fuertemente influido por las ideas de Pierre Bourdieu sobre el funcionamiento del campo cultural, Pascale Casanova ha propuesto, por su parte, entender la idea de *world literature* no como un set de textos de alcance mundial sino como un conjunto de relaciones e interconexiones jerárquicamente ordenadas. Más que de la literatura del mundo se trata de entender la literatura como mundo. Esta república mundial de las letras reside no en la unificación de temas, formas, lenguajes o tipos de relatos sino en la interconexión de una serie específica de disputas y rivalidades. Es menos un sistema, en el sentido de una serie finita de relaciones directas entre todos los elementos del conjunto, que una estructura, en el sentido de una serie de posiciones objetivas que determinan las posibilidades de emergencia, contacto y cambio de elementos que no siempre interactuan en forma directa (80-81). Esta estructura reside en dos niveles interconectados, ambos caracterizados por las luchas desiguales y jerárquicas sobre el dominio del tiempo (actualidad, modernidad, pertinencia) y el espacio (distribución y alcance local, regional, nacional, global) literarios. Al nivel nacional, los escritores se dividen entre aquellos que tienen alcance y relevancia nacional y aquellos de nivel y llegada internacional. Esta es la disputa central que constituye, según Casanova, el espacio literario nacional. De este modo, el nivel internacional es mucho más el resultado de la acumulación de esas disputas nacionales que una esfera reservada a sólo unos pocos autores exclusivamente internacionales (como imaginan las teorías sobre la globalización de lo literario). Las luchas internacionales por la supremacía en el espacio y tiempo literarios, dice Casanova, tienen lugar y surten efecto principalmente al nivel nacional (81). Estas luchas ocurren en el contexto de tres formas de dominación (lingüística, literaria y política) que suelen imbricarse pero deben ser distinguidas en el análisis. Así, la literatura latinoamericana del Boom pudo ocurrir en un contexto política y económicamente subordinado pero ser literariamente muy influyente al nivel internacional. Del mismo modo, la subordinación lingüística del español frente al predominio del inglés global ha sido, en el reverso, la posibilidad de una cierta especificidad cultural para el mercado literario latinoamericano en la medida en que a las trasnacionales norteamericanas les resulta más difícil superar el límite lingüístico en la literatura que en los medios visuales.

En una nota al pie de su "More Conjectures", Moretti señala: "subsystems made relatively homogeneous by language, religion or politics –of which Latin America is the most interesting and powerful instance– are a great field for comparative study and may add interesting complications to the larger picture..." (75, n. 6). Más que aceptar que el sistema literario latinoamericano sea el más interesante de los subsistemas mundiales ni tampoco que su interés dependa de su capacidad para complicar "the larger picture"del sistema mundial, se trata aquí de preguntar si efectivamente, el sistema literario latinoamericano existe; y si existiera, de inquirir que podría significar que la forma concreta de inserción de las diferentes literaturas nacionales latinoamericanas en la cultura global ocurra a través de su inscripción primero en un sistema regional/ global.

Una manera directa de empezar a responder estas preguntas es investigar la condición de la industria editorial en America Latina en el marco de la nueva economía de la cultura y de la nueva economía cultural de la globalización.

En las teorizaciones sobre la globalización cultural y la cultura de la globalización, señala William Mazzarella, se ha oscilado entre dos posiciones. Por un lado, la exaltación de la capacidad de los movimientos sociales y microactores de mediar y producir el sentido real y experiencial que en sus vidas cotidianas tienen las macroestructuras socio-económicas y políticas; y, por otro, el énfasis en las políticas de la globalización cultural como formas altamente reguladas de administración de la diferencia por la vía del control de las estructuras del conocimiento y las prácticas institucionales. La cultura global sería, en esta segunda versión, no la repetición de la uniformidad a escala global pero si la organización planetaria de la diversidad. De este modo, mientras es evidente que el acceso a y la diferencia cultural han proliferado en la vida cotidiana a nivel mundial, también es cierto que esa diferencia cultural ha sido moldeada por los esfuerzos por encauzarla dentro de formas administrables y explotables comercialmente (351).

George Yúdice ha desarrollado cabalmente esta última tesis en su libro *The Expediency of Culture. The Uses of Culture in a Global Era*. De acuerdo a Yúdice, el nuevo sentido de la cultura como recurso utilizable supone un desplazamiento de todos los conceptos anteriores del término. La cultura hoy no sería así tan relevante en tanto representación ideológica o productora de efectos de distinción simbólica entre las clases sociales; tampoco lo sería en cuanto conjunto de instituciones disciplinarias y formadoras de hábitos o en tanto formas de vida que separan la cultura popular de la elitaria. En la época de su globalización, la cultura sería ante todo un recurso para otros fines que suponen una reorganización cabal de lo social de acuerdo a la lógica administrativa de la gubernamentalidad. Lo administrado sería la diversidad cultural y ello implicaría una nueva episteme, es decir una nueva relación entre el pensamiento/discurso y el mundo, que Yúdice llama "performativa" para aludir al carácter constitutivo de la realidad social (identidades y productos) que los sistemas sígnicos y los modelos y variaciones que ellos establecen, adquieren. La cultura deviene recurso social en la medida en que es útil para administrar el multiculturalismo y la diversidad de una población determinada, para llevar a cabo estrategias de desarrollo basadas en bienes o servicios culturales y como base de un modelo productivo fundado en el conocimiento y la información. La cultura se convierte así en parte de una economía nueva que transforma lo cultural y lo social en propiedad administrable y apropiable. De este modo, las disputas y negociaciones en torno al *copyright* y a los derechos de propiedad intelectual que afectan a todos los productos basados en la información y lo simbólico se han vuelto uno de los escenarios privilegiados de las luchas entre diferentes maneras de administrar y concebir la diversidad cultural. En este ámbito ha habido tres grandes actores a nivel global: por un lado, las compañías trasnacionales de la cultura y, especialmente, las estadounidenses apoyadas por Washington y sus esfuerzos por extender el llamado librecomercio por el mundo. Un segundo actor han sido los países periféricos representados a menudo por la Unesco, organismo de las Naciones Unidas a cargo de la cultura, las comunicaciones, la educación y la ciencia a nivel internacional. Por último, se trata de los gobiernos europeos, frecuentemente liderados por Francia. Si el primer grupo de actores ha insistido en que la cultura debe estar fundamentalmente sometida a las mismas leyes de mercado que rigen los demás intercambios económicos internacionales, los dos últimos han perseverado en la lucha por la "excepción cultural" o la "especificidad cultural".

En el año 2001, por ejemplo, se aprobó la "Declaración Universal de la Unesco sobre la diversidad cultural". En ella se afirma: "Fuente de intercambios, de innovaciones y de creatividad, la diversidad cultural es, para el género humano, tan necesaria como la diversidad biológica para los organismos vivos. En este sentido constituye el patrimonio común de la humanidad... el pluralismo político constituye la respuesta política al hecho de la diversidad cultural... Los derechos culturales son parte integrante de los derechos humanos que son universales, indisociables e interdependientes".

De estas premisas se concluye en el artículo 8 que "Los bienes y servicios culturales, [son] mercancías distintas de las demás" "...en la medida en que son portadores de identidad, de valores y de sentido, no deben ser considerados como mercancías o bienes de consumo como los demás" (UNESCO 86-89). Es en este último contexto que la 'excepción cultural' o la 'especificidad cultural' han surgido como respuestas alternativas al desafío globalizador. La primera insiste en que los bienes y servicios culturales en general, y los audiovisuales en particular, deben ser excluidos "de las negociaciones del GATT y de las reglas liberales del comercio internacional, por la misma razón que lo están la salud pública, el medio ambiente o la seguridad interior de un estado" (Mattelart 93). La segunda opción, de la especificidad cultural, sostiene que la protección de los bienes y servicios culturales debe ser detallada y específica según el caso de cada artículo y no cubrir en general a toda la clase de lo cultural.

De acuerdo a Nestor García Canclini: "se requieren políticas que garanticen la diversidad y la interculturalidad en los circuitos trasnacionales. Estamos en una época en que crece la aceptación de la multiculturalidad en la educación y en los derechos políticos [al nivel nacional] pero se estrecha la diversidad en las industrias culturales [a nivel global]" (191). A este nivel predomina el interés de las naciones capitalistas hegemónicas que no sólo intentan imponer globalmente ciertas formas de codificación del conocimiento y sus protecciones legales que les resultan convenientes, sino que, a menudo, intentan directa e indirectamente impedir el intercambio entre las naciones periféricas. El espacio literario latinoamericano presenta, en este sentido, características contradictorias. Mientras, por un lado, es indudablemente uno de los más prometedores en tanto no sólo colabora a la exploración de un lugar cultural latinoamericano sino que presenta un grado mayor de independencia que la TV o el cine respecto a la hegemonía comercial y cultural de los Estados Unidos. Por otro lado, en cambio, este espacio literario latinoamericano ha desarrollado sus propias formas de reproducción de la desigualdad y sus propias tendencias a la concentración y a la homogenización. "De la producción editorial española, 70% se exporta a América Latina, en tanto sólo 3% de lo que se publica en esta región viaja a España" (50). En el año 2003 España fue el principal exportador de libros a la región con un 30%, mientras que Estados Unidos fue el segundo, particularmente importante en el área de los libros técnicos y científicos, con un 24%. El comercio intrarregional en el área hispanoparlante (es decir, excluyendo a Brasil y los países anglo y francófonos), sin embargo, fue del 28.3% del total de exportaciones con Colombia a la cabeza (10.3%), seguida de México (4.8%), Argentina (2.9%) y Perú (1.1). Brasil produjo el 1% de los libros del total de exportaciones (Uribe 7-8).

Al nivel mundial, en el año 2002 el grado de participación en las exportaciones de libros fue del 17.6% para los Estados Unidos (que exportó 2,005 millones de dólares en libros), del 15.8 para el Reino Unido, del 11% para Alemania, 6.9% para China-Hong Kong, y del 6% para España que exportó 686 milllones de dólares (Uribe 3). Aunque se trata de cantidades significativas casi ninguna lo es en sí misma en el contexto general de la producción nacional de sus respectivos países. Las dos excepciones, sin embargo corresponden, en el contexto global, a España (Federación de Editores) y, en el latinoamericano, a Colombia (Sistema Nacional de Cultura) para quienes la producción editorial representa una industria nacional clave. De cualquier modo, y más allá de estos dos interesantes casos, en la medida en que las negociaciones comerciales a nivel mundial incluyen a la industria editorial dentro del ámbito de las producciones basadas en los derechos intelectuales de autoría, lo que está en juego va más allá del peso relativo del sector editorial en un país y es mucho más significativo para el nuevo orden mundial y, por lo tanto, para el futuro económico y cultural de las sociedades nacionales.

El artículo 11 de la "Declaración de la Unesco sobre la diversidad cultural" sostiene que "las fuerzas del mercado no pueden garantizar por sí solas la preservación y promoción de la diversidad cultural" y concluye que "conviene fortalecer la función primordial de las políticas públicas, en asociación con el sector privado y la sociedad civil". El artículo 17 afirma, finalmente, que es necesario "ayudar a la consolidación de industrias culturales en los países en desarrollo" (Unesco, 89-93).

Este es uno de los temas centrales de *El espacio cultural latinoamericano* (2003), editado por Manuel Antonio Garretón y elaborado como informe colectivo por un grupo de ilustres intelectuales latinoamericanos.[1] Los autores de *El espacio cultural latinoamericano* le asignan al estado nacional una doble tarea en el ámbito de la cultura: crear políticas culturales que respeten e incentiven la diversidad y generar perspectivas consensuadas de la vida social nacional y sus sentidos.

> Las luchas políticas, cada vez más, serán de disputa por el modelo cultural de la sociedad, es decir por modelos y sentidos de vida individual y colectiva, por modelos de modernidad. La centralidad y autonomía de la cultura (...) hace que los espacios se hagan cada vez más comunicacionales. (...) hay que insistir que lo nuevo es que el mundo se organiza en torno a espacios culturales... (27-28)

En estos espacios culturales, como ya señalé, a los ejes y actores tradicionales, ligados en la sociedad nacional industrial al trabajo y la política, se unen ahora ejes y actores relacionados con el consumo, la información y la comunicación, como los públicos y los actores identitarios. La cultura nacional entonces se heterogeniza por debajo y se interconecta por arriba, se diversifica desde adentro y se relaciona hacia afuera. El movimiento es doble y quiere revertir tanto el etnocentrismo clasista que caracterizó los imaginarios nacionales dominantes en América Latina en buena parte de los siglos XIX y XX (buscando ahora el respeto y fomento de la heterogeneidad de lo social-nacional) cuanto el insularismo nacionalista que ha impedido hasta muy recientemente la emergencia de un espacio cultural latinoamericano. Para estudiar las posibilidades de este último, Garretón y sus colegas proponen ocuparse de los siguientes aspectos que denominan "ámbitos" del espacio cultural: identidades y diversidad cultural; patrimonios culturales; educación, ciencia y tecnología; e industrias culturales.

El esfuerzo por institucionalizar el espacio cultural latinoamericano buscaría transformar el capital cultural de los diferentes pueblos del continente destacando tanto su diversidad como, sobre todo, sus intereses, condición e historia comunes. Hasta aquí "la gran falencia que presentan es que no se reconoce el espacio latinoamericano como la intermediación necesaria entre el país y el mundo globalizado" (128). De este modo, el conocimiento y la reserva cultural latinoamericanistas así revisados podrían convertirse en un factor productivo en la región que, en conexión con los otros factores clásicos (los recursos naturales, el capital y el trabajo), sería capaz de dinamizar tanto las culturas y las sociedades como las economías y los intercambios. Este nuevo espacio cultural regional funcionaría como una tercera dimensión de integración que se uniría a las dos hoy dominantes (la nacional y la global) y que actuaría, asimismo, como su forma natural de articulación, constituyendo un "modelo de modernidad latinoamericano" (136). Clave para esta articulación serían las industrias culturales y la siguiente constatación:

> La cultura cotidiana de las mayorías en América Latina no pasa por la alta cultura ni aún por la cultura folclórica, sino que pasa por una cultura urbana densamente poblada por imaginarios de modernidad difundidos en parte importante por los medios. (202)

Las empresas en el área de las industrias culturales ahora transnacionalizadas y muy conscientes de las posibilidades que la cultura presenta como mercado, se han ocupado de realizar, desde sus propias lógicas y persiguiendo sus propios fines comerciales, una aguda reflexión sobre la cultura latinoamericana y sus posibilidades. Los estados de la región en cambio, han "dejado al mercado la entretención, el tiempo de ocio de las mayorías porque eso no era importante" (178-179) usando así un criterio completamente obsoleto de lo que es la cultura nacional. Para superar esta situación, los autores de *El espacio cultural latinoamericano* proponen aprender e ir más allá de las industrias culturales dominantes. Aprender, en tanto el desafío es cómo movilizar con la misma eficiencia "la alta tecnología de producción, de distribución que tienen las industrias culturales" (169). Superarlas, en cuanto se trata no de juntar una cultura de masas con sus públicos sino de conectar a estos últimos "con los contenidos creativos y los nuevos imaginarios producidos por los diferentes elementos o actores de las culturas populares" (169).

En este contexto, hay dos pasos que van más allá de los límites políticos y culturales de la nación y que resultan fundamentales: desarrollar políticas de integración entre gobiernos y productores culturales en y entre los diferentes países "para permitir que la producción cultural latinoamericana circule efectivamente en la región." (168). En segundo lugar, se trata de imponer la cláusula de la "excepción cultural"que excluye los bienes culturales del dominio de la pura lógica del mercado en los tratados de comercio internacional (195).

En resumen, para Garretón y sus colegas la globalización obliga a repensar el estado-nación latinoamericano tanto en sus dinámicas internas como en sus relaciones externas, estableciendo entre estas dos dimensiones no una relación de oposición sino de complementariedad y necesidad:

> ...la globalización obliga a los estados a imaginar formas de integración entre ellos de modo de no enfrentarla aisladamente, lo que no puede hacerse si estos Estados no gozan de legitimidad y solidez interna...
> (Garretón et al, 230)

Immanuel Wallerstein ha sostenido que el sistema mundial funcionó entre 1917 y 1989 sobre la base de la aparente polaridad entre Wilsonianismo (o la expansión de la democracia nacional a nivel global) y Leninismo (la lucha antiimperialista). Estas dos estrategias, opuestas en muchos aspectos, tuvieron centralmente en común el presentarse como las formas de integración política y económica de los países periféricos al sistema mundial por la vía de un modelo de desarrollo nacional independiente, conjugando así, simultáneamente, descolonización política y modernización económica. Ese sistema, dice Wallerstein, llegó a su fin con la "worldwide revolution of 1968" que denunció la falta de democratización y desarrollo realmente igualitario y con la crisis del petróleo en los setenta y de la deuda externa en los ochenta. La caída de este sistema dual ha significado, según Wallerstein, que, más allá de la retórica sobre la democratización y las bondades del mercado, no haya hoy ninguna posibilidad seria de transformación económica de los países periféricos dentro del sistema mundial. Esta situación y la nueva base de conocimiento e información que nutre una buena parte de los sectores más dinámicos de la nueva economía, pueden explicar la insistencia de propuestas como la de *El espacio cultural latinoamericano* en conservar y desarrollar al menos la independencia cultural tanto al nivel nacional de los diferentes países latinoamericanos como al regional de sus diversas agrupaciones. Después de todo, como ha señalado García Canclini, hay que entender que las industrias culturales no son simplemente *aparatos culturales ideológicos* sino que pueden ser, al menos potencialmente en el marco de una economía global de servicios e información, importantes *industrias* nacionales.

Refiriéndose a "las paradojas de la modernización en Chile" Norbert Lechner ha hablado, por su parte, de un "difuso malestar social"a nivel de la población general" (101). A través de las encuestas del PNUD (Programa de las Naciones Unidas para el Desarrollo) se ha logrado establecer que algunos de los rasgos predominantes del imaginario social chileno hoy, bajo las condiciones creadas por la neoliberalización de la economía y la globalización cultural, son: el miedo a la exclusión (de la previsión, los sistemas de salud, la educación); el miedo al otro ("el temor al delincuente, muy superior a las tasas reales de delincuencia, es la metáfora de otros miedos" (102)); el miedo al conflicto junto con el retraimiento en lo privado; y, finalmente, el miedo al sin sentido que "muestra la vida social como un proceso caótico" (102).

La hipótesis de Lechner es que "la individualización en curso requiere una reconstrucción de lo social" que supone "prestar atención a las formas emergentes de lo colectivo" que en su flexibilidad, (o incluso liviandad y fugacidad) y liberados o carentes de sus lazos habituales serían difíciles de reconocer desde la perspectiva del proceso social en que el estado nacional procuraba la integración a una modernidad organizada. El desafío de la modernización globalizante chilena sería así compatibilizar desarrollo y subjetividad para encontrar una forma de unidad colectiva que permita respetar y desplegar las diferencias individuales en un mundo postradicional. En un mundo en donde las aspiraciones, los riesgos y las responsabilidades se han privatizado "faltan oportunidades de 'codificar' los sueños (…) codificación que suele elaborarse en la conversación e interacción social." (110). En esta tarea, quiero sostener aquí, podría ser clave la labor que, en el contexto de una industria editorial remozada, la literatura nacional, en sus múltiples y a veces contradictorias formas, desarrolla. Mediando, por un lado, las dimensiones locales y globales y por otro, las relaciones entre ella (la literatura) y los diversos medios masivos que dominan la construcción de la experiencia de mayorías y minorías.

¿ALLENDE LA NACIÓN?

LA LITERATURA NACIONAL EN TIEMPOS DE GLOBALIZACIÓN NEOLIBERAL

En un cierto sentido podría decirse que la globalización neoliberal –en la medida en que ha producido un debilitamiento de la capacidad del estado-nacional, y de la cultura o culturas que éste controla y fomenta, para determinar aspectos importantes de la producción económica, el consumo y la producción cultural y hasta las identidades sociales de los ciudadanos– ha afectado radicalmente el concepto de literatura nacional. Los referentes lingüísticos y visuales, las formas narrativas y los formatos de producción/ circulación/consumo, los estímulos y los ejemplos les vienen a los autores nacionales a menudo de otros lares, allende la nación. La nación es heterogenizada desde abajo y desde adentro por el cambio que la mundialización produce en sus poblaciones (Ortiz) y desde afuera y desde arriba por el impacto conjunto de las políticas del consenso de Washington (Fondo Monetario Internacional, Banco Mundial, gobierno norteamericano) y de los medios de comunicación transnacionales. Por otro lado, si se toman en cuenta los postulados de Moretti y Casanova, según se vio más arriba, la literatura nacional de todos los países no hegemónicos ha estado siempre radicalmente abierta a, y constituida por, sus relaciones con otras literaturas nacionales en un contexto internacional jerarquizado. ¿Ha cambiado algo o no ha cambiado nada? La condición actual de las literaturas nacionales en tiempos de globalización neoliberal ¿es estructuralmente la misma que hace cincuenta años? ¿hay solamente un cambio de grado? ¿o estamos en presencia de un cambio cualitativo radical? En el contexto regional-mundial (*world-regional*) latinoamericano han cambiado al menos tres cosas: lo nacional ha devenido tanto en su composición interna como en sus relaciones con el exterior menos el lugar en que se produce de una vez y para siempre una identidad nacional y más aquel lugar en que se negocia permanentemente la interculturalidad interna y externa (aunque esta división misma ha devenido dudosa); en segundo lugar, las poblaciones nacionales se han reterritorializado e incluyen ahora cantidades significativas de connacionales viviendo más o menos permanentemente en el extranjero; por último, ha surgido un fuerte movimiento recuperador de la dimensión regional-global latinoamericana como mediación apropiada de las relaciones entre la nación y el mundo. ¿Estamos entonces frente al fin de la literatura nacional? Paradójicamente en la medida en que la realidad nacional ha cambiado bajo los efectos de la globalización interna y externa, la literatura nacional (también redefinida) sigue siendo una de sus mejores representaciones discursivas y uno de los espacios privilegiados para explorar sus complejidades y tensiones constitutivas. La nación, reconstituida por la interpenetración globalizante, continúa siendo el espacio privilegiado para la interpretación del sentido de lo social, para el diseño de estrategias de intervención/cambio y para establecer los grados de responsabilidad (*accountability*) en la planificación y realización de políticas públicas. La literatura nacional sería un conjunto de discursos, de unidad siempre postulable pero nunca congelable, en que una comunidad que se autoconcibe como tal en prácticas que incluyen pero no se limitan a las literarias, explora a través de la mediación del discurso escrito la localización de su experiencia y las formas de negociación y comprensión de la interculturalidad que la constituyen en el plano interno y la conectan a comunidades similares, en el externo.

Tratando de explicar que se entiende por "local" en el discurso sobre la globalización Mazzarella señala: "The Nation remains, of course, an important unit of representation, legislation and collective address: the nation-form as commodity-form and media public" (352). Esta formanación, en tanto "intelligible unit of scalar mediation" y en los diferentes ámbitos de mediación es usada por los administradores públicos y comerciales para mediar entre los niveles trasnacionales y subnacionales o regionales. El énfasis bien en esta mediación al nivel de lo nacional o bien en otra escala (más local o sub-nacional regional o más transnacional o supranacional regional o global) depende también del medio involucrado, de sus propiedades formales y de su historia y tradición institucional en ese contexto específico. En América Latina la literatura es una forma de mediación y un medio cuya historia como discurso e institución está directamente ligada a la forma-nación. La literatura nacional ha sido parte integral de la formación de la esfera pública nacional y de sus públicos constitutivos tanto al nivel de las instituciones de la sociedad civil como al nivel de la organización y administración estatal de las poblaciones nacionales. El sistema escolar y sus curricula no son sino la cara más visible de esa compenetración entre literatura y nación. De este modo, quisiera sostener aquí, el discurso/forma literatura nacional, más que la simple representación de una realidad nacional siempre aceptada como preexistente, debe ser concebido como una de las prácticas sociales complejas en que dicha realidad nacional se performa y se autopostula en tiempos de globalización. Es una práctica social compleja porque, como enfatiza Yúdice (y también Casanova, Bourdieu y Moretti), hay un conjunto complejo de actores o agentes interconectados que la hacen posible. Esto significa también que lejos de ser un conjunto finito o predeterminado de textos (con ciertas formas, temas y estilos), la literatura nacional es un conjunto variado de prácticas (algunas escritas, otras no) que resultan de la labor de múltiples agentes en un circuito que incluye la produción material (representacional discursiva por parte de los autores y editorial-comercial, por parte de los editores), la circulación (promoción y distribución) y el consumo/lectura. Así por ejemplo, los esfuerzos de los editores independientes chilenos por establecer la excepción cultural en los tratados de libre comercio o el precio fijo e impreso en los libros o, por otro lado, los esfuerzos de actores gubernamentales y civiles por desarrollar políticas de lectura en el ámbito nacional y regional latinoamericano, son todos partes del sistema de prácticas que llamamos literatura nacional. Lo son, entre otras cosas, porque todas ellas invocan, determinan, proponen (y performan) formas y marcos comunes para la producción y administración social del sentido dentro de un cierto horizonte, el nacional.

Lo Nacional como mediación global/local en tres textos chilenos

Néstor García Canclini ha hablado de un cambio de escala en la interculturalidad, es decir de una multiplicación del contacto entre diferentes. La velocidad, la frecuencia y la intensidad del intercambio son ahora desafíos no simplemente multiculturales nacionales (la coexistencia entre diferentes dentro de un mismo territorio) sino interculturales. Esta interculturalidad entonces, ha pasado a ser constitutiva de la formación del sentido de lo social (manifiesto en bienes, mensajes e identidades) sometido simultáneamente a procesos de dispersión/explosión y concentración. El estudio de la cultura nacional —entendida como el conjunto totalizante de escenarios en los cuales se dramatizaba socialmente la producción del sentido social dentro de un sistema sígnico autonomo— ha dado paso al estudio del choque de los significados en las fronteras entre dichos sistemas sígnicos. Hemos pasado así de las identidades autocontenidas a los procesos de interacción, confrontación y negociación con los otros. Estamos enfrentados a nuevas formas de cohabitación cultural. A esto que Canclini llama "la nueva condición intercultural y transnacional de la subjetividad" (164) se refieren los tres textos que analizo aquí. De igual modo, los tres nos hablan simultáneamente de los límites y posibilidades de esta nueva condición: desde su dificultad para manifestarse como ciudadanía –en tanto hay un desacuerdo estructural entre el orden político de lo nacional y la circulación trasnacional de productos, capitales y poblaciones y mensajes– hasta su capacidad para intervenir o revisar las certezas de las construcciones culturales nacionalistas basadas en la homogenización jerárquica de lo heterogéneo.

Literatura nacional significa aquí no el esfuerzo crítico por filiar institucionalmente textos de acuerdo al lugar de su origen o la lengua de sus autores, sino el reconocimiento de una forma compleja y específica de mediación local/global en el marco de las interrelaciones de los medios de comunicación y bajo ciertas condiciones históricas nacionales en interacción con un cierto contexto internacional.

El primer texto que me interesa comentar aquí es "Baba de caracol en terciopelo negro" una crónica del libro *La Esquina es mi corazón. Crónica Urbana* de Pedro Lemebel. Lemebel ha publicado: *Incontables* (cuentos), 1986; la novela *Tengo miedo torero* (2001); y cuatro libros de crónicas: *La Esquina es mi corazón* (1995), *Loco Afán. Crónicas de sidario* (1996), *De Perlas y cicatrices. Crónicas radiales* (1998), y *Zanjón de la Aguada* (2003). Los textos de *La Esquina es mi corazón* son crónicas extraordinarias sobre la marginalidad social y sexual en el espacio urbano de Santiago de Chile. Crónicas sobre el placer y la violencia, el deseo, la fiesta, los espacios alternativos, la colonización de la vida, la saturación de la experiencia o su negación en los límites constrictores del mercado y el consumo o la falta de consumo. "Baba de caracol en terciopelo negro" narra lo que ocurre en un cine marginal en el centro geográfico de Santiago, es decir, de Chile. El cine es marginal porque se trata de un cine de segunda o tercera categoría en donde, sin embargo, ocurren algunas cosas centrales para entender la mediación entre lo global/ local en un contexto de intermedialidad (en este caso literatura/cine) que la escritura nacional, aquí en la forma de las crónicas de Lemebel, se esfuerza por brindar. El texto comienza "Más adentro, cruzando el umbral de cortinaje..." como anunciándonos que se trata de la exploración de algo que está más alla de las apariencias visibles y cercano al espacio de lo libidinal. Este umbral funciona entonces como como una suerte de himen textual. Traspuesta la zona liminar, la primera imagen es la de un espectador que suelta un pene y termina una fellatio, iluminado momentáneamente por la linterna del acomodador que sin embargo, no hace nada "porque el acomodador sabe que esa es la función y de lo contrario nadie viene a ver a Bruce Lee porque lo tienen en video. Todos lo saben y nadie molesta..." (27). Lo que está en juego es, entonces, la verdadera naturaleza de la función, cuál la función de la función. Como queda claro desde el comienzo, la dialéctica que se establece es la que separa y conecta la pantalla de cine iluminada con las acrobacias del cuerpo visible pero virtual de Bruce Lee y los cuerpos invisibles pero presentes de los espectadores engarzados en sus propias formas de lucha. La película internacional deviene aquí la excusa para explorar una forma de contacto social realizado en cuerpos, para el cual las diferencias de clases, por ejemplo, dejan momentáneamente de ser relavantes y ceden sus lugar a una ceremonia de comunión utópicamente fundada en el deseo mutuo: "porque ya nadie mira la película y la imagen se ha congelado en ese chino voyeur, que ve desde el sol naciente los malabares de los chilenos" (28). Se invierten así los papeles, en un juego entre scopofilia y voyeurismo, en que el texto internacional observa atónito el activo comportamiento cultural de los nativos que por fin, tal vez para darle la razón a teóricos como Jesús Martín Babero y Michel de Certeau, logran invertir las jerarquías culturales y usar la textualidad internacional dada para construir activamente sus propios significados locales. "Ciertamente la Columbia Pictures nunca imaginó que en estos bajos fondos sudamericanos, la imagen de Bruce Lee sirviera para controlar la explosión demográfica a tan bajo costo. Doblándose en espanglish la traducción milenaria de las artes marciales, al coa-porno del deseo invertido" (28). La imagen, tanto la literaria como la fílmica, hacen posible el despliegue textual de Lemebel que performa así, en lo que he llamado su barroco popular, su propio acto de traducción cultural entre el lenguaje y las pautas de la cultura popular (oral/ nacional y cinematográfica/internacional) y las formas del decir literario. "Entonces la población La Victoria [en la periferia de Santiago], comparece junto a Hiroshima en el entablado de utilería donde se cruzan la periferia desechable del nuevo orden, con el sexo místico y desconocido de los orientales. Sexo que se exhibe travestido de Ninja para el chino mapuche que desagua su decepción (...) por el desamparo laboral y el ocio desanimado de su pasar." (29). Y entonces a su vez sabemos que la ceremonia de comunión local/global está llegando a su fin pues la estructura de inserción semiperiférica de la nación en el contexto global retrotrae a todos los actores a la realidad duramente iluminada de las diferencias entre los excluidos y los integrados a sus flujos. Este "pacto de mutua cooperación" esta "sociedad secreta de desdoblaje" acaba así cuando "el relámpago de las luces quema todo rastro, evaporando los espermios que nadie hace suyos, porque cada quien está solo y no reconoce a nadie de regreso a la calle, a los tajos de neón que lo trafican en el careo de la ciudad" (31). Antes, sin embargo, la ceremonia de la comunión corporal ha revelado un orden social otro, un orden oculto pero posible en donde las jerarquías heteronormativas y excluyentes del deber ser sexual y social ceden provisoriamente a la presión reestructuradoras de la pulsión libidinal. Aquí la oscuridad ilumina, el cine internacional observa las prácticas locales, y los "burgueses" se refocilan en el contacto con los "chinos mapuches". Lo nacional literario se despliega así como ese espacio liminar y mediador en que la reterritorialización que el deseo produce en los cuerpos locales convive difícilmente con las formas de territorialización y segregación social que la neoliberalización de la sociedad chilena ha generado.

El libro de Lemebel está compuesto de una serie de textos que vieron la luz originalmente en una revista alternativa y minúscula inmediatamente después de la dictadura pinochetista, es decir, justo tras los años en que se impuso con violencia la reestructuración neoliberal de la economía y la sociedad chilenas. Su circulación primera fue pues extremadamente restringida. En 1995 y ya en democracia, Lemebel recogió estos textos en la forma de un libro, *La esquina es mi corazón*, publicado por una pequeña editorial independiente. En aquel entonces Editorial Cuarto Propio celebraba sus primeros diez años y comenzaba a emerger en el todavía algo alicaído contexto editorial chileno. Marisol Vera su propietaria y directora ha señalado: "El mundo del libro nunca ha sido fácil, porque no se reduce exclusivamente a la novela *best seller* o a la narrativa masiva. Contempla desde los primeros versos de un poeta desconocido hasta el trabajo reflexivo dirigido a grupos más reducidos y la literatura de vanguardia que va rompiendo cánones y todo eso cuesta mucho insertarlo" (http). En el medio de ese esfuerzo se ubica el descubrimiento de Pedro Lemebel, uno de sus mayores éxitos editoriales. En 1995 también, la destacada crítica Jean Franco visitó Chile con ocasión de la inauguración del programa de Género de la Universidad de Chile. Franco conoció entonces a Lemebel y se encargó luego de difundir internacionalmente su literatura. Hoy Lemebel, que alcanza la fama con la ayuda combinada de un pequeño editor independiente y un broker cultural internacional, ha recorrido el espectro de la edición literaria en Chile habiendo publicado con Cuarto Propio (pequeña en su momento, hoy mediana), LOM (la más grande de las editoriales independientes chilenas), Seix Barral (la famosa editorial española independiente ya entonces absorbida por el Grupo Editorial Planeta, el más grande del mundo hispano hablante) y Anagrama (una de las más importantes editoriales independientes del mundo hispano).

Las crónicas de *La esquina es mi corazón* son entonces el resultado de procesos que involucran mediaciones en los dos sentidos básicos en que el concepto ha sido definido aquí; son, por una parte, poderosos ejemplos de la escritura nacional como mediación espacio-temporal entre lo global y lo local; y, por otro, resultan de un encuentro intermediático doble. Primero, entre la imaginación literaria y la cinematográfica, televisiva y musical que animan la construcción de sus imágenes. Segundo, entre la prosa periodística comunicada en textos cortos e intensos a través de revistas, con la prosa literaria fundada en textos más largos vehiculados en libros. El autor de estas crónicas ha visto, además, en carne propia, cambios en el alcance y recepción de su obra según esta sea mediada por agentes críticos nacionales o internacionales y vehiculada por una editorial nacional independiente pequeña o mediana, otra independiente grande e internacional o una trasnacional como Seix Barral. Literatura nacional significa aquí el horizonte semántico abierto y siempre provisoriamente articulado en el punto de encuentro de estas diferentes formas de mediación.

En *Tinta Roja*, el film dirigido por el peruano Francisco Lombardi y basado en el guión preparado por Giovanna Poralollo a partir de la novela homónima de Alberto Fuguet de 1996, el personaje central es un joven escritor que oscila permanentemente entre el llamado del periodismo de la crónica roja en un diario popular limeño, *El Clamor*, con sus ritmos rápidos y su sensacionalismo vendedor, y el grado de distancia y reflexión crítica que la literatura seria supuestamente exigen. Digo supuestamente porque el filme será de hecho una ambigua exploración de esta supuesta oposición radical entre, por un lado, la prosa, el estilo, las imágenes, el lector modelo y las motivaciones de la crónica roja; y, por otro, la prosa, el estilo, las imágenes, los lectores implícitos y las motivaciones de la alta literatura que se edita "en

Barcelona o en París, donde están las grandes editoriales internacionales"
según le dice en el film el veterano editor de *El Clamor* al joven aprendiz.
Mientras que en el mercado internacional sólo hay reconocimiento para la
gran literatura mundial tipo Mario Vargas Llosa, en el local limeño sólo
parece haberlo para el sensacionalismo del crimen. En el espacio entre ambas
surge, en efecto, lo que el film postula como la verdadera literatura y cultura
nacionales, la mezcla adecuada entre el comercialismo popular y el
internacional, el grado justo de combinación entre lo local-corporal y las
formas y demandas globales. Esto es algo que el protagonista sólo descubre
por la vía de ganar un premio literario nacional con una obra titulada "Todos
los días muere alguien". Si el guión suena conocido es porque se trata de
una reescritura explícita de *La Tía Julia y el escribidor* de Mario Vargas Llosa.
De hecho el protagonista del filme *Tinta Roja* es apodado Varguitas, como
su homónimo en la novela de Vargas Llosa y lee y cita frecuentemente a su
autor preferido a propósito de "la verdad de las mentiras" (una de las
formulaciones de Vargas Llosa para describir la ficción realista en el libro
del mismo nombre).

Es el mismo Vargas Llosa quien, en la contraportada de la edición
norteamericana en español, describe la novela *Las Películas de mi vida* de
Alberto Fuguet (los dos son, en español, autores de la editorial Alfaguara)
en los siguientes términos: "Una novela original, llena de aventuras, de
sorpresas, de Películas tendidas como un puente entre los Estados Unidos
y América Latina, y enormemente divertida". Este "puente"es publicado
simultáneamente en América Latina y España por Alfaguara y en los Estados
Unidos, simultáneamente en Español y en Inglés, por la editorial Rayo que
pertenece al conglomerado editorial Harper Collins.

Alberto Fuguet es además autor de los libros de cuentos *Sobredosis*
(1990) y *Cortos* (2004) y las novelas *Mala Onda* (1992), y *Por favor, rebobinar*
(1995). Es también co-editor de tres antologías de cuentos: una nacional,
Cuentos con Walkman (1993), y las otras dos integradas por textos de alcance
e intención latinoamericanas, *McOndo* (1996, coeditada con Sergio Gómez)
y *Se habla Español. Voces latinas en USA* (coeditada con Edmundo Paz Soldán).
En el ya famoso prólogo a *McOndo*, Fuguet y Gómez señalan:

> El criterio de selección entonces se centró en autores con al menos una
> publicación existente y algo de reconocimiento local. (…) Exigimos,
> además, cuentos inéditos (…) Podían versar sobre cualquier cosa. Tal
> como se puede inferir, todo rastro de realismo mágico fue castigado con
> el rechazo, algo así como una venganza de lo ocurrido en Iowa. (15)

Lo ocurrido en Iowa es que dos de los textos de una antología de autores latinoamericanos producida por dos jóvenes creadores latinoamericanos fue rechazada por el editor estadounidense por "carecer de realismo mágico" y porque "esos textos bien pudieron ser escritos en cualquier país del Primer Mundo" (12). Luego Fuguet y Gómez añaden:

> El gran tema de la identidad latinoamericana (quiénes somos?) pareció dejar paso al tema de la identidad personal (quién soy?) Los cuentos de McOndo se centran en realidades individuales y privadas. Suponemos que esta es una de las herencias de la fiebre privatizadora mundial. Nos arriesgamos a señalar esto último como un signo de la literatura joven hispanoamericana y una entrada para la lectura de este libro. (…) No son frescos sociales ni sagas colectivas. (15)

Es difícil no simpatizar con la queja de Fuguet y Gómez acerca de los estereotipos que han afectado la recepción y circulación de la literatura latinoamericana en los países metropolitanos. A la hora de la repartición internacional de los temas y estilos a algunos países centrales les ha cabido en gracia el producir las grandes novelas del individuo moderno y su condición mientras otras han sido empujadas a repetir estereotipos reductores y estilos consagrados. Por otro lado, y tal como indica su propia admisión ("una de las herencias de la fiebre privatizadora mundial") es también difícil no ver en su reclamo un efecto de la globalización neoliberal y del fin, a menudo violento, de los proyectos de transformación social independiente en el continente. Tampoco debe dejarse de lado que en un mercado internacional saturado por realismos mágicos producidos en múltiples puntos del sur global o por sus diásporas en los países metropolitanos, parecería una buena estrategia comercial, además de una movida generacional esperable, el ofrecer un producto literario militantemente contrario al realismo mágico pero a la vez consonante con las versiones celebratorias de la hibridación cultural indiscriminada. Fuguet y Gómez apuntan:

> Los más ortodoxos creen que lo latinoamericano es lo indígena, lo folklórico, lo izquierdista. (…) Y lo bastardo, lo híbrido? (…) Temerle a la cultura bastarda es negar nuestro propio mestizaje. (17)

Esta legítima recuperación de las mezclas culturales entre lo alto y lo bajo, entre lo masivo y lo popular, entre lo que viene de adentro y parece ajeno y lo que viene de afuera y parece familiar, es decir, esta recuperación de los resultados de la globalización cultural y de la cultura de la globalización olvida, sin embargo, que las resistencias activas de los pueblos indígenas a las transformaciones neoliberales de sus sociedades nacionales y regionales, son una de las formas más agudas de manifestación de la globalización en el continente y que estas resistencias han producido sus propias prácticas discursivas que habrían merecido representación si de lo que se trataba era del espectro de lo que hay de nuevo narrativamente hablando. Otro proceso globalizador merece destacarse a propósito de la trayectoria literaria de Fuguet. En el prólogo a *Se habla Español. Voces latinas en USA* se oscila entre describir la antología como "Una antología sobre los Estados Unidos, sí pero en español (...) en una USA contemporánea, vista por escritores latinoamericanos" y el esfuerzo por "narrar la diversidad de la experiencia latinoamericana en USA" incluyendo, de hecho, varios textos publicados originalmente en inglés. Esta oscilación entre lo latinoamericano y lo latino, entre el turista extranjero y el migrante refiere, por cierto, a consideraciones de marketing editorial que caracterizan el incipiente mercado editorial en español en los Estados Unidos, pero hablan también de la complejidad cultural de la experiencia latinoamericana en su relación globalizada con los USA. A la observación de Arlene Dávila de que la maquinaria del *marketing* norteamericano oscila entre tratar a los latinos como una minoría interna o como un grupo de extranjeros, se puede agregar aquí la dificultad de distinguir entre la experiencia latinoamericana de los Estados Unidos como un ente exterior a sus vidas y aquella que se produce cuando se asume que el monstruo es parte de las entrañas ya sea porque MTV y McDonald's son parte importante de la rutina diaria o porque se vive en California o New York.

El narrador de *Las Películas de mi vida* comienza preguntándose "What the fuck is going on?" y luego, "¿Qué hago aquí?", para concluir su prólogo comparándose con una botella de Coca-Cola que, agitada por una mujer "dejó escapar la viscosa sustancia de que estan hechos los recuerdos". De la clásica madalena proustiana en *A la búsqueda del tiempo perdido* o, incluso, de la famosa interpelación vargasllosiana en *Conversación en la catedral*, ambas aludidas en estas dos primeras páginas de la novela, al *what the fuck* cocacolero de Fuguet hay un trecho que hay que explicar si se quiere entender esta tercera forma de mediar entre lo local y lo global y entre la literatura y otras formas de narración mediática en *Las Películas de mi vida*.

Buena parte de la acción de la novela nos muestra a Beltrán Soler, el sismólogo chileno-norteamericano de trayectoria vital muy similar a la del autor, en tránsito o en movimiento a través de lo que, siguiendo a Marc Augé, podríamos llamar no-lugares: "a bordo del van de Transvip" camino al aeropuerto de Santiago en ruta a Japón con una escala en Los Ángeles. La escala se transformará en un viaje de redescubrimiento de las raíces que ligan o no al personaje central con sus familiares y con ciertos lugares (especialmente con Los Ángeles, Estados Unidos y con Santiago, Chile). El instrumento será la confección de una larga lista con las películas más importantes de la vida de Beltrán que gatillan en él el recuerdo y con él, la trama de la novela que leemos. Los no-lugares son aquellos espacios internacionalizados (como aeropuertos, centros comerciales, hoteles, etc.) en que la circulación global de bienes, mensajes y personas ocurre en sitios que en estructura y funcionamiento son idénticos mundialmente. Los usuarios, según Augé –aunque no echan raíces en estos lugares, pues sólo los usan para acceder a ciertos servicios y bienes y para trasladarse de un sitio a otro– viven cada vez más la experiencia cotidiana de este tránsito. No es pues casual que Beltrán, el viajero impenitente que circula normalmente por estos no-lugares tenga en ellos su crisis y transforme una escala de su viaje en la ocasión para pensar su lugar en el mundo.

Tras el prólogo, el primer capítulo es una conversación telefónica entre Beltrán y su hermana. En ella se aclara que Beltrán no ha hablado con su madre, su padre o su abuelo, quien acaba de morir, en mucho tiempo. Además, a pesar de haber vivido buena parte de su infancia en California, y de viajar constantemente por el mundo, Beltrán no ha vuelto "al lugar de donde éramos" (8) entre otras cosas porque "Me parecería extraño regresar a un lugar donde ya no hablo el idioma"(8). El grado extremo de sobredeterminaciones insistiendo en el carácter desconectado y desarraigado del personaje central en crisis se alcanza cuando se añade que es un sismólogo, es decir, alguien muy directamente conectado a la estructura profunda de los lugares, que siempre mira "más allá", buscando "las grietas" e intentando "detectar las fallas y las resistencias"(27). La misma antinomia presente en *Tinta Roja*, entre la escritura sensacionalista orientada directamente a satisfacer las necesidades del gran público y la escritura más refinada que podría ser reconocida como portadora de valores literarios inmanentes e intransitivos,

se da aquí entre el tipo de científico representado por el abuelo de Beltrán y este último. Mientras Teodoro preocupado por la conexión entre su saber y la vida de las mayorías, se transformó, en opinión de su nieto, en "poco menos que un charlatán" (20) y se hizo popular en los Estados Unidos "de la única manera como uno se puede hacer popular allí: a costa de tu alma"; Beltrán ha preferido, hasta ahora, el aire desafecto, objetivo y autotélico de la ciencia. Todo ello ocurre en una novela que, aunque escrita en español, usa abundantemente el inglés ("Deberíamos volver a comunicarnos en inglés.
—Primero tendríamos que volver a comunicarnos"(9) se dicen Beltrán y su hermana al comienzo del texto) y aspectos de la biografía de Fuguet (que como su personaje, vivió también en California antes de ser trasladado a Chile, a otra sociedad y a otra lengua a los trece años) en el intento por penetrar el mercado editorial latino en los Estados Unidos. Si en *Tinta Roja*, quisiera sostener ahora, la propuesta de una verdadera literatura nacional surgía de la intermedialidad (entre el periodismo de la crónica sensacionalista y la alta literatura de éxito internacional) y de la mediación entre la escala local y el contexto global; en *Las Películas de mi vida*, esa intermedialidad se manifiesta en las relaciones literatura/cine que estructuran los recuerdos binacionales y bilingües de Beltrán y en la mediación entre los esfuerzos sensacionales del abuelo por conectar en el plano nacional e internacional, su discurso sismológico con la suerte de las mayorías y la inclinación científica de Beltrán de buscar una legitimidad diferente y autosostenida. Esta mediación entre medios discursivos, por un lado, y mercados simbólicos, por otro, define sin duda el proyecto autorial de Fuguet.

Clave para entender aquel proyecto y el libro de Fuguet es que a propósito, que no a pesar, de tematizar muy directamente el problema del desarraigo, la multiplicidad de referentes culturales, el dominio de las referencias y los lugares internacionalizados, el bilingüismo español/inglés, el texto se halla muy firmemente arraigado en el terreno concreto de la industria editorial trasnacional en general y de la norteamericana y española en particular. Fuguet ha escrito un libro que siguiendo casi formulaicamente una receta, toca todos los puntos que la literatura postnacional debe tocar. Su mérito principal es haber incorporado esta reflexión a la textura interna de su novela (pero claro, este tipo de autoreflexividad es parte integrante de la receta en cuestión). De este modo, y algo paradojalmente, la literatura nacional chilena en tiempos de globalización neoliberal se manifiesta también como el esfuerzo por autoconcebirse en términos posnacionales para acceder al mercado internacional en general y, especialmente, al estadounidense. Sin entrar a juzgar las diferencias cualitativas que puedan separar *Tinta Roja* o *Las Películas de mi vida* de sus famosos modelos textuales, *La tía Julia y el escribidor* de Mario Vargas Llosa y *El Beso de la mujer araña* de Manuel Puig, lo cierto es que estas dos reflexiones sobre el lugar de la literatura latinoamericana en la época de una cultura nacional e internacional masificada, son dos de las obras más populares en el canon académico-estudiantil norteamericano y en el ámbito más extendido del mercado editorial estadounidense para obras latinoamericanas. Es decir, dos modelos posibles si lo que se busca es poner el pie más allá de la puerta del vasto mercado de los libros latinos.

El proyecto narrativo y editorial de Alberto Fuguet refleja, sin duda, una de las formas de inserción de la cultura y la literatura chilenas en el contexto de la globalización de la cultura y de la cultura de la globalización. Lo hace por la vía de representar las rutinas culturales y sociales de las clases medias y altas integradas plenamente a sus complejos flujos y circuitos. Constituye así una de las manifestaciones paradójicas y profundas de lo nacional en la época de la neoliberalización del mundo.

El último texto al que me quiero referir es la novela *Flesh Wounds and Purple Flowers. The Cha-Cha Years* de Francisco Ibañez-Carrasco, publicada en Canada en el año 2001. La novela es narrada por Camilo, un homosexual chileno enfermo de SIDA que yace en su lecho de muerte en un hospital en Vancouver, Canadá. Más que intentar un análisis cabal del texto, me interesa ahora destacar brevemente algunos aspectos relevantes para una discusión sobre la literatura nacional chilena en un contexto global. El más importante dice relación con lo que García Canclini llama "la nueva condición intercultural y transnacional de la subjetividad" (164). Repito la cita porque más allá del contexto de su uso en Cancilini me permite aquí caracterizar uno de los hilos conductores de la novela de Ibañez-Carrasco. A diferencia de la subjetividad en la obra de Fuguet, atravesada al nivel de los personajes y del autor por lo que podría llamarse "el imaginario del mercado" (PNUD 61) en el momento de la individuación neoliberal y en el contexto de los imaginarios mediáticos, en Ibañez-Carrasco la subjetividad está centralmente determinada por una forma diferente de materialidad. En efecto, el cuerpo y la corporalidad funcionan como los ejes articuladores de la significación en la novela y como el prisma desde el cual se negocia tanto la interculturalidad como las relaciones trasnacionales que establecen los personajes. Esto nos devuelve al espacio postulado por Pedro Lemebel en sus crónicas. La diferencia es que mientras Lemebel se refería a la mediación que desde lo local el cuerpo gay con sus marcas sexuales, genéricas y de clase, ofrecía hacia lo global; Ibañez-Carrasco usa esa corporalidad para explorar las relaciones entre cuerpo, nación y deseo en un contexto diaspórico que lleva la acción de la novela de Chile a Cuba, de allí a Nueva York y finalmente a Vancouver y Seattle. Como en el texto de Fuguet, sin embargo, el protagonista de Ibañez-Carrasco va en viaje a Japón y transforma su escala en Vancouver en una invitación para redefinir su vida (52-53). Como el viajero de Fuguet y las locas de Lemebel, se trata aquí también de seres en tránsito que se mueven en espacios cruzados por complejas fuerzas que determinan su modo específico de glocalización

Escrita en una mezcla de inglés (dominante) y español (secundario) la novela comienza y termina con estas palabras: "The morphine flows through my arteries carrying a thick syrup of visions. *Chispazos de locura y lucidez incendian el tramado hirsuto de mi afiebrada memoria*" (7 y 173). Ellas aluden a la mezcla que define aquí la corporalidad gay, entre el pensar desde las limitaciones y posibilidades de lo biológico y la autoreflexividad del sistema viviente, autoconsciente y autopepetuante que constituye al individuo y su experiencia de si mismo como un todo coherente. Escrita en la forma de viñetas rápidas –editadas como un collage o un video-clip que oscilan entre un narrador en primera persona (Camilo) y una voz en tercera– la novela reflexiona insistentemente sobre las dualidades constitutivas del personaje central. La pregunta "Who writes as I speak?" (7), se instala también desde el comienzo para cuestionar la identificación fácil entre lengua y subjetividad, fisurándola a partir de las díadas escritura/habla, español/inglés, aquí/allá en el contexto de una discusión sobre las diferencias entre las políticas del amor gay, straight o queer. Así por ejemplo, mientras Camilo tendrá que vivir la vida del inmigrante latino en Nueva York y en Vancouver (además de la de turista en Cuba), una de su mejores amigas, la Chela, resultará ser una drag queen chilena que ha "vuelto" al país bajo la protección de una supuesta nacionalidad estadounidense para desarrollar allí una vocación que mezcla el servicio social con la performance artística y social. Esto permite acceder a la triple perspectiva de cómo los chilenos se relacionan con los "gringos", cómo lo hacen los "gringos" con lo chilenos y cómo se ven los inmigrantes recíprocamente. Aunque no puedo ahora desarrollar el tema cabalmente, valga esta cita como ejemplo del tratamiento de la interculturalidad en un contexto migratorio en la novela. Camilo, quien es hijo ilegítimo de una sirvienta mapuche y de un padre mestizo y rico, señala de su experiencia como mesero en cocktails en Vancouver:

> The greedy and fickle Chilean middle class, filled with pretensions, would do anything to get what my mother called "a whiff of decency" and more importantly, to whiten their past against the mix with *Mapuche* blood. Who was to know that many years later a similar *nouveau riche* attitude could still almost make me gag while serving canapés among Vancouver's finest *nouveau riche* from Hong Kong and upper Indian castes trying so hard to couch their skin in garish furniture and sparkling sedans? (…) Who was to know that many years later I would live in a place [Vancouver] in which a similar scorn for shade would make people support what they called multiculturalism? (46)

Además del contrapunteo que define ahora la visión multifocal del inmigrante tanto de su "propio" país como del de destino y de los otros inmigrantes, importa destacar aquí cómo la corporalidad, en este caso racial, se vuelve el prisma que deconstruye las construcciones de alteridades minoritarias tanto en el contexto de origen como en el de residencia. La mediación entre la dimensión local y global de la experiencia se multiplica y complejiza cuando se hace, como aquí, desde una corporalidad definida pero transportable y en movimiento, es decir, cuando el aquí y el allí devienen factores en relaciones variables y dependientes de una territorialidad alternativa.

Como en muchos otros textos diaspóricos, también la lengua funciona en éste como el territorio que permite y obliga a comprender cabalmente y, por lo tanto, a redefinir, las territrializaciones que han constituido hasta entonces al sujeto nacional.

> I gradually began to experience withdrawals, *cortocircuitos*, the slippage of words, pools of silence, strange permutations between languages. (…) English was ubiquitous, I couldn't get rid of it, and sometimes I felt gagged by it. (…) One day my anxious musings crystallized into one realization: I was scared to die feeling like a foreigner. (…) I needed to return to Chile and reposess the things that had once belonged to me… (75-76)

El paso subrepticio del habitar el idioma materno, aquí amenazado por la lengua del otro, a la cultura y el territorio geográfico en que aquella se adquirió, habla elocuentemente de la centralidad de la lengua misma para aquellos que se enfrentan a la globalización en condiciones migratorias. Y sin embargo, de vuelta en Chile Camilo descubrirá que la desfamiliarización respecto a las condiciones de origen puede llevar a una experiencia radical de desterritorialización, entendida aquí, repito, como la pérdida de la relación natural o naturalizada de la cultura con los territorios geográficos y sociales:

> I also felt an uncanny sense of risk. I didn't want to let new roots grow that would fasten me to that soil again (...) the Chile I loved intensely but where now I could only fit as a visitor. The Chile that was disappearing before my eyes, carrying away my dear ghosts and my childhood dreams. (...) I wasn't about to give up my life in Canada, no matter how unfamiliar and rigid sometimes it felt. From that moment on, I understood that no matter where I lived, I would forever be a foreigner in my own skin. (138)

La paradoja de estas reflexiones, escritas en inglés en una novela publicada en Canadá es que forman parte esencial de lo que en el momento de la globalización puede llamarse la literatura chilena realmente existente. Más allá del grado de incorporación de Ibañez-Carrasco ("one of Canada's reigning bad boys of lit.") al espacio cultural y literario canadiense, es evidente que su novela es parte de aquel pensar a través del cual la literatura en tiempos de globalización en vez de naturalizar la relación entre una lengua, un territorio y una población, se dedica afanosamente a investigar y cuestionar esa naturalización y esa unificación. Paradójicamente, esa es, no obstante, la manifestación de un grado importante de continuidad entre las literaturas décimononicas como proyectos nacionales y sus pares contemporáneas que, en la mediación de la relación global/local en un contexto social concreto, expresan a la perfección la naturaleza siempre inacabada pero coherente e inteligible de la cultura nacional.

CONCLUSIÓN

Franco Moretti postulaba al género, la novela en su caso, como la forma viajera que permitía aprehender la complejidad de la literatura mundial. Con la forma viajaba un aparato formal para la estructuración de las narraciones a nivel global. Esta ola centralmente generada en los países metropolitanos, interactuaba con las respuestas producidas a nivel local-nacional por las diferentes realidades sociales y al nivel formal, con las tradiciones enunciativas de cada región. Pascale Casanova, por su parte, insistía en la dimensión fundamentalmente nacional de las luchas al interior del sistema mundial de las letras. Para ella, lo que estaba en juego en cada momento de esta disputa por la repartición del prestigio literario y el capital simbólico en el campo literario, era quiénes de los escritores nacionales tenían alcance y ambición internacionales (manifiestas en sus temas y formatos) y quiénes sólo nacional o regional. En este trabajo he querido aprovechar ambas contribuciones para proponer para el ámbito latinoamericano un entendimiento diferente del principio que constituye y organiza la literatura mundial. Sostengo que la clave es la mediación y que ella se manifiesta en dos aspectos cruciales: por un lado, la mediación entre realidades impulsos, formas y formatos que vienen del "afuera" global y aquellos que se originan en el "adentro" local. Estos impulsos constituyen no sólo la interacción entre formas foráneas y locales en un espacio literario mundial jerárquicamente organizado, sino que centralmente afectan las categorías y las prácticas con las cuales se produce, en el contexto de la globalización, el sentido de la experiencia tanto al nivel de la vida cotidiana como al nivel colectivo de la experiencia nacional. Por otro lado, la mediación entre la literatura como forma y práctica discursiva, con sus tradiciones fuertemente conectadas a la historia de la nación, y otras formas y prácticas discursivas que pertenecen al ámbito de los medios de comunicación y que han desempeñado, a menudo, un rol de masificación y transformación de las formas de subjetividad nacional que la literatura misma había propuesto a los ciudadanos. En esta intermedialidad se juega la capacidad de cada discurso para constituir a sus audiencias en públicos e intervenir, así, en la construcción social del sentido de lo nacional. En este contexto de radical descentramiento y aguda desterritorialización, la literatura nacional en América Latina se manifiesta en múltiples esfuerzos que –desde afuera y desde adentro, desde las mayorías subalternizadas y las considerables minorías que hablan desde la heterogeneidad de género, racial o étnica y aquellas que lo hacen desde las diásporas migratorias– constituyen en su conjunto aquel espacio en tiempos de la cultura global y de la globalización de la cultura.

304 • Juan Poblete

NOTA

[1] Manuel Antonio Garretón, Jesús Martín Barbero, Marcelo Cavarozzi, Néstor García Canclini, Guadalupe Ruiz-Giménez y Rodolfo Stavenhagen.

OBRAS CITADAS

Anderson, Benedict. *Imagined Communities*. Londres: Verso, 1989.

Augé, Marc. *Non-places. An Introduction to an Anthropology of Supermodernity*. Londres: Verso, 1995.

Casanova, Pascale. *The World Republic of Letters*. Boston: Harvard University Press, 2004.

Dávila, Arlene. *Latinos, Inc.: The Marketing and Making of a People*. Berkeley: University of California Press, 2001

García Canclini, Néstor. *Diferentes, Desiguales y Desconectados*. Barcelona: Gedisa, 2005.

_____ *Latinoamericanos buscando lugar en este siglo*. Buenos Aires: Paidós,2002.

Federacion de Editores de España. "El Sector editorial español. Informe sobre el sector editorial español 2003". <http://www.federacioneditores.org/SectorEdit/ Informe2003.asp>

Fuguet, Alberto. *Cortos*. Santiago de Chile: Alfaguara, 2004.

_____ *Las Películas de mi vida*. New York: Rayo, 2003

_____ *Tinta Roja*. Santiago de Chile: Alfaguara, 1996.

_____ *Mala onda*. Santiagode Chile: Planeta, 1992.

_____ *Sobredosis*. Santiago de Chile: Planeta, 1990

_____ y Edmundo Paz Soldán, eds. *Se habla Español. Voces latinas en USA*. New York: Alfaguara, 2000.

_____ y Sergio Gómez, eds. *McOndo*. Santiago de Chile: Grijalbo-Mondadori, 1996.

_____ *Cuentos con walkman*. Santiago de Chile: Planeta, 1993.

Garretón, Manuel A. et al. *El Espacio Cultural Latinoamericano. Bases para una política cultura de integración*. Santiago de Chile: Fondo de Cultura Económica, 2003.

Ibañez-Carrasco, Francisco. *Flesh Wounds and Purple Flowers. The Cha-Cha Years*. Vancouver: Arsenal Pulp Press, 2001.

Lemebel, Pedro. *La esquina es mi corazón. Crónica Urbana*. Santiago de Chile: Cuarto Propio, 1995.

_____ *Loco afán*. Barcelona: Anagrama, 2003.

_____ *Tengo miedo torero*. Barcelona: Anagrama, 2003.

Lechner, Norbert. "Desafíos de un desarrollo humano: individualización y capital social". *Capital social y cultura: claves estratégicas para el desarrollo.* Bernardo Kliksberg y Luciano Tomassini, eds. Washington: Banco Interamericano del Desarrollo, 2000. 101-127.

Mattelart, Armand. *Geopolítica de la cultura*. Santiago: LOM, 2000.

Mazzarella, William. "Culture, Globalization, Mediation". *Annual Review of Anthropology* 33 (2004): 345-367.

Moretti, Franco. "Conjectures on World Literature". *New Left Review* 1 (2000): 54-68.

_____ "More Conjectures". *New Left Review* 20 (2003): 73-81.

Ortiz, Renato. *Mundialización y cultura*. Buenos Aires: Alianza Editoria, 1997.

PNUD. *Desarrollo humano en Chile*. Santiago de Chile: Programa de las Naciones Unidas para el Desarrollo, 2002.

Rama, Ángel. "La construcción de una literatura". *Antonio Candido y los estudios latinoamericanos*. Raúl Antelo, ed. Pittsburgh: Instituto Internacional de Literatura Iberoamericana, 2001. 21-34.

Santos, Boaventura de Sousa. "Os Processos de globalização". *A Globalização e as Ciencias Sociais*. Boaventura de Sousa Santos, ed. São Paulo: Cortez Editora, 2002. 25-102.

Sistema Nacional de Cultura. Colombia. "Informe del Sistema Nacional de Cultura". 2005. <http://www.campus-oei.org/cultura/colombia/11.htm>.

Stirton Weaver, Frederick. *Latin America in the World Economy. Mercantile Colonialism to Global Capitalism*. Boulder: Westview Press, 2000.

Tomlinson, John. *Globalization and Culture*. Chicago: University of Chicago Press, 1999.

Trigo, Abril. "Cybernation (Or La Patria Cibernética)". *Journal of Latin American Cultural Studies* 12/1 (2003): 95-117.

Unesco. "Declaración Universal sobre la diversidad cultural". *La Diversidad cultural. Un debate internacional, un debate en Chile*. Santiago de Chile: Editorial Aún creemos en los sueños, 2001. 85-94.

Uribe, Richard.. "El TLC y el Bilingüismo, en *Pensar el libro*, octubre-diciembre. <http://www.cerlalc.org>.

Vera, Marisol. "La Dura cruzada de las librerías". *La Tercera*. 20 de marzo de 2005. <http://www.latercera.cl>.

Wallerstein, Immanuel. "The Concept of National Development, 1917-1989. Elegy and Requiem". *American Behavioral Scientist* XXV/4-5 (1992): 517-29.

Yúdice, George. *The Expediency of Culture. The Uses of Culture in a Global Era.* Durham: Duke University Press, 2003.

Coda: la literatura mundial, un falso debate del mercado

PEDRO ÁNGEL PALOU
Universidad de las Américas-Puebla

Para Juan José Saer, i.m.

Pienso encarar esta contribución desde una perspectiva estrábica, un ojo puesto en la teoría, otro en la creación. Mi doble carácter de escritor y académico me sitúa en ese divisadero. Escribo desde una periferia doble: el español, y –recientemente– México. Me explico: el escritor que crea su literatura en castellano debe forzosamente ser traducido (al inglés si es posible) para entrar en esa entelequia muy distinta que la que quería Goethe, la literatura mundial, especie de casa de los espejos que el mercado editorial ha inventado. Y por eso es que México es una doble periferia: las editoriales trasnacionales españolas han terminado con la edición independiente en México y, curiosamente, a los autores se les compran derechos "universales en lengua española" para sus libros y éstos nunca se distribuyen más allá de sus mercados locales. Quiero decir que se trata de un sistema colonial novedosísimo que consiste en editar para hacer desaparecer, no para hacer público a un autor (ni universal ni conocido en las fronteras lingüísticas de su idioma) y que está controlado por muy pocas firmas que determinan los temas, el gusto y el consumo. Cualquiera sabe, sin embargo, que producción y circulación son cosas muy distintas. Utilicé el término *colonial,* por su doble sentido: por un lado, la dirección política que un Estado ejerce en otros estados, aterrizado al caso presente, se trata de editoriales españolas imponiendo una política editorial en Latinoamérica; por otro, el sistema fragmentario similar al fraccionamiento colonial, ese mundo *parcelée* del que habla Edgar Morin que se disfraza con el discurso de lo universal adquiriendo los derechos universales de publicaciones que terminan siendo únicamente locales. Una vez más se produce la paradoja de la organización feudal en la Colonia: en nombre de una verdad universal religiosa se fragmentó a Mesoamérica, de tal forma que hoy en día son muy pocas las diferencias entre México y Centroamérica y sin embargo estamos divididos por fronteras. Lo universal deriva en una localidad fragmentaria.

Un ejemplo concreto podría ser el sector editorial español, que junto con el británico, es uno se los líderes a nivel mundial. En el año 2003 la industria editorial española se posicionó como la cuarta del mundo, y la primera industria cultural del territorio ibérico. El boom de la literatura hispanoamericana, eminentemente narrativo y patriarcal (la novela como género masivo), tuvo su detonación gracias a la combinación de diversos factores (literarios, sociales, culturales, políticos, económicos). Primeramente, el rechazo prolongado a la narración realista social y la búsqueda de nuevos modos narrativos. Ya en 1947, Agustín Yáñez había iniciado la redacción del acta de defunción de la novela de la Revolución Mexicana con *Al filo del agua*, siendo suscrita por Juan Rulfo a través de la muerte de *Pedro Páramo*. Ángel Rama veía al boom ("El boom en perspectiva") como un procesamiento público de valores literarios. Nunca antes la literatura latinoamericana había estado tan expuesta a los "embates" de las leyes de mercado. El desarrollo de los *mass media*, sobre todo de la televisión y del "magazine", había hecho del escritor no ya una persona pública, sino un miembro más del mundo del espectáculo. Se consolidó así la entrevista literaria, donde el escritor mostraba su intimidad y su rostro bien podía figurar en la portada del siguiente número de la edición en español de *Life* o *Vanidades*. Entonces, cabría hacerse la eterna pregunta sobre el boom: ¿qué fue? ¿Estrategia editorial, "accidente histórico", conciencia política, reforma literaria? Respecto a la estrategia editorial, Rama hace una diferenciación importante entre las editoriales culturales: aquellas que apostaban por publicar obras de calidad sin estrategias de mercado y al tanto de la carencia de lectores, y las editoras comerciales, que aún estaban en proceso embrionario. Las editoriales culturales seguían una política de publicación establecida por intelectuales y estimulaban la creación a través de certámenes literarios: Casa de las Américas, Seix Barral, Joaquín Mortiz, Siglo XXI, Sudamericana, Zigzag, Nacimiento, etc. Y, por lo tanto, pronto adquirieron prestigio y respetabilidad. Casi no hubo intelectual latinoamericano de peso que no fuera jurado en el Premio Casa de las Américas durante los años sesenta.

Pienso, por otro lado, la literatura de otras tradiciones desde mi tradición que la traduce. Quiero decir que la literatura alemana del siglo XX, por ejemplo, me llega desde García Ponce, o que la literatura polaca y rusa lo mismo que Conrad me son reescritos gracias a Sergio Pitol. En el caso de subsistemas literarios tan institucionalizados, canonizados como el mexicano puede aún decirse que se escribe desde una literatura nacional. Otra entelequia nada gratuita si se piensa que las literaturas poscoloniales en la América hispánica (en la homérica latina que citaba Marta Traba) son construcciones de identidad, cartas de creencia y aprendizaje de lo otro.

Entendiendo estas premisas entremos en materia. La sugerencia de Franco Moretti de encarar la literatura dentro de la idea de "sistemas-mundo" no deja de sonar tentadora. Tiene todos los elementos para encantar lo mismo a la academia que a la industria editorial. Si bien es cierto que la expansión colonial produjo desde el siglo XVII unas literaturas de tipo "europoide" que se filtraron por en medio de los discursos y las formas, también es igualmente aceptable pensar que los sustratos locales produjeron realidades estéticas y formales transculturadas, híbridas, como demuestra muy bien Ángel Rama para el caso de la poesía gauchesca y en su análisis de la ideología en José Martí.

Pensar que Heredia sigue a pie juntillas el modelo de Chautebriand en el *Atala* al escribir sobre el Niágara y hablar de una mundialización del paisaje, por ejemplo, es tan reductor como afirmar que García Márquez viene de Faulkner y que formaciones sociales análogas –los dos sures, si se quiere– producen formas similares, mundiales. Ya Rafael Gutiérrez Girardot en su excepcional libro sobre el Modernismo analiza los contextos de las pequeñas villas y pueblos, las condiciones socioeconómicas de las periferias europeas para demostrar que si bien ciertos fenómenos "nacen" en un determinado contexto pueden exportarse, adaptarse a situaciones socioculturales similares. Pero el mapa no es el territorio. En este artículo Franco Moretti ofrece un conjunto de hipótesis para trazar el nacimiento y destino de la novela en las periferias de Europa, en América Latina, en los países árabes, en Turquía, en China, en Japón y en África occidental. Por primera vez, ¿la perspectiva de una morfología de las letras globales? ¿Es posible que cada novela, o lo que merece llamarse novela: aquella que da una muy particular visión del mundo, pueda englobarse?

¿Cuándo puede hablarse de literatura mundial? O mejor, ¿desde dónde? No desde la producción, creo, sino desde condiciones similares de recepción del texto literario. Es en ese sentido sintomático que Pascale Casanova se embelese en su propio discurso y desde la comodidad del eurocentrismo hable de condiciones objetivas de universalidad (con el ligerísimo ejemplo del Nobel, mecanismo de consagración, no de producción estética) y que, por ejemplo, no reconozca que un escritor que lee a otro escritor, las más de las veces desde la traducción, no lee normalmente. Un escritor lee a los otros desde su obra (por igual Rulfo con Hamsum que Jorge Amado a Gorki) y la redibuja permanentemente. Pero quizá la mayor miopía consista en pensar la tradición como una, sola, homogénea. Es curioso que un escritor de las periferias, desde hace muchos años colocado en un centro, París, Milan Kundera, reflexione en su último libro, *El Telón*, sobre el particular con especial agudeza. "Sea nacionalista o cosmopolita, afirma sin empacho el novelista, arraigado o desarraigado, un europeo está profundamente determinado por la relación con su patria; (…) al lado de las grandes naciones, hay una Europa de pequeñas naciones entre las cuales muchas han obtenido o reencontrado su independencia política en el curso de los dos últimos siglos (…) mi ideal de Europa: la máxima diversidad en el mínimo espacio" (45).

La argumentación es impecable: cada país de Europa vive el mismo destino común pero cada quien lo vive de modo distinto a partir de sus experiencias particulares. De allí, dice, que la historia del arte europeo parezca una "carrera de relevos". Metáfora curiosa, donde las hay, que contradice el simplismo de Casanova (o si se quiere de ciertas frases de las dictaduras: *una, grande, libre*). En fin. Me interesa, sin embargo un pequeño argumento de Kundera. Dice: "Lo que distingue a las naciones pequeñas de las grandes no es tan sólo el criterio cuantitativo del número de habitantes; es algo mucho más profundo: su existencia no es para ellas una certeza que se de por hecha, sino siempre una pregunta, un reto, un riesgo: están a la defensiva frente a la Historia, esa fuerza que las supera, que no las toma en consideración, que ni siquiera las percibe" (47).

Milan Kundera en un viejo ensayo "Los desafíos de la literatura Tcheca" se pregunta si puede una pequeña Nación crear una cultura propia. Kundera recuerda en este trabajo que el renacimiento de la cultura checa tuvo lugar en el momento en que Goethe propuso su célebre concepto de literatura mundial: "Una gran nación resiste difícilmente a la tentación de considerar su propia forma de vivir como un valor supremo. Por el contrario, una pequeña nación no puede permitirse tales ambiciones. Ella no sueña ver al planeta transformado a su propia imagen, sino más bien de encontrarse en un mundo de tolerancia y de diversidad donde pueda vivir igual que las otras… El concepto goethiano de literatura mundial —continúa— corresponde justamente a ese espacio de tolerancia y de diversidad, donde la obra de arte no es sostenida por algún prestigio nacional, sino solamente por su propio valor y donde las culturas de las pequeñas naciones pueden conservar su derecho a la especificidad, a la diferencia y a la originalidad" (*Arte* 74).

El mensaje quiere y debe ser optimista sin obviar por ello los riesgos que corren las culturas de los pequeños países, no ante la influencia de grandes literaturas de hegemonía mundial, como ocurría en la época en que Goethe proponía su concepto de literatura mundial como el ámbito de coexistencia de literaturas nacionales diferentes, sino ante los procesos de estandardización, robotización y transnacionalización de las economías y formas de vida y existencia. Esto impone inaplazablemente un doble reto: reafirmar lo esencial de cada cultura para fundar sobre ella lo que podríamos llamar su ser histórico, su ontología como Nación y como pueblo en la cual reconocer la propia identidad; y, acto continuo, trascenderla al abrirse con ella al desafío de un horizonte más ancho.

La crisis es la ruptura de los referentes habituales de una sociedad y de una época, de las ideas, pero sobre todo de las creencias y de los valores que constituyen la finalidad última hacia la cual la persona y la colectividad aspiran. De las crisis surgen las posibilidades, las oportunidades, que pueden ser buenas o malas, dependiendo de la actitud que se adopte y del camino que se escoja.

La cultura es eso que el hombre ha creado y al crearlo se ha creado a sí mismo. La cultura es más que erudición o refinamiento pues es lo sustantivo que el ser humano tiene, su propia naturaleza. Sin cultura, el ser humano deja de ser lo que es pues se desnaturaliza, que equivale a decir, se deshumaniza. "La vida sin cultura es barbarie. La cultura sin vida es bizantinismo" (57), nos advertía José Ortega y Gasset, allá por los años veinte del siglo pasado, en su formidable ensayo "El Tema de Nuestro Tiempo".

El reto para nuestra cultura, y para toda cultura: crear, transformar, continuar; "hacer camino al andar" como quería Antonio Machado, estando conscientes que no se puede ir hacia atrás, pero también estar concientes de que hay un punto de partida hoy y de que si hay un horizonte mañana, es porque ayer otros hicieron la ruta hasta aquí. No olvidemos que todo punto de llegada es también, necesariamente, un punto de partida.

La crisis contemporánea puede identificarse a partir de la acción recíproca que ejercen dos circunstancias determinantes: la pluralidad de culturas por una parte, y la configuración de un poder único mundial por la otra.

La multiculturalidad, entendida como existencia de culturas plurales, no siempre se expresa como interculturalidad, es decir, como interacción de las culturas que además de comunicarse se influyen entre sí. Por el contrario, en algunos casos el fenómeno contemporáneo se manifiesta en la tendencia a la formación de micro sociedades cerradas, volcadas hacia dentro y que ven en la otra cultura, en la diferencia, un elemento real o potencialmente agresor. "El infierno es el otro", decía el filósofo francés Jean Paul Sartre, para caracterizar en una frase muy ilustrativa la actitud de descalificar y de satanizar la diversidad y la tendencia al hermetismo e impermeabilidad de ciertas culturas, cuyo comportamiento contrasta frontalmente con los procesos de globalización que dominan el mundo contemporáneo.

Ahora bien, si asumimos que toda civilización es un sistema de culturas integradas, que tiene su propio núcleo de principios, objetivos, fines y valores y que tiene su propio imaginario y su particular visión del mundo y de la vida, bien se percibe hasta qué punto el problema se radicaliza y se vuelve más complejo.

Es imprescindible pues la búsqueda de un Nuevo Contrato Social para mantener la paz, para la cual la cultura, la interculturalidad entendida como diálogo y reconocimiento recíproco de las culturas, es una condición necesaria.

El arte literario mayor para Kundera es la novela y ante las diferentes formas de interpretar la realidad —científica, moral, ética, política, sociológica— apuesta por este arte como forma única de abarcar y tocar la esencia humana, de llegar "al alma de las cosas" con un lenguaje personal. El novelista inventa una forma de comprender y entender la realidad al desplegar la novela como método capaz de un conocimiento excepcional de la vida y la existencia humana. "Lo único que nos queda ante esta irremediable derrota que llamamos vida es intentar comprenderla. Esta es la razón de ser del arte de la novela" (*El arte* 29).

El arte no evoluciona, dice Kundera, simplemente cambian sus valores estéticos, son distintos. Una novela moderna no es mejor ni más evolucionada que una novela romántica o una clásica. La historia de la novela es autónoma, no guarda relación con la Historia a secas ni con el desarrollo lineal de la ciencia y la tecnología. "Aplicada al arte, la noción de Historia no tiene nada que ver con el progreso; no implica ni un perfeccionamiento ni una mejora ni una progresión. Es más bien un viaje emprendido para explorar tierras desconocidas e inscribirlas en un mapa. La ambición del novelista no es hacerlo mejor que sus predecesores, sino ver lo que aquéllos no han visto, decir lo que no han dicho" (*El arte* 48).

¿Qué da entonces permanencia a unas novelas sobre otras? Kundera reivindica el canon artístico, el valor estético. Sólo el valor estético objetivo de una obra (asumido y vivido como experiencia existencial) da sentido a una historia del arte. Así se entienden la gran novela inglesa del siglo XVIII, la época de la novela francesa, la de la rusa, después la novela escandinava, la novela alemana, Rabelais y Cervantes como creadores del arte de la novela. La historia del arte asumida como una historia de los valores estéticos lleva a Kundera a profundizar en novelas cuyo canon artístico descubrió nuevos territorios, porque la novela "debe decir lo que ninguna otra cosa puede, revelar los territorios desconocidos de lo humano" (48). En la épica de Homero sobresale la gran aventura que en su dimensión inconmensurable revela la epopeya de los actos humanos. Pero ¿no es en lo nimio, en lo cotidiano y simple (la odisea en miniatura de Leopold Bloom) donde en verdad se revela el alma humana de la modernidad?, se pregunta también Kundera.

Hay tantos polacos como españoles, dice Kundera, pero los últimos pertenecen a una potencia colonial cuya existencia nunca estuvo amenazada mientras que la Historia les ha enseñado a los polacos lo que quiere decir no ser, pertenecer al corredor de la muerte. ¿Gombrowicz pudo ser español, es mundial? Nada más imposible.

Y luego Kundera llega al centro: el testamento goethiano, una *Weltileratur* es traicionado. Basta abrir una antología, una historia: siempre se presentan superposiciones, una historia de las literaturas, en plural. Se puede, afirma el novelista checo, ver la realidad desde una perspectiva local, la del pequeño contexto o leerse desde la perspectiva del gran contexto, de lo universal. Y afirma que sólo desde la traducción puede leerse la contribución de una gran novela. Sólo desde la distancia puede apreciarse el arte (51). Lo mismo que pensaba Bourdieu cuando decía que el traductor es quien lee de la manera más parecida a como leerá la posteridad. Pero no se me malentienda: en todos los casos estamos hablando de *lecturas*, de recepciones, no de la producción literaria. Digámoslo muchas veces: la literatura mundial es un efecto de lectura, es un efecto –hoy en día más que nunca– de mercado.

No se nos olvide que el provincianismo de los grandes es tan dañino como el provincianismo de los pequeños. Traigo ahora a colación a otra escritora radicalmente periférica, la novelista croata Dubravka Ugresic. En su libro, *Thank you for not reading*, ha escrito quizá la mayor defensa del escritor actual frente al mercado (no sólo al reseñar su descomposición visible en la feria de Londres donde la acrtiz Joan Collins era la escritora más importante del año, sino al recuperar la soberana libertad de la escritura desde una cultura local). Un escritor, afirma, a quien le preocupa el contexto en el que escribe debería quedarse callado. De lo contrario es como si separara del árbol la rama que lo sostiene. Y para un pájaro que se sostiene en tan endeble rama se trata de un acto peligroso (21). Sin embargo sólo se sabe la calidad de un artesano por sus herramientas. Y entonces tira el dardo: los escritores de los países del este estaban tan aislados del mercado y de sus tendencias que pudieron escribir sus obras con la libertad que occidente desconoce ya. En su cuarto, por las noches, alejado de toda estética imperante, casi a contrapelo de una realidad que desconoce el escritor croata —ella repite el gentilicio— puede crear una obra propia. Y reitera: los escritores en una cultura literaria orientada por el mercado son solamente "hacedores de contenidos" (26).

Podríamos seguir esta argumentación. La literatura mundial produce temas, modos reiterados de abordarlos, contenidos universales. La forma estética está fuera de la discusión. Sólo desde la periferia (algo que sabía muy bien Borges y así lo definió en "El escritor argentino y la tradición", incluido en *Discusión*) puede renovarse profunda, duraderamente. Porque se trata de formas, descubiertas en el oficio, el taller, con los ojos estrábicos de los que habla Piglia: allá y acá. En ningún lado. Dice Ugresic que el peor descalabro para un escritor del Este al encontrarse en el mundo del mercado occidental consiste en reconocer que hay una ausencia de criterios estéticos absoluta. Los criterios para una evaluación literaria eran el mundo cotidiano, afirma, de un escritor del Este, no Oprah. Eran su capital y ahora el escritor del Este descubre que ese capital "vale mierda". En el mundo no comercial no había mala y buena literatura sino literatura y basura, concluye (206). Pero la mierda es accesible a todos, paradoja final del mercado que Casanova y Moretti parecen desconocer. No se trata de oponerse a lo global con la tiranía manipuladora de lo local. Se trata, aún, de producir formas novedosas. La novela es, desde Cervantes, un arte de la resistencia, de la periferia. Y la novela es, precisamente, el género que mejor les sirve a los detentadores del poder literario para producir esa especie de producto de igual sabor y textura, ajeno a la diversidad, que es lo mismo *El alquimista* de Coelho que *El zorro* de Allende o esa plaga de Dan Brown. No importa que sean malos. Los lectores incluso lo afirman: "Sé que es una porquería, pero me encanta", dicen a coro. O mejor: me encantaaa, con énfasis en la última vocal. Tal vez sería bueno regresar a la espesa selva de lo real desde donde se escriben las verdaderas novelas.

No otra cosa ha hecho Sergio Pitol, un escritor que ha cruzado las periferias para escribir una literatura central, no poca cosa. Pitol va perdiendo ciudades: Varsovia, Barcelona, la de sus primeras grandes traducciones, las pierde y el lector las recupera, ciudades de Occidente que nos llegan a través de un hombre de periferias, en fuga. Al recordar esos años, Pitol se ve como otra persona, un joven mexicano que comparte con el escritor "el mismo nombre y algunos hábitos y manías". *El arte de la fuga*, digámoslo desde ahora, es una parábola ética desacostumbrada en nuestras letras, una carta de creencia en la literatura y el espíritu que azora por su entereza y sobrecoge por lo enorme de la empresa. Actitud que implica traducir realidades lejanas a fin de regalar versiones. Aquí la traducción cobra un doble sentido: el sentido físico de afrontar un lenguaje ajeno, y el sentido interior de incorporar lo otro al lenguaje de lo propio, al de un mexicano en el exilio. Y por ello algo, no sólo es escritor, siempre se fuga. En "Una mano en la nuca", el inicio parece escribirnos las intenciones de esos viajes que en los protagonistas de sus cuentos terminan siendo, como en el *Viaje sentimental* de Sterne, viajes interiores, en el mundo de la experiencia privada. Escribe Pitol:

> En su interior hay zonas que no logra conocer, filones subterráneos que no toca y que, sin embargo, activamente lo trabajan, lo lanzan a pretender una especie de absoluto sólo torpe, muy torpe y vagamente presentido, y que, no obstante, le produce explosiones irregulares, rebeliones sin meta precisa que, al ser aplastadas, lo dejan siempre postrado, vencido.
> (9)

Los tres personajes del texto –a quienes al final el narrador, uno de ellos, interpela en primera persona del plural– sienten ese mismo desasosiego, esa melancolía del viaje:

Yo escribo, tú escribes, él pinta. Yo en Varsovia, tú en México, él en París.
Y en los tres lugares luchamos contra nuestras ataduras Sabemos poco.
Sabemos que existen estas tres y otras muchas ciudades. (274)

Aunque Pitol se empeñe en mostrarnos que dicha actitud le es natural,
sabemos que representa grandes sacrificios y aislamientos, un propósito de
apartarse del circo literario para construir una obra personal signada por la
melancólica distancia del tránsfuga y por la obstinada paciencia del oficio.
Pitol afirma, sin ambages, que su relación con la literatura ha sido vesperal,
excesiva y aún salvaje. Y más: "Uno, me aventuro, es los libros que ha leído,
la pintura que ha visto, la música escuchada y olvidada, las calles recorridas.
Uno es su niñez, su familia, unos cuantos amigos, algunos amores, bastantes
fastidios" (156). Desde estas particularidades, Pitol nos devuelve, legibles,
las peculiaridades de escritores de Europa del Este, y nos muestra que la
literatura es inasible, es una combinatoria de partículas que nunca dan el
mismo resultado: literatura fractal.

La subsiguiente descripción de su modo de vida actual en aislamiento,
cerca de sus libros, su música y su perro Saco no revelan a un hombre que
se ha cansado del viaje, sino a alguien que se ha detenido para escucharse,
aunque sepa que detrás de él sólo hay misterio. La literatura, afirma una y
otra vez Pitol, es una conquista del espíritu, del *citoyen* moral al que tanto
apela: el hombre tolerante. La relación del escritor con el poder es, así,
siempre un malentendido insoluble, una traición del pacto entre hombre y
palabra a la que alude. Y la traición a la literatura puede ser terrible: "Cuando
se le hace trampas, cuando siente que se la utiliza para usos espurios, su
venganza suele ser feroz" (99). A través de apelaciones sin tregua, logra
imprimir la experiencia occidental de Oriente (desde un Occidente periférico,
hay que decirlo). Lo ajeno de Oriente y lo ajeno del yo se conjugan, en *El
arte de la fuga*: "somos una mezcla terrible, y en cada individuo coexisten tres,
cuatro, cinco individuos diferentes, así que es normal que ellos no concuerden
entre sí" (99). El escritor-multitud ante un Oriente contemplado desde alguno
de los tantos occidentes, de tal forma que todo, dice Pitol, deriva en clima,
ambiente, es decir, la neblina del conjunto, y quién con nebulosas puede ver
el mundo, la literatura mundial.

Resistir al mercado es hoy resistir a la llamada literatura mundial, desde
el exilio. Y no hay que olvidar la maravillosa frase de Edward Said: el exilio
es un estado celoso.

Obras citadas

Allende, Isabel. *El zorro. Comienza la leyenda*. Buenos Aires: Sudamericana, 2005.

Borges, Jorge Luis. *Discusión*. Madrid: Alianza, 1997.

Bourdieu, Pierre. *Las reglas del arte. Génesis y estructura del campo literario*. Thomas Kauf, trad. Barcelona: Anagrama, 2000.

Brown, Dan. *The Da Vinci Code*. Nueva York: Doubleday, 2003.

Casanova, Pascale. *La república mundial de las letras*. Jaime Zulaika, trad. Barcelona: Anagrama, 2001.

Coelho, Paulo. *O alquimista*. Rio de Janeiro: Rocco, 1989.

Gutiérrez Girardot, Rafael. *Modernismo. Supuestos históricos y culturales*. México: Fondo de Cultura Económica, 1988.

Kundera, Milan. *El arte de la novela*. Barcelona: Tusquets, 1986.

_____ *El telón. Ensayo en siete partes*. Beatriz de Moura, trad. México: Tusquets, 2005.

Moretti, Franco. *Graphs, Maps, Trees. Abstract Models for a Literary History*. Londres: Verso, 2005.

Morin, Edgar. *Penser l'Europe*. Paris: Gallimard, 1990.

Ortega y Gasset, José. *El tema de nuestro tiempo*. Madrid: Alianza, 1987.

Piglia, Ricardo. *Formas breves*. Barcelona: Anagrama, 2000.

Pitol, Sergio. *El arte de la fuga*. México: Era, 1996.

Rama, Ángel. *Literatura y clase social*. México: Folios, 1983.

_____ "El boom en perspectiva". *Más allá del boom. Literatura y mercado*. México: Marcha Editores, 1982.

Ugresic, Dubravka. *Thank You for Not Reading. Essays on Literary Trivia*. Celia Hawkesworth, trad. Norman, IL: Dalkey Archive, 2003.

Post-scriptum. "A río revuelto, ganancia de pescadores". América Latina y el *déjà-vu* de la literatura mundial

MABEL MORAÑA
Washington University. St. Louis

> Injértese en nuestras repúblicas el mundo,
> pero el tronco ha de ser el de nuestras
> repúblicas.   José Martí

1. AMÉRICA LATINA EN EL BANQUETE DEL OCCIDENTALISMO

Pese a la innovación de algunos argumentos, el replanteo de que ha sido objeto en los últimos años el debate sobre el concepto de literatura mundial parece un *déjà vu* en los estudios latinoamericanos. Aparte de la larga tradición de esta noción en el campo de la literatura comparada, pensar América Latina desde categorías, procesos y *lugares* teóricos europeos constituye una estrategia reincidente y naturalizada en la historiografía de la región, aunque numerosos aportes –muchos de ellos elaborados por quienes colaboran en este mismo libro– hayan abierto desde hace muchos años nuevas direcciones para nuestro trabajo. Aunque América Latina es sólo una de las áreas culturales comprendidas en la teorización sobre literatura mundial, las implicancias de ese concepto tienen en este caso una resonancia particular, porque se inscriben en una prolongada historia de adscripciones y apropiaciones simbólicas de esa cultura en los imaginarios europeos.

A no dudarlo, la cultura francesa, que las elites criollas impusieran como paradigma de progreso y de modernidad en las naciones latinoamericanas desde sus orígenes, marcó con huellas profundas numerosos aspectos en estas sociedades. Moda, historiografía, corrientes literarias, costumbres, conceptos de ciudadanía y de civilidad, diseños urbanísticos y principios político-filosóficos, estuvieron influidos directamente por las obras, movimientos y formas de vida del país que hacia fines del siglo XVIII proyectaba su perfil no sólo sobre otras naciones europeas sino también sobre las transatlánticas. Desde entonces, la episteme humanística, que fuera transmitida en los procesos de colonización y modernización americana desde los centros de irradiación del Viejo Mundo, se perpetuó a distintos niveles. Consideradas en los centros europeos como huéspedes que llegaban tarde e inesperadamente al banquete de la civilización, las naciones latinoamericanas, guiadas por las elites letradas, adhieren a un esquema general de "alta" cultura que reproduce los valores, paradigmas e intereses de la modernidad eurocéntrica. Estos procesos desplazan hacia los márgenes de la nación moderna a amplios sectores sociales (pertenecientes a culturas afrohispánicas, indígenas, etc.) que aunque son subsumidos dentro de la ideología y praxis del occidentalismo, no son incorporados en los proyectos hegemónicos ni comparten la epistemología, tradiciones y utopías del sector dominante.

Formas sutiles de colonialidad se entronizan en los proyectos de progreso social y "evolución" cultural que se implementan en áreas periféricas, afectando los procesos de producción del conocimiento. La compartimentación del saber en *disciplinas* que se definen, en sus formas contemporáneas desde el positivismo, así como las modalidades y procesos de institucionalización cultural, siguieron con frecuencia modelos europeos que impidieron advertir la importancia de formas *otras* de acción social e intervención cultural. Hasta el papel del intelectual dentro de la sociedad civil (sus formas de relación con el poder político, su distribución en *campos* que se desarrollan con relativa autonomía de acuerdo a agendas, intereses y programas específicos, su misión pública, su relación con el mercado, la tradición y los sistemas educativos) fue juzgado y evaluado dentro de esos parámetros. La forma que asumiera la construcción de campos de conocimiento y acción intelectual en América Latina respondió, sin embargo, a muy distintas condicionantes sociales y políticas que la crítica eurocéntrica no llegó a percibir.[1] Los hábitos interpretativos que se crearon a partir de las realidades emanadas de los procesos postcoloniales obnubilaron la captación crítica y *descolonizada* de prácticas y productos simbólicos articulados a culturas multiétnicas, agendas emancipatorias o programas contraculturales que no replicaban los modelos recibidos. Analizada a través de los cristales de las culturas colonizadoras, la materialidad histórica, económica y política de la cultura latinoamericana fue percibida las más de las veces como epifenómeno de luchas de poder, influencias y negociaciones con centros que irradiaron desde el Viejo Continente sus modelos de conocimiento y de interpretación cultural a partir de los discursos hegemónicos del occidentalismo.

Consecuentemente, la visión desde determinados sectores sociales, determinadas razas, lenguas y tradiciones dominantes, se impuso como *la* forma supuestamente *civilizada* y *universal* a que debían tender las culturas "menores". Desde esta perspectiva, la "evolución" cultural ha sido medida según los grados de proximidad o alejamiento con respecto a aquellos paradigmas. La distancia mayor ha recibido nombres diversos: barbarie, primitivismo, subdesarrollo, Tercer Mundo. La modernidad constituyó así, desde las primeras instancias del proceso de occidentalización, un *lugar del deseo* cuya frontera siempre se vislumbraba *más allá*, en el espacio/tiempo que marcaban las brújulas y relojes europeos. Esto, al menos, dentro de la cultura criolla que a su vez impuso los paradigmas adquiridos en el paquete de la colonización sobre las culturas vernáculas.[2] Las formas de conocimiento, socialización y representación cultural propias de los sectores a los que no alcanzaba la cultura cosmopolita de raíz europea se mantuvieron como *no competitivas* dentro del mercado de circulación de bienes simbólicos manejado desde los núcleos hegemónicos del capitalismo transnacionalizado. De esta manera, América Latina, que nació a la vida occidental bajo el signo del "retardo" histórico y la dependencia neocolonial, fue desde siempre concebida como un conjunto de sociedades de naturaleza especular cuya habilidad para replicar e incluso para innovar sobre códigos recibidos era estimada en términos de progreso civilizatorio o evolución histórica. El desarrollo de culturas *diferenciadas* en los territorios americanos constituyó así, desde el comienzo, un acontecimiento de interés relativo, que mostraba variables más o menos previsibles dentro de las constantes del occidentalismo. Aunque a veces esos logros desde la periferia conllevaban la sorpresa de una calidad inesperada, su mérito siempre era referido, en última instancia, a los paradigmas y proyectos que habían funcionado como matrices de esas realizaciones. El reconocimiento y la celebración, más o menos condescendiente, de los productos surgidos en los márgenes de los grandes sistemas —que, ¿hay que decirlo? lograron desarrollar su propio potencial, en gran medida, a partir de sus prácticas colonialistas— no atenuaron los efectos del eurocentrismo, ni ocultaron el hecho de que a través de este fenómeno se expresa ejemplarmente la ideología del capitalismo y la modernidad. Muchas estrategias retórico-discursivas han sido utilizadas, a través de los siglos, para legitimar este estado de cosas. En cualquier caso, desde perspectivas actuales comprometidas con una visión descolonizadora de la cultura, resulta innegable que de la "emancipación" hasta el presente, eurocentrismo, modernización y neocolonialismo constituyen conceptos y relaciones que son ineludibles en el análisis de la historia cultural latinoamericana y de los avatares del occidentalismo en áreas periféricas.[3]

2. Vino viejo en odres nuevos

Lo que hoy identificamos como crítica literaria latinoamericana surge también a la luz de paradigmas eurocéntricos. La división de la historia cultural latinoamericana en *períodos, movimientos* o *generaciones* marcó los ordenamientos y nominaciones que articulan el repertorio canónico latinoamericano en la historiografía tradicional: romanticismo, realismo, vanguardia, nombran procesos o etapas histórico-literarios pertenecientes a otras realidades culturales. Estas categorías –que entrarían dentro de la "eurocronología" de que habla Appadurai (30)– se superponen, por tanto, a la producción latinoamericana, como moldes desajustados e imperfectos que dicen más sobre la operación interpretativa misma que sobre el objeto que tales rótulos intentan designar. Las literaturas nacionales fueron con gran frecuencia elaboradas primero –de interpretadas luego, dentro y fuera de América Latina– de acuerdo a su capacidad de ajuste a esos modelos estéticos consagrados. Mucho tiempo pasaría antes de que pudiera comenzar a problematizarse no ya solamente *qué* se lee de la producción latinoamericana dentro y fuera de las fronteras continentales, sino *desde dónde* se lee (desde qué lugar teórico, ideológico, o geo-cultural) y *para qué* se realizan esas operaciones (para confirmar *qué* liderazgos intelectuales, *qué* proyectos, *qué* posicionalidades sociales o políticas, *qué* procesos históricos).

Es obvio, sin embargo, que las razones para el resurgimiento de elaboraciones que vuelven a fundamentar la *liaison* cultural entre América Latina y la *ciudad luz* deben buscarse ahora en los procesos más actuales de transnacionalización cultural. Estos procesos han redefinido en las últimas décadas las relaciones intercontinentales y han cargado de nuevo sentido las ideas de nación, región y área cultural. Al mismo tiempo, es evidente que el impacto de nuevas orientaciones en el enfoque del análisis de la cultura ha tenido efectos contundentes sobre la historiografía tradicional y sobre las disciplinas humanísticas. Los estudios postcoloniales, los análisis de los fenómenos de globalización, migración y (post)modernidad, la revisión profunda de los conceptos de cultura nacional, identidad y sujeto, plantean nuevos desafíos al trabajo intelectual y obligan a revisar críticamente nociones y estrategias del pasado. La tarea intelectual se enfrenta a la rápida y desorientadora pérdida de vigencia de categorías teóricas y epistemológicas que guiaron hasta hace pocas décadas el análisis y la interpretación de la cultura. Bajo la influencia del neoliberalismo el mercado parece controlar no solamente la oferta y la demanda sino incluso la construcción de subjetividades y sensibilidades colectivas y, con ellas, la formación de agendas y movilizaciones identitarias. La producción simbólica circula en los mercados culturales con un *valor de uso* innegable y significativo: es la mediación que funciona entre sistemas culturales que compiten, en el nivel axiológico y también mercantil, en busca de reconocimiento y legitimación. Es, también, el elemento que confirma o que desautoriza posicionamientos que se van definiendo en la escena global. Exotización, cosmopolitismo, regionalismo, localismo, *glocalidad*, transculturación, formas autóctonas o universales, vernaculares o cosmopolitas, constituyen *gestos* ideológicos y culturales, además de nombres que designan un *valor agregado* que el producto simbólico coloca deliberadamente sobre el tapete de los intercambios simbólicos o que le es adjudicado desde afuera, por medio de la operación interpretativa, en el proceso de circulación y consumo estético-discursivo.

¿Qué hay de nuevo en todo esto? podríamos preguntarnos. Quizá los grados del proceso, la naturaleza de los propósitos que lo guían, las fuerzas no visibles que controlan el flujo a través del cual los productos se diseminan, entrecruzan e intercambian mundialmente. Quizá los niveles de concentración del poder cultural y la tenacidad de los desplazamientos y marginalizaciones que se instrumentan desde sus *núcleos duros*. Tal vez los modos de subalternización o de cooptación de cualquier forma de *otredad* que ratifica o amenaza la otredad propia. Quizá la sofisticación de los discursos que trabajan para legitimar esas operaciones. En efecto, en los niveles mencionados y en muchos otros relevantes al tema que nos ocupa, los tiempos han cambiado. Las nociones de centro/periferia, que guiaran en su momento –aunque no sin cierta simplificación– análisis fecundos de la cultura, la política y la economía en América Latina, como los provistos, por ejemplo, por la Teoría de la Dependencia, han perdido, en gran medida, capacidad totalizadora. Pocas categorías han logrado reemplazar, sin embargo, esas nominaciones, que resultaron útiles para una comprensión de los mecanismos que sustentaban los "diseños globales" al menos hasta el fin de la Guerra Fría. Ya no sólo los centros proliferan en las periferias sino que éstas se diseminan en aquéllos hibridizando los imaginarios y las

dinámicas sociales. Esto no significa, de ninguna manera, que se hayan diluido las luchas de poder a nivel planetario, ni que resulte hoy día imposible identificar los núcleos hegemónicos en los espacios regionales, nacionales e internacionales. Implica, sí, que la complejidad del "orden mundial" ha alcanzado grados que rebasan los paradigmas epistemológicos tradicionales, y que requieren nuevas estrategias políticas y filosóficas para su comprensión.

3. A RÍO REVUELTO...

La transformación de las hegemonías –la pugna de capitales transnacionalizados, las formas nuevas de expansión y apropiación de recursos, territorios y fuerza laboral, las estrategias inéditas de penetración cultural, las agresivas maniobras de producción, diseminación y consumo de mercancías materiales y simbólicas– ha causado una intensísima movilización de agentes y de agendas políticas, ideológicas y culturales que intentan capitalizar –valga el uso del término– este momento crítico. Al mismo tiempo, los reacomodos de poder dentro del contexto de la globalización han impulsado cambios pero también temores, estimulando numerosos intentos de reanexión, al menos en el nivel de los imaginarios, de espacios culturales capaces de reforzar posiciones que podrían encontrarse en condiciones de debilidad relativa en distintos contextos. Los vuelcos registrados en el "orden" mundial se corresponden así con diversas dinámicas de recolonización cultural, particularmente por parte de aquellas naciones que afirmaron en el pasado algún tipo de supremacía sobre la base del expansionismo territorial y la conquista de imaginarios coloniales o neocoloniales. En los intentos de España y Francia de solidificar sus perfiles culturales en el contexto del fortalecimiento de la Comunidad Europea puede leerse por ejemplo, a mi criterio, la voluntad de reclamar, en distintos estilos, áreas de influencia a nivel internacional, forma postmoderna, quizá, de reafirmar hegemonías parciales dentro del acotado espacio del occidentalismo. A río revuelto, ganancia de pescadores.

En el caso de España, 1992 sirvió de base para el lanzamiento de espectaculares conmemoraciones por los 500 años del "descubrimiento" de América. Se enfatizó principalmente la existencia de lazos culturales que perpetuarían la conexión de las otrora colonias de ultramar con la antigua metrópolis. Como es sabido, tales influjos fueron respondidos a distintos niveles, principalmente desde los movimientos de resistencia indígena y desde el marco académico, donde numerosos estudios revisaron a nueva luz los saldos sociales, económicos y culturales del celebrado colonialismo. Sin duda, el 2010 pondrá sobre la mesa nuevas agendas para el estudio de las limitaciones de la emancipación y sobre el fenómeno particular de aplicación en América Latina de una modernidad iluminista más adoptada que adaptada por las naciones americanas. En este contexto, quedará en evidencia la necesidad de nuevos movimientos liberadores principalmente por parte de los sectores que entre 1810-1825 asistieron a una modificación en la composición de la élite dominante y a una serie de transformaciones que alteraron sustancialmente la vida comunitaria sin que llegaran a modificarse, sin embargo, las condiciones de marginación social o subalternización política que nacieron con el descubrimiento. En el caso de Francia, centro ilustrado a cuya luz se definiera buena parte del ideario independentista y se planificaran en América Latina aspectos principales de la organización de estados nacionales, la voluntad de reivindicar influencias y liderazgos ha adquirido, como era de esperar, un cariz menos político y más *civilizatorio*.

En todo caso, es evidente que la supremacía estadounidense, establecida ya después de la guerra hispano-cubano-americana de 1898, reafirmada en un registro internacional mucho más amplio a partir de la Primera Guerra Mundial, y reformulada mundialmente después del fin de la Guerra Fría, ha opacado de manera evidente cualquier posibilidad de preeminencia político-económica de las naciones europeas sobre América Latina. A nivel cultural, los empujes del capitalismo transnacionalizado, la cultura de masas y el predominio audiovisual hollywoodense han ensombrecido la importancia de la "alta" cultura letrada que tuvo en Francia, durante mucho tiempo, uno de sus centros más notorios. En el caso de España, la inquietud despertada en ese país por el masivo avance del castellano como segunda lengua estadounidense es tan sólo un ejemplo de las consecuencias de la transnacionalización cultural y del fenómeno migratorio, para citar sólo dos de los muchos factores que contribuyen a dar forma a los escenarios actuales. Para una consideración más amplia de las derivaciones de estos hechos y de la alarma que despiertan en distintos contextos alcanzaría con revisar los análisis de Samuel P. Huntington sobre el orden mundial y particularmente sobre la situación lingüístico-cultural en Estados Unidos e interpretar algunas de las opiniones emitidas por instituciones españolas acerca del mencionado incremento del castellano fuera de las fronteras españolas, fenómeno que transforma la lengua, en sus contextos extra-peninsulares, al exponerla a "contaminaciones" lingüísticas que amenazan el casticismo de otrora. El Congreso de la Lengua celebrado recientemente en Rosario, Argentina, con representación directa de la realeza española es, quizá, otra estrategia simbólica de reforzamiento de lazos entre la "madre patria" y las antiguas colonias, que se suma a prácticas a nivel económico, como la masiva penetración de capitales españoles en la economía de ese país.

De esta manera, el tema de la literatura mundial que nos ocupa puede ser visto como un elemento más, sin duda significativo, que remite a la compleja red de intereses, reacondicionamientos, pugnas y negociaciones dentro del mundo globalizado, donde las áreas culturales luchan por su diferenciación y liderazgo, y compiten por sus campos de influencia. La refunda(menta)ción de las redes transnacionales a nivel cultural tiene, entonces, un efecto doble: por un lado, las áreas periféricas son reapropiadas y rearticuladas simbólicamente; por otro lado, los núcleos culturales que reivindican la vigencia de antiguas influencias son re-centralizados, es decir, confirmados, desde nuevos discursos, en sus posicionamientos y roles específicos. En otras palabras, nos encontramos ante un problema de redefinición y legitimación de hegemonías que se corresponde con reacomodos globales y regionales en el contexto del poscolonialismo.

4. Los árboles y el bosque

Tanto Franco Moretti como Pascale Casanova reconocen en sus estudios sobre literatura mundial que debido a la complejidad con que se tienden e imbrican las redes culturales y particularmente literarias en nuestro tiempo, las antiguas metodologías de análisis y evaluación poética van quedando obsoletas. Sus propuestas, sin embargo, incorporan una serie de elementos de larga tradición hermenéutica, que no logran desembarazar de sus implicaciones ideológicas: la visión altamente *esteticista* de la cultura, la adhesión al concepto de *universalidad*, la propuesta de una noción de *sujeto* a partir de la cual es posible definir valores, gustos y jerarquías, la voluntad de *totalización*, la decisión de trabajar en el interior de *un sistema* (el que Harold Bloom denominara "el canon occidental") con total prescindencia de otros sistemas posibles y contrapuestos (aquellos producidos, por ejemplo, en lenguas y desde culturas no dominantes), etc. El reconocimiento de los privilegios, conflictos y desigualdades que atraviesan tal sistema resulta insuficiente, cuando las teorías propuestas no incorporan los rasgos mencionados de manera orgánica, integral, no permitiendo que éstos lleguen a afectar las categorías centrales desde las que se eleva el edificio argumentativo. El imperialismo de ciertas *lenguas*, la centralidad del género *novela* dentro de la amplitud y diversidad del campo literario, la relativización excesiva de la *cultura nacional* que, pese a sus transformaciones, sigue afectando la producción simbólica, la superación del *close reading* por el *grand récit* de la mundialización literaria, todo parece apuntar a un deseo de rescatar desde nuevas retóricas las bases de la historiografía moderna y liberal creando una fluidez del producto simbólico que termina, sin embargo, reafirmando los centros y valores desde los que se piensa la totalidad analizada. Esto, con diferente énfasis en ambos autores, pero con una notoria convergencia en las categorías teóricas principales.

Los proyectos de Casanova y de Moretti difieren, en efecto, en muchos aspectos: la orientación sistémica de Franco Moretti propone, a partir de Max Weber y del modelo de *Modern World System* de Immanuel Wallerstein, una articulación más estrecha y un funcionamiento más orgánico entre los elementos articulados en la producción literaria mundial, mientras que el paradigma de Casanova, siguiendo la perspectiva estructural de F. Braudel, reivindica más bien la autonomía relativa y la "objetividad" de las relaciones que vinculan a los distintos elementos. Siguiendo las preocupaciones weberianas por el futuro de las ciencias sociales y los límites del conocimiento científico (lo que puede, efectivamente, ser abarcado con los instrumentos actuales), Moretti quiere captar la dimensión planetaria de la literatura desde arriba, es decir desde una perspectiva abarcadora y generalizante. Para él, la división del trabajo se da entre el nivel de las literaturas nacionales y el de la literatura mundial. Aquel crítico que focaliza el nivel nacional ve "árboles", productos específicos que importan, en una visión micro, justamente por su particularidad. Quienes se interesan en perspectivas macro, ven "olas": ondas de movimiento continuo que no reconocen fronteras y se vinculan directamente al fenómeno de mercados transnacionalizados. (Moretti, "Conjectures", en Prendergast 160-62) Supuestamente, lo que se sacrifica en particularidad se gana en universalidad. Ante los peligros del provincianismo y de la acumulación positivista de datos singulares, el remedio es la visión oceánica (trans-oceánica, trans-histórica) que se fija en los grandes movimientos que, como una fuerza de la naturaleza, crean marcas en la costa. Constantes y dotadas de irracionalidad (¿post-ideológicas?), las ondas que mueven la marea de la literatura mundial constituirían una constante interpelación ("una espina en el costado") de las literaturas nacionales. Y, advierte Moretti con cierto aliento épico, entre lo nacional y lo planetario no hay términos medios.

Más jerarquizada y al mismo tiempo más subjetiva que la de Moretti, la teorización de Casanova es, también, más redencionista: espera instrumentar una "solución a la dependencia", que permita a los más "desprovistos" encontrar su camino en el espacio mundial de la modernidad contrarrestando aspectos de dominación que se ejercen a nivel transnacional y transhistórico en ese campo. Ambos esquemas coinciden, sin embargo, en el intento de proponer un diseño global que se impone sobre las particularidades y sobre las condiciones de producción locales, regionales, nacionales, etc. Ambos sacrifican la especificidad de cada texto, sus modulaciones formales y temáticas, el tema de los privilegios lingüísticos que son candentes en el área latinoamericana, y la historia de la recepción de las literaturas estudiadas, para privilegiar más bien el estudio del acceso de esa producción a una universalidad eurocéntrica y ahistorificada. Dejan de lado, entonces, el hecho de que son justamente las particularidades de esa textualidad, las políticas de la lengua en las que esas literaturas se sustentan, y sus negociaciones con las formas locales e históricas de poder cultural las que en última instancia condicionan la capacidad de negociación de esas poéticas en contextos globales, su inserción en el mercado, su distancia o su proximidad con respecto al paradigma de la modernidad. Los procesos que se registran *en el interior mismo del sistema*, y sobre todo aquellos que ratifican la lógica de éste, son los reconocidos desde "el meridiano de Greenwich" *crítico* que el libro de Casanova constituye. En cuanto a las propuestas de Moretti, los árboles y mapas no llegan a descubrir las lógicas del *bosque*: las relaciones complejas y variables entre la institucionalidad literaria y los estados nacionales, o sea la relación del conjunto de árboles con una territorialidad material y simbólica que la contiene. Quedan también al margen de sus preocupaciones la cualidad corporativa de esa misma institucionalidad en lo que se refiere a la producción y consumo del libro en distintas latitudes y momentos del capitalismo transnacionalizado, y las diferentes funciones que el arte literario llega a asumir en distintos contextos, sectores sociales y momentos históricos, sobre todo en sociedades atravesadas por luchas de poder a todos los niveles.

Finalmente, la prescindencia de un diálogo profundo con quienes han trabajado aspectos sustanciales de estos grandes diseños es significativa. A nivel de las grandes cartografías, puede pensarse por lo menos en Roberto Fernández Retamar, Enrique Dussel, con su concepto de "transmodernidad" y Walter Mignolo, que ha estudiado desde otras perspectivas los "diseños globales", y todos los teóricos del poscolonialismo latinoamericano, desde Edmundo O'Gorman hasta Aníbal Quijano, así como quienes han analizado desde diversas perspectivas el fenómeno del occidentalismo (por ejemplo, Amin, Venn, Dussel, y un largo etcétera). A nivel de la crítica literaria y cultural, Ángel Rama, Carlos Rincón, Nelson Osorio, Françoise Perus, Antonio Cornejo Polar, Beatriz Sarlo, Alberto Moreiras, Josefina Ludmer, Roberto Schwarz, y muchos otros, han contribuido a lecturas descolonizadas de la literatura latinoamericana, tanto en los procesos de su producción como en los de su recepción a través de la historia. Asimismo asombra en las teorías sobre literatura mundial la referencia superficial a tantos escritores y críticos que no confirmarían el paradigma (en el caso de América Latina, José María Arguedas, Juan Carlos Onetti, Juan Rulfo, etc.). Estos procedimientos hacen que el "arte de la distancia" a que se refiere Casanova actúe menos como un *desideratum* que como una petición de principio —un pre-texto— que exime del contacto con el material mismo que se está analizando. Tanto la propuesta de Casanova como la de Moretti son percepciones que no sólo *constituyen* —construyen *ideológicamente*— al objeto de estudio sino que lo reemplazan: la *lectura* se confunde con la cualidad de las textualidades estudiadas. En definitiva, el interior del sistema no explica la exterioridad que lo sostiene, ni las leyes que regulan su funcionamiento llegan a dar cuenta coherente y convincente de los rasgos diferenciales que lo atraviesan, comprometiendo su funcionamiento.

¿Como puede leerse, en el contexto político-cultural que estamos esbozando, la apelación a la *"república mundial de las letras"*? Por un lado, "república" remite a los conceptos de democracia, liberalismo, soberanía, igualdad y fraternidad entre naciones dentro del amplio espacio del occidentalismo.[4] Asimismo, no puede negarse que el tema analizado por Pascale Casanova la enfrenta inevitablemente al fenómeno del *desarrollo desigual* de recursos y potenciales que, sobre todo en áreas periféricas y postcoloniales, está determinado por condiciones materiales que no pueden ser ignoradas. Más que un espacio de convergencia y de conciliación, el concepto parece remitir a un ordenamiento en el que coexisten en circunstancias conflictivas e –insisto– en condiciones de desigualdad, sistemas contrapuestos de producción y consumo cultural. Aunque Casanova reconoce este fenómeno, su visión articulada primariamente a partir del "meridiano de Greenwich" de la literatura, entendida ésta como fenómeno relativamente autónomo y articulado a la instancia ineludible y homogeneizante de la modernidad, impide un desarrollo profundo de este aspecto que debería ser esencial en cualquier proyecto de comprensión amplia de dinámicas transnacionales.

"Mundial", a su vez, señala sin ambages un impulso de totalización que sobrepasa incluso los límites del eurocentrismo.[5] Como el libro de Casanova ilustra, "mundial" se extiende más allá de los bordes de la cultura occidental, rebasando incluso el "provincialismo" de Europa y abarcando todo lo que *universalmente* puede ser considerado *alta* literatura. La palabra no esconde la voluntad de repensar hegemonías y jerarquizaciones a nivel planetario a partir de la centralidad que está marcada por *el lugar desde donde se piensa* y por los procesos culturales e históricos que se privilegian desde tal posición. Tal *locus* epistemológico está representado, como es obvio, por la racionalidad ilustrada que proveyera asiento filosófico a las elites criollas desde principios del siglo XIX y que ahora se replantea como ideología en/ de la post-modernidad. En efecto, ante la supuesta fragmentación postmoderna y la pérdida de vigencia de las grandes teorías totalizadoras de la modernidad, el concepto abarcador, "mundial" que sustenta la propuesta de Casanova no esconde su "oportunidad" histórica. Pero, ¿quién pertenece al mundo? ¿Qué índices se utilizan para reconocer tal pertenencia? ¿El mundo de quién? ¿Definido a partir de qué parámetros, con qué fronteras, con qué límites espacio-temporales? Y lo qué es aún más importante, ¿quién y desde qué legitimidad decide esas fronteras?

En cuanto a la alusión a las "letras", el concepto quiere re-potenciar la fatigada noción de canon y reafirmar los debilitados protocolos de las humanidades que vienen resistiendo con dificultad los embates que desde la nueva teoría cultural se han dirigido a cuestionar la función de la "alta" cultura y de las *belles lettres* dentro de los imaginarios nacionales.[6] Por un lado, la reivindicación del canon occidental, aún con todos los ajustes que puedan hacerse a la noción misma de literatura, no esconde la función ideológica que ha tenido históricamente ese constructo, sobre todo de cara a la exclusión de los vastos sectores no articulados cultural o políticamente a los sectores dominantes.[7] El concepto es, así, restrictivo a diversos niveles: se refiere a la forma *moderna* de literatura *escrita, ficcional* y en forma *narrativa* (incluso, restrictivamente, *novelesca*), dejando fuera todas las demás modalidades genéricas, los productos de transmisión oral, las formas de textualidad virtual, la prosa no ficticia, etc. Es obvio que los términos utilizados por Casanova remiten a las literaturas que se asocian con el surgimiento y consolidación de culturas nacionales, y con el fenómeno de "printed capitalism" analizado por Benedict Anderson, lo cual supone un recorte mayor de la producción que desde otras perspectivas puede ser calificada como literaria o ser entendida dentro del amplio y humanístico espacio de las *letras*. Finalmente, no deja de resultar significativo que la "república mundial de las letras" re-emerja justamente cuando la crítica a la modernidad se encuentra ya tan avanzada y cuando la perpetuación de múltiples formas de colonialidad en el "sistema-mundo" han quedado ya tan al descubierto. El esfuerzo de totalización no está, en el caso de las elaboraciones sobre literatura mundial, articulado a filosofías emancipatorias como el marxismo, o a análisis críticos sobre las relaciones de poder a nivel internacional sobre todo para áreas periféricas, como la Teoría de la Dependencia, ni incorpora *de manera efectiva* el estudio de sistemas globales, como los trabajos de Immanuel Wallerstein que son mencionados, sin embargo, por sus obvias convergencias con el tema de la "literatura mundial" y porque –hay que decirlo– no están ellos mismos exentos de un notorio eurocentrismo. Más bien, la concepción de Casanova sobre el "espacio literario" se asocia a una visión "desarrollista" de la cultura (como ha notado bien Françoise Perus en el trabajo incluido en este libro), así como a preocupaciones vinculadas con el panorama general del neoliberalismo: cuestiones de mercado, circulación transnacionalizada de capital simbólico, control de los procesos de producción y consumo literario, universalización de las dinámicas de oferta y de demanda del producto poético, etc. Otras realidades que regulan la industria editorial y la circulación del libro en América Latina son más bien minimizadas en el análisis de Casanova, que no da el lugar que corresponde a la discusión de los procesos de privatización y monopolización que afectan a este sector de la cultura, con resultados cada vez más devastadores. Aunque Casanova se interesa por las relaciones existentes entre las literaturas nacionales es obvio que no alcanza a delinear convincentemente los requisitos que funcionarían para adjudicar o negar *ciudadanía* en la República de las Letras a ciertos escritores, poéticas, y proyectos estético-ideológicos.[8] La tripartición entre creadores "rebeldes", "asimilados" y "revolucionarios" que Casanova sugiere como modo de penetrar en el espacio mundial de la literatura conduce a esquematismos excesivos que no permiten captar los flujos, contradicciones y paradojas de posiciones de enunciación variables, cuya evaluación depende, también, de variables posiciones de lectura. Las literaturas populares, tradicionales y cosmopolitas ha sido mucho más eficazmente enfocada por la teoría de la transculturación, que partió también de una preocupación con las culturas nacionales, y por la crítica de Cornejo Polar sobre literaturas heterogéneas y sobre la existencia de diversos sistemas que coexisten en una relación no-dialéctica en el interior de las diversas regiones culturales latinoamericanas.[9]

5. "OTRA VEZ CON LA PROVINCIA HEMOS DADO, SANCHO. . ."

José María Arguedas, autor cuya obra de(con)struye las bases ideológicas de la modernidad, defendió en más de una ocasión el privilegio epistemológico de ciertas formas de provincianismo que legitimarían, según él, determinadas *posiciones de sujeto*: ya no sólo determinadas *estéticas* sino también determinadas *éticas* de la producción intelectual en áreas periféricas. Sin abogar aquí por ninguna forma de fundamentalismo geocultural, cabría recordar que este autor habla, en su polémica con Julio Cortázar y en otros textos, pero sobre todo desde sus mismas obras, particularmente en *El zorro de arriba y el zorro de abajo*, a partir de una modernidad que él interpreta como una zona límite —una zona de guerra— en la que existen no sólo los triunfantes creadores transculturados sino también los enclaves de sociedades marginadas, enquistadas desde la conquista en la cultura dominante del criollo, la cual está a su vez sujeta a las promesas y desencantos de una modernidad para pocos, exógena, excluyente y jerárquica. Arguedas, que como bien nos recuerda, "no es un aculturado", no cree, por tanto, ni en la muerte ni en la universalidad del sujeto, sino más bien en una proliferación de formas de subjetividad que se definen ética y estéticamente en relación con los poderes dominantes: en sus vinculaciones con los centros internacionales, con el Estado y sus instituciones, con las políticas que regulan los usos de valores, lenguas, tradiciones y poéticas. Es esta multiplicidad de subjetividades, de sistemas culturales heterogéneos y en conflicto constante, y esas relaciones problemáticas entre Estado, individuo y cultura, lo que constituye, a mi juicio, la problemática presente de América Latina, no la refunda(menta)ción de sus articulaciones con antiguas metrópolis políticas o culturales, no su inserción en el occidentalismo, no su acceso a la universalidad. En tiempos de globalización ninguna concepción de mundo, universo, totalidad planetaria, sistema o estructura cultural puede desarrollarse sin integrar en el diseño mayor las formas expresivas y representacionales de sociedades que existen enquistadas en el interior de las culturas *nacionales* como sub-productos residuales del colonialismo. Creo que para América Latina la comprensión de estas cuestiones es urgente y prioritaria. Son justamente estas discontinuidades, estas contradicciones, repliegues y despliegues de subjetividades múltiples y problemáticamente –a veces, beligerantemente– articuladas a la modernidad eurocéntrica las que permiten escuchar el *ruido* en el sistema y las que pueden ayudar a contrarrestar el centralismo y homogeneización de la globalidad. Estas formas culturales no requieren, a mi juicio, de un altar consagratorio, ni necesitan medir la distancia que las separa de los paradigmas europeos; necesitan más bien habitar sus repúblicas con pleno derecho, definir ellas mismas cuáles son sus mundos y qué formas de ciudadanía les corresponde defender, y repensar en su tiempo y en sus propios registros el estatuto de las humanidades que comenzó por asociar, en la teoría y en la praxis, letra y violencia, desde la entrada misma de América Latina al espacio global del occidentalismo.

NOTAS

1   Para una crítica del eurocentrismo desde América Latina ver Dussel, *1492*, "Beyond Eurocentrism" y "Transmodernity."
2   Sobre occidentalismo ver Dussel, Mignolo, Rouquié, Amin, Venn.
3   Sobre los procesos de prolongación de la colonialidad en la modernidad ver Quijano, Dussel, Mignolo.
4   Sobre antecedentes en el uso de la expresión "República de las letras" ver Prendergast 11 n.4.
5   El concepto de literatura mundial está, como se sabe, laxamente ligado a la goetheana noción de Weltliteratur utilizada también por Marx y Engels, aunque en tiempos en que los fenómenos de cosmopolitismo, mercado transnacional y circulación de productos simbólicos tenían muy distintas connotaciones. Asimismo, el sistema "planetario" al que se refiere Moretti tiene muy distintas características, como el autor mismo advierte, en el capitalismo tardío, lo cual no le impide recuperar la propuesta goetheana siguiendo a Weber que propone cambiar "the 'actual' interconnection of 'things' por "the conceptual interconnection of problems" (Weber 68 cit, por Moretti en Prendergast 149).
6   Para una discusión complementaria sobre los conceptos de "literatura" y "letras" usados por Casanova, ver Prendergast (21-22).

7 Carlos Rincón estudió hace ya varias décadas en cambio en la noción de literatura: la historificación del concepto, su pertinencia en distintos grados y contextos, su relación con el cambio social.

8 Según Prendergast, la estrecha relación entre los conceptos de "nación" y de "literatura" crea en la teoría de Casanova una especie de círculo auto-confirmatorio de su argumentación, ya que no permite ver más allá de la carga apriorística que estas nociones contienen y que no es sometida a crítica efectiva (21-22).

9 Ver al respecto Moraña, "Ideología de la transculturación". Con respecto a la obra de Cornejo Polar, ver los tres estudios sobre este crítico que se recojen en Moraña, *Crítica impura*.

OBRAS CITADAS

Amir, Samir. *El eurocentrismo. Crítica de una ideología*. México: Siglo XXI, 1989.

Anderson, Benedict. *Imagined Communities. Reflections on the Origin and Spread of Nationalism*. Nueva York: Verso, 1983.

Appadurai, Arjun. *Modernity at Large. Cultural Dimensions of Globalization*. Minneapolis: University of Minnesota Press, 2000.

Arguedas, José María. *El zorro de arriba y el zorro de abajo*. Eve Marie Fell, ed. Madrid: ALLCA XX/ UNESCO, 1992.

_____ "Inevitable comentario a unas ideas de Julio Cortázar.". *El Comercio* (1 de junio de 1969): s.p.i

_____ y Julio Cortázar. "Polémica entre dos escritores". *Marcha* (30 de mayo de 1969): 29-30.

Bloom, Harold. *The Western Canon*. Nueva York: Harcourt Brace, 1994.

Casanova, Pascale. *La república mundial de las letras*. Barcelona: Anagrama, 2001.

_____ "Literature as World". *New Left Review* 31 (2005): 71-90.

Cornejo Polar, Antonio. *Escribir en el aire. Ensayo sobre la heterogeneidad socio-cultural en las literaturas andinas*. Lima: Horizonte, 1994.

_____ *La formación de la tradición literaria en el Perú*. Lima: Centro de Estudios y Publicaciones, 1989.

Dussel, Enrique. *1492. El encubrimiento del otro. El origen del mito de la modernidad*. Bogotá: Antropos, 1992.

_____ "Beyond Eurocentrism: The World-System and the Limits of Modernity". *The Cultures of Globalization*. Fredric Jameson y Masao Miyoshi, eds. Durham: Duke University Press, 1998. 3-31.

_____ "Transmodernity and Interculturality. An Interpretation from the Perspective of Philosophy of Liberation" (En prensa).

Fernández Retamar, Roberto. *Para una teoría de la literatura hispanoamericana y otras aproximaciones*. La Habana: Casa de las Américas, 1975.

Huntington, Samuel P. *The Clash of Civilizations and the Remaking of World Order*. Nueva York, Touchstone, 1997.

_____ *Who Are We. The Challenges to America's National Identity*. Nueva York: Simon and Schuster, 2004.

Ludmer, Josefina. *El cuerpo del delito: un manual*. Buenos Aires: Perfil, 1999.

Mignolo, Walter. *Local Histories/ Global Designs. Coloniality, Subaltern Knowledges, and Border Thinking*. Princeton: Princeton University Press, 2000.

Moraña, Mabel. "Ideología de la transculturación". *Ángel Rama y los estudios latinoamericanos*. Mabel Moraña, ed. Pittsburgh: Instituto Internacional de Literatura Iberoamericana, 1997. 137-146.

_____ *Crítica impura*. Madrid: Vervuert, 2005.

_____ "Territorialidad y forasterismo: la polémica Arguedas/Cortázar revisitada". *José María Arguedas: hacia una poética migrante*. Sergio R. Franco, ed. Pittsburgh: Instituto Internacional de Literatura Iberoamericana, 2006. 103-118.

Moreiras, Alberto. *The Exhaustion of Difference. The Politics of Latin American Cultural Studies*. Durham: Duke University Press, 2001.

Moretti, Franco. *Modern Epic. The World-System from Goethe to García Márquez*. Londres: Verso, 1996.

_____ *Atlas of the European Novel. 1800-1900*. Londres: Verso, 1999.

_____ "Conjunctures on World Literature". *New Left Review* 1 (2000): 54-68. Reproducido en Prendergast, ed. 148-162.

_____ "The Slaughterhouse of Literature". *Modern Language Quarterly* 61/1 (2000): 207-227.

O'Gorman, Edmundo. *La invención de América*. México: Fondo de Cultura Económica, 1958.

Osorio, Nelson. *Manifiestos, proclamas y polémicas de la vanguardia literaria hispanoamericana*. Caracas: Biblioteca Ayacucho, 1988,

Perus, Françoise. *Literatura y sociedad en América Latina: el modernismo*. México: Siglo Veintiuno, 1976.

_____ *Historia y crítica literaria (el realismo social y la crisis de la dominación oligárquica)*. La Habana: Casa de las Américas, 1982.

Prendergast, Christopher, ed. *Debating World Literature*. Londres: Verso, 2004.

Quijano, Aníbal "Coloniality of Power, Eurocentrism, and Latin America". *Nepantla* 1/3 (2000): 533-79.

Rincón, Carlos. *El cambio en la noción de literatura.* Bogotá: Instituto Colombiano de Cultura, 1978.

Rouquié, Alain. *América Latina. Introducción al Extremo Occidente.* México: Siglo XXI, 1989.

Sarlo, Beatriz. *Una modernidad periférica: Buenos Aires 1920 y 1930.* Buenos Aires: Nueva Visión, 1988.

_____ *Borges: un escritor en las orillas.* Buenos Aires: Ariel, 1995.

Schwarz, Roberto. *Misplaced Ideas.* Londres: Verso, 1992.

Venn, Couze. *Occidentalism. Modernity and Subjectivity.* Londres: Sage, 2000.

Wallerstein, Immanuel. *The Modern World System.* 3 vols. Nueva York: Academic Press, 1974-1989.

Weber, Max. *The Methodology of the Social Sciences.* New York: Free Press, 1949.